中華古籍保護計劃

ZHONG HUA GU JI BAO HU JI HUA CHENG GUO

·成果·

臨海市博物館等六家收藏單位古籍普查登記目録

全國古籍普查登記目録·浙江台州

國家圖書館出版社
National Library of China Publishing House

圖書在版編目（CIP）數據

臨海市博物館等六家收藏單位古籍普查登記目録/《臨海市博物館等六家收藏單位古籍普查登記目録》編委會編. --北京:國家圖書館出版社,2019.4
（全國古籍普查登記目録）
ISBN 978 - 7 - 5013 - 6668 - 2

Ⅰ.①臨…　Ⅱ.①臨…　Ⅲ.①博物館—古籍—圖書目録—浙江　Ⅳ.①Z838

中國版本圖書館 CIP 數據核字（2019）第 031009 號

書　　名　臨海市博物館等六家收藏單位古籍普查登記目録
著　　者　《臨海市博物館等六家收藏單位古籍普查登記目録》編委會　編
責任編輯　趙　嫄

出　　版　國家圖書館出版社（100034　北京市西城區文津街 7 號）
　　　　　　（原書目文獻出版社　北京圖書館出版社）
發　　行　010 - 66114536　66126153　66151313　66175620
　　　　　　66121706（傳真）　66126156（門市部）
E-mail　　nlcpress@ nlc. cn（郵購）
Website　 www. nlcpress. com→投稿中心
經　　銷　新華書店
印　　裝　河北三河弘翰印務有限公司
版　　次　2019 年 4 月第 1 版　2019 年 4 月第 1 次印刷

開　　本　787×1092（毫米）　1/16
印　　張　23.5
字　　數　460 千字

書　　號　ISBN 978 - 7 - 5013 - 6668 - 2
定　　價　240.00 圓

《全國古籍普查登記目錄》
工作委員會

主　任：周和平

副主任：張永新　詹福瑞　劉小琴　李致忠　張志清

委　員（按姓氏筆畫排序）：

于立仁	王水喬	王　沛	王紅蕾	王筱雯
方自今	尹壽松	包菊香	任　競	全　勤
李西寧	李　彤	李忠昊	李春來	李　培
李曉秋	吳建中	宋志英	努　木	林世田
易向軍	周建文	洪　琰	倪曉建	徐欣禄
徐　蜀	高文華	郭向東	陳荔京	陳紅彦
張　勇	湯旭岩	楊　揚	賈貴榮	趙　嫄
鄭智明	劉洪輝	歷　力	鮑盛華	韓　彬
魏存慶	鍾海珍	謝冬榮	謝　林	應長興

《全國古籍普查登記目録》

序　言

　　全國古籍普查登記工作是"中華古籍保護計劃"的首要任務，是全面開展古籍搶救、保護和利用工作的基礎，也是有史以來第一次由政府組織、參加收藏單位最多的全國性古籍普查登記工作。

　　2007年國務院辦公廳發布《關於進一步加强古籍保護工作的意見》（國辦發〔2007〕6號），明確了古籍保護工作的首要任務是對全國公共圖書館、博物館和教育、宗教、民族、文物等系統的古籍收藏和保護狀况進行全面普查，建立中華古籍聯合目録和古籍數字資源庫。2011年12月，文化部下發《文化部辦公廳關於加快推進全國古籍普查登記工作的通知》（文辦發〔2011〕518號），進一步落實了全國古籍普查登記工作。根據文化部2011年518號文件精神，國家古籍保護中心擬訂了《全國古籍普查登記工作方案》，進一步規範了古籍普查登記工作的範圍、内容、原則、步驟、辦法、成果和經費。目前進行的全國古籍普查登記工作的中心任務是通過每部古籍的身份證——"古籍普查登記編號"和相關信息，建立古籍總臺賬，全面瞭解全國古籍存藏情况，開展全國古籍保護的基礎性工作，加强各級政府對古籍的管理、保護和利用。

　　《全國古籍普查登記工作方案》規定了全國古籍普查登記工作的三個主要步驟：一、開展古籍普查登記工作；二、在古籍普查登記基礎上，編纂出版館藏古籍普查登記目録，形成《全國古籍普查登記目録》；三、在古籍普查登記工作基本完成的前提下，由省級古籍保護中心負責編纂出版本省古籍分類聯合目録《中華古籍總目》分省卷，由國家古籍保護中心負責編纂出版《中華古籍總目》統編卷。

　　在黨和政府領導下，在各地區、各有關部門和全社會共同努力下，古籍普查登記工作得以扎實推進。古籍普查已在除臺、港、澳之外的全國各省級行政區域開展，普查内容除漢文古籍外，還包括各少數民族文字古籍，特別是於2010年分別啓動了新疆古籍保護和西藏古籍保護專項，因地制宜，開展古籍普查登記工作；國家古籍保護中心研製的"全國古籍普查登記平臺"已覆蓋到全國各省級古籍保護中心，并進一步研發了"中華古籍索引庫"，爲及時展現古籍普查成果提供有力支持；截至目前，已有11375部古籍進入《國家珍貴古籍名録》，浙江、江蘇、山東、河北等省公布了省級《珍貴古籍名録》，古籍分級保護機制初步形成。

　　《全國古籍普查登記目録》是古籍普查工作的階段性成果，旨在摸清家底，揭示館藏，反映古籍的基本信息。原則上每申報單位獨立成册，館藏量少不能獨立成册者，則在本省範圍内幾個館目合并成册。無論獨立成册還是合并成册，均編製獨立的書名筆畫索引附於書後。著録的必填基本項目有：古籍普查登記編號、索書號、題名卷數、著者（含著作方式）、版本、册數及存缺卷數。其他擴展項目有：分類、批校題跋、版式、裝幀形式、叢書子目、書影、破損狀況等。有條件的收藏單位多著録的一些擴展項目，也反映在《全國古籍普查登記目録》上。目録編排按古籍普查登記編號排序，内在順序給予各古籍收藏單位較大自由度，可按分類排列古籍普查登記編號，也可按排架號、按同書名等排列古籍普查登記編號，以反映各館特色。

　　此次全國古籍普查登記工作，克服了古籍數量多、普查人員少、普查難度大等各種困難，也得到了全國古籍保護工作者的極大支持。在古籍普查登記過程中，國家古籍保護中心、各省古籍保護中心爲此舉辦了多期古籍普查、古籍鑒定、古籍普查目録審校等培訓班，全國共 1600 餘家單位參加了培訓，爲古籍普查登記工作培養了大量人才。同時在古籍普查登記工作中，也鍛煉了普查員的實踐能力，爲將來古籍保護事業發展奠定了良好的基礎。

　　《全國古籍普查登記目録》的出版，將摸清我國古籍家底，爲古籍保護和利用工作提供依據，也將是古籍保護長期工作的一個里程碑。

國家古籍保護中心

2013 年 10 月

《全國古籍普查登記目録》

編纂凡例

一、收録範圍爲我國境内各收藏機構或個人所藏，産生於 1912 年以前，具有文物價值、學術價值和藝術價值的文獻典籍，包括漢文古籍和少數民族文字古籍以及甲骨、簡帛、敦煌遺書、碑帖拓本、古地圖等文獻。其中，部分文獻的收録年限適當延伸。

二、以各收藏機構爲分册依據，篇幅較小者，適當合并出版。

三、一部古籍一條款目，複本亦單獨著録。

四、著録基本要求爲客觀登記、規範描述。

五、著録款目包括古籍普查登記編號、索書號、題名卷數、著者、版本、册數、存缺卷等。古籍普查登記編號的組成方式是：省級行政區劃代碼—單位代碼—古籍普查登記順序號。

六、以古籍普查登記編號順序排序。

《浙江省古籍普查登記目録》

工作委員會

主　任：金興盛

副主任：葉　菁

委　員：倪　巍　徐曉軍　賈曉東　雷祥雄　劉曉清

　　　　徐　潔　李儉英　孫雍容　張愛琴　張純芳

　　　　樓　婷　金琴龍　陳泉標　鍾世杰　應　雄

　　　　陸深海　吕振興　徐兼明

《浙江省古籍普查登記目録》

編纂委員會

主　編：徐曉軍

副主編：童聖江　曹海花　褚樹青　莊立臻　徐益波

　　　　胡海榮　劉　偉　沈紅梅　王以儉　孫旭霞

　　　　占　劍　孫國茂　毛　旭　季彤曦

統校和編纂工作小組組長：曹海花（浙江圖書館）

統校和編纂工作小組成員：秦華英（浙江圖書館）

　　　　　　　　　　　　呂　芳（浙江圖書館）

　　　　　　　　　　　　干亦鈴（寧波市圖書館）

　　　　　　　　　　　　劉　雲（寧波市天一閣博物館）

　　　　　　　　　　　　周慧惠（寧波市天一閣博物館）

　　　　　　　　　　　　馬曉紅（餘姚市文物保護管理所）

　　　　　　　　　　　　陳瑾淵（溫州市圖書館）

　　　　　　　　　　　　王　昉（溫州市圖書館）

　　　　　　　　　　　　沈秋燕（嘉興市圖書館）

　　　　　　　　　　　　丁嫻明（嘉興市圖書館）

　　　　　　　　　　　　唐　微（紹興圖書館）

　　　　　　　　　　　　丁　瑛（紹興圖書館）

　　　　　　　　　　　　毛　慧（衢州市博物館）

《浙江省古籍普查登記目録》

序　言

　　浙江文化底藴深厚,書籍刻印歷史悠久,前賢留下的著述浩如烟海,藏書雅閣及私人藏書爲數衆多,古籍資源十分豐富,幾乎縣縣有古籍,是全國古籍藏量較多的省份之一,是中華文化中具有獨特地域特色的重要一脉。保護好這些珍貴的古籍,對促進文化傳承、弘揚民族精神、維護國家統一及社會穩定具有重要作用。同時,加强古籍保護工作,也是加快建設文化大省、文化强省,努力推動文化浙江建設和社會主義文化大發展大繁榮的必然要求。

（一）

　　爲搶救、保護我國的珍貴古籍,繼承和弘揚優秀傳統文化,國務院辦公廳印發了《關於進一步加强古籍保護工作的意見》(國辦發[2007]6號),全國古籍普查登記工作是瞭解全國古籍存藏情况、建立古籍總臺賬、開展全國古籍保護的基礎性工作。爲認真貫徹落實"國辦發[2007]6號"文件精神,切實加强全省古籍的搶救、保護,浙江省人民政府辦公廳印發《關於進一步加强古籍保護工作的意見》(浙政辦發[2009]54號),提出2009年起要在全省範圍内開展古籍普查登記工作。2012年,浙江省古籍保護工作聯席會議下發《關於印發〈浙江省"中華古籍保護計劃"實施方案〉的通知》(浙文社[2012]30號),提出在"十二五"末基本完成全省古籍普查工作的目標。

　　試點先行、摸底調查、制定方案,建立制度、統籌指揮,引進人員、有效培訓、壯大隊伍,配置設備、補助經費、保障到位,編製手册、明確款目、統一規則,著録完整、審核到位、保證質量,設立項目、表揚先進,在省委省政府的高度重視及其各部門的大力支持下,在國家古籍保護中心的積極指導和省文化廳的正確領導下,通過以上種種措施,"秉持浙江精神,幹在實處、走在前列、勇立潮頭",全省公共圖書館、文物、教育、檔案、衛生五大系統共計95家公藏單位通力合作,到2017年4月底基本完成了全省的古籍普查登記工作。

　　通過普查,摸清了全省古籍文化遺産家底,揭示了全省各地區文化脉絡,形成了統一的古籍信息數據庫,建立了一支遍布全省的古籍保護隊伍,爲下一步有針對性地開展古籍保護工作奠定堅實的基礎。鑒於全省在古籍普查和其他古籍保護工作中的突出表現,2014年,浙江圖書館、嘉興市圖書館、雲和縣圖書館獲得"全國古籍保護工作先進單位"稱號,浙江圖書館徐曉軍和曹海花、温州市圖書館王妍、紹興圖書館唐微、平湖市圖書館馬慧、衢州市博物館程勤等 6 人獲得"全國古籍保護工作先進個人"稱號。

（二）

全國古籍普查登記範圍爲 1912 年以前産生的文獻典籍。由於近代以來浙江私人藏書相當發達，民國期間也刻印了大量典籍，民國文獻在各藏書單位（尤其是基層單位）所藏歷史文獻中占據了相當大的比重。這些文獻形成了浙江文獻典藏的重要特色，是浙江傳統文化的重要組成部分。爲更加全面地掌握本省歷史文獻文化遺産現狀，浙江省將民國時期傳統裝幀書籍也納入普查範圍。

按照《全國古籍普查登記手册》要求，登記每部古籍的基本項目，必登項目有索書號、題名卷數、著者、版本、册數、存缺卷數，選登項目有分類、批校題跋、版式、裝幀形式、叢書子目、書影、破損狀況等内容。浙江省的古籍普查工作一直高標準、嚴要求，自始至終堅持全國古籍普查登記平臺（以下簡稱"古籍普查平臺"）項目全著録，堅持文字信息和書影信息雙著録，登記每部書的索書號、分類、題名卷數、著者、卷數統計、版本、版式、裝幀、裝具、序跋、刻工、批校題跋、鈐印、叢書子目、定級及書影、定損及書影等 16 大項 74 小項的信息。

普查統計顯示，截至 2017 年 4 月 30 日，全省 95 家單位共藏有傳統裝幀書籍 337405 部 2506633 册，其中不分卷者計 31737 部 96822 册，分卷者計 305668 部 2409811 册 11433371 卷（實存 8223803 卷）：古籍（含域外本）219862 部 1754943 册，不分卷者 15777 部 54901 册，分卷者 204085 部 1700042 册 7934703 卷；民國時期傳統裝幀書籍 117543 部 751690 册，不分卷者 15960 部 41921 册，分卷者 101583 部 709769 册 3498668 卷。

從版本定級來看，全省四級文獻最多，部數、册數數量占比分别爲 84.75%、78.69%。三級次之，部數、册數數量占比 13.12%、15.96%。一級、二級文獻共計 5689 部 111722 册，量雖不多，極爲珍貴，其破損程度較輕，基本都配置了裝具且裝具狀況良好，這是古籍分級保護體系的有力體現。

從文獻類型來看，古籍普查平臺采用六部分類，在傳統的經、史、子、集四部外加上類叢部、新學。從册數來看，全省文獻類叢部數量最多，占比 29.40%，這其中很大一部分原因在於民國時期刊印了不少大型叢書。史部、集部、子部、經部分居第二至五位，數量占比分别爲 28.98%、18.00%、13.49%、9.24%。新學數量最少，還不到 1%。

從版本類型來看，全省古籍版本類型豐富，數量最多的是刻本，部數占比 51.01%、册數占比 55.03%。部數排在第二至四位的是鉛印本、石印本、抄本，分别占比 17.71%、16.58%、5.19%。册數排在第二至四位的是鉛印本、石印本、影印本，分别占比 14.27%、12.40%、11.38%，這與將民國時期傳統裝幀書籍納入古籍普查範圍有極大關係。稿、抄本部數占比 6.9%、册數占比 4.04%，總體占比不是很高，但在一、二級文獻中稿、抄本的比例比較高，一級中部數占比 20.49%、册數占比

70.25%,二級中部數占比 13.16%、冊數占比 6.57%。

從版本年代來看,全省藏書從南北朝以迄民國,并有部分日本、朝鮮、越南本。其中,元及元以前共計 244 部 3357 冊。明、清、民國共計 2486788 冊,數量占比 99.21%:明代占比 5.95%、清代占比 63.27%、民國占比 29.99%。日本、朝鮮、越南三國本共計 1877 部 14522 冊,部數、冊數占比分別爲 0.56%、0.58%。

從批校題跋來看,337405 部文獻中有姓名可考的批校題跋共計 15374 部,其中集部批校題跋最多,占全部批校題跋的 38.73%、占集部文獻的 6.16%。稿本的批校題跋在相對應的版本類型中比例最高,爲 16.18%。且稿本中有多人批校題跋的量最多,多者一部稿本中的批校題跋者達 25 人,如浙江圖書館藏沈蕉青稿本《燈青茶嫩草》三卷中有孫麟趾等 25 人的批校題跋。從各館藏書的批校題跋者來看,有鮮明的館域特色,從一個側面體現了各館的文獻來源。

從鈐印來看,337405 部文獻中有 51509 部有收藏鈐印,各級文獻鈐印比例隨級別的增高而加大,一至四級文獻的鈐印占比分別爲 50.67%、49.38%、26.00%、12.90%。收藏鈐印從一個方面體現了某書的遞藏源流,鈐印多於 1 方者有 24840 部,鈐印多者達 54 方,如寧波市天一閣博物館藏清初毛氏汲古閣影宋抄本《集韻》十卷上鈐毛晉、毛扆、段玉裁、朱鼎煦四人共計 54 方印。

在普查的過程中,我們還利用普查成果積極申報《國家珍貴古籍名録》、評選《浙江省珍貴古籍名録》,建立珍貴古籍分級保護體系。截至目前,全省共有 871 部珍貴古籍入選第一至五批《國家珍貴古籍名録》,有 609 部古籍入選第一至三批《浙江省珍貴古籍名録》。

(三)

普查登記著録工作結束後,省古籍保護中心於 2016 年 6 月成立由浙江圖書館、寧波市圖書館、寧波市天一閣博物館、餘姚市文物保護管理所、温州市圖書館、嘉興市圖書館、紹興圖書館、衢州市博物館 8 家單位的 14 名普查業務骨幹組成的浙江省古籍普查登記目録統校和編纂工作小組,開始全省普查數據的統校和古籍普查登記目録的編纂工作。

浙江省的普查登記目録是將古籍和民國書籍分開的,全省統一規劃,分別出版《浙江省古籍普查登記目録》和《浙江省民國時期傳統裝幀書籍普查登記目録》。根據《全國古籍普查登記目録審校要求》《古籍普查登記表格整理規範》的要求,省古籍保護中心制定《浙江省古籍普查登記目録編纂工作方案》《浙江省古籍普查數據統校細則》,用於指導全省的數據統校和登記目録的編纂。統校和編纂工作程序如下:導出古籍普查平臺上的數據,切分爲古籍、民國兩張表,按照設定的普查編號、索書號、分類、題名卷數、著者、版本、批校題跋、冊數、存缺卷這幾項登記目録的出版款目對表格進行整理,整理後按照題名進行排列分給各統校員進行統校,統校結束後的數據按行政區域進行彙總交由分區負責人進行覆核,覆核結束後由省古籍保護中心一一寄給各館進行修改確認,經各館確認後由分區負責人進行最後審定。

在統校的過程中,爲了保證全省數據著錄的一致,我們積極利用我國古籍整理研究的重大成果《中國古籍總目》(以下簡稱《總目》),每條書目一一對核《總目》,《總目》收者即標注《總目》頁碼,《總目》未收某版本者標注"無此版本",《總目》未收者標注"無",《總目》所收即浙江某館所藏者特殊標注,《總目》著錄與普查信息有差異或一時無法判斷者標注"存疑"。拿浙江圖書館的近7萬條古籍數據來看,據不完全統計,除去複本,《總目》所收即浙江圖書館所藏者有1100多種,《總目》未收某一明確版本者有3200多種,《總目》未收者有8300多種。

全省95家單位中有93家單位有古籍數據,總條數計22萬條左右。根據分區域出版和達到一定條數可以單獨成書的原則,全省的古籍普查登記目錄大致分爲以下26種:浙江圖書館,浙江大學圖書館,浙江省博物館,浙江省中醫藥研究院等四家收藏單位,杭州圖書館,西泠印社社務委員會等十家收藏單位、浙江省瑞安中學等八家收藏單位,寧波市圖書館,寧波市天一閣博物館,寧波市奉化區文物保護管理所等六家收藏單位、舟山市圖書館等二家收藏單位,溫州市圖書館,瑞安市博物館(玉海樓),嘉興市圖書館,平湖市圖書館,嘉善縣圖書館,海寧市圖書館等六家收藏單位,湖州市圖書館等七家收藏單位、常山縣圖書館等二家收藏單位,紹興圖書館,嵊州市圖書館,紹興市上虞區圖書館等八家收藏單位,東陽市博物館,金華市博物館等九家收藏單位,衢州市博物館,台州市黃岩區圖書館,臨海市圖書館,臨海市博物館等六家收藏單位,麗水市圖書館等八家收藏單位。目前全省的古籍普查登記目錄有多種已進入出版流程(爲保障普查編號的唯一性、終身有效性,各館數據以原普查編號從低到高的順序進行排列,由於浙江省古籍普查範圍包括古籍、民國時期傳統裝幀書籍、域外漢文古籍,著錄時幾種文獻交替進行,而出版時是分開的,加之古籍普查平臺系統出現的跳號情況,所以會出現普查編號不連貫的情況,特此説明),民國時期傳統裝幀書籍普查登記目錄的編纂亦接近尾聲。普查登記工作和普查登記目錄的編纂爲接下來《中華古籍總目·浙江卷》的編纂打下了良好的基礎。

浙江省古籍普查工作得到了各方的關心和支持。感謝各兄弟省份古籍同行的熱情幫助,感謝李致忠、張志清、吳格、陳先行、陳紅彦、陳荔京、羅琳、王清原、唱春蓮、李德生、石洪運、賈秀麗、范邦瑾等專家學者的悉心指導,藉力於此,普查工作纔得以順利完成。

條數多,分布廣,又出於衆手,儘管工作中我們一直爭取做到最好,但無論是已經著錄的古籍普查平臺數據還是即將付梓的登記目錄,都難免存在紕漏,希望業界同仁不吝賜教,俾臻完善。

浙江省古籍保護中心

2018 年 4 月

目　　録

台州學院圖書館
古籍普查登記目録

全國古籍普查登記目録·浙江台州

國家圖書館出版社
National Library of China Publishing House

歌詩編第二

隴西李

殘絲曲

垂楊葉老鶯哺兒殘絲欲斷黃蜂歸綠蹟少年金釵

波瘦蛟舞吳質不眠倚桂樹露腳斜飛濕寒兔

補天處石破天驚逗秋雨夢入神山教神嫗老魚跳

蘭笑十二門前融冷光二十三絲動紫篁女媧鍊石

愁李憑中國彈箜篌崑山玉碎鳳凰叫芙蓉泣露香

吳絲蜀桐張

《台州學院圖書館古籍普查登記目録》
編委會

主　　編：夏哲堯

編　　委：王秀萍　金劼昉

《台州學院圖書館古籍普查登記目録》

前　言

　　我館庋藏的古籍凝聚着幾代人辛勤訪書的心血。除 20 世紀在台州、杭州、上海等地零星購買外,本世紀初從許雪樵先生後人處購得許先生所藏古籍 900 多册,每部皆有許先生的題記,殊爲珍貴。我館自 2014 年 1 月起開展古籍普查,至 2015 年 3 月完成,對館藏古籍進行了全面的編目著録。

　　本目録共收録我館所藏 1912 年以前刊印的綫裝古籍 164 部 1443 册,每種按照普查號、索書號、分類、題名卷數、作者、版本、批校題跋、册數、存卷等一一著録。我館古籍以經、史、集部居多,也有少量善本,價值較高,其中刊於清乾隆十九年(1754)的《陰陽二宅全書》十二卷入選第二批《浙江省珍貴古籍名録》。

　　我館的古籍普查工作,得到了省古籍保護中心與臨海市圖書館等機構的關心幫助,在此表示衷心感謝。

　　囿於編目者的水準和學識,目録中所存舛誤之處,希冀得到專家與讀者的指正。

台州學院圖書館

2018 年 6 月

330000－1754－0000001　0001　史部/地理類/山川之屬/山志

廣雁蕩山誌二十八卷首一卷末一卷　（清）曾唯輯　清刻本　于永嘉題記　八冊

330000－1754－0000005　0005　史部/編年類/斷代之屬

東華錄天命朝四卷天聰朝十一卷崇德朝八卷順治朝三十六卷康熙朝一百十卷雍正朝二十六卷東華續錄乾隆朝一百二十卷嘉慶朝五十卷道光朝六十卷咸豐朝一百卷　王先謙編　清光緒十三年（1887）、十八年（1892）上海圖書集成印書局鉛印本　九十六冊

330000－1754－0000006　0006　史部/史評類/史論之屬

史通削繁四卷　（清）紀昀撰　清光緒二十一年（1895）寶善書局石印本　一冊

330000－1754－0000007　0007　史部/編年類/通代之屬

通鑑綱目輯要前編二卷正編十九卷續編八卷明史八卷　（清）姚培謙　（清）張景星錄　清光緒二十八年（1902）石印本　八冊

330000－1754－0000008　0008　集部/總集類/尺牘之屬

新輯尺牘合璧四卷　（清）許思湄　（清）龔萼著　（清）婁世瑞注　（清）寄虹軒主人輯　清光緒二十九年（1903）上海點石齋石印本　許雪樵題籤　一冊

330000－1754－0000009　0009　史部/政書類

三通序一卷　蔣德鈞輯　清光緒十九年（1893）雙門底文英閣刻本　許雪樵題記　二冊

330000－1754－0000010　0010　集部/詩文評類/文評之屬

文心雕龍十卷　（南朝梁）劉勰撰　（清）黃叔琳輯注　（清）紀昀評　清光緒二十三年（1897）寶善書局石印本　許雪樵題記　一冊

330000－1754－0000012　0012　集部/總集類/選集之屬/通代

賦學正鵠集釋十一卷　（清）李元度輯　清光緒十八年（1892）上海煥文局石印本　二冊

330000－1754－0000014　0014　集部/別集類/漢魏六朝別集

陶詩彙評四卷　（晉）陶潛撰　（清）溫汝能彙評　**東坡和陶合箋四卷**　（宋）蘇軾撰　（清）溫汝能彙評　清光緒十八年（1892）上海五彩公司石印本　四冊

330000－1754－0000016　0016　子部/儒家類/儒學之屬/勸學

勸學篇二卷　（清）張之洞撰　清光緒二十四年（1898）瞿廷韶刻本　二冊

330000－1754－0000018　0018　類叢部/類書類/通類之屬

增補事類統編九十三卷首一卷　（清）黃葆真輯　清光緒十四年（1888）上海積山書局石印本　十二冊

330000－1754－0000019　0019　史部/紀事本末類/斷代之屬

聖武記十四卷　（清）魏源撰　清光緒二十八年（1902）上海書局石印本　四冊

330000－1754－0000021　0021　史部/史評類/史論之屬

史論正鵠初集四卷二集四卷三集八卷　（清）王樹敏評點　清光緒二十七年（1901）上海久敬齋、二十八年（1902）上海書局石印本　十六冊

330000－1754－0000023　0023　子部/雜著類/雜考之屬

困學紀聞注二十卷首一卷　（清）翁元圻輯　清光緒十五年（1889）上海積山書局石印本　六冊

330000－1754－0000024　0024　史部/編年類/通代之屬

御批歷代通鑑輯覽一百二十卷　（清）傅恆等撰　清光緒二十九年（1903）上海廣益書室石印本　二十四冊

330000－1754－0000025　0025　子部/叢編

子書百家　（清）崇文書局編　清光緒元年（1875）湖北崇文書局刻本　許雪樵題記　七冊　存二種

330000－1754－0000026　0026　集部/別集類/唐五代別集

杜詩鏡銓二十卷　（清）楊倫撰　清同治十一年（1872）望三益齋刻本　陳孟輝題記　十二冊

330000－1754－0000027　0027　史部/傳記類/總傳之屬/姓名

史姓韻編六十四卷　（清）汪輝祖撰　清光緒十年（1884）慈溪耕餘樓書局鉛印本　十六冊

330000－1754－0000028　0028　史部/政書類/儀制之屬/典禮

南巡盛典一百二十卷　（清）高晉等纂修　清光緒八年（1882）上海點石齋石印本　許雪樵題記　八冊

330000－1754－0000029　0029　史部/史評類/詠史之屬

廿一史彈詞註十卷　（明）楊慎撰　（清）張三異增定　（清）張仲璜註　**明史彈詞註一卷**（清）張三異撰　（清）張仲璜註　清乾隆五十一年（1786）張任佐視履堂刻本　八冊

330000－1754－0000031　0031　集部/別集類/清別集

袁文箋正十六卷補注一卷　（清）袁枚撰（清）石韞玉輯　**增訂袁文箋正四卷**　（清）袁枚撰　（清）魏大縉輯　清光緒十四年（1888）上海蜚英館石印本　三冊

330000－1754－0000032　0032　集部/別集類/清別集

袁文箋正十六卷補注一卷　（清）袁枚撰（清）石韞玉輯　**增訂袁文箋正四卷**　（清）袁枚撰　（清）魏大縉輯　清光緒十四年（1888）上海蜚英館石印本　三冊

330000－1754－0000033　0033　集部/別集類/清別集

巢經巢詩鈔九卷後集四卷　（清）鄭珍撰　清刻本　四冊

330000－1754－0000034　0034　經部/小學類/文字之屬/說文

說文通檢十四卷首一卷末一卷　（清）黎永椿撰　清光緒十四年（1888）上海蜚英館石印本一冊

330000－1754－0000035　0035　經部/小學類/文字之屬/字書/字典

康熙字典十二集三十六卷總目一卷檢字一卷辨似一卷等韻一卷補遺一卷備考一卷　（清）張玉書等纂修　清光緒二十年（1894）上海同文書局石印本　許雪樵題記　六冊

330000－1754－0000036　0036　子部/叢編

子書百家　（清）崇文書局編　清光緒元年（1875）湖北崇文書局刻本　四冊　存一種

330000－1754－0000038　0038　經部/叢編

御纂七經五種二百九十四卷　（清）李光地等撰　清光緒十七年（1891）上海鴻寶齋石印本二冊　存一種

330000－1754－0000039　0039　經部/叢編

御纂七經五種二百九十四卷　（清）李光地等撰　清光緒十七年（1891）上海鴻寶齋石印本二冊　存一種

330000－1754－0000040　0040　經部/叢編

御纂七經五種二百九十四卷　（清）李光地等撰　清光緒十七年（1891）上海鴻寶齋石印本二冊　存一種

330000－1754－0000041　0041　經部/春秋總義類/傳說之屬

欽定春秋傳說彙纂三十八卷首二卷　（清）王掞等撰　清光緒十七年（1891）上海鴻寶齋石印本　三冊

330000－1754－0000042　0042　經部/叢編

御纂七經五種二百九十四卷　（清）李光地等撰　清光緒十七年（1891）上海鴻寶齋石印本四冊　存一種

330000－1754－0000043　0043　經部/儀禮
類/傳說之屬

欽定儀禮義疏四十八卷首二卷　（清）朱軾等
撰　清光緒十七年（1891）上海鴻寶齋石印本
　五冊

330000－1754－0000044　0044　經部/禮記
類/傳說之屬

欽定禮記義疏八十二卷首一卷　（清）高宗弘
曆敕撰　清光緒十七年（1891）上海鴻寶齋石
印本　六冊

330000－1754－0000045　0045　史部/紀傳
類/正史之屬

二十四史　清同治至光緒五省官書局據汲古
閣本等合刻光緒五年（1879）湖北書局彙印本
　八冊　存一種

330000－1754－0000047　0047　史部/編年
類/通代之屬

御批歷代通鑑輯覽一百二十卷　（清）傅恆等
撰　清光緒三十年（1904）上海商務印書館鉛
印本　四十冊

330000－1754－0000048　0048　集部/小說
類/短篇之屬

詳註聊齋志異圖詠十六卷首一卷　（清）蒲松
齡撰　（清）呂湛恩注　清光緒三十年（1904）
上海錦章書局石印本　許雪樵題記　八冊

330000－1754－0000049　0049　類叢部/類
書類/通類之屬

三才畧三卷　蔣德鈞輯　清光緒二十四年
（1898）上海書局石印本　許梅卿、許雪樵題
記　一冊

330000－1754－0000051　0051　子部/醫家
類/類編之屬

中西匯通醫書五種　唐宗海撰　清光緒二十
年（1894）申江順成書局石印本　王慰民題記
　十二冊

330000－1754－0000052　0052　類叢部/類
書類/專類之屬

韻海大全不分卷　（清）姚培謙輯　（清）趙克

宜增輯　清光緒二十年（1894）上海石印本
　五冊

330000－1754－0000053　0053　類叢部/類
書類/通類之屬

角山樓增補類腋六十七卷　（清）姚培謙輯
（清）趙克宜增輯　清光緒十二年（1886）上海
同文書局石印本　六冊

330000－1754－0000054　0054　經部/小學
類/音韻之屬/韻書

新編詩韻大全五卷　（清）湯祥瑟輯　（清）華
錕重編　**初學檢韻袖珍一卷**　（清）姚文登輯
　虛字韻藪一卷　（清）潘維城輯　清光緒十
四年（1888）同文書局石印本　許雪樵題記
六冊

330000－1754－0000055　0055　類叢部/類
書類/通類之屬

新編詩句題解續集五卷　（清）東閣主人編
清光緒十四年（1888）上海五彩石印本　二冊

330000－1754－0000056　0056　史部/政書
類/律令之屬/法驗

補註洗冤錄集證四卷附刊檢骨圖格一卷
（清）王又槐輯　（清）李觀瀾補輯　（清）阮
其新補注　（清）童濂刪　**作吏要言一卷**
（清）葉鎮撰　（清）朱椿增　清道光二十三年
（1843）江都鍾淮刻三色套印本　四冊

330000－1754－0000057　0057　史部/傳記
類/總傳之屬/仕宦

碧血錄五卷　（清）莊仲方撰　（清）夏鸞翔繪
圖　清光緒八年（1882）上海同文書局石印本
　許雪樵題記　五冊

330000－1754－0000062　0062　新學/史志/
諸國史

世界近世史二卷　（日本）松平康國撰　梁啓
勳譯　梁啟超案語　清光緒二十九年（1903）
上海廣智書局鉛印本　二冊

330000－1754－0000063　0063　類叢部/類
書類/專類之屬

古今紀始通考四卷　（清）魏崧撰　清光緒二

十八年（1902）佑廉樞記石印本　許雪樵題記
　　四冊

330000－1754－0000064　0064　類叢部/類
書類/專類之屬

王先生十七史蒙求十六卷　（宋）王令撰　清
康熙五十二年（1713）海陽程宗琠刻本　四冊

330000－1754－0000065　0065　集部/小說
類/長篇之屬

第一才子書六十卷一百二十回首一卷　（明）
羅本撰　（清）毛宗崗評　清光緒三十一年
（1905）上海點石齋石印本　許雪樵題記　十
二冊

330000－1754－0000068　0068　史部/編年
類/斷代之屬

御撰資治通鑑綱目三編二十卷　（清）張廷玉
等撰　清光緒二十三年（1897）成都書局刻本
　許雪樵題記　四冊

330000－1754－0000069　0069　史部/紀傳
類/正史之屬

二十四史附考證　清光緒十八年（1892）武林
竹簡齋石印本　許雪樵題記　二十六冊　存
四種

330000－1754－0000070　0070　史部/紀傳
類/正史之屬

二十四史附考證　清光緒十八年（1892）武林
竹簡齋石印本　四冊　存一種

330000－1754－0000071　0071　史部/紀傳
類/正史之屬

二十四史附考證　清光緒二十五年（1899）慎
記書莊石印本　三十二冊　存四種

330000－1754－0000072　0072　類叢部/叢
書類/自著之屬

鄂宰四種　（清）王筠撰　清光緒八年（1882）
牟山王氏刻本　四冊

330000－1754－0000073　0073　史部/編年
類/通代之屬

御批歷代通鑑輯覽一百二十卷　（清）傅恆等
撰　清光緒二十九年（1903）上海廣益書室石

印本　二十四冊

330000－1754－0000074　0074　史部/編年
類/通代之屬

**分類歷代通鑑輯覽六十四卷附歷代治亂興亡
鏡一卷**　（清）陳善纂　清光緒二十九年
（1903）上海文瀾書局石印本　二十四冊

330000－1754－0000075　0075　史部/政
書類

九通分類總纂二百四十卷　（清）汪鍾霖輯
清光緒二十八年（1902）上海文瀾書局石印本
　許雪樵題記　八十冊

330000－1754－0000076　0076　子部/叢編

子書二十五種（二十五子彙函）　（清）鴻文書
局編　清光緒三十年（1904）上海育文書局石
印本　三十二冊

330000－1754－0000077　0077　子部/儒家
類/儒學之屬/勸學

勸學篇二卷　（清）張之洞撰　清光緒二十四
年（1898）兩湖書院刻本　許雪樵題記　一冊

330000－1754－0000079　0079　集部/別集
類/清別集

白雨湖莊詩稿二卷前集一卷　（清）余雲煥撰
　清光緒三十年（1904）黔南刻本　二冊

330000－1754－0000081　0081　子部/叢編

二十二子（二十二子彙函）　（清）浙江書局編
　清光緒元年至三年（1875－1877）浙江書局
刻本　十二冊　存二種

330000－1754－0000084　0084　史部/史評
類/史學之屬

史目表二卷　（清）洪飴孫撰　清光緒四年
（1878）啟秀山房刻本　一冊

330000－1754－0000085　0085　史部/編年
類/通代之屬

甲子紀元一卷附歷代建都考　（清）王維翰輯
　清光緒三年（1877）刻本　一冊

330000－1754－0000086　0086　史部/史表
類/通代之屬

廿一史四譜五十四卷 （清）沈炳震撰 清同治十年(1871)武林吳氏清來堂刻本 十六冊

330000－1754－0000087 0087 史部/史表類/通代之屬

歷代帝王年表一卷附紀元同異攷略一卷 （清）黃大華撰 清光緒二十六年(1900)夢紅豆邨刻本 一冊

330000－1754－0000088 0088 史部/史表類/通代之屬

歷代帝王年表一卷附紀元同異攷略一卷 （清）黃大華撰 清光緒二十六年(1900)夢紅豆邨刻本 一冊

330000－1754－0000089 0089 史部/史表類/通代之屬

歷代帝王年表一卷附紀元同異攷略一卷 （清）黃大華撰 清光緒二十六年(1900)夢紅豆邨刻本 一冊

330000－1754－0000090 0090 史部/目錄類/總錄之屬/官修

欽定四庫全書總目二百卷首一卷 （清）紀昀等撰 清同治七年(1868)廣東書局刻本 一百十二冊

330000－1754－0000091 0091 史部/目錄類/總錄之屬/官修

欽定四庫全書簡明目錄二十卷首一卷 （清）紀昀等撰 清同治廣州經韻樓刻本 十二冊

330000－1754－0000092 0092 史部/目錄類/總錄之屬/官修

欽定四庫全書簡明目錄二十卷 （清）紀昀等撰 清光緒十四年(1888)暢懷書屋鉛印本 二冊 存十卷(一至十)

330000－1754－0000093 0093 史部/目錄類/專錄之屬

小學考五十卷 （清）謝啟昆撰 清光緒十五年(1889)上海書局石印本 八冊

330000－1754－0000098 0098 集部/總集類/選集之屬/通代

重訂文選集評十五卷首一卷末一卷 （清）于光華輯 清咸豐十年(1860)刻本 九冊 存九卷(首,一、三、五至六、九、十一、十三至十四)

330000－1754－0000099 0099 集部/總集類/選集之屬/通代

重訂文選集評十五卷首一卷末一卷 （清）于光華輯 清刻本 十一冊 存十一卷(二至五、七至十三)

330000－1754－0000100 0100 經部/叢編

重刊宋本十三經注疏四百十六卷 附十三經注疏校勘記四百十六卷 （清）阮元撰 （清）盧宣旬摘錄 清嘉慶二十年(1815)南昌府學刻本 十五冊 存一種

330000－1754－0000101 0101 經部/小學類/音韻之屬/韻書

詩韻辨字略五卷 （清）秦端厓輯 清光緒四年(1878)浙江督學使者黃倬刻本 一冊

330000－1754－0000102 0102 經部/小學類

澤存堂五種 （清）張士俊輯 清康熙吳郡張士俊澤存堂刻本 三冊 存一種

330000－1754－0000103 0103 集部/詞類/詞韻之屬

詞林正韻三卷發凡一卷 （清）戈載撰 清光緒十二年(1886)嘉興稻香館刻本 二冊

330000－1754－0000104 0104 集部/總集類/選集之屬/通代

古文雅正十四卷 （清）蔡世遠輯 清雍正三年(1725)刻本 八冊

330000－1754－0000105 0105 集部/別集類/清別集

梅村詩集箋注十八卷 （清）吳偉業撰 （清）吳翌鳳箋注 清嘉慶十九年(1814)嚴榮滄浪吟榭刻本 許雪樵題記 十二冊

330000－1754－0000106 0106 集部/總集類/選集之屬/通代

文選六十卷 （南朝梁）蕭統輯 （唐）李善注 文選考異十卷 （清）胡克家撰 清同治八

年(1869)湖北崇文書局刻本　二十四冊

330000－1754－0000107　0107　類叢部/叢書類/彙編之屬

崇文書局彙刻書三十一種　（清）崇文書局編　清光緒元年至三年（1875－1877）湖北崇文書局刻本　一冊　存一種

330000－1754－0000108　0108　經部/書類/傳說之屬

書經集傳六卷　（宋）蔡沈撰　清光緒三年（1877）永康胡氏退補齋刻本　四冊

330000－1754－0000110　0110　經部/小學類/訓詁之屬/爾雅

爾雅十九卷附音釋十九卷　（清）干朝梧輯　清嘉慶六年（1801）星子干氏刻白文本　二冊

330000－1754－0000111　0111　經部/小學類/訓詁之屬/爾雅

爾雅註疏十一卷　（晉）郭璞註　（宋）邢昺疏　清嘉慶十六年（1811）書業堂刻本　四冊

330000－1754－0000112　0112　經部/小學類/訓詁之屬/爾雅

爾雅蒙求二卷　（清）李拔式撰　清嘉慶三年（1798）姑蘇七映堂刻本　二冊

330000－1754－0000114　0114　經部/小學類/訓詁之屬/爾雅

爾雅直音二卷　（清）孫偪輯　清同治十一年（1872）維揚聚錦堂刻本　二冊

330000－1754－0000115　0115　經部/小學類/訓詁之屬/爾雅

爾雅便讀便摹二卷　（清）周家憓撰　清饒城大雅堂刻本　二冊

330000－1754－0000116　0116　經部/小學類/訓詁之屬/爾雅

爾雅註三卷　（晉）郭璞注　爾雅註音釋二卷　（清）黃九門輯　清康熙二十六年（1687）田恩遠刻本　二冊

330000－1754－0000117　0117　經部/小學類/文字之屬/字書

字學舉隅不分卷　（清）黃本驥　（清）龍啓瑞撰　清同治十三年（1874）湖北崇文書局刻本　一冊

330000－1754－0000119　0119　史部/傳記類/總傳之屬/儒林

明儒學案十六卷　（清）黃宗羲撰　清光緒二十八年（1902）上海文瀾書局石印本　許雪樵題記　八冊

330000－1754－0000120　0120　類叢部/叢書類/自著之屬

章氏遺書二種　（清）章學誠撰　清道光十二年至十三年（1832－1833）章華紱刻清末浙江書局、民國浙江圖書舘補刻本　許雪樵題記　五冊

330000－1754－0000121　0121　子部/天文曆算類/算書之屬

鍾秀盒子學算學十二種附經算二種　（清）李鏐輯　清光緒二十四年（1898）石印本（原缺一種）　四冊

330000－1754－0000122　0122　子部/天文曆算類/算書之屬

鍾秀盒子學算學十二種附經算二種　（清）李鏐輯　清光緒二十四年（1898）石印本（原缺一種）　二冊　存七種

330000－1754－0000124　0124　集部/總集類/選集之屬/通代

古詩源十四卷　（清）沈德潛輯　清光緒十七年（1891）湖南思賢書局刻本　四冊

330000－1754－0000125　0125　集部/詞類/別集之屬

香銷酒醒詞一卷附曲一卷　（清）趙慶熺撰　清同治七年（1868）西泠王氏刻本　二冊

330000－1754－0000126　0126　類叢部/叢書類/自著之屬

大鶴山房全書十種　鄭文焯撰　清光緒至民國刻民國九年（1920）蘇州交通圖書館彙印本　一冊　存二種

330000－1754－0000127　0127　子部/叢編

子書百家　（清）崇文書局編　清光緒元年
（1875）湖北崇文書局刻本　一冊　存三種

330000－1754－0000128　0128　集部/總集
類/尺牘之屬

昭代名人尺牘續集二十四卷　陶湘輯　清宣
統三年（1911）天寶石印局影印本　二十四冊

330000－1754－0000129　0129　史部/政書
類/通制之屬

文獻通考詳節二十四卷　（元）馬端臨撰
（清）嚴虞惇輯　清光緒十五年（1889）上海珍
藝書局鉛印本　五冊　存二十二卷（一至十
一、十四至二十四）

330000－1754－0000130　0130　史部/地理
類/山川之屬/水志

西湖志四十八卷　（清）李衛　（清）程元章修
（清）傅王露撰　清光緒四年（1878）浙江書
局刻本　二十冊

330000－1754－0000132　0132　經部/群經
總義類/傳說之屬

經解入門八卷　題（清）江藩撰　清光緒十四
年（1888）鴻寶齋石印本　許雪樵題記　二冊

330000－1754－0000133　0133　類叢部/類
書類/專類之屬

縮本精選經藝淵海不分卷　（清）常安室主人
輯　清光緒十一年（1885）上海點石齋石印本
四冊

330000－1754－0000134　0134　子部/醫家
類/方書之屬/單方驗方

增廣驗方新編十六卷首一卷　（清）鮑相璈輯
（清）張紹棠增輯　清光緒二十七年（1901）
同文俊記石印本　二冊　存七卷（首、一至
六）

330000－1754－0000135　0135　經部/小學
類/訓詁之屬/爾雅

爾雅郭註正蒙十一卷　（清）張鎮重訂　清光
緒二十三年（1897）金筑張氏刻本　許雪樵題
記　四冊

330000－1754－0000136　0136　子部/術數
類/相宅相墓之屬

陰陽二宅全書十二卷　（清）姚廷鑾輯　清乾
隆十九年（1754）姚氏片山書樓刻本　十二冊

330000－1754－0000137　0137　史部/傳記
類/總傳之屬/列女

典故列女傳三卷　清咸豐七年（1857）宏道堂
刻本　許雪樵題記　四冊

330000－1754－0000138　0138　經部/春秋
左傳類/傳說之屬

曲江書屋新訂批註左傳快讀十八卷首一卷
（清）李紹崧輯　清乾隆宏道堂刻本　許梅
卿、許雪樵題記　十六冊

330000－1754－0000139　0139　經部/四書
類/總義之屬/傳說

四書讀本十九卷　（宋）朱熹撰　四書圖一卷
四書字辨一卷疑字辨一卷四書句辨詳訂一卷
清光緒十年（1884）黔省張氏大文堂刻本
許梅卿題記　八冊

330000－1754－0000140　0140　經部/詩類/
傳說之屬

詩經集傳八卷　（宋）朱熹撰　清宏道堂刻本
四冊

330000－1754－0000141　0141　集部/別集
類/唐五代別集

重刊五百家註音辯昌黎先生文集四十卷
（唐）韓愈撰　（宋）魏仲舉輯注　清乾隆四十
九年（1784）刻本　十四冊

330000－1754－0000142　0142　集部/總集
類/選集之屬/通代

古文辭類纂七十四卷　（清）姚鼐輯　清光緒
十九年（1893）思賢講舍刻本　十六冊

330000－1754－0000143　0143　集部/總集
類/選集之屬/通代

續古文辭類纂三十四卷　王先謙輯　清光緒
八年（1882）長沙王氏虛受堂刻本　八冊

330000－1754－0000144　0144　經部/易類/
傳說之屬

周易本義四卷附圖說一卷卦歌一卷筮儀一卷

（宋）朱熹撰　清光緒三十年（1904）善成裕記刻本　三冊

330000－1754－0000145　0145　集部/總集類/選集之屬/斷代

唐詩三百首注釋六卷　（清）孫洙編　（清）章燮注　唐詩三百首續選一卷姓氏小傳一卷（清）于慶元輯　清光緒宏道堂刻本　四冊

330000－1754－0000147　0147　集部/總集類/選集之屬/通代

古文辭類纂七十四卷　（清）姚鼐輯　**續古文辭類纂三十四卷**　王先謙輯　清光緒三十三年（1907）上海商務印書館鉛印本　許士毅、許雪樵題記　十二冊

330000－1754－0000149　0149　經部/春秋左傳類/傳說之屬

春秋左傳十八卷　（晉）杜預　（宋）林堯叟註釋　（唐）陸德明音義　（明）鍾惺　（明）孫鑛　（明）韓范評點　清光緒三十年（1904）京都鴻文齋石印本　許雪樵題記　十二冊

330000－1754－0000156　0156　子部/醫家類/方書之屬/單方驗方

增評童氏醫方集解二十三卷　（清）汪昂撰（清）李保常批點　（清）費伯雄評　清光緒三十年（1904）上海六藝書局石印本　六冊

330000－1754－0000157　0157　史部/傳記類/別傳之屬/事狀

李鴻章（中國四十年來大事記）十二章　梁啓超撰　清末鉛印本　一冊

330000－1754－0000158　0158　經部/小學類/文字之屬/字書/訓蒙

澄衷蒙學堂字課圖說四卷檢字一卷類字一卷　（清）劉樹屏撰　（清）吳子城繪圖　清光緒三十一年（1905）澄衷蒙學堂印書處石印本　許雪樵題記　八冊

330000－1754－0000159　0159　集部/別集類

居東集二卷　蔣智由撰　清宣統二年（1910）上海文明書局鉛印本　慕管題記　一冊

330000－1754－0000160　0160　史部/編年類/通代之屬

資治通鑑綱目五十九卷　（宋）朱熹撰　（明）陳仁錫評　**資治通鑑綱目續編一卷**　（明）陳桱撰　（明）陳仁錫評　**資治通鑑綱目前編二十五卷**　（明）南軒撰　（明）陳仁錫評　**續資治通鑑綱目二十七卷**　（明）商輅等撰　（明）陳仁錫評　清光緒十四年（1888）上海大同書局石印本　二冊　存二十五卷（資治通鑑綱目前編一至二十五）

330000－1754－0000161　0161　史部/編年類/通代之屬

資治通鑑綱目五十九卷首一卷　（宋）朱熹撰（明）陳仁錫評　清光緒十四年（1888）上海大同書局石印本　十六冊

330000－1754－0000162　0162　史部/編年類/通代之屬

續資治通鑑綱目二十七卷首一卷末一卷（明）商輅等撰　（明）陳仁錫評　清光緒十四年（1888）上海大同書局石印本　六冊

330000－1754－0000163　0163　史部/編年類/通代之屬

新刊趙田了凡袁先生編纂古本歷史大方綱鑑補三十九卷首一卷　（宋）司馬光通鑑　（宋）朱熹綱目　（明）袁黃編纂　清光緒二十三年（1897）成都書局刻本　許雪樵題記　三十六冊

330000－1754－0000165　0165　史部/紀傳類/正史之屬

二十一史二千五百六十七卷　明刻明清遞修本　十冊　存一種

330000－1754－0000166　0166　集部/總集類/選集之屬/斷代

明詩別裁集十二卷　（清）沈德潛　（清）周準輯　清乾隆刻本　十二冊

330000－1754－0000167　0167　子部/農家農學類/總論之屬

御製耕織圖二卷　（清）焦秉貞繪　（清）聖祖玄燁題詩　清光緒十二年（1886）上海點石齋

石印本　許雪樵跋　二冊

330000－1754－0000168　0168　子部/儒家類/儒學之屬/性理

子問二卷又問一卷　（清）劉沅撰　清同治二年(1863)平遙李氏刻本　三冊

330000－1754－0000169　0169　史部/編年類/通代之屬

讀通鑑綱目條記二十卷首一卷　（清）李述來撰　清嘉慶刻本　六冊

330000－1754－0000170　0170　子部/雜著類/雜說之屬

墨子閒詁十五卷目錄一卷附錄一卷後語二卷　（清）孫詒讓撰　清光緒三十三年(1907)瑞安孫氏刻本　八冊

330000－1754－0000176　0176　集部/總集類/選集之屬/通代

六朝唐賦讀本不分卷　（清）馬傳庚選註　清光緒十九年(1893)上海寶善書局石印本　二冊

330000－1754－0000177　0177　集部/總集類/選集之屬/通代

六朝唐賦讀本不分卷　（清）馬傳庚選註　清光緒十九年(1893)上海寶善書局石印本　二冊

330000－1754－0000178　0178　集部/總集類/選集之屬/通代

六朝唐賦讀本不分卷　（清）馬傳庚選註　清光緒十九年(1893)上海寶善書局石印本　一冊

330000－1754－0000179　0179　集部/總集類/選集之屬/通代

六朝唐賦讀本不分卷　（清）馬傳庚選註　清光緒十九年(1893)上海寶善書局石印本　一冊

330000－1754－0000180　0180　集部/小說類/長篇之屬

增評補像全圖金玉緣一百二十回首一卷　（清）曹霑　（清）高鶚撰　（清）王希廉

（清）張新之　（清）姚燮評　清光緒十五年(1889)上海石印本　三冊　缺一百十二回（九至一百二十）

330000－1754－0000181　0181　集部/小說類/長篇之屬

增評補像全圖金玉緣一百二十回首一卷　（清）曹霑　（清）高鶚撰　（清）王希廉（清）張新之　（清）姚燮評　清光緒三十四年(1908)求不負齋石印本　一冊　存八回（一至八）

330000－1754－0000182　0182　類叢部/叢書類/彙編之屬

申報館叢書正集五十七種附錄三種　（清）尊聞閣主編　**續集一百四十二種**　蔡爾康編　清同治至光緒上海申報館鉛印本　二冊　存一種

330000－1754－0000183　0183　史部/傳記類/別傳之屬/事狀

曾文正公[國藩]大事記四卷　（清）王定安撰　清光緒十六年(1890)鴻寶南局鉛印本　一冊

330000－1754－0000184　0184　集部/別集類/清別集

曾文正公家書十卷　（清）曾國藩撰　清光緒十六年(1890)鴻寶南局鉛印本　四冊　存八卷(三至十)

330000－1754－0000188　0188　子部/藝術類/書畫之屬/畫譜

芥子園畫傳初集六卷二集九卷三集六卷　（清）王槩　（清）王蓍　（清）王臬輯　清光緒十六年(1890)上海鴻寶齋石印本　十一冊　存十九卷(初集三至六、二集一至九、三集一至六)

330000－1754－0000189　0189　子部/藝術類/書畫之屬

賞奇軒合編五種　清光緒十二年(1886)上海同文書局石印本　許雪樵題記　四冊　存四種

330000－1754－0000190　0190　子部/叢編

子書百家　（清）崇文書局編　清光緒元年
(1875)湖北崇文書局刻本　五冊　存二種

330000－1754－0000191　0191　類叢部/叢
書類/彙編之屬

抱經堂叢書十六種　（清）盧文弨編　清乾隆
至嘉慶刻彙印本　二冊　存一種

330000－1754－0000192　0192　經部/小學
類/訓詁之屬/爾雅

增注爾雅時文會編必詳二卷　（清）魏雲琯時
文　（清）顧澍會編　（清）余學密增注　清道
光二十七年(1847)京都榮光閣刻本　一冊

330000－1754－0000193　0193　經部/四書
類/總義之屬/傳說

四書集註十九卷　（宋）朱熹撰　**四書圖一卷
四書句辨一卷疑字辨一卷**　清浦城祝氏刻本
六冊

330000－1754－0000199　0199　集部/別集
類/唐五代別集

李太白文集三十六卷　（唐）李白撰　（清）王
琦輯注　清乾隆刻本　七冊　存十六卷（五
至十七、二十一至二十二、三十六）

330000－1754－0000201　0201　子部/儒家
類/儒學之屬/禮教/女範

三台閨範六卷　（清）張廷琛輯　清光緒二十
四年至宣統元年(1898－1909)天台張氏木活
字印本　二冊

330000－1754－0000202　0202　集部/別集
類/清別集

存我軒偶錄不分卷　（清）陸鍾渭撰　清光緒
二十七年(1901)文彙書局鉛印本　一冊

330000－1754－0000203　0203　經部/群經
總義類

四書五經義策論初編不分卷　韓韋編　清末
鉛印本　二冊

330000－1754－0000204　0204　經部/群經
總義類

四書五經義策論續編不分卷　（清）崇實齋輯

清末刻本　三冊

330000－1754－0000205　0205　經部/群經
總義類

四書五經義策論三編不分卷　（清）崇實學社
輯　清光緒二十九年(1903)文林書局刻本
四冊

330000－1754－0000209　0209　史部/地理
類/山川之屬/水志

莫愁湖志六卷首一卷　（清）馬士圖撰　清光
緒八年(1882)刻本　一冊　存五卷（首、一至
四）

330000－1754－0000214　0212　子部/藝術
類/書畫之屬/法帖

宋拓破邪論不分卷　（唐）虞世南撰並書　清
末上海藝苑真賞社影印本　一冊

330000－1754－0000217　0215　新學/雜著/
小說

埃司蘭情俠傳二卷三十三章　（英國）哈葛特
撰　林紓　魏易譯　清光緒三十年(1904)石
印本　許雪樵題記　二冊

330000－1754－0000218　0216　新學/理學/
理學

天演論二卷　（英國）赫胥黎撰　嚴復譯　清
光緒二十九年(1903)申江同文社鉛印本　許
雪樵題記　一冊

330000－1754－0000219　0217　新學/雜著/
叢編

富強叢書正集七十七種續集一百二十一種
(清)袁俊德編　清光緒二十五年(1899)、二
十七年(1901)石印本　四冊　存二種

330000－1754－0000220　0218　子部/醫家
類/方書之屬/單方驗方

驗方新編十六卷　（清）鮑相璈輯　**痧症全書
三卷首一卷**　（清）王凱輯　**咽喉秘集二卷首
一卷**　（清）海山仙館輯　清末石印本　六冊
　存十七卷（七至十六，痧症全書首、一至三，
咽喉秘集首、一至二）

330000－1754－0000236　0234　史部/紀傳

類/正史之屬

二十四史附考證 清光緒十八年(1892)武林竹簡齋石印本 二冊 存二種

330000－1754－0000238 0236 史部/傳記類/科舉錄之屬/諸貢錄

國朝貢舉年表三卷 (清)陳國霖 (清)顧錫中編 清末石印本 一冊 存二卷(二至三)

330000－1754－0000240 0238 史部/目錄類/總錄之屬/私撰

古越藏書樓書目二十卷首一卷 (清)徐樹蘭撰 清光緒三十年(1904)崇實書局石印本 七冊 存十八卷(三至二十)

330000－1754－0000242 0240 集部/總集類/選集之屬/通代

古文眉詮七十九卷首一卷 (清)浦起龍輯 清乾隆九年(1744)蘇州三吳書院刻本 二十四冊

330000－1754－0000250 0248 史部/地理類/方志之屬/郡縣志

[光緒]黃巖縣志四十卷首一卷黃巖集三十二卷首一卷 (清)陳寶善 (清)孫憙修

(清)王棻纂 (清)陳鍾英 (清)鄭錫滜續修 王詠霓續纂 清光緒三年(1877)刻六年(1880)校補刻本 三十冊

330000－1754－0000261 0259 集部/戲劇類/雜劇之屬

增像第六才子書五卷首一卷 (元)王德信 (元)關漢卿撰 (清)金人瑞評 清光緒三十一年(1905)上海育文書局石印本 許雪樵題記 六冊

330000－1754－0000263 0261 經部/小學類/文字之屬/說文

說文通訓定聲十八卷分部柬韻一卷說雅一卷古今韻準一卷 (清)朱駿聲撰 (清)朱鏡蓉參訂 **行述一卷** 朱孔彰撰 清光緒十三年(1887)上海積山書局石印本 八冊

330000－1754－0000264 0262 類叢部/類書類/專類之屬

佩文韻府一百六卷 (清)張玉書 (清)蔡升元等輯 **韻府拾遺一百六卷** (清)汪灝 (清)何焯等輯 清光緒二十二年(1896)上海點石齋石印本 六十冊

溫嶺市圖書館
古籍普查登記目錄

全國古籍普查登記目錄·浙江台州

國家圖書館出版社
National Library of China Publishing House

《温嶺市圖書館古籍普查登記目録》

編委會

主　　編：楊仲芝

副 主 編：陳海量　丁攀華

編　　委：蔡可爲　蔣晨紅　朱勤勤　林君麗

　　　　　陳奇榮　戴燈耀

《溫嶺市圖書館古籍普查登記目錄》

前　言

　　溫嶺市圖書館的古籍於 2009 年接管自市文管會。當時這批書籍寄存在市檔案局的庫房，分裝在十餘個樟木箱内，未編目，僅有編製於 1979 年的簡單書目清單。圖書館接手這批書籍後，隨即開始資産登記、書籍除塵清點、庫房建設等工作，并於 2011 年底啓動普查工作。截至 2015 年 6 月底，完成館藏全部古籍的普查工作。

　　普查開展之前，我館祗粗略統計過館藏古籍數量，所以此次普查是一個邊著録邊整理的過程。在此過程中，剔除了不在普查範圍内的書籍，增加了 300 餘册讀者捐贈的古籍。普查完成後，經統計，我館 1912 年以前古籍總數爲 454 部 7956 册。其中，所藏清康熙五十六年（1717）刻本《三藩紀事本末》四卷（清葉蒸雲批注）在 2010 年入選第三批《國家珍貴古籍名録》。《三藩紀事本末》四卷是清人楊陸榮撰寫的記載南明史事的史書，我館所藏的版本附有清代溫嶺地方名士葉蒸雲的批注。葉蒸雲（1813—1874），字建霞，號聞帆，亦作朗凡，清溫嶺縣城人，道光十八年（1838）拔貢生。所著《辛壬寇紀》記述太平軍在台州活動情况，又著有《研露點易山房駢文》六卷、《印香室詩鈔》四卷、《我聞録》一卷。此外，我館藏書中約有 20 餘種溫嶺地方文獻，有些是地方人士著述，比如《知我軒近説》三卷、《松濤吟》等一批有整理開發價值的古籍，一部分已爲我市 2011 年啓動編纂的《溫嶺叢書》提供底本供校對及出版。

　　館藏古籍普查著録完成後，我館的工作重心轉移到文獻保護和開發上。一是改善書籍的保護條件，書籍全部放置於備有空調、除濕機、防紫外綫燈管等設備的標準化庫房中，并每日查看、登記溫濕度。二是完善和發揮古籍修復站的功能，我館陸續購置酸碱度測試儀、紙張測厚儀、裝訂綫、手工紙等修復設備和材料，并從 2017 年起啓動傳統裝幀書籍的基礎維護工作。三是整合古籍資源，以資源建設帶動讀者服務。溫嶺市有溫嶺市圖書館和溫嶺中學圖書館兩家單位開展古籍普查，隨着普查的完成，兩館也摸清了各自的館藏情况。計劃建立地方古籍綜合信息數據庫，從而提高古籍的開發利用率，推動文獻資源的共享共建。四是整理挖掘有價值的古籍地方文獻，對於有地方特色和研究價值的文獻，通過數字化、出版等手段加以保存及開發。

　　溫嶺市圖書館的古籍能從孤寂蒙塵的一隅進入規範的保護程序，從未編目到每種皆可查,離不開各方面的努力和推動。普查項目的開展過程中,由於物力、人力等的短缺,困難不斷,幾經周折。現普查工作順利完成,首先要感謝浙江省古籍保護中心的督促和指導,其次要感謝溫嶺市文廣新局領導和圖書館領導的支持和大力推進,最後更要感謝普查人員丁攀華、蔡可爲、蔣晨紅、朱勤勤、林君麗,以及實習生陳奇榮、戴燈耀。雖然在整個普查工作中,這些普查員擔任的角色不同,進入項目組的時間有先後,工作時長亦有差別,但在工作期間,每個人都認真負責,兢兢業業。他們承擔了這個項目中最具體、最繁重的工作任務。没有他們的求真務實和辛勤付出,就没有面前的碩果纍纍。

毋庸諱言,本書目也有不足之處。受普查人員能力、時間、工具書、參考資料不足等因素的制約,難免有錯漏,個別也有考證不足的缺憾。雖經幾輪校對覆核,做了不少修正,但深知萬事難以十全十美。錯漏不當之處,懇請方家指正。

溫嶺市圖書館
2018 年 6 月

330000 - 4727 - 0000001　0101　史部/紀事本末類/斷代之屬

三藩紀事本末四卷　（清）楊陸榮撰　清康熙五十六年(1717)刻本　清葉蒸雲題簽並批　二冊

330000 - 4727 - 0000002　0106　集部/總集類/選集之屬/通代

御選唐宋詩醇四十七卷目錄二卷　（清）高宗弘曆輯　清乾隆二十五年(1760)紫陽書院刻本　二十四冊

330000 - 4727 - 0000003　0104　經部/禮記類/傳說之屬

禮記集說十卷　（元）陳澔撰　清乾隆五十九年(1794)杭州文苑堂金氏刻本　十冊

330000 - 4727 - 0000004　0102　經部/四書類/總義之屬/傳說

集虛齋四書口義十卷　（清）方葇如撰　（清）于光華編　清乾隆五十三年(1788)刻本　八冊

330000 - 4727 - 0000005　0105　經部/四書類/總義之屬/傳說

四書考輯要二十卷　（清）陳弘謀輯　（清）陳蘭森編校　清乾隆三十六年(1771)陳氏培遠堂刻本　八冊

330000 - 4727 - 0000006　0107　集部/總集類/選集之屬/斷代

東嵒艸堂評訂唐詩鼓吹十卷　（金）元好問輯　（元）郝天挺註　（明）廖文炳解　（清）朱三錫評　清康熙刻本　林珍題簽　五冊

330000 - 4727 - 0000008　0216　集部/別集類/元別集

江檻集一卷　（元）潘伯修撰　陳樹鈞編　**江檻集附錄一卷**　陳樹鈞編　**適閒詩草一卷**　（清）江左撰　清宣統二年(1910)太平陳氏木活字印本　一冊

330000 - 4727 - 0000011　0211　類叢部/叢書類/彙編之屬

金峨山館叢書(望三益齋叢書)十一種　（清）

郭傳璞編　清光緒八年至十六年(1882 - 1890)鄞郭氏刻二十年(1894)鎮海邵氏彙印本　四冊　存一種

330000 - 4727 - 0000012　0210　集部/別集類/清別集

彝門詩稿一卷　（清）侯嘉繙撰　清抄本　一冊

330000 - 4727 - 0000013　0214　集部/別集類/明別集

補刊全室外集九卷續一卷　（明）釋宗泐撰　清末抄本　秪修批校　一冊

330000 - 4727 - 0000014　0103　經部/四書類/總義之屬/傳說

集虛齋四書口義十卷　（清）方葇如撰　（清）于光華編　清乾隆五十三年(1788)刻本　五冊

330000 - 4727 - 0000015　0203　史部/地理類/方志之屬/郡縣志

[康熙]台州府志十八卷首一卷　（清）張聯元修　（清）方景濂等纂　清康熙六十一年(1722)刻本　二冊　存二卷(四、十四)

330000 - 4727 - 0000016　0204　史部/地理類/方志之屬/郡縣志

[光緒]黃巖縣志四十卷首一卷附黃巖集三十二卷首一卷　（清）陳寶善　（清）孫憙修　（清）王棻纂　（清）陳鍾英　（清）鄭錫滦續修　王詠霓續纂　**黃巖志校議二卷**　（清）王棻撰　清光緒三年(1877)刻六年(1880)校補刻本　十六冊　存四十一卷(黃巖縣志首、一至四十)

330000 - 4727 - 0000017　0615/1　類叢部/叢書類/彙編之屬

趙氏藏書十六種　（清）趙承恩編　清同治至光緒金谿趙氏紅杏山房補刻重印本　六冊　存一種

330000 - 4727 - 0000018　0615/2　集部/別集類/清別集

壯悔堂文集十卷遺稿一卷四憶堂詩集六卷遺

稿一卷　（清）侯方域撰　（清）賈開宗等評點
　　清宣統元年(1909)上海掃葉山房石印本
　　六冊

330000－4727－0000019　0301　集部/總集
類/課藝之屬
目耕齋初集不分卷二集不分卷三集不分卷
(清)徐楷評註　（清）沈叔眉選刊　清光緒十
五年(1889)點石齋石印本　三冊

330000－4727－0000022　0709　集部/總集
類/選集之屬/斷代
全唐詩九百卷目錄十二卷　（清）曹寅等輯
清光緒元年(1875)撫州饒玉成雙峰書屋刻本
　　一百十七冊　缺二十五卷（一百九十六至
二百一、八百八十二至九百）

330000－4727－0000023　0602　集部/別集
類/清別集
曝書亭集八十卷附錄一卷　（清）朱彝尊撰
笛漁小稾十卷　（清）朱昆田撰　清康熙五十
三年(1714)朱稻孫刻雍正印本　三十八冊
存八十一卷（曝書亭集一至八十、附錄）

330000－4727－0000024　0312/2　類叢部/
叢書類/自著之屬
惜抱軒全集十種　（清）姚鼐撰　清同治五年
(1866)李瀚章省心閣刻本　二十冊

330000－4727－0000028　0220：1　集部/別
集類/清別集
壺舟文存二卷　（清）黃濬撰　陳樹鈞編　清
宣統三年(1911)太平陳氏枕經閣木活字印本
　　一冊

330000－4727－0000029　0220：2　集部/別
集類/清別集
壺舟文存二卷　（清）黃濬撰　陳樹鈞編　清
宣統三年(1911)太平陳氏枕經閣木活字印本
　　一冊

330000－4727－0000030　0217　子部/醫家
類/兒科之屬/痘疹
沈氏痲科一卷　（清）趙開泰輯　清光緒二年
(1876)黃邑管作鼎刻本　一冊

330000－4727－0000031　0212　集部/別集
類/明別集
正志稿十卷　（明）林貴兆撰　清宣統二年
(1910)太平陳氏木活字印本　一冊　存六卷
（一至六）

330000－4727－0000032　0213：1　集部/別
集類/明別集
知我軒近說三卷　（明）林貴兆撰　清宣統二
年(1910)太平陳氏木活字印本　三冊

330000－4727－0000033　0213：2　集部/別
集類/明別集
知我軒近說三卷　（明）林貴兆撰　清宣統二
年(1910)太平陳氏木活字印本　一冊　存一
卷（上）

330000－4727－0000036　0209　集部/別
集類
函雅堂集四十卷　王詠霓撰　清光緒二十二
年(1896)刻本　四冊　存十六卷（九至十二、
二十一至二十四、二十九至三十六）

330000－4727－0000037　0206/1：1　史部/
地理類/山川之屬/山志
廣雁蕩山誌二十八卷首一卷末一卷　（清）曾
唯輯　清刻本　六冊　缺五卷（首、二十六至
二十八、末）

330000－4727－0000038　0206/1：2　史部/
地理類/山川之屬/山志
廣雁蕩山誌二十八卷首一卷末一卷　（清）曾
唯輯　清刻本　二冊　存十卷（五至十四）

330000－4727－0000041　0109/2　史部/地
理類/方志之屬/郡縣志
[嘉慶]太平縣志十八卷　（清）慶霖修
(清)戚學標等纂　清嘉慶十六年(1811)刻本
　　二冊　存四卷（七至九、十一）

330000－4727－0000043　0222　經部/小學
類/訓詁之屬/譯語
英話注解一卷　（清）馮祖憲等撰　清光緒二
十七年(1901)石印本　一冊

330000－4727－0000044　0303　集部/別集

類/清別集

亭林詩集五卷文集六卷餘集一卷　（清）顧炎武撰　清宣統二年(1910)上海掃葉山房石印本　四冊

330000－4727－0000045　0302　子部/雜著類/雜說之屬

天祿閣外史八卷　題(漢)黃憲撰　(宋)韓洎贊　清刻本　二冊

330000－4727－0000046　0304　史部/史評類/史學之屬

文史通義八卷　（清）章學誠撰　清光緒二十五年(1899)新化三味堂刻本　七冊

330000－4727－0000047　0305　經部/四書類/總義之屬/傳說

增補四書精繡圖像人物備考十二卷　（明）薛應旂撰　（明）陳仁錫增定　清刻本　六冊

330000－4727－0000048　0306　子部/宗教類/佛教之屬/經疏

觀楞伽阿跋多羅寶經記十八卷首一卷　（南朝宋）釋求那跋陀羅譯　（明）釋德清筆記　清光緒三十一年(1905)金陵刻經處刻本　六冊

330000－4727－0000049　0307　經部/易類/易占之屬

焦氏易林四卷　（漢）焦贛撰　清刻本　四冊

330000－4727－0000050　0308　集部/別集類/清別集

陳檢討集二十卷　（清）陳維崧撰　（清）程師恭注　清康熙刻本　四冊

330000－4727－0000051　0313/1　集部/別集類/清別集

遜學齋詩鈔十卷　（清）孫衣言撰　清同治三年(1864)刻本　二冊

330000－4727－0000052　0314　子部/儒家類/儒學之屬/經濟

潛夫論十卷　（漢）王符撰　清刻本　二冊

330000－4727－0000053　0313/2　集部/別

集類/清別集

遜學齋詩鈔十卷續鈔五卷　（清）孫衣言撰　清同治三年(1864)刻本　四冊

330000－4727－0000054　0313/3　集部/別集類/清別集

遜學齋文鈔十二卷續鈔五卷　（清）孫衣言撰　清同治十二年(1873)刻本　八冊

330000－4727－0000055　0315　類叢部/叢書類/彙編之屬

廣漢魏叢書八十種　（明）何允中編　清嘉慶刻本　二冊　存一種

330000－4727－0000056　0316　子部/儒家類/儒學之屬

中外經世緒言十六卷續編八卷　（清）余貽範編　清光緒二十三年(1897)石印本　十四冊

330000－4727－0000057　0317　集部/總集類/彙編之屬

進呈策問不分卷　（清）荷香書屋輯　清同治九年(1870)萃珍樓刻本　六冊

330000－4727－0000058　0318　新學/報章

癸卯新民叢報彙編十一卷　梁啓超編　清光緒二十九年(1903)鉛印本　四冊

330000－4727－0000060　0320　集部/總集類/選集之屬/斷代

皇朝經世文三編八十卷　（清）陳忠倚輯　清光緒二十七年(1901)上海書局石印本　十六冊

330000－4727－0000062　0321　史部/雜史類/通代之屬

重訂路史全本四十七卷　（宋）羅泌撰　（宋）羅苹注　（明）吳弘基等重編　**賦秋山覽史隨筆一卷**　明末仁和吳弘基刻本　一冊　存四卷(前紀一至四)

330000－4727－0000063　0322　子部/儒家類/儒學之屬/經濟

說苑二十卷　（漢）劉向撰　清刻本　四冊

330000－4727－0000065　1101　史部/紀傳

類/正史之屬

前漢書一百卷 （漢）班固撰 （唐）顏師古注 清光緒二十年(1894)上海點石齋石印本 二冊 存三十四卷(一至十五、五十三至七十一)

330000－4727－0000066 1102 史部/紀傳類/正史之屬

四史四百十五卷 清光緒二十年(1894)上海點石齋石印本 一冊 存一種

330000－4727－0000067 0310 集部/總集類/選集之屬/斷代

欽定國朝詩別裁集三十二卷 （清）沈德潛纂評 清刻本 十六冊

330000－4727－0000068 1103 史部/紀傳類/正史之屬

欽定二十四史 清末石印本 一冊 存一種

330000－4727－0000069 1104 史部/紀傳類/正史之屬

欽定二十四史 清光緒二十八年(1902)竢實齋石印本 八冊 存一種

330000－4727－0000070 3701 史部/政書類/邦計之屬/荒政

欽定康濟錄四卷 （清）陸曾禹撰 （清）倪國璉鼇正 清同治八年(1869)楚北崇文書局刻本 四冊

330000－4727－0000071 1118 史部/紀傳類/正史之屬

二十四史 清光緒十四年(1888)上海圖書集成印書局鉛印本 十九冊 存二種

330000－4727－0000072 0204：2 史部/地理類/方志之屬/郡縣志

[光緒]黃巖縣志四十卷首一卷附黃巖集三十二卷首一卷 （清）陳寶善 （清）孫憙修 （清）王棻纂 （清）陳鍾英 （清）鄭錫澤續修 王詠霓續纂 **黃巖志校議二卷** （清）王棻撰 清光緒三年(1877)刻六年(1880)校補刻本 一冊 存三卷(二十八至三十)

330000－4727－0000073 0401 集部/別集

類/清別集

定盦文集三卷續集四卷 （清）龔自珍撰 清光緒二十九年(1903)文瑞樓石印本 二冊

330000－4727－0000074 0402 類叢部/叢書類/彙編之屬

國粹叢書四十九種 （清）國學保存會編 清光緒至宣統鉛印本 六冊 存三種

330000－4727－0000076 0403 類叢部/類書類/專類之屬

類類聯珠初編三十二卷二編十二卷 （清）李堃編 （清）李椿林增補 清同治九年(1870)刻本 一冊 存十二卷(二編一至十二)

330000－4727－0000077 0404 經部/四書類/總義之屬/傳說

四書人物類典串珠四十卷 （清）臧志仁輯 清光緒六年(1880)浙紹墨潤堂刻本 十二冊

330000－4727－0000079 0405 集部/別集類/清別集

增補詳註水竹居賦二卷 （清）盛觀潮撰 清光緒二十一年(1895)上海飛鴻閣書局石印本 二冊

330000－4727－0000080 0407 類叢部/叢書類/自著之屬

王船山先生經史論八種七十四卷 （清）王夫之撰 清光緒二十五年(1899)公記書莊石印本 十六冊

330000－4727－0000081 4301/2 史部/地理類/外紀之屬

海國圖志一百卷 （清）魏源撰 清光緒二十一年(1895)上海積山書局石印本 五冊 存三十六卷(十三至二十、三十七至五十六、七十四至八十一)

330000－4727－0000083 0410 集部/別集類/清別集

望溪先生文集十八卷集外文十卷集外文補遺二卷年譜二卷 （清）方苞撰 清宣統二年(1910)上海集成圖書公司鉛印本 十冊

330000－4727－0000084 0411 集部/別集

類/明別集

震川先生集三十卷別集十卷附錄一卷補編一卷 （明）歸有光撰 （清）歸莊校勘 （清）錢謙益選定 （清）歸玠編輯 清宣統二年(1910)上海集成圖書公司鉛印本 十冊

330000－4727－0000086 0413 集部/別集類

湘綺樓文集八卷詩集十四卷箋啟八卷 王闓運撰 清宣統二年(1910)上海國學扶輪社石印本 十二冊

330000－4727－0000087 5702/1 史部/編年類/通代之屬

尺木堂綱鑑易知錄九十二卷明鑑易知錄十五卷 （清）吳乘權 （清）周之炯 （清）周之燦輯 清光緒二十七年(1901)上海商務印書館鉛印本 八冊 存五十二卷(一至四、三十三至三十九、六十七至九十二,明鑑易知錄一至十五)

330000－4727－0000089 5702/3 史部/編年類/通代之屬

緯文堂綱鑑易知錄九十二卷明鑑易知錄十五卷 （清）吳乘權 （清）周之炯 （清）周之燦輯 清緯文堂刻羊城志遠堂印本 四十冊

330000－4727－0000092 4202/1 史部/地理類/山川之屬/水志

西湖志四十八卷 （清）李衛 （清）程元章修 （清）傅王露撰 清刻本 九冊 缺二十八卷(一至九、十四至十五、二十一至三十一、四十一至四十二、四十五至四十八)

330000－4727－0000093 0420 史部/史評類/史論之屬

史通削繁四卷 （清）紀昀撰 清光緒二十二年(1896)新化三味堂刻本 四冊

330000－4727－0000094 0421 集部/別集類/清別集

漁洋山人精華錄箋注十二卷補一卷附年譜一卷 （清）王士禛撰 （清）金榮箋注 （清）徐準纂輯 清掃葉山房石印本 十二冊

330000－4727－0000095 0422 經部/小學類/訓詁之屬/爾雅

爾雅啟蒙十二卷 （清）姚正父撰 清咸豐二年(1852)刻本 四冊

330000－4727－0000099 0206/2 史部/地理類/山川之屬/山志

廣雁蕩山誌二十八卷首一卷末一卷 （清）曾唯輯 清刻本 六冊 缺五卷(首、二十二至二十五)

330000－4727－0000102 0408 史部/地理類/雜志之屬

永嘉郡記一卷 （南朝宋）鄭緝之撰 （清）孫詒讓輯 清光緒四年(1878)刻本 一冊

330000－4727－0000103 4202/2 史部/地理類/山川之屬/水志

西湖志四十八卷 （清）李衛 （清）程元章修 （清）傅王露撰 清光緒四年(1878)浙江書局刻本 二十冊 缺三卷(二十四至二十六)

330000－4727－0000105 0406 史部/地理類/山川之屬/水志

湖山便覽十二卷圖說一卷 （清）翟灝等撰 清乾隆三十年(1765)刻本 一冊 存二卷(五至六)

330000－4727－0000106 0205 史部/金石類/郡邑之屬/文字

兩浙金石志十八卷補遺一卷 （清）阮元撰 清光緒十六年(1890)浙江書局刻本 一冊 存二卷(五至六)

330000－4727－0000107 0108/1：1 史部/地理類/方志之屬/郡縣志

光緒太平續志十八卷首一卷 （清）陳汝霖修 （清）王棻等纂 清光緒二十二年(1896)刻本 七冊 存十八卷(首,一至二、四至十八)

330000－4727－0000108 0108/2 史部/地理類/方志之屬/郡縣志

光緒太平續志十八卷首一卷 （清）陳汝霖修 （清）王棻等纂 清光緒二十二年(1896)刻本 四冊 存十卷(九至十八)

330000－4727－0000109　0108/1：2　史部/
地理類/方志之屬/郡縣志

光緒太平續志十八卷首一卷 （清）陳汝霖修
（清）王棻等纂　清光緒二十二年（1896）刻
本　王履豐題簽　二冊　存四卷（十三至十
六）

330000－4727－0000110　0108/1：3　史部/
地理類/方志之屬/郡縣志

光緒太平續志十八卷首一卷 （清）陳汝霖修
（清）王棻等纂　清光緒二十二年（1896）刻
本　五冊　存十二卷（七至十八）

330000－4727－0000111　0109/1：1　史部/
地理類/方志之屬/郡縣志

嘉慶太平縣志十八卷首一卷 （清）慶霖修
（清）戚學標等纂　清光緒二十二年（1896）刻
本　七冊　缺五卷（二至六）

330000－4727－0000112　0109/1：2　史部/
地理類/方志之屬/郡縣志

嘉慶太平縣志十八卷首一卷 （清）慶霖修
（清）戚學標等纂　清光緒二十二年（1896）刻
本　二冊　存四卷（十一至十二、十五至十
六）

330000－4727－0000113　0109/1：3　史部/
地理類/方志之屬/郡縣志

嘉慶太平縣志十八卷首一卷 （清）慶霖修
（清）戚學標等纂　清光緒二十二年（1896）刻
本　二冊　存四卷（二至三、十一至十二）

330000－4727－0000114　0506/1　史部/地
理類/山川之屬/山志

天台山全志十八卷 （清）張聯元輯　清康熙
五十六年（1717）刻雍正元年（1723）印本
六冊

330000－4727－0000115　0506/2　史部/地
理類/山川之屬/山志

天台山全志十八卷 （清）張聯元輯　清康熙
五十六年（1717）刻六十年（1721）印本　延輝
廬題簽　四冊　存十一卷（一至四、十一至十
七）

330000－4727－0000116　4301/1　史部/地
理類/外紀之屬

海國圖志一百卷 （清）魏源撰　清咸豐二年
（1852）古微堂刻本　二十四冊

330000－4727－0000120　4601/4　子部/醫
家類/本草之屬/歷代綜合本草

本草綱目拾遺十卷 （清）趙學敏輯　清光緒
三十年（1904）上海經香閣書莊石印本　一冊

330000－4727－0000121　0416　集部/別集
類/清別集

甌北詩鈔二十卷 （清）趙翼撰　清宣統三年
（1911）掃葉山房石印本　八冊

330000－4727－0000122　0417　子部/雜著
類/雜考之屬

日知錄集釋三十二卷刊誤二卷續刊誤二卷
（清）黃汝成撰　清光緒三年（1877）刻本　十
六冊

330000－4727－0000124　0501：1　集部/別
集類/清別集

寫經堂文鈔二卷詩鈔四卷 （清）蔡簧撰　同
光集一卷 （清）徐濬撰　清光緒六年（1880）
刻本　二冊

330000－4727－0000125　0501：2　集部/別
集類/清別集

寫經堂文鈔二卷詩鈔四卷 （清）蔡簧撰　同
光集一卷 （清）徐濬撰　清光緒六年（1880）
刻本　一冊　缺四卷（詩鈔一至四）

330000－4727－0000127　1301　類叢部/叢
書類/彙編之屬

廣漢魏叢書八十種 （明）何允中編　清嘉慶
刻本　一百十三冊　存七十九種

330000－4727－0000128　1001　集部/別集
類/清別集

甌北詩鈔十九卷 （清）趙翼撰　清同治十三
年（1874）紅杏山房刻本　六冊

330000－4727－0000130　0503　類叢部/叢
書類/彙編之屬

廣漢魏叢書八十種 （明）何允中編　清嘉慶

刻本　二十冊　存二十九種

330000－4727－0000131　0504　集部/別集類/清別集

養源山房詩鈔六卷　（清）徐士霖撰　清光緒三十四年（1908）武林刻本　一冊　存四卷（一至四）

330000－4727－0000134　0508　經部/小學類/文字之屬/字書/字典

康熙字典十二集三十六卷總目一卷檢字一卷辨似一卷等韻一卷補遺一卷備考一卷　（清）張玉書等纂修　清光緒十三年（1887）上海同文書局石印本　十二冊

330000－4727－0000135　0509　經部/小學類/文字之屬/字書/字典

康熙字典十二集三十六卷總目一卷檢字一卷辨似一卷等韻一卷補遺一卷備考一卷　（清）張玉書等纂修　清道光七年（1827）刻本　忍庵題簽並記　一冊　存三卷(已集上中下）

330000－4727－0000138　0511　史部/傳記類/總傳之屬/通代

校正尚友錄二十二卷補遺一卷　（明）廖用賢輯　（清）張伯琮補輯　**校正尚友錄續集二十二卷**　（清）張亮基輯　清光緒二十四年（1898）上海鴻寶齋石印本　六冊　存二十三卷(一至三、八至十一、十六至十九,續集八至十九）

330000－4727－0000139　0512/1　集部/總集類/選集之屬/斷代

唐詩三百首註疏六卷　（清）孫洙編　（清）章燮注　清光緒二十二年（1896）務時敏齋刻本　陳顯培題簽並記　六冊

330000－4727－0000140　0512/2　集部/總集類/選集之屬/斷代

唐詩三百首註疏六卷　（清）孫洙編　（清）章燮注　清末刻本　二冊

330000－4727－0000141　0513　史部/目錄類/總錄之屬/官修

欽定四庫全書簡明目錄二十卷　（清）紀昀等

撰　清光緒五年（1879）會稽徐友蘭墨潤堂鉛印本　十冊

330000－4727－0000142　0514　子部/藝術類/書畫之屬/畫譜

點石齋叢畫十卷　（清）尊聞閣主人輯　清光緒十一年（1885）上海點石齋石印本　八冊

330000－4727－0000143　0601　類叢部/叢書類/自著之屬

新化鄒氏敦萩齋遺書五種　（清）鄒漢勛撰　清光緒四年（1878）攸縣龍汝霖南昌刻本　八冊

330000－4727－0000144　0603　集部/詞類/別集之屬

曝書亭集詞註七卷　（清）朱彝尊撰　（清）李富孫注　清嘉慶十九年（1814）嘉興李氏校經廎刻道光九年（1829）補刻本　七冊

330000－4727－0000145　0604　集部/別集類/清別集

雷月軒文鈔一卷三冬消夜詩一卷　（清）朱國華撰　清光緒二十八年（1902）天台齊品亨堂鉛印本　一冊

330000－4727－0000146　0605　集部/別集類/清別集

孟晉齋文集五卷　（清）顧壽楨撰　清同治五年（1866）見素抱樸齋刻本　三冊

330000－4727－0000147　0606　集部/總集類/課藝之屬

經訓書院文集十二卷　（清）江西經訓書院輯　清光緒九年（1883）江西書局刻本　三冊　存六卷（一至六）

330000－4727－0000148　0607/1　集部/別集類/清別集

有正味齋駢文箋注十六卷補注一卷　（清）吳錫麒撰　（清）葉聯芬注　清道光二十年（1840）慈谿葉氏刻本　八冊

330000－4727－0000149　0607/2　集部/別集類/清別集

有正味齋駢文箋注十六卷補注一卷　（清）吳

錫麒撰　（清）葉聯芬注　清光緒十七年（1891）羊城文寶閣刻本　八冊

330000 - 4727 - 0000150　0608　集部/別集類/清別集

僊居集二十四卷　（清）王壽宣撰　清光緒木活字印本　二冊　存五卷（五至六、二十至二十二）

330000 - 4727 - 0000151　0609　集部/別集類/清別集

時敏堂制義不分卷續編一卷三編一卷　（清）朱儀訓著　清末刻本　四冊

330000 - 4727 - 0000152　0610　集部/別集類/清別集

玉筍山房要集四卷附文一卷　（清）顧廷綸撰　清光緒十二年（1886）顧家相刻本　一冊

330000 - 4727 - 0000153　0313/4　集部/別集類/清別集

逐學齋文鈔十二卷首一卷末一卷　（清）孫衣言撰　清同治十二年（1873）刻本　四冊

330000 - 4727 - 0000155　0612　集部/總集類/選集之屬/斷代

湖海詩傳四十六卷　（清）王昶輯　清嘉慶八年（1803）青浦王氏三泖漁莊刻本　一冊　存四卷（一至四）

330000 - 4727 - 0000156　0701　類叢部/叢書類/自著之屬

紀慎齋先生全集十二種續集七種　（清）紀大奎撰　清嘉慶十三年至咸豐二年（1808 - 1852）刻本　十五冊　存五種

330000 - 4727 - 0000158　0515　類叢部/叢書類/自著之屬

隨園三十種　（清）袁枚撰　清刻本　六十四冊　存二十一種

330000 - 4727 - 0000159　0702　集部/別集類/清別集

退補齋詩存十六卷文存十二卷首二卷　（清）胡鳳丹撰　清同治十二年（1873）永康胡氏退補齋鄂州刻本　九冊

330000 - 4727 - 0000160　0703　集部/別集類/清別集

退補齋詩存二編十一卷文存二編五卷　（清）胡鳳丹撰　清光緒七年（1881）永康胡氏退補齋刻本　五冊

330000 - 4727 - 0000161　0614　類叢部/叢書類/自著之屬

陸放翁全集六種　（宋）陸游撰　明末清初毛氏汲古閣刻滏濊李氏森寶齋印本　六十四冊

330000 - 4727 - 0000162　0517　類叢部/叢書類/自著之屬

隨園三十種　（清）袁枚撰　清刻本　三冊　存二種

330000 - 4727 - 0000163　0704　集部/別集類/清別集

袁文箋正十六卷補注一卷　（清）袁枚撰　（清）石韞玉箋　清嘉慶十七年（1812）鶴壽山堂刻本　六冊

330000 - 4727 - 0000164　0705　集部/別集類/清別集

袁文箋正十六卷補注一卷　（清）袁枚撰　（清）石韞玉箋　清同治八年（1869）松壽山房刻本　渙卿題記並題簽　五冊

330000 - 4727 - 0000165　0706　集部/別集類/清別集

謫麐堂遺集四卷　（清）戴望撰　清光緒元年（1875）會稽趙之謙刻本　二冊

330000 - 4727 - 0000166　0707　集部/別集類/清別集

板橋集五種六卷　（清）鄭燮撰　清乾隆清暉書屋刻本　五冊

330000 - 4727 - 0000167　0801　集部/總集類/選集之屬/斷代

唐詩三百首六卷　（清）孫洙編　清末武林三餘堂刻本　一冊

330000 - 4727 - 0000168　0708　集部/別集類/唐五代別集

李義山詩集三卷　（唐）李商隱撰　（清）朱鶴

齡箋注 （清）沈厚塽輯評 **李義山詩譜一卷
附錄諸家詩評一卷** 清同治九年(1870)廣州
倅署刻三色套印本 四冊

330000－4727－0000169 0802 集部/總集
類/選集之屬/斷代

註釋唐詩三百首六卷 （清）孫洙編 （清）李
盤根集註 清光緒十三年(1887)退補齋刻本
二冊

330000－4727－0000170 0803 集部/總集
類/選集之屬/斷代

唐詩三百首注釋六卷 （清）孫洙編 （清）章
燮注 **唐詩三百首續選一卷姓氏小傳一卷**
（清）于慶元輯 清光緒十三年(1887)湖南共
賞書局刻本 二冊 存一卷(續選)

330000－4727－0000171 0804 集部/總集
類/選集之屬/斷代

全唐試律類箋十卷 （清）惲鶴生 （清）錢人
龍編 **全唐試律類箋聲調譜一卷** （清）惲宗
和編 清乾隆二十六年(1761)春橋書屋刻本
二冊

330000－4727－0000175 0808 子部/醫家
類/溫病之屬

時病論八卷 （清）雷豐撰 清光緒三十年
(1904)石印本 一冊 存四卷(一至四)

330000－4727－0000176 0809 集部/別集
類/唐五代別集

**玉谿生詩詳註三卷首一卷樊南文集詳註八卷
首一卷** （唐）李商隱撰 （清）馮浩編訂 **玉
谿生年譜一卷** （清）馮浩輯 （清）蔣德馨批
注 清乾隆四十五年(1780)德聚堂刻嘉慶元
年(1796)增刻同治七年(1868)上海馮寶圻補
刻本 四冊 存四卷(一至四)

330000－4727－0000177 0810 集部/別集
類/唐五代別集

韓昌黎詩集編年箋注十二卷 （唐）韓愈撰
（清）方世舉考訂 （清）盧見曾刪定 清宣統
二年(1910)海寧陳氏石印本 四冊 存四卷
(五、八至九、十一)

330000－4727－0000178 0811 集部/別集
類/唐五代別集

樊川詩集四卷詩補遺一卷外集一卷別集一卷
（唐）杜牧撰 （清）馮集梧注 清光緒十六
年(1890)湘南書局刻本 四冊

330000－4727－0000179 0813 集部/別集
類/唐五代別集

杜詩集說二十卷末一卷 （唐）杜甫撰 （清）
江浩然輯 清乾隆本立堂刻本 十六冊

330000－4727－0000180 0814/1 集部/別
集類/唐五代別集

杜詩鏡銓二十卷附諸家論杜一卷 （清）楊倫
撰 **讀書堂杜工部文集註解二卷** （清）張溍
撰 **杜工部年譜一卷** （清）楊倫編 清同治
十一年(1872)望三益齋刻本 二十四冊

330000－4727－0000181 0812 集部/總集
類/氏族之屬

寧都三魏全集八十三卷 （清）林時益編 清
康熙刻本 二十四冊 存一種

330000－4727－0000185 0901 子部/醫家
類/醫經之屬/內經

**黃帝內經素問註證發微九卷靈樞註證發微九
卷補遺一卷** （明）馬蒔撰 清刻本 十九冊
缺二卷(四至五)

330000－4727－0000188 0904：1 集部/別
集類/唐五代別集

杜工部集二十卷 （唐）杜甫撰 （清）錢謙益
箋註 **附錄一卷少陵先生年譜一卷諸家詩話
一卷唱酬題詠附錄一卷** 清宣統三年(1911)
時中書局石印本 八冊

330000－4727－0000189 0904：2 集部/別
集類/唐五代別集

杜工部集二十卷 （唐）杜甫撰 （清）錢謙益
箋註 **附錄一卷少陵先生年譜一卷諸家詩話
一卷唱酬題詠附錄一卷** 清宣統三年(1911)
時中書局石印本 二冊 存七卷(一至三、十
七至二十)

330000－4727－0000190 0905 集部/總集

類/選集之屬/斷代

明詩綜一百卷 （清）朱彝尊輯　（清）汪森等評　清康熙刻本　十七冊　存四十四卷（一至三、八至十、二十六至三十一、三十三至四十二、五十一至六十二、八十一至八十五、九十一至九十五）

330000－4727－0000191　0908　類叢部/類書類/專類之屬

新刊校正增補圓機活法詩學全書二十四卷新刊校正增補圓機詩韻活法全書十四卷　（明）王世貞校　明刻本　十冊　缺十八卷（一、四至十二、十五至二十、二十三至二十四）

330000－4727－0000193　0909　集部/別集類/明別集

瓶花齋集十卷　（明）袁宏道撰　清宣統三年（1911）抱殘守缺齋石印本　一冊　存四卷（一至四）

330000－4727－0000195　0911　類叢部/叢書類/自著之屬

曾文正公全集十六種　（清）曾國藩撰　清同治至光緒傳忠書局刻本　十九冊　存一種

330000－4727－0000196　0912　集部/詩文評類/詩評之屬

全唐詩話六卷　（宋）尤袤撰　（明）毛晉訂　清宣統三年（1911）三樂堂石印本　六冊

330000－4727－0000200　0615/1－0916　集部/別集類/清別集

壯悔堂文集十卷遺稿一卷四憶堂詩集六卷遺稿一卷　（清）侯方域撰　（清）賈開宗等評點　清刻本　二冊　存七卷（四憶堂詩集一至六、遺稿）

330000－4727－0000202　0907　集部/別集類/宋別集

蘇文忠詩合註五十卷首一卷目錄一卷　（宋）蘇軾撰　（清）馮應榴輯　清乾隆刻本　九冊　存二十一卷（首、一至二十）

330000－4727－0000205　0807－01　經部/小學類/音韻之屬/韻書

詩韻合璧五卷　（清）湯文潞輯　清光緒十二年（1886）上洋公興書局鉛印本　一冊　存二卷（一至二）

330000－4727－0000206　1003　集部/別集類/清別集

小瑯環試帖六卷　（清）王繩祖撰　清光緒十三年（1887）刻本　二冊

330000－4727－0000207　1004　集部/總集類/選集之屬/斷代

七家詩選註釋七卷　（清）張熙宇輯評　（清）張昶註釋　清刻本　四冊

330000－4727－0000209　1005　集部/別集類/清別集

忠雅堂詩集二十七卷補遺二卷銅絃詞附南北曲二卷　（清）蔣士銓撰　清嘉慶三年（1798）揚州刻紅杏山房印本　八冊

330000－4727－0000214　1012　集部/別集類/清別集

琴隱園詩集三十六卷詞集四卷　（清）湯貽汾撰　清同治十三年（1874）曹士虎刻本　八冊

330000－4727－0000215　1011　集部/總集類/酬唱之屬

齊太史移居倡酬集四卷首一卷尾一卷　（清）齊召南等撰　（清）齊毓川輯　清光緒石印本　一冊

330000－4727－0000221　1018　集部/別集類/清別集

石帆詩草四卷　（清）胡維勳撰　清同治五年（1866）杏莊刻本　韓如瑗題簽　一冊

330000－4727－0000223　1020　經部/小學類/音韻之屬/韻書

增廣詩韻全璧五卷　（清）湯祥瑟輯　清光緒十七年（1891）上海錦章圖書局石印本　四冊　存四卷（一至四）

330000－4727－0000226　1022　集部/別集類/清別集

尹文端公詩集十卷　（清）尹繼善撰　清嘉慶二十年（1815）刻本　一冊　存二卷（四至五）

330000－4727－0000227　1106　集部/小說類/長篇之屬

西遊原旨二十四卷一百回　（清）劉一明解　清嘉慶二十四年(1819)刻本　二十冊

330000－4727－0000229　1021　類叢部/叢書類/自著之屬

曾文正公全集十六種　（清）曾國藩撰　清同治至光緒傳忠書局刻本　六冊　存二種

330000－4727－0000231　1024　經部/小學類/音韻之屬/韻書

詩韻集成十卷　（清）余照輯　清末刻本　一冊　存六卷(五至十)

330000－4727－0000234　1025　經部/小學類/音韻之屬/注音

詩韻音義註二十卷　（清）朱奎撰　清嘉慶八年(1803)雨香書屋刻本　八冊　缺四卷(三至六)

330000－4727－0000237　1109　子部/藝術類/遊藝之屬/聯語

楹聯叢話十二卷續話四卷　（清）梁章鉅輯　清刻本　五龍山人題簽　一冊　存六卷(七至十二)

330000－4727－0000240　1110　子部/小說家類/異聞之屬

燕山外史註釋八卷　（清）陳球撰　（清）若駿子輯註　清光緒三十二年(1906)上海海左書局石印本　三冊　存三卷(二至四)

330000－4727－0000243　1203　史部/史評類/詠史之屬

廿一史彈詞註十卷　（明）楊慎撰　（清）張三異增定　（清）張仲璜註　**明史彈詞註一卷**（清）張三異撰　（清）張仲璜註　清刻本　八冊

330000－4727－0000244　1204　集部/詞類/詞譜之屬

詞律二十卷　（清）萬樹撰　清康熙二十六年(1687)萬氏堆絮園刻後印本　十冊　缺二卷(一至二)

330000－4727－0000256　1218　子部/小說家類/異聞之屬

池上草堂筆記八卷　（清）梁恭辰撰　清同治八年(1869)程氏衡州刻本　八冊

330000－4727－0000259　1223　子部/小說家類/異聞之屬

太平廣記五百卷目錄十卷　（宋）李昉等輯　清刻本　五十七冊　缺十九卷(四百九十二至五百、目錄一至十)

330000－4727－0000261　1222　集部/小說類/長篇之屬

增評加批金玉緣圖說十二卷一百二十回首一卷　（清）曹霑　（清）高鶚撰　（清）王希廉　（清）張新之　（清）姚燮評　（清）蝶薌仙史評訂　清光緒三十二年(1906)上海桐蔭軒石印本　十五冊

330000－4727－0000265　1708　類叢部/類書類/專類之屬

五經類編二十八卷　（清）周世樟撰　清刻本　一冊　存四卷(十至十三)

330000－4727－0000267　1604　類叢部/叢書類/自著之屬

儆居遺書十一種　（清）黃式三撰　清同治至光緒刻本　十冊　存一種

330000－4727－0000268　1304　經部/書類/傳說之屬

書經集傳六卷首一卷末一卷　（宋）蔡沈撰　清光緒七年(1881)金陵書局刻本　四冊

330000－4727－0000269　1601　經部/禮記類/傳說之屬

禮記約編十卷　（清）汪基撰　清光緒鑄記書局石印本　六冊

330000－4727－0000270　1220　集部/詞類/類編之屬

西泠詞萃六種　（清）丁丙編　清光緒刻本　一冊　存四種

330000－4727－0000271　1305　史部/地理類/外紀之屬

日本國志四十卷首一卷 （清）黃遵憲輯 清
光緒二十七年(1901)上海書局石印本 七冊

330000－4727－0000273 1308 集部/小說
類/長篇之屬

環瀛志險一卷 （奧地利）愛孫孟撰 上海商
務印書館編譯所譯 清光緒三十二年(1906)
上海商務印書館鉛印本 一冊

330000－4727－0000274 1309 經部/四書
類/中庸之屬/傳說

中庸輯畧二卷 （宋）石墪集錄 （宋）朱熹刪
定 清光緒三年(1877)沃州餘慶堂刻本
二冊

330000－4727－0000276 1401 經部/叢編

重刊宋本十三經注疏四百十六卷 附十三經
注疏校勘記四百十六卷 （清）阮元撰 （清）
盧宣旬摘錄 清嘉慶二十年(1815)南昌府學
刻道光六年(1826)盱江朱華臨重校同治十二
年(1873)江西書局重修本 一百四十九冊
存十二種

330000－4727－0000277 1310 經部/春秋
左傳類/傳說之屬

評點春秋綱目左傳句解彙雋六卷 （清）韓葵
重訂 清光緒十九年(1893)梁溪浦氏刻本
三冊 存三卷(一至三)

330000－4727－0000278 1602 經部/禮記
類/傳說之屬

禮記集解六十一卷尚書顧命解一卷 （清）孫
希旦撰 敬軒先生行狀一卷 （清）孫衣言撰
 清咸豐十年至同治七年(1860－1868)瑞安
孫氏盤谷草堂刻本 十六冊

330000－4727－0000279 1603 經部/禮記
類/傳說之屬

全本禮記體註十卷 （清）徐瑄撰 清百尺樓
刻本 九冊 缺一卷(一)

330000－4727－0000280 1605 經部/易類/
傳說之屬

周易孔義集說二十卷 （清）沈起元撰 清光
緒八年(1882)江蘇書局刻本 八冊

330000－4727－0000281 1606：1 經部/大
戴禮記類/傳說之屬

大戴禮記解詁十三卷目錄一卷 （清）王聘珍
撰 清光緒十九年(1893)盱江書院刻本
四冊

330000－4727－0000282 1608：1 子部/儒
家類/儒學之屬/經濟

大學衍義四十三卷 （宋）真德秀撰 清同治
十一年(1872)浙江書局刻本 十冊

330000－4727－0000283 1608：2 子部/儒
家類/儒學之屬/經濟

大學衍義四十三卷 （宋）真德秀撰 清同治
十一年(1872)浙江書局刻本 五冊 存二十
六卷(五至九、十九至三十九)

330000－4727－0000284 1607 經部/四書
類/總義之屬/傳說

三魚堂四書大全三十九卷 （清）陸隴其輯
論語考異孟子考異 （宋）王應麟撰 清康熙
四十一年(1702)當湖陸氏刻本 一冊 存二
卷(論語九至十)

330000－4727－0000285 1609 經部/大戴
禮記類/傳說之屬

大戴禮記補注十三卷 （清）孔廣森撰 清同
治十三年(1874)淮南書局刻本 四冊

330000－4727－0000286 1606：2 經部/大
戴禮記類/傳說之屬

大戴禮記解詁十三卷目錄一卷 （清）王聘珍
撰 清光緒十九年(1893)盱江書院刻本
四冊

330000－4727－0000287 1610 經部/四書
類/總義之屬/傳說

四書集註十九卷 （宋）朱熹撰 清刻本 五
冊 缺二卷(大學、中庸)

330000－4727－0000294 1312 史部/傳記
類/總傳之屬/通代

學統五十六卷 （清）熊賜履編 清康熙刻本
十六冊

330000－4727－0000296 1612 經部/四書

類/總義之屬/傳說

四書朱子本義匯參四十三卷首四卷 （清）王步青輯　清乾隆十年（1745）敦復堂刻本　三十一冊

330000－4727－0000297　1613　經部/四書類/論語之屬/傳說

論語古注集箋十卷附論語考一卷 （清）潘維城撰　清光緒七年（1881）江蘇書局刻本　六冊

330000－4727－0000300　1702　經部/四書類/總義之屬/傳說

酌雅齋四書增註合講十九卷 （清）翁復編次　清光緒三十年（1904）上海六藝局石印本　六冊

330000－4727－0000302　1315　集部/總集類/選集之屬/斷代

皇朝經世文三編八十卷 （清）陳忠倚輯　清光緒二十八年（1902）龍文書局石印本　二冊　存十卷（六至十、三十六至四十）

330000－4727－0000304　1714　經部/四書類/總義之屬/傳說

四書集註十九卷 （宋）朱熹撰　清光緒二十年（1894）金陵書局刻本　一冊　存二卷（大學、中庸）

330000－4727－0000305　1705/2　經部/春秋左傳類/傳說之屬

東萊博議四卷 （宋）呂祖謙撰　（清）張文炳評點　**虛字註釋備考六卷** （清）張文炳點定　**東萊先生傳略一卷**　清末萬福堂刻本　二冊

330000－4727－0000306　1705/1　經部/春秋左傳類/傳說之屬

東萊博議四卷 （宋）呂祖謙撰　**增補虛字註釋一卷** （清）馮泰松點定　清光緒二十四年（1898）石印本　二冊

330000－4727－0000308　1709　集部/別集類/唐五代別集

樊川詩集四卷詩補遺一卷外集一卷別集一卷

（唐）杜牧撰　（清）馮集梧注　清光緒十六年（1890）湘南書局刻本　一冊　存二卷（二至三）

330000－4727－0000309　1705/4　經部/春秋左傳類/傳說之屬

東萊博議四卷 （宋）呂祖謙撰　清光緒三十年（1904）上海書局石印本　二冊

330000－4727－0000310　4303　類叢部/叢書類/郡邑之屬

武林掌故叢編一百九十種 （清）丁丙編　清光緒三年至二十六年（1877－1900）錢塘丁氏嘉惠堂刻本　六十九冊　存七十四種

330000－4727－0000313　1704　經部/叢編

重刊宋本十三經注疏四百十六卷　附十三經注疏校勘記四百十六卷 （清）阮元撰　（清）盧宣旬摘錄　**校勘記識語四卷** （清）汪文臺撰　清光緒十三年（1887）上海脈望仙館石印本　三十二冊　缺五十二卷（附釋音毛詩注疏十七、二十至七十）

330000－4727－0000315　1710　經部/四書類/總義之屬/傳說

學源堂四書體註合講十九卷 （清）翁復編　清永言堂刻本　六冊　存五卷（論語一至五）

330000－4727－0000316　1712　經部/叢編

十三經讀本一百五十二卷 （清）□□編　清同治五年（1866）金陵書局刻本　十冊　存一種

330000－4727－0000317　1713　集部/總集類/選集之屬/通代

欽定四書文五種三十二卷 （清）方苞輯　清光緒十五年（1889）刻本　二十四冊

330000－4727－0000325　2101、2201　經部/叢編

皇清經解一千四百八卷首一卷 （清）阮元輯　清道光九年（1829）廣東學海堂刻咸豐十一年（1861）補刻本　四百冊　缺一卷（三百十九）

330000－4727－0000326　1711　經部/叢編

十一經音訓 （清）楊國楨等編 清光緒三年
(1877)湖北崇文書局刻本 十四冊 存四種

330000－4727－0000327 3802 新學/兵制/
海軍

防海新論十八卷 （德國）希理哈撰 （英國）
傅蘭雅口譯 （清）華蘅芳筆述 清同治十二
年(1873)江南機器製造局刻本 六冊

330000－4727－0000328 3803 史部/地理
類/總志之屬/通代

天下郡國利病書一百二十卷 （清）顧炎武撰
清道光成都龍萬育敷文閣刻本 七十冊

330000－4727－0000329 3705 子部/藝術
類/書畫之屬/總論

清河書畫舫十二卷 （明）張丑輯 清乾隆二
十八年(1763)池北草堂刻本 四冊 存四卷
(一、六、九、十二)

330000－4727－0000331 3710 史部/傳記
類/總傳之屬/通代

草莽私乘一卷 （明）陶宗儀輯 清光緒十五
年(1889)新陽趙元益刻本 一冊

330000－4727－0000332 3801 史部/地理
類/總志之屬/通代

讀史方輿紀要一百三十卷輿圖要覽四卷
（清）顧祖禹撰 清宏道堂刻本 九十冊

330000－4727－0000333 3703 類叢部/類
書類/專類之屬

歷代政治類編十二卷 （清）柴紹炳纂 （清）
姚廷謙評 清光緒二十七年(1901)上海自強
局石印本 六冊

330000－4727－0000334 2302、2403、2507、
2509、2602、2701、2902－2903 史部/紀傳類/
正史之屬

二十四史 清同治至光緒五省官書局據汲古
閣本等合刻光緒五年(1879)湖北書局彙印本
一百四十七冊 存八種

330000－4727－0000335 2301、2303－2304、
2401－2402、2404、2405、2501－2506、2508、
2601、2603－2604、2702－2704、2801－2804

史部/紀傳類/正史之屬

二十四史 清同治至光緒五省官書局據汲古
閣本等合刻光緒五年(1879)湖北書局彙印本
四百四十四冊 缺一百八十五卷(續漢志
一至三十、舊五代史十五至二十四、四十二至
六十一、宋史一百二至一百十六、一百七十六
至一百八十、一百九十八至二百三、二百十至
二百十三、二百三十六至二百三十七、二百七
十六至二百八十、三百六十六至三百七十六、
三百八十二至三百八十六、四百五十三至四
百五十八,金史二十六至五十八,遼史拾遺一
至二十四、遼史紀年表一、西遼紀年表一,元
史氏族表一至三、元史藝文志一至四)

330000－4727－0000339 3804 子部/小說
家類/異聞之屬

山海經十八卷 （晉）郭璞傳 清光緒三年
(1877)浙江書局刻本 三冊

330000－4727－0000341 2006：1 經部/小
學類/文字之屬/字書/字體

隸辨八卷 （清）顧藹吉撰 清光緒十三年
(1887)上海蜚英館石印本 八冊

330000－4727－0000342 3805 史部/地理
類/方志之屬/郡縣志

咸淳臨安志一百卷 （宋）潛說友纂 **校栞咸
淳臨安志札記三卷** （清）黃士珣撰 清道光
十年(1830)錢塘汪氏振綺堂刻同治六年
(1867)補刻本(卷九十、九十八至一百原缺)
四十五冊 缺七卷(九十一至九十七)

330000－4727－0000344 2006：2 經部/小
學類/文字之屬/字書/字體

隸辨八卷 （清）顧藹吉撰 清光緒十三年
(1887)上海蜚英館石印本 一冊 存一卷
(四)

330000－4727－0000345 3702 史部/政書
類/儀制之屬/專志/科舉校規

欽定學政全書八十六卷首一卷 （清）童璜等
撰 清刻本 二十冊

330000－4727－0000346 3704 子部/兵家
類/兵法之屬

讀史兵略四十六卷 （清）胡林翼撰　清咸豐十一年(1861)武昌節署刻本　十六冊

330000－4727－0000348　3001－3004　史部/紀事本末類

紀事本末五種 （清）□□輯　清同治十二年至十三年(1873－1874)江西書局刻本　一百二十四冊　存四種

330000－4727－0000349　2003　經部/小學類/文字之屬/說文

說文解字注十五卷附六書音韻表五卷 （清）段玉裁撰　說文部目分韻一卷 （清）陳煥編　清乾隆至嘉慶段氏經韻樓刻同治六年至十一年(1867－1872)蘇州保息局補刻本　十五冊

330000－4727－0000350　2004　經部/小學類/文字之屬/說文

說文解字注十五卷附六書音韻表五卷汲古閣說文訂一卷 （清）段玉裁撰　說文部目分韻一卷 （清）陳煥編　清同治十一年(1872)湖北崇文書局刻本　十七冊　缺二卷(十五、部目分韻)

330000－4727－0000351　3707/2　史部/傳記類/總傳之屬/儒林

宋元學案一百卷首一卷考畧一卷 （清）黃宗羲撰 （清）全祖望修定 （清）王梓材 （清）馮雲濠校並考　清光緒五年(1879)長沙寄廬刻本　五十冊

330000－4727－0000352　3709　子部/兵家類/兵法之屬

登壇必究四十卷 （明）王鳴鶴編輯　清刻本　二十四冊　缺十一卷(二十一至三十一)

330000－4727－0000353　3201－3202、4101　史部/政書類

三通七百四十八卷　清咸豐九年(1859)崇仁謝氏刻本　三百九十九冊

330000－4727－0000354　5202/1　子部/藝術類/書畫之屬/法帖

草字彙十二卷 （清）石梁輯　清乾隆刻本

六冊

330000－4727－0000356　5202/2　子部/藝術類/書畫之屬/法帖

草字彙十二卷 （清）石梁輯　清乾隆刻本二冊　存四卷(一至四)

330000－4727－0000357　2202　經部/小學類/音韻之屬/韻書

古今韻略五卷 （清）邵長蘅撰　清刻本四冊

330000－4727－0000358　0516　集部/別集類/清別集

小倉山房文集三十五卷 （清）袁枚撰　清經元堂刻本　六冊　存十七卷(一至十七)

330000－4727－0000360　4305　史部/政書類/通制之屬

吾學錄初編二十四卷 （清）吳榮光撰　清光緒十年(1884)刻本　八冊

330000－4727－0000361　4402　史部/詔令奏議類/奏議之屬

曾文正公奏議十卷首一卷末一卷補編四卷 （清）曾國藩撰 （清）薛福成編　清同治十三年(1874)上海吳氏醉六堂刻本　十冊　缺四卷(補編一至四)

330000－4727－0000363　2007　子部/儒家類/儒學之屬/蒙學

小學韻語一卷 （清）羅澤南撰　清咸豐六年(1856)浙江書局刻本　一冊

330000－4727－0000364　2005　經部/小學類/文字之屬/字書

字學舉隅一卷 （清）黃本驥 （清）龍啓瑞撰　清光緒二年(1876)刻本　一冊

330000－4727－0000366　2203　經部/小學類/文字之屬/說文

說文釋例二十卷 （清）王筠撰　清光緒十三年(1887)上海積山書局石印本　六冊

330000－4727－0000368　2008　經部/小學類/訓詁之屬/字詁

增訂金壺字攷一卷附古體假借字一卷 （宋）
釋適之撰 （清）郝在田增訂 清光緒二年
(1876)京都琉璃廠東善成堂刻本 一冊

330000 - 4727 - 0000369 1121 子部/藝術
類/書畫之屬/法帖

三希堂續刻法帖四卷 （清）蔣溥等輯 清宣
統元年(1909)上海蜚英書館影印本 四冊

330000 - 4727 - 0000374 4304 史部/政書
類/律令之屬/治獄

刑案成式十卷 （清）孟慶雲輯 清光緒三年
(1877)墨池書屋刻本 十冊

330000 - 4727 - 0000375 2204 經部/小學
類/文字之屬/說文

說文通訓定聲十八卷分部柬韻一卷說雅一卷
古今韻準一卷 （清）朱駿聲撰 （清）朱鏡蓉
參訂 行述一卷 朱孔彰撰 清光緒十三年
(1887)上海積山書局石印本 八冊

330000 - 4727 - 0000376 4306 史部/政書
類/邦計之屬/荒政

荒政輯要九卷首一卷 （清）汪志伊纂 清同
治八年(1869)楚北崇文書局刻本 二冊

330000 - 4727 - 0000377 3102/2 史部/史
評類/史論之屬

歷代史論十二卷宋史論三卷元史論一卷
(明)張溥撰 明史論四卷 （清）谷應泰撰
左傳史論二卷 （清）高士奇撰 清光緒五年
(1879)西江裴氏刻本 十二冊

330000 - 4727 - 0000378 3102/1 史部/史
評類/史論之屬

歷代史論十二卷宋史論三卷元史論一卷
(明)張溥撰 明史論四卷 （清）谷應泰撰
左傳史論二卷 （清）高士奇撰 清光緒刻本
十冊

330000 - 4727 - 0000379 3110 子部/天文
曆算類/算書之屬

測海山房中西算學叢刻初編 （清）測海山房
主人輯 清光緒二十二年(1896)上海璣衡堂
石印本 六冊 存二種

330000 - 4727 - 0000380 3108 史部/史評
類/考訂之屬

廿二史劄記三十六卷首一卷補遺一卷 （清）
趙翼撰 清光緒二十五年(1899)上海千頃堂
石印本 五冊

330000 - 4727 - 0000384 1030 子部/藝術
類/書畫之屬/法帖

漢碑範八卷 張祖翼選臨 清宣統三年
(1911)上海文明書局石印本 二冊

330000 - 4727 - 0000388 5206 集部/總集
類/選集之屬/通代

古文辭類纂七十五卷 （清）姚鼐輯 清同治
八年(1869)問竹軒刻本 十六冊

330000 - 4727 - 0000397 1031 子部/藝術
類/遊藝之屬/棋弈

弈潛齋集譜初編十五種二編三種三編五種
(清)鄧元鏸輯 清光緒弈潛齋刻本 一冊
存二種

330000 - 4727 - 0000405 3104 史部/政書
類/通制之屬

欽定大清會典一百卷 （清）張廷玉等纂修
清刻本 二十四冊

330000 - 4727 - 0000406 4001 史部/政書
類/儀制之屬/典禮

南巡盛典一百二十卷 （清）高晉等纂修 清
光緒八年(1882)上海點石齋石印本 六冊

330000 - 4727 - 0000408 5210 集部/總集
類/選集之屬/通代

續古文辭類纂二十八卷 （清）黎庶昌輯 清
光緒十五年(1889)上海商務印書館鉛印本
十二冊

330000 - 4727 - 0000409 3101 史部/傳記
類/總傳之屬/仕宦

歷代名臣言行錄二十四卷 （清）朱桓輯 清
嘉慶刻本 三十二冊

330000 - 4727 - 0000411 5211 集部/總集
類/選集之屬/通代

駢體文鈔三十一卷 （清）李兆洛輯 清光緒

八年（1882）上海刻本　十冊

330000－4727－0000412　3301－3302、3401－3403、3501－3503、4201　史部/政書類

九通二千三百二十一卷　（清）□□輯　清光緒八年至二十二年（1882－1896）浙江書局刻本　八百八十三冊　缺二百八十三卷（通典一至三十二，欽定續通典七十一至一百三、一百十七至一百二十、一百二十七至一百五十，通志八十五至九十四、一百九十七至二百，欽定續通志三百五十九至三百六十三、六百二十至六百二十三、六百三十五至六百四十，欽定續文獻通考九十三至二百五十，皇朝文獻通考二百三十五至二百三十七）

330000－4727－0000413　3109　史部/史評類/史論之屬

二十四史論海三十二卷　（清）知新子輯　清光緒三十一年（1905）美華鑑記石印本　十二冊　存二十四卷（九至三十二）

330000－4727－0000415　5212　集部/總集類/選集之屬/通代

文選補遺四十卷首一卷　（宋）陳仁子輯誦（宋）譚紹烈纂類　清道光二十五年（1845）琅嬛館刻本　十二冊

330000－4727－0000416　3602　史部/編年類/斷代之屬

東華錄天命朝四卷天聰朝十一卷崇德朝八卷順治朝三十六卷康熙朝一百十卷雍正朝二十六卷東華續錄乾隆朝一百二十卷嘉慶朝五十卷道光朝六十卷　王先謙編　清光緒十三年（1887）京都欽文書局刻本　一百冊

330000－4727－0000417　3601　史部/政書類/軍政之屬/兵制

欽定中樞政考八旗三十二卷綠營四十卷續中樞政考四卷　（清）明亮等修　清刻本　七十五冊　缺一卷（綠營十九）

330000－4727－0000418　3603　史部/史表類/通代之屬

廿一史四譜五十四卷　（清）沈炳震撰　清同治十年（1871）武林吳氏清來堂刻本　十六冊

330000－4727－0000420　3604　史部/雜史類/通代之屬

路史四十五卷　（宋）羅泌撰　（宋）羅苹注　清同治五年（1866）五桂堂刻光緒二年（1876）趙承恩紅杏山房補刻本　十六冊

330000－4727－0000421　1501－1510　經部/叢編

十三經註疏三百三十三卷　清嘉慶三年（1798）金閶書業堂刻本　七十六冊　存十種

330000－4727－0000422　5213　集部/總集類/選集之屬/斷代

皇朝經世文編一百二十卷姓名總目二卷　（清）賀長齡輯　清光緒十四年（1888）上海廣百宋齋鉛印本　二十四冊

330000－4727－0000423　1511－1521　經部/叢編

十三經註疏三百三十三卷　清嘉慶三年（1798）金閶書業堂刻本　一百七冊　存十一種

330000－4727－0000424　4801　新學/雜著/叢編

江南製造局譯書　（清）江南製造局編　清光緒江南製造局刻本暨鉛印本　四十五冊　存八種

330000－4727－0000425　3105　史部/政書類/通制之屬

欽定大清會典一百卷首一卷　（清）崑岡等撰　清宣統三年（1911）上海商務印書館石印本　八冊

330000－4727－0000426　1801　經部/叢編

古經解彙函十六種附小學彙函十四種　（清）鍾謙鈞等輯　清光緒十五年（1889）湘南書局刻本　三十八冊　存古經解彙函十一種

330000－4727－0000427　4403　史部/詔令奏議類/奏議之屬

左恪靖侯奏稿初編三十八卷續編七十六卷三編六卷　（清）左宗棠撰　清光緒十二年（1886）刻本　六十四冊

330000 - 4727 - 0000428　5101　集部/總集
類/彙編之屬

漢魏六朝一百三家集(漢魏六朝百三名家集)
(明)張溥編　清光緒五年(1879)彭懋謙信
述堂刻本　一百冊

330000 - 4727 - 0000429　1802　類叢部/叢
書類/郡邑之屬

續台州叢書十種　楊晨編　清光緒二十四年
(1898)翁氏刻本　四冊　存一種

330000 - 4727 - 0000431　3605　史部/政書
類/軍政之屬/兵制

欽定戶部軍需則例九卷續纂一卷兵部軍需則
例五卷工部軍需則例一卷　(清)阿桂等纂
清刻本　二冊

330000 - 4727 - 0000432　2009　類叢部/叢
書類/輯佚之屬

玉函山房輯佚書六百二十二種附一種　(清)
馬國翰輯　清光緒九年(1883)長沙嫏嬛館刻
本　八十六冊　存五百七十六種

330000 - 4727 - 0000433　5001　類叢部/類
書類/專類之屬

佩文韻府一百六卷　(清)張玉書　(清)蔡升
元等輯　**韻府拾遺一百六卷**　(清)汪灝
(清)何焯等輯　清刻本　二百四十冊

330000 - 4727 - 0000434　5103　集部/總集
類/選集之屬/通代

古文淵鑒六十四卷　(清)徐乾學等輯注　清
刻五色套印本　四十冊

330000 - 4727 - 0000435　4901　子部/雜著
類/雜考之屬

困學紀聞注二十卷　(清)翁元圻輯　清咸豐
元年(1851)小嫏嬛山館刻本　十四冊　存十
八卷(一至六、八至十七、十九至二十)

330000 - 4727 - 0000437　5102　集部/總集
類/選集之屬/通代

古文淵鑒六十四卷　(清)徐乾學等輯注　清
刻本　十九冊　存三十七卷(十二至二十八、
四十二至五十、五十四至六十四)

330000 - 4727 - 0000438　1803　經部/春秋
左傳類/傳說之屬

春秋左傳杜注三十卷首一卷　(清)姚培謙撰
清光緒九年(1883)江南書局刻本　九冊
缺三卷(二十五至二十七)

330000 - 4727 - 0000439　5214　集部/總集
類/選集之屬/斷代

皇朝經世文編一百二十卷姓名總目二卷
(清)賀長齡輯　清光緒十三年(1887)上海點
石齋石印本　一冊　存十卷(二十至二十九)

330000 - 4727 - 0000440　5215　集部/總集
類/選集之屬/斷代

皇朝經世文四編五十二卷　(清)何良棟輯
清光緒二十八年(1902)上海書局石印本　四
冊　存十五卷(十七至二十八、五十至五十
二)

330000 - 4727 - 0000441　4904　類叢部/類
書類/通類之屬

廣廣事類賦三十二卷　(清)吳世旂撰　清大
文堂刻本　六冊

330000 - 4727 - 0000442　4903　子部/儒家
類/儒學之屬/性理

朱子原訂近思錄集註十四卷考訂朱子世家一
卷　(清)江永撰　**校勘記一卷**　(清)王炳撰
清光緒十一年(1885)江西書局刻本　四冊

330000 - 4727 - 0000444　4905　類叢部/類
書類/通類之屬

重訂廣事類賦四十卷　(清)華希閔撰　清大
文堂刻本　十冊

330000 - 4727 - 0000445　4906　類叢部/類
書類/通類之屬

重訂事類賦三十卷　(宋)吳淑撰並注　清大
文堂刻本　六冊

330000 - 4727 - 0000447　4907　類叢部/類
書類/通類之屬

續廣事類賦三十三卷　(清)王鳳喈撰並注
清大文堂刻本　十五冊

330000 - 4727 - 0000448　1804　經部/叢編

十三經古注二百九十卷 （明）金蟠 （明）葛鼐校 明崇禎十二年(1639)金蟠刻清同治八年(1869)浙江書局重修本 十冊 存二種

330000－4727－0000449 4908 類叢部/類書類/通類之屬

策學備纂三十二卷首一卷 （清）蔡啓盛 （清）吳穎炎等輯 清光緒十三年(1887)上海點石齋石印本 十二冊 存九卷(四至九、十二至十四)

330000－4727－0000451 4909 子部/藝術類/書畫之屬/總論

湘管齋寓賞續編六卷 （清）陳焯撰 清嘉慶六年(1801)刻本 一冊 存一卷(二)

330000－4727－0000452 1805 經部/春秋左傳類/傳說之屬

春秋左傳五十卷 （晉）杜預 （宋）林堯叟註釋 （唐）陸德明音義 （明）鍾惺 （明）孫鑛 （明）韓范評點 清刻本 五冊 缺十卷(一至五、四十六至五十)

330000－4727－0000455 1808 經部/春秋左傳類/傳說之屬

讀左補義五十卷首二卷 （清）姜炳璋輯 清乾隆三多堂刻本 十六冊

330000－4727－0000456 1809 經部/孝經類/傳說之屬

孝經一卷 （唐）玄宗李隆基注 （宋）司馬光指解 （宋）范祖禹說 清道光二十七年(1847)刻本 一冊

330000－4727－0000458 1810 經部/春秋左傳類/傳說之屬

評點春秋綱目左傳句解彙雋六卷 （清）韓菼重訂 清末石印本 二冊 存二卷(四、六)

330000－4727－0000459 1811 經部/小學類/文字之屬/字書/訓蒙

養蒙針度五卷首一卷 （清）潘子聲撰 清刻本 二冊

330000－4727－0000463 4804 子部/兵家類/兵法之屬

金湯借箸十二籌十二卷 （明）李盤等撰 清咸豐五年(1855)淮南李氏琉璃廠刻本 八冊

330000－4727－0000464 4805 子部/術數類/命書相書之屬

新鐫神峯張先生通考闢謬命理正宗大全六卷 （明）張楠撰 清武林大成齋刻本 五冊 缺一卷(四)

330000－4727－0000466 4809 類叢部/叢書類/彙編之屬

趙氏藏書十六種 （清）趙承恩編 清同治至光緒金谿趙氏紅杏山房補刻重印本 八冊 存一種

330000－4727－0000467 4806 經部/四書類/總義之屬/傳說

四書典林三十卷四書古人典林十二卷 （清）江永輯 清寧波汲綆齋刻本 十二冊 存二十八卷(一至二十四、二十七至三十)

330000－4727－0000469 4808 史部/地理類/雜志之屬

廣東新語二十八卷 （清）屈大均撰 清文匯堂刻本 十六冊

330000－4727－0000470 4813 子部/術數類/相宅相墓之屬

地理大成五種四十九卷 （清）葉泰輯 清刻本 十二冊 存二種

330000－4727－0000472 4816 子部/儒家類/儒學之屬/禮教

元宰必讀書原編一卷雜說一卷附編二卷 （清）彭定求輯 （清）丁煦注 清光緒十二年(1886)餘姚叢桂堂施氏刻杭省同善齋善書局印本 一冊

330000－4727－0000473 4814 子部/宗教類/道教之屬

性命雙脩萬神圭旨四卷 清宜園山房刻本 三冊 缺一卷(三)

330000－4727－0000475 4913 類叢部/叢書類/彙編之屬

蘊石齋叢書 清光緒十四年(1888)黃氏蘊石

齋刻本　三十冊　存一種

330000－4727－0000476　3904　史部/紀事本末類/斷代之屬

聖武記十四卷　（清）魏源撰　清道光二十二年(1842)刻本　八冊

330000－4727－0000477　4914　類叢部/類書類/通類之屬

增補事類統編九十三卷首一卷　（清）黃葆真輯　清道光二十九年(1849)丹陽黃葆真粵東敦好堂刻本　四十冊　缺三卷(八十八至九十)

330000－4727－0000478　3902　史部/政書類/通制之屬

二十四史九通政典類要合編三百二十卷（清）黃書霖輯　清光緒二十八年(1902)約雅堂石印本　二十冊　存一百十六卷(一至七十三、二百二十七至二百六十九)

330000－4727－0000479　3901　史部/傳記類/總傳之屬/通代

學統五十六卷　（清）熊賜履編　清退補齋刻本　三十二冊

330000－4727－0000481　1901　類叢部/叢書類/自著之屬

朱氏羣書六種　（清）朱駿聲撰　清光緒八年(1882)臨嘯閣刻本　八冊

330000－4727－0000482　4812　子部/儒家類/儒學之屬/俗訓

人譜正篇一卷續篇二卷人譜類記二卷　（明）劉宗周撰　清光緒三十年(1904)上海玉麟書局石印本　三冊

330000－4727－0000484　3905　史部/史表類/通代之屬

二十四史三表三種二十卷　（清）段長基撰（清）段揗書編注　清同治四年(1865)宜黃曾守誠刻光緒元年(1875)趙承恩紅杏山房印本　三十冊

330000－4727－0000485　5804　史部/傳記類/總傳之屬/家乘

[浙江溫嶺]鳳山坊邊張氏宗譜□□卷　清同治十二年(1873)木活字印本　一冊　存四卷(二、四、六、九)

330000－4727－0000486　1902　經部/春秋總義類/傳說之屬

欽定春秋傳說彙纂三十八卷首二卷　（清）王掞等撰　清刻本　二十四冊

330000－4727－0000487　1903　經部/叢編

御纂七經五種二百九十四卷　（清）李光地等撰　清康熙至乾隆內府刻本　十二冊　存一種

330000－4727－0000488　1904　經部/叢編

御纂七經五種二百九十四卷　（清）李光地等撰　清康熙至乾隆內府刻本　七冊　存一種

330000－4727－0000489　3907　新學/商務/商學

中國之金融不分卷　潘承鍔編譯　清光緒三十四年(1908)中國圖書公司鉛印本　二冊

330000－4727－0000491　3908　史部/雜史類/外紀之屬

日本新政考二卷　（清）顧厚焜撰　清光緒鉛印本　二冊

330000－4727－0000492　1905－1906、1908　經部/叢編

御纂七經五種二百九十四卷　（清）李光地等撰　清刻本　九十一冊　存三種

330000－4727－0000494　1907　經部/春秋總義類/傳說之屬

御纂春秋直解十二卷　（清）傅恒等撰　清刻本　六冊　存九卷(四至十二)

330000－4727－0000496　2904　史部/史評類/史論之屬

東萊先生音註唐鑑二十四卷　（宋）范祖禹撰（宋）呂祖謙注　清光緒十八年(1892)浙江書局刻本　四冊

330000－4727－0000501　2905　史部/雜史類/斷代之屬

晉畧六十六卷 （清）周濟撰 清光緒二年（1876）味雋齋刻本 十冊

330000 – 4727 – 0000502 2906 史部/雜史類/斷代之屬

戰國策三十三卷 （漢）高誘注 重刻剡川姚氏本戰國策札記三卷 （清）黃丕烈撰 清同治八年（1869）湖北崇文書局刻本 五冊

330000 – 4727 – 0000504 2907 史部/紀傳類/別史之屬

續後漢書四十二卷義例一卷音義四卷 （宋）蕭常撰 清同治八年（1869）師古山房刻本 六冊

330000 – 4727 – 0000505 4003/1 史部/地理類/山川之屬/山志

委羽山志六卷 （明）胡昌賢撰 續志六卷首一卷 （清）王維翰撰 清同治九年（1870）委羽石室刻本 三冊

330000 – 4727 – 0000507 4003/2 史部/地理類/山川之屬/山志

委羽山志六卷 （明）胡昌賢撰 續志六卷首一卷 （清）王維翰撰 清同治九年（1870）委羽石室刻本 三冊

330000 – 4727 – 0000508 4014 史部/傳記類/總傳之屬/通代

尚友錄二十二卷補遺一卷 （明）廖用賢輯 （清）張伯琮補輯 清康熙浙蘭林天祿齋刻本 二冊 存五卷（十三至十四、二十一至二十二，補遺）

330000 – 4727 – 0000509 4005 史部/職官類/官箴之屬

實政錄七卷 （明）呂坤撰 清同治七年（1868）湖北崇文書局刻本 四冊

330000 – 4727 – 0000510 3914 史部/地理類/總志之屬/通代

讀史方輿紀要一百三十卷方輿全圖總說四卷 （清）顧祖禹撰 清光緒二十九年（1903）上海益吾齋石印本 六冊 存四卷（方輿全圖總說一至四）

330000 – 4727 – 0000511 3005 史部/雜史類/斷代之屬

國語二十一卷 （三國吳）韋昭注 校刊明道本韋氏解國語札記一卷 （清）黃丕烈撰 明道本考異四卷 （清）汪遠孫撰 清同治八年（1869）湖北崇文書局刻本 五冊

330000 – 4727 – 0000512 4008 史部/職官類/官箴之屬

學治臆說二卷學治續說一卷說贅一卷 （清）汪輝祖撰 清同治七年（1868）湖北崇文書局刻本 二冊

330000 – 4727 – 0000513 4007 史部/職官類/官箴之屬

牧令書四種 （清）□□輯 清同治湖北崇文書局刻本 三冊 存二種

330000 – 4727 – 0000515 3906 類叢部/叢書類/彙編之屬

求實齋叢書十五種 蔣德鈞編 清光緒湘鄉蔣氏龍安郡署刻本 一冊 存一種

330000 – 4727 – 0000516 4002 史部/地理類/山川之屬/山志

重修南嶽志二十六卷 （清）李元度纂 清光緒六年至九年（1880 – 1883）朱陵洞天精舍刻本 十六冊

330000 – 4727 – 0000517 4004 史部/地理類/專志之屬/古跡

平山堂圖志十卷首一卷 （清）趙之壁纂 清光緒九年（1883）歐陽利見刻二十一年（1895）釋心悟印本 四冊

330000 – 4727 – 0000518 4011 史部/地理類/方志之屬/郡縣志

[光緒]定海廳志三十卷首一卷 （清）史致馴修 （清）陳僑 （清）黃以周纂 清光緒刻本 一冊 存二卷（二十六至二十七）

330000 – 4727 – 0000519 1303 經部/書類/傳說之屬

尚書考異六卷 （明）梅鷟撰 清光緒十八年（1892）浙江書局刻本 四冊

330000－4727－0000521　3916　史部/傳記類/總傳之屬/斷代

國朝先正事略六十卷首一卷　（清）李元度撰　清光緒二十五年（1899）石印本　八冊

330000－4727－0000522　4010　史部/史抄類

廿四史約編八卷首一卷　（清）鄭元慶撰　清末石印本　八冊

330000－4727－0000523　4006　史部/紀事本末類/通代之屬

繹史一百六十卷世系圖一卷年表一卷　（清）馬驌撰　清康熙刻本　五十冊

330000－4727－0000524　4102　類叢部/叢書類/自著之屬

桐城錢飲光先生全書三種　（清）錢澄之撰　清同治二年（1863）皖桐斠雊堂刻本　十二冊　存一種

330000－4727－0000525　4103　史部/地理類/專志之屬/祠墓

岳廟志略十卷首一卷　（清）馮培輯　清光緒五年（1879）浙江書局刻本　四冊

330000－4727－0000526　4012　史部/傳記類/總傳之屬/忠孝

孝弟錄二卷　（清）李文耕撰　**孝弟續錄二卷**　（清）江青撰　清光緒二十一年（1895）西園江氏刻本　一冊　存二卷（孝弟續錄一至二）

330000－4727－0000527　3917　史部/傳記類/總傳之屬/斷代

國朝先正事略續編三十卷　朱孔彰撰　清光緒二十六年（1900）石印本　二冊　存四卷（一至四）

330000－4727－0000528　4016　史部/傳記類/總傳之屬/斷代

周列士傳一卷　（清）顧壽楨撰　清同治五年（1866）見素抱樸齋刻本　一冊

330000－4727－0000530　4015　史部/傳記類/總傳之屬/郡邑

浙江忠義錄十卷表八卷又一卷續編二卷續表九卷　（清）浙江采訪忠義總局編　清同治六年（1867）浙江采訪忠義總局刻光緒元年（1875）續刻本　一冊　存二卷（七至八）

330000－4727－0000532　4104　經部/群經總義類/文字音義之屬

經典釋文三十卷　（唐）陸德明撰　**經典釋文攷證三十卷**　（清）盧文弨撰　清刻本　一冊　存四卷（三至四、攷證三至四）

330000－4727－0000534　4013　史部/傳記類/總傳之屬/通代

增廣尚友錄統編二十二卷　應祖錫輯　清光緒二十八年（1902）鴻寶齋石印本　三冊　存六卷（三至四、七至八、二十一至二十二）

330000－4727－0000536　4406　類叢部/叢書類/自著之屬

正誼堂全集八種　（清）董沛撰　清同治至光緒刻本　二冊　存一種

330000－4727－0000537　4404　史部/政書類/律令之屬/刑制

重修名法指掌圖四卷　（清）沈辛田撰　（清）徐灝重訂　清光緒二十六年（1900）京都榮錄堂刻本　四冊

330000－4727－0000538　4405　史部/政書類/律令之屬/刑制

重修名法指掌圖四卷　（清）沈辛田撰　（清）徐灝重訂　清同治九年（1870）湖北崇文書局刻本　四冊

330000－4727－0000539　4407　史部/政書類/律令之屬/律例

定例彙編不分卷（清光緒十二年）　清光緒刻本　二冊

330000－4727－0000540　4408　史部/政書類/律令之屬/律例

律表三十八卷首一卷洗冤錄表四卷檢骨圖格一卷　（清）曾恆德編　清刻本　六冊

330000－4727－0000541　4409　史部/政書類/律令之屬/律例

欽定戶部則例一百卷首一卷　（清）載齡等修

（清）惠祥等纂　清同治十三年（1874）刻本
五十冊　缺十卷（九十一至一百）

330000－4727－0000542　4410　史部/政書
類/律令之屬/治獄

刑案彙要　（清）胡鳳丹輯　清同治五年
（1866）永康胡氏退補齋刻本　三冊　存七種

330000－4727－0000543　4411　子部/農家
農學類/農藝之屬/災害防治

捕蝗要訣一卷除蝻八要一卷　（清）錢炘和撰
清同治八年（1869）楚北崇文書局刻本
一冊

330000－4727－0000544　4412　史部/政書
類/邦計之屬/荒政

重刊救荒補遺書二卷　（宋）董煟撰　（元）張
光大增　（明）朱熊補　（明）王崇慶釋斷　清
同治八年（1869）楚北崇文書局刻本　二冊

330000－4727－0000545　4501　子部/儒家
類/儒學之屬/俗訓

俗言一卷　（清）劉沅撰　清同治元年（1862）
平遙李氏刻本　一冊

330000－4727－0000546　4413　子部/天文
曆算類/算書之屬

算法啟蒙統宗指南一卷　（清）黃巖俞大酉山
房編　清刻本　一冊

330000－4727－0000547　4414　子部/術數
類/命書相書之屬

相理衡真十卷首一卷　（清）陳釗撰　清道光
刻本　一冊　存六卷（五至十）

330000－4727－0000549　4507　類叢部/類
書類/專類之屬

廣博物志五十卷　（明）董斯張　（明）楊鶴輯
清光緒五年（1879）學海堂刻本　三十二冊

330000－4727－0000550　4502　類叢部/叢
書類/郡邑之屬

台州叢書續編十三種　（清）王棻等輯　清光
緒王棻等刻本　一冊　存一種

330000－4727－0000552　4506　子部/叢編

子書百家　（清）崇文書局編　清光緒元年
（1875）湖北崇文書局刻本　六冊　存四種

330000－4727－0000553　5301　史部/編年
類/通代之屬

資治通鑑二百九十四卷　（宋）司馬光撰
（元）胡三省音注　（明）陳仁錫評　**通鑑釋文
辯誤十二卷**　（元）胡三省撰　明天啓五年
（1625）長洲陳仁錫刻本　一百二十二冊　缺
十二卷（通鑑釋文辯誤一至十二）

330000－4727－0000554　4509　子部/叢編

二十五子彙函　（清）鴻文書局編　清光緒十
九年（1893）上海鴻文書局石印本　八冊　存
十二種

330000－4727－0000555　5304、5401－5405
史部/編年類/通代之屬

校刊資治通鑑全書八種　（清）胡元常輯　清
光緒十四年至十七年（1888－1891）長沙楊氏
刻本　一百二十冊

330000－4727－0000558　5701　史部/編年
類/通代之屬

宋元通鑑一百五十七卷　（明）薛應旂撰
（明）陳仁錫評　明天啓六年（1626）長洲陳仁
錫刻本　三十六冊

330000－4727－0000559　4508　史部/政書
類/律令之屬/法驗

洗冤錄詳義四卷首一卷　（清）許槤輯　**洗冤
錄摭遺二卷**　（清）葛元煦輯　清光緒二年
（1876）仁和葛元煦刻本　五冊

330000－4727－0000560　4510　子部/宗教
類/佛教之屬

一切經音義二十五卷　（唐）釋玄應撰　**補訂
新譯大方廣佛華嚴經音義二卷**　（唐）釋慧苑
撰　**華嚴經音義敍錄一卷**　（清）臧庸輯　**刻
華嚴經音義校勘記一卷**　（清）曹籀撰　清同
治八年（1869）武林張氏寶晉齋刻本　四冊
缺一卷（校勘記）

330000－4727－0000562　4503　子部/道
家類

文子纘義十二卷　（宋）杜道堅撰　清光緒九年（1883）湖南傳忠書局刻本　四冊

330000－4727－0000563　4504　子部/道家類

文子纘義十二卷　（宋）杜道堅撰　清末刻本　二冊

330000－4727－0000564　4607　類叢部/叢書類/彙編之屬

文選樓叢書三十三種　（清）阮亨編　清嘉慶至道光阮元刻道光二十二年（1842）阮亨彙印本　四冊　存一種

330000－4727－0000565　4612　子部/雜著類/雜纂之屬

古格言十二卷　（清）梁章鉅輯　清刻本　二冊

330000－4727－0000567　4614　類叢部/類書類/專類之屬

王先生十七史蒙求十六卷　（宋）王令撰　李氏蒙求補注六卷　（唐）李瀚撰　（清）金三俊補注　清道光二十八年（1848）大文堂刻本　六冊

330000－4727－0000571　4709　子部/醫家類/傷寒金匱之屬/傷寒論

傷寒大成五種　（清）張璐等撰　清天祿堂刻本　七冊　存四種

330000－4727－0000572　4707　子部/醫家類/醫案之屬

續名醫類案三十六卷　（清）魏之琇撰　清末石印本　二冊　存六卷（十八至二十、二十八至三十）

330000－4727－0000573　4713　子部/醫家類/綜合之屬/通論

御纂醫宗金鑑九十卷首一卷　（清）吳謙等撰　清石印本　二冊　存七卷（二十二至二十五、五十六至五十八）

330000－4727－0000574　4611　子部/儒家類/儒學之屬/蒙學

龍文鞭影二卷　（明）蕭良有纂輯　（清）楊臣

静增訂　（清）來集之音註　清道光二十三年（1843）三餘堂刻本　二冊

330000－4727－0000575　2305　經部/小學類/文字之屬/說文

說文通訓定聲十八卷分部柬韻一卷說雅一卷古今韻準一卷　（清）朱駿聲撰　（清）朱鏡蓉參訂　行述一卷　朱孔彰撰　清道光二十九年（1849）刻咸豐元年（1851）朱孔彰臨嘯閣補刻本　二十四冊

330000－4727－0000576　4710　子部/醫家類/方書之屬/成方藥目

胡慶餘堂丸散膏丹全集十四卷　（清）胡光墉編　清光緒三年（1877）杭州胡慶餘堂刻本　一冊　存十三卷（一至十三）

330000－4727－0000577　4505　類叢部/叢書類/彙編之屬

祕書廿一種　（清）汪士漢編　清康熙七年（1668）汪士漢據明刻古今逸史板重編印本　十一冊　存十五種

330000－4727－0000578　4711　子部/醫家類/類編之屬

徐氏醫書八種　（清）徐大椿撰　清光緒四年（1878）埽葉山房刻本　二冊　存三種

330000－4727－0000579　4712　子部/醫家類/溫病之屬/痧症

痧法備旨二種二卷　（清）管頌聲編　清咸豐二年（1852）管頌聲刻本　一冊

330000－4727－0000580　5503　史部/編年類/通代之屬

御批歷代通鑑輯覽一百二十卷　（清）傅恆等撰　清同治十三年（1874）兩儀堂刻朱墨套印本　七十九冊　缺二卷（八至九）

330000－4727－0000581　5603　史部/編年類/通代之屬

御批歷代通鑑輯覽一百二十卷　（清）傅恆等撰　清同治十三年（1874）湖南書局刻本　六十四冊

330000－4727－0000582　5504　史部/編年

類/通代之屬

御批歷代通鑑輯覽一百二十卷 （清）傅恆等撰　清光緒九年(1883)上海同文書局石印本　十五冊

330000 - 4727 - 0000583　5505　史部/編年類/通代之屬

御批歷代通鑑輯覽一百二十卷 （清）傅恆等撰　清光緒二十八年(1902)萃文齋石印本　十九冊　缺六卷(四十一至四十六)

330000 - 4727 - 0000584　5506　史部/編年類/通代之屬

御批歷代通鑑輯覽一百二十卷 （清）傅恆等撰　清光緒三十年(1904)上海經藝書局石印本　十八冊　缺三十卷(十三至十七、二十九至三十三、四十四至五十三、七十二至七十五、八十至八十五)

330000 - 4727 - 0000585　5604　史部/編年類/通代之屬

御批歷代通鑑輯覽一百二十卷 （清）傅恆等撰　清同治十年(1871)浙江書局刻朱墨套印本　四十八冊

330000 - 4727 - 0000586　5601　史部/編年類/通代之屬

御批歷代通鑑輯覽一百二十卷 （清）傅恆等撰　清光緒十三年(1887)上海同文書局石印本　二十冊

330000 - 4727 - 0000587　5507　史部/編年類/通代之屬

御批歷代通鑑輯覽一百二十卷 （清）傅恆等撰　清末鉛印本　十六冊　缺五十五卷(一至十八、二十三至三十、六十八至七十、八十至九十、九十四至九十六、一百四至一百十五)

330000 - 4727 - 0000588　5703　史部/編年類/通代之屬

萬國綱鑑易知錄二十卷 （日本）岡本監輔撰　清光緒二十七年(1901)上海書局石印本　六冊

330000 - 4727 - 0000589　5602　史部/編年類/通代之屬

御批歷代通鑑輯覽一百二十卷 （清）傅恆等撰　清光緒二十年(1894)上海書局石印本　二十四冊

330000 - 4727 - 0000590　5605　史部/編年類/斷代之屬

御撰資治通鑑綱目三編四十卷 （清）舒赫德等修　（清）朱珪等纂　清同治十一年(1872)江西書局刻本　十二冊

330000 - 4727 - 0000592　4701　子部/醫家類/類編之屬

中西匯通醫書五種 唐宗海撰　清光緒三十四年(1908)上海千頃堂書局石印本　一冊　存一種

330000 - 4727 - 0000599　4718　子部/醫家類/綜合之屬/通論

礬玉山房重校醫宗必讀十卷 （明）李中梓撰　清光緒九年(1883)礬玉山房刻本　一冊　存二卷(五至六)

330000 - 4727 - 0000600　4719　子部/醫家類/眼科之屬

傅氏眼科審視瑤函六卷首一卷 （明）傅仁宇撰　（明）林長生校補　清小酉堂刻本　一冊　存一卷(三)

330000 - 4727 - 0000603　5302　史部/編年類/通代之屬

通鑑釋文辯誤十二卷 （元）胡三省撰　清刻本　四冊

330000 - 4727 - 0000604　5303　史部/編年類/通代之屬

資治通鑑目錄三十卷 （宋）司馬光撰　清刻本　十五冊

330000 - 4727 - 0000606　4723　子部/醫家類/綜合之屬/通論

古吳童氏重校醫宗必讀十卷 （明）李中梓撰　清光緒三十年(1904)上海鴻文堂書局石印本　一冊　存二卷(三至四)

330000－4727－0000608　4725　子部/醫家類/本草之屬/歷代綜合本草

本草從新十八卷　（清）吳儀洛輯　清光緒二十二年(1896)上海圖書集成印書局鉛印本　一冊　存三卷(一至三)

330000－4727－0000610　4727　子部/醫家類/類編之屬

醫門棒喝二種　（清）章楠撰　清道光七年(1827)廣州刻本　三冊　存三卷(醫門棒喝四,醫門棒喝二集傷寒論本旨六、九)

330000－4727－0000611　4728　子部/醫家類/類編之屬

吳氏醫學述　（清）吳儀洛輯　清刻本　二冊　存一種

330000－4727－0000612　4729　子部/醫家類/溫病之屬

溫熱暑疫全書四卷　（清）周揚俊輯　清光緒十五年(1889)掃葉山房刻本　一冊　存二卷(三至四)

330000－4727－0000614　4731　子部/醫家類/類編之屬

沈氏尊生書五種　（清）沈金鰲撰輯　清光緒二十一年(1895)圖書集成局石印本　一冊　存一種

330000－4727－0000616　4733　子部/醫家類/綜合之屬/合刻、合抄

景岳全書六十四卷　（明）張介賓撰　清刻本　一冊　存二卷(七至八)

330000－4727－0000617　4734　子部/術數類/相宅相墓之屬

山洋指迷原本四卷　（明）周景一撰　（清）俞歸璞　（清）吳卿瞻增注　清刻本　二冊　存二卷(一至二)

330000－4727－0000619　4736　子部/醫家類/類編之屬

南雅堂醫書全集　（清）陳念祖撰　清刻本(金匱要略淺註配民國抄本)　二冊　存二種

330000－4727－0000621　4737　子部/醫家類/醫案之屬

增補臨證指南醫案八卷　（清）葉桂撰　清光緒三十二年(1906)上海龍文書局石印本　二冊　存二卷(四至五)

330000－4727－0000623　4739　子部/醫家類/類編之屬

徐靈胎醫學全書　（清）徐大椿撰　清光緒三十三年(1907)上海六藝書局石印本　一冊　存一種

330000－4727－0000624　1812　經部/叢編

皇清經解續編二百九卷　王先謙輯　清光緒十五年(1889)上海蜚英館石印本　三冊

330000－4727－0000625　4615　子部/藝術類/書畫之屬/畫譜

芥子園畫傳初集六卷二集九卷三集六卷　（清）王槩　（清）王蓍　（清）王臬輯　清光緒二十一年(1895)上海寶文書局石印本　四冊　存九卷(二集一至九)

330000－4727－0000629　0224　集部/總集類/郡邑之屬

赤城後集三十三卷　（明）謝鐸輯　清抄本　一冊　存三卷(二十六至二十八)

330000－4727－0000632　5803　史部/傳記類/總傳之屬/家乘

[浙江溫嶺]夾嶼王氏宗譜□□卷　（清）王學鴻等編　清同治七年(1868)木活字印本　一冊　存一卷(一)

330000－4727－0000633　4513　集部/曲類/曲韻曲譜曲律之屬

工尺譜不分卷　清延輝樓主人抄本　一冊

330000－4727－0000634　5809　經部/四書類/總義之屬/傳說

四書朱子本義匯參四十三卷首四卷　（清）王步青輯　清光緒十五年(1889)上海廣百宋齋鉛印本　十二冊

330000－4727－0000635　5805　集部/總集類/課藝之屬

論料大成四十二卷　（清）花朝生編　清光緒
二十八年(1902)上海書局石印本　五冊　存
二十七卷(一至十二、十八至三十二)

330000－4727－0000637　1045　子部/藝術
類/書畫之屬/法帖
快雪堂法書不分卷　（晉）王羲之等書　清末
影印本　一冊

330000－4727－0000638　4740　子部/醫家
類/綜合之屬/合刻、合抄
景岳全書六十四卷　（明）張介賓撰　清刻本
一冊　存二卷(五十九至六十)

330000－4727－0000639　4741　子部/醫家
類/醫經之屬/内經
素問靈樞類纂約註三卷　（清）汪昂撰　清康
熙刻本　清通廬主人跋　一冊　存二卷(一
至二)

330000－4727－0000640　5406－5409　史
部/編年類/通代之屬
資治通鑑綱目全書四種　清四喜堂刻本　一
百一冊

330000－4727－0000641　5807　史部/紀傳
類/正史之屬
三國志六十五卷　（晉）陳壽撰　（南朝宋）裴
松之注　清光緒二十六年(1900)上海煥文書
局石印本　一冊　存二十卷(吳志一至二十)

330000－4727－0000642　5808　經部/叢編
五經合纂大成四十四卷首五卷　（清）同文書
局主人輯　清光緒十一年(1885)上海同文書
局石印本　十二冊　存四種

330000－4727－0000643　5501　史部/編年
類/通代之屬
資治通鑑二百九十四卷目錄三十卷　（宋）司
馬光撰　（元）胡三省音注　清光緒二十六年
(1900)上海圖書集成印書局鉛印本　四十
四冊

330000－4727－0000644　5502　史部/編年
類/通代之屬
續資治通鑑二百二十卷　（清）畢沅撰　清光

緒二十六年(1900)上海圖書集成印書局鉛印
本　二十八冊

330000－4727－0000645　2306　經部/小學
類/訓詁之屬/譯語
甯英列韻字彙一卷　清光緒十年(1884)石印
本　一冊

330000－4727－0000646　5903　子部/宗教
類/道教之屬
參同契箋註分節解三卷　題（漢）徐景休撰
（元）陳致虛解　**參同契三相類二卷**　題（漢）
淳于叔通撰　（元）陳致虛解　清初刻本
一冊

330000－4727－0000647　5901　子部/叢編
二十二子(二十二子彙函)　（清）浙江書局編
清光緒元年至三年(1875－1877)浙江書局
刻本　五十五冊　存十五種

330000－4727－0000648　1319　類叢部/叢
書類/彙編之屬
廣漢魏叢書八十種　（明）何允中編　清嘉慶
刻本　七冊　存一種

330000－4727－0000649　6001　子部/醫家
類/醫案之屬
古今醫案按十卷　（清）俞震輯　清宣統元年
(1909)上海會文堂書局石印本　十冊

330000－4727－0000652　6004　新學/理學/
理學
天演論二卷　（英國）赫胥黎撰　嚴復譯　清
末石印本　一冊

330000－4727－0000653　6005　子部/醫家
類/類編之屬
醫門棒喝二種　（清）章楠撰　清宣統元年
(1909)蠹城三友益齋石印本　五冊　缺四卷
(醫門棒喝二集傷寒論本旨一至四)

330000－4727－0000654　6006　子部/醫家
類/醫理之屬/綜合
醫林改錯一卷　（清）王清任撰　清光緒三十
四年(1908)上海理文軒石印本　一冊

330000－4727－0000655　6007　子部/醫家類/醫案之屬

臨證指南醫案八卷　（清）葉桂撰　（清）徐大椿評　清光緒三十二年(1906)上海龍文書局石印本　潘以森批點　四冊

330000－4727－0000657　6009　子部/醫家類/本草之屬/本草藥性

增批藥性賦註解四卷　（明）趙亮采註解　清宣統元年(1909)上海六藝書局石印本　一冊

330000－4727－0000660　6012　子部/醫家類/方書之屬/單方驗方

增評童氏醫方集解二十三卷　（清）汪昂撰（清）李保常批點　（清）費伯雄評　清光緒三十年(1904)上海六藝書局石印本　二冊

330000－4727－0000662　6014　子部/醫家類/兒科之屬/通論

鼎鍥幼幼集成六卷　（清）陳復正輯　清末石印本　三冊　缺三卷(一至三)

330000－4727－0000663　6015　子部/醫家類/兒科之屬/通論

鼎鍥幼幼集成六卷　（清）陳復正輯　清末上海廣益書局石印本　六冊

330000－4727－0000665　6017　子部/醫家類/溫病之屬

時病論八卷　（清）雷豐撰　清光緒三十年(1904)上海鍊石書局石印本　六冊

330000－4727－0000667　6019　子部/醫家類/方書之屬/單方驗方

丹溪心法附餘二十四卷首一卷　（明）方廣輯　清宣統元年(1909)上海文瑞樓石印本　四冊

330000－4727－0000668　6020　子部/醫家類/綜合之屬/合刻、合抄

傅青主男科二卷女科二卷產後編二卷　（清）傅山撰　清光緒三十三年(1907)上海書局石印本　一冊　存二卷(男科一至二)

330000－4727－0000669　6034　子部/醫家類/類編之屬

黃氏醫書八種　（清）黃元御撰　清光緒二十年(1894)上海圖書集成印書局鉛印本　三冊

330000－4727－0000671　6023　新學/醫學/內科

內科理法前編六卷後編十卷附一卷　（英國）虎伯撰　舒高第譯　（清）趙元益筆述　清光緒江南製造局刻本　九冊

330000－4727－0000672　6024　新學/醫學/內科

內科理法前編六卷後編十卷附一卷　（英國）虎伯撰　舒高第譯　（清）趙元益筆述　清光緒江南製造局刻本　三冊

330000－4727－0000674　6026　子部/醫家類/類編之屬

喻氏醫書三種　（清）喻昌撰　清光緒二十四年(1898)上海掃葉山房石印本　六冊

330000－4727－0000675　6027　子部/醫家類/類編之屬

黃氏醫書八種　（清）黃元御撰　清光緒二十年(1894)上海圖書集成印書局鉛印本　七冊　存五種

330000－4727－0000676　6028　子部/醫家類/類編之屬

陳修園醫書三十種　（清）陳念祖等撰　清光緒十八年(1892)上海圖書集成印書局鉛印本　十一冊　存九種

330000－4727－0000677　6029　子部/醫家類/醫經之屬/內經

類經三十二卷　（明）張介賓類注　**類經圖翼十一卷附翼四卷**　（明）張介賓撰　清嘉慶四年(1799)金閶萃英堂刻本　二十二冊　缺四卷(九至十二)

330000－4727－0000678　6030　子部/醫家類/溫病之屬/其他溫疫病證

溫病條辨六卷首一卷　（清）吳瑭撰　（清）朱武曹點評　清光緒三十二年(1906)上海千頃堂石印本　二冊

330000－4727－0000681　6033　子部/醫家

類/類編之屬

中西匯通醫書五種 唐宗海撰 清石印本 九冊 存三種

330000－4727－0000682 6021 子部/醫家 類/綜合之屬/通論

御纂醫宗金鑑九十卷首一卷 （清）吳謙等撰 清光緒三十二年（1906）上海錦章書局石印 本 七冊 存六十四卷（首、一至六十三）

330000－4727－0000685 6037 子部/叢編

子書二十三種 （清）浙江書局編 清光緒二 十二年（1896）圖書集成局鉛印本 二冊 存 一種

330000－4727－0000686 6038 子部/醫家 類/類編之屬

東垣十書附二種 清光緒三十三年（1907）上 海書局石印本 五冊 存十一種

330000－4727－0000688 6040 新學/醫學/ 藥品

西藥畧釋四卷總論一卷 （清）孔繼良譯撰 清光緒十二年（1886）羊城博濟醫局刻本 四冊

330000－4727－0000689 6041 子部/醫家 類/類編之屬

徐洄谿先生十三種 （清）徐大椿撰 清末鉛 印本 二冊 存二種

330000－4727－0000691 6043 子部/醫家 類/類編之屬

徐氏醫書八種 （清）徐大椿撰 清刻本 六

冊 存四種

330000－4727－0000692 6044 子部/醫家 類/醫案之屬

洄溪醫案一卷 （清）徐大椿撰 清咸豐七年 （1857）海昌蔣氏衍芬草堂刻本 一冊

330000－4727－0000693 6045 子部/醫家 類/綜合之屬/通論

慎疾芻言一卷 （清）徐大椿撰 清刻本 一冊

330000－4727－0000695 6047 子部/醫家 類/婦科之屬/產科

達生編二卷補遺一卷附方一卷 （清）亟齋居 士撰 清光緒二十年（1894）黃邑金師古齋刻 本 一冊

330000－4727－0000696 6048 子部/醫家 類/婦科之屬/產科

達生編二卷補遺一卷 （清）亟齋居士撰 清 光緒三十二年（1906）台金嗣獻師果齋刻本 一冊

330000－4727－0000699 6051 子部/醫家 類/外科之屬/外科方

外科正宗十二卷 （明）陳實功撰 （清）徐大 椿評 清末上海錦章圖書局石印本 一冊

330000－4727－0000706 6057 史部/編年 類/通代之屬

御批歷代通鑑輯覽一百二十卷 （清）傅恆等 撰 清末鉛印本 一冊 存三卷（七十七至 七十九）

浙江省温嶺中學古籍普查登記目録

全國古籍普查登記目録·浙江台州

國家圖書館出版社
National Library of China Publishing House

歌詩編第二

吳絲蜀桐張高秋空白凝雲頹不

愁李憑中國彈箜篌崑山玉碎鳳凰叫芙蓉泣露香

蘭笑十二門前融冷光二十三絲動紫皇女媧鍊

補天處石破天驚逗秋雨夢入神山教神嫗老魚跳

波瘦蛟舞吳質不眠倚桂樹露腳斜飛濕寒兔

残絲曲

垂楊葉老鶯哺兒殘絲欲斷黃蜂歸綠曠少年金釵

《浙江省温嶺中學古籍普查登記目録》

編委會

主　　編：陳才錡

副 主 編：趙海勇　江正玲　鄭曉萍

編　　委：林　慧　李　敏　汪曉紅　葉　勤　鄭　麗

《浙江省温嶺中學古籍普查登記目録》

前　言

　　浙江省温嶺中學建校已 170 多年,圖書館館藏歷史文獻從宗文書院保存至今。本次普查於 2014 年 12 月開始,至 2016 年 1 月完成。經普查,館藏 1912 年以前古籍共 59 部 4016 册。本次普查感謝圖書館林慧等老師的辛勤付出,由於受普查員水平、時間、參考資料、工具書不足等諸多因素的制約,錯漏之處難免,敬請專家給予指正,謝謝!

浙江省温嶺中學

2018 年 6 月

330000－1756－0000001　0001　經部/叢編

皇清經解一千四百八卷首一卷　（清）阮元輯
清道光九年（1829）廣東學海堂刻咸豐十一年（1861）補刻本　二百八十六冊　缺一百七十卷（八十二至一百四十八、一百六十二至一百七十、二百四十三至二百八十七、六百七十至六百七十五、一千二百八至一千二百五十）

330000－1756－0000002　0002　經部/叢編

皇清經解續編一千四百三十卷　王先謙輯
清光緒十四年（1888）江陰南菁書院刻本（卷三十原缺）　二百九十冊　缺一百二十卷（七十至一百、三百九十五、一千一百七十五至一千二百十八、一千三百六至一千三百四十九）

330000－1756－0000003　0003　集部/總集類/選集之屬/斷代

皇朝經世文編一百二十卷姓名總目二卷生存姓名一卷　（清）賀長齡輯　清道光七年（1827）刻本　七十一冊　缺九卷（十、二十一、五十五至五十六、六十至六十三、八十八）

330000－1756－0000004　0004　史部/編年類/通代之屬

續資治通鑑二百二十卷　（清）畢沅撰　清乾隆鎮洋畢氏刻嘉慶六年（1801）桐鄉馮氏德裕堂續刻同治六年（1867）永康應氏補刻八年（1869）江蘇書局修補印本　六十冊

330000－1756－0000005　0005　史部/編年類/通代之屬

校刊資治通鑑全書八種　（清）胡元常輯　清光緒十四年至十七年（1888－1891）長沙楊氏刻本　一百十二冊　缺六十三卷（資治通鑑一至三、十九至六十一、一百十三至一百二十九）

330000－1756－0000006　0006　史部/編年類/斷代之屬

御撰資治通鑑綱目三編二十卷　（清）張廷玉等撰　清刻本　三冊

330000－1756－0000007　0007　史部/紀傳類/正史之屬

二十四史　清同治至光緒五省官書局據汲古閣本等合刻光緒五年（1879）湖北書局彙印本　二百五十一冊　存十七種

330000－1756－0000008　0008　史部/政書類

九通二千三百二十一卷　（清）□□輯　清光緒八年至二十二年（1882－1896）浙江書局刻本　九百九十七冊　缺七卷（皇朝通典七十二至七十三、欽定續通志三百九十五至三百九十七、皇朝文獻通考三至四）

330000－1756－0000009　0009　史部/紀事本末類

歷朝紀事本末九種　（清）陳如升　（清）朱記榮輯　（清）捷記主人增輯　清光緒二十八年（1902）上海捷記書局石印本　十八冊　存八種

330000－1756－0000010　0010　史部/政書類

九通二千三百二十一卷　（清）□□輯　清光緒八年至二十二年（1882－1896）浙江書局刻本　三百六十冊　存三種

330000－1756－0000011　0011　類叢部/類書類/通類之屬

淵鑑類函四百五十卷目錄四卷　（清）張英（清）王士禎等纂　清康熙刻本　一百三十四冊　缺十七卷（四至六、一百九十四至一百九十五、一百九十八至一百九十九、三百一至三百六,目錄一至四）

330000－1756－0000012　0012　史部/目錄類/總錄之屬/官修

欽定四庫全書總目二百卷首一卷　（清）紀昀等撰　清同治七年（1868）廣東書局刻本　一百十四冊　缺十卷（二十四至二十五、一百四十三至一百四十四、一百五十一、一百七十九至一百八十一、一百八十八至一百八十九）

330000－1756－0000013　0013　史部/目錄類/總錄之屬/官修

欽定四庫全書簡明目錄二十卷首一卷　（清）紀昀等撰　清同治七年（1868）廣東書局刻本　十一冊　缺一卷（首）

330000－1756－0000014　0014　集部/總集類/課藝之屬

學海堂集十六卷 （清）阮元輯　**二集二十二卷** （清）吳瀾修輯　**三集二十四卷** （清）張維屏輯　**四集二十八卷** （清）金錫齡輯　清道光五年(1825)、道光十八年(1838)、咸豐九年(1859)、光緒十二年(1886)啟秀山房刻本　三十七冊　缺四卷(二集十二,四集三至四、十六)

330000－1756－0000015　0015　史部/地理類/外紀之屬

海國圖志一百卷 （清）魏源撰　清刻本　二十四冊

330000－1756－0000016　0016　史部/史評類/考訂之屬

十七史商榷一百卷 （清）王鳴盛撰　清光緒六年(1880)太原王氏刻本　二十四冊

330000－1756－0000017　0017　子部/天文曆算類/算書之屬

觀我生室匯稿 （清）羅士琳撰　清道光刻本　七冊　存二種

330000－1756－0000018　0018　子部/天文曆算類/算書之屬

數學精詳十一卷首一卷末一卷 （清）屈曾發輯　清同治十年(1871)學海堂刻本　六冊

330000－1756－0000019　0019　史部/政書類/儀制之屬/專志/科舉校規

欽定學政全書八十六卷首一卷 （清）童璜等撰　清刻本　二十四冊

330000－1756－0000020　0020　類叢部/叢書類/輯佚之屬

玉函山房輯佚書六百二十二種附一種 （清）馬國翰輯　清光緒九年(1883)長沙娜嬛館刻本　七十九冊　存三百種

330000－1756－0000021　0021　類叢部/叢書類/自著之屬

郝氏遺書三十三種 （清）郝懿行撰　清嘉慶至光緒刻彙印本　七十七冊　缺七卷(寶訓五至八、列女傳補注一至二、爾雅郭注義疏上之一)

330000－1756－0000022　0022　類叢部/叢書類/自著之屬

洪北江全集二十一種 （清）洪亮吉撰　清光緒三年至五年(1877－1879)洪用懃授經堂刻本　六十一冊　存十八種

330000－1756－0000023　0023　子部/天文曆算類/算書之屬

算經十書十種附刻一種 （清）孔繼涵輯　清光緒十六年(1890)上海刻本　十冊

330000－1756－0000024　0024　類叢部/叢書類/彙編之屬

新斠平津館叢書十集三十四種 （清）孫星衍編　清光緒十年至十五年(1884－1889)吳縣朱氏槐廬家塾刻本　二十一冊　存十二種

330000－1756－0000025　0025　集部/總集類/選集之屬/斷代

國朝文錄初編四十種 （清）李祖陶編　清刻本　四十三冊　存三十七種

330000－1756－0000026　0026　經部/小學類/文字之屬/說文

說文通訓定聲十八卷分部柬韻一卷說雅一卷古今韻準一卷 （清）朱駿聲撰　（清）朱鏡蓉參訂　清刻本　十四冊　存十卷(六至十五)

330000－1756－0000027　0027　經部/群經總義類/文字音義之屬

經典釋文三十卷 （唐）陸德明撰　**經典釋文攷證三十卷** （清）盧文弨撰　清刻本　八冊　缺二十卷(一至五、十八至二十、二十九至三十,攷證一至五、十八至二十、二十九至三十)

330000－1756－0000028　0028　史部/地理類/總志之屬/通代

讀史方輿紀要一百三十卷輿圖要覽四卷 （清）顧祖禹撰　清嘉慶敷文閣刻道光龍萬育、光緒桐華書屋遞修本　六冊　存十三卷(三十三至三十五、四十六至四十八、八十六

至八十八、九十七至九十八,輿圖要覽三至四)

330000 – 1756 – 0000029　0029　類叢部/叢書類/郡邑之屬

湖北叢書三十種　(清)趙尚輔編　清光緒十七年(1891)三餘草堂刻本　九十七冊　存二十九種

330000 – 1756 – 0000030　0030　集部/總集類/選集之屬/通代

八代文粹二百二十卷目錄十八卷　(清)簡燊(清)陳崇哲輯　清光緒十一年(1885)富順考雋堂刻本　二十八冊　存九十六卷(一至九、十六至二十五、二十九至三十一、四十至五十二、六十三至六十七、七十一至七十四、八十三至一百七、一百三十五至一百四十三、一百四十八至一百五十一、一百九十五至二百二、二百十六至二百二十,目錄二)

330000 – 1756 – 0000031　0031　經部/三禮總義類/通禮雜禮之屬

五禮通考二百六十二卷首四卷總目二卷(清)秦蕙田撰　清光緒六年(1880)江蘇書局刻本　三十五冊　存八十八卷(首一至二,七十六至七十九、八十二至八十七、一百六十一至一百八十六、二百十五至二百六十二,總目一至二)

330000 – 1756 – 0000032　0032　經部/叢編

御纂七經五種二百九十四卷　(清)李光地等撰　清同治六年至九年(1867 – 1870)浙江書局刻本　四十八冊　存二種

330000 – 1756 – 0000033　0033　類叢部/叢書類/彙編之屬

式訓堂叢書四十一種　(清)章壽康編　清光緒會稽章氏刻本　二十五冊　存二十種

330000 – 1756 – 0000034　0034　類叢部/叢書類/彙編之屬

湖海樓叢書十二種　(清)陳春編　清嘉慶蕭山陳氏湖海樓刻二十四年(1819)彙印本　二十三冊　存八種

330000 – 1756 – 0000035　0035　經部/叢編

古經解彙函十六種附小學彙函十四種　(清)鍾謙鈞等輯　清同治十二年(1873)粵東書局刻本　二十八冊　存古經解彙函六種、小學彙函二種

330000 – 1756 – 0000038　0038　史部/編年類/通代之屬

尺木堂綱鑑易知錄九十二卷明鑑易知錄十五卷　(清)吳乘權　(清)周之炯　(清)周之燦輯　清光緒二十七年(1901)上海商務印書館鉛印本　十六冊　缺七卷(四十七至五十三)

330000 – 1756 – 0000041　0041　經部/小學類/音韻之屬/韻書

詩韻合璧五卷　(清)湯祥瑟輯　**虛字韻藪一卷**　(清)潘維城輯　清光緒四年(1878)上海淞隱閣鉛印本　四冊　缺一卷(四)

330000 – 1756 – 0000044　0044　集部/總集類/選集之屬/通代

古文辭類纂七十四卷　(清)姚鼐輯　**續古文辭類纂三十四卷**　王先謙輯　清光緒三十三年(1907)上海商務印書館鉛印本　十二冊

330000 – 1756 – 0000052　0052　類叢部/叢書類/自著之屬

梨洲遺著彙刊二十七種首一卷　(清)黃宗羲撰　薛鳳昌編次　清宣統二年(1910)上海時中書局鉛印本　五冊　存十九種

330000 – 1756 – 0000054　0054　經部/叢編

重刊宋本十三經注疏四百十六卷　附十三經注疏校勘記四百十六卷　(清)阮元撰　(清)盧宣旬摘錄　清嘉慶二十年(1815)南昌府學刻本　二十冊　存一種

330000 – 1756 – 0000055　0055　子部/天文曆算類/算書之屬

白芙堂算學叢書　(清)丁取忠輯　清同治至光緒長沙古荷花池精舍刻本　三十七冊　存十四種

330000 – 1756 – 0000056　0056　史部/金

石類

金石全例五種 （清）朱記榮輯　清光緒刻十八年（1892）吳縣朱氏彙印本　十六冊

330000－1756－0000057　0057　經部／小學類／音韻之屬／韻書

音韻闡微十八卷韻譜一卷 （清）李光地等撰　清光緒七年（1881）淮南書局刻本　四冊　缺七卷（一至二、十五至十八，韻譜）

330000－1756－0000058　0058　子部／儒家類／儒學之屬／禮教

五種遺規 （清）陳弘謀輯並撰　清光緒二十年至二十六年（1894－1900）刻本　六冊　存二種

330000－1756－0000059　0059　史部／雜史類

十六國春秋一百卷 （北魏）崔鴻撰　清徐氏述史樓刻本　十六冊

330000－1756－0000061　0061　子部／兵家類／兵法之屬

登壇必究四十卷 （明）王鳴鶴編輯　清刻本　八冊　存十一卷（二十一至三十一）

330000－1756－0000062　0062　集部／別集類／宋別集

蘇文忠詩合註五十卷首一卷目錄一卷 （宋）蘇軾撰　（清）馮應榴輯　清乾隆六十年（1795）桐鄉馮氏踵息齋刻同治九年（1870）增修本　十一冊　存三十一卷（首、二十一至五十）

330000－1756－0000063　0063　類叢部／叢書類／自著之屬

船山遺書五十八種 （清）王夫之撰　清同治四年（1865）湘鄉曾國荃金陵刻本　七十四冊　存三十三種

330000－1756－0000064　0064　子部／天文曆算類

兼濟堂纂刻梅勿庵先生曆算全書二十八種 （清）梅文鼎撰　（清）魏荔彤輯　（清）楊作枚訂補　清雍正元年（1723）栢鄉魏荔彤刻乾隆十四年（1749）梅汝培、咸豐九年（1859）梅體萱、光緒十一年（1885）敦懷書屋遞修本　二十四冊

330000－1756－0000065　0065　集部／總集類／選集之屬／斷代

文粹一百卷 （宋）姚鉉輯　**補遺二十六卷** （清）郭麐輯　清光緒十六年（1890）杭州許增榆園刻本　十八冊　缺十二卷（二十七至三十一、五十至五十六）

330000－1756－0000066　0066　集部／總集類／郡邑之屬

兩浙輶軒錄四十卷補遺十卷姓氏韻編二卷 （清）阮元輯　清光緒十六年（1890）浙江書局刻本　二十四冊　缺十三卷（三十四至三十五、三十八至三十九，補遺二至十）

330000－1756－0000067　0067　史部／地理類

李氏五種 （清）李兆洛撰　清刻本　十一冊　存二種

330000－1756－0000068　0068　史部／政書類／律令之屬／律例

大清律例增修統纂集成四十卷附督捕則例二卷 （清）姚潤輯　（清）陶駿　（清）陶念霖增輯　清光緒二十年（1894）武林清來堂刻本　二十四冊

330000－1756－0000069　0069　史部／地理類／輿圖之屬／全國

大清中外壹統輿圖（皇朝中外壹統輿圖）三十一卷首一卷 （清）鄒世詒　（清）晏啟鎮編　（清）李廷簫　（清）汪士鐸增訂　清同治二年（1863）湖北撫署刻本　三十二冊

330000－1756－0000070　0070　史部／傳記類／總傳之屬／儒林

學案小識十四卷首一卷末一卷 （清）唐鑑撰　清光緒十年（1884）刻本　十四冊

330000－1756－0000071　0071　史部／編年類／通代之屬

資治通鑑綱目五十九卷 （宋）朱熹撰　（明）

陳仁錫評　**資治通鑑綱目續編一卷**　（明）陳
樫撰　（明）陳仁錫評　**資治通鑑綱目前編二
十五卷**　（明）南軒撰　（明）陳仁錫評　**續資
治通鑑綱目二十七卷**　（明）商輅等撰　（明）
陳仁錫評　清刻本　一百六冊　缺二十六卷
（資治通鑑綱目續編、資治通鑑綱目前編一至
二十五）

330000－1756－0000073　0073　類叢部/叢
書類/彙編之屬
古逸叢書二十六種　（清）黎庶昌編　清光緒
八年至十年（1882－1884）黎庶昌日本東京使
署影刻本　十一冊　存九種

330000－1756－0000075　0075　類叢部/叢

書類/彙編之屬
增訂漢魏叢書八十六種　（清）王謨編　清乾
隆五十六年（1791）金谿王氏刻本　七十八冊
　缺十一卷（易林一、說苑一至八、握奇經續
圖一、八陣總述一）

330000－1756－0000077　0077　經部/小學
類/文字之屬/字書/字典
**康熙字典十二集三十六卷總目一卷檢字一卷
辨似一卷等韻一卷補遺一卷備考一卷**　（清）
張玉書等纂修　清刻本　十三冊　存十三卷
（子集上、丑集上、卯集上中下、午集上下、申
集上、酉集中下、亥集下，補遺，備考）

臨海市博物館
古籍普查登記目録

全國古籍普查登記目録·浙江台州

國家圖書館出版社
National Library of China Publishing House

歌詩編第二

吳絲蜀桐張高秋
愁李憑中國彈箜篌
崑山玉碎鳳凰叫芙蓉泣露香
蘭笑十二門前融冷光二十三絲動紫篁
女媧煉石補天處石破天驚逗秋雨夢入神山教神嫗老魚跳
波瘦蛟舞吳質不眠倚桂樹露脚斜飛濕寒兔

殘絲曲

垂楊葉老鶯哺兒殘絲欲斷黃蜂歸綠蹇少年金釵

《臨海市博物館古籍普查登記目録》
編委會

顧　　問：丁　伋　徐三見

主　　編：陳引奭

副　主　編：馬　欣　滕雪慧　朱　波

執行副主編：王海波

編　　委（按姓氏筆畫排序）：

　　　　王海波　王　薇　朱　波　朱柳波

　　　　吳寒婷　林　成　張巧英　鄧　峰

《臨海市博物館古籍普查登記目錄》

前　言

　　文字承載歷史，記錄文明。中華數千年文明所以不絶，金石簡牘、縑帛紙張等對典籍之保留與傳播，功莫大焉。

　　臨海是國家歷史文化名城，自漢昭帝始元二年（前85）置回浦縣，至今已2000餘年。"臨海"之名始於三國吳大帝時（222—252），三國吳沈瑩《臨海水土异物志》、南朝宋孫詵《臨海記》，皆以臨海爲名，所述亦多周邊風物。唐武德四年（621），置台州府於臨海，之後經濟人文日興。至宋室南渡，台州更有輔郡之實。趙氏宗室，錢、謝等王族顯宦，多居於此；李清照、朱敦儒、戴復古等文人高士，往還客寓於此。唐仲友守台，於臨海曾官刻《荀子》《揚子法言》《昌黎先生集》等典籍，人稱"宋槧上駟""雕鏤之精，不在北宋蜀刻之下"，向爲後世所寶。黄䴝守台，囑臨海陳耆卿纂輯《嘉定赤城志》，是台州最早的一部"府志"，也是中國歷史上的一部名志，歷來爲方志界所推重。臨海因有"小鄒魯"與"文化之邦"的美譽。元明清以降，臨海崇文厚德，風氣綿延，藏書學術之盛歷朝不替。

　　臨海市博物館所藏古籍，基於首任館長項士元先生的捐贈與徵集。項先生窮其半生之功，存亡絶續，搜集整理鄉邦文獻，且將其一生所藏文獻古籍3萬餘卷盡捐國家。1951年後，又以台州地區文管會之職，徵集各地古籍近10萬冊，奠定了台臨文博圖書事業的基礎。20世紀50年代，因工作需要，館藏古籍爲省有關部門調撥2萬餘冊，1998年又爲臨海市圖書館調撥6萬冊。

　　2013年，臨海市博物館啓動古籍普查，至2017年共登記古籍2778部8136冊，其中稿、抄本1430部，且多台州鄉邦文獻。按其類別，府縣志有自宋陳耆卿《嘉定赤城志》、林表民《赤城集》以來，明謝鐸《赤城新志》《赤城後集》，以至清［康熙］《台州府志》《光緒台州府志稿》、民國《台州府志》，包括明清以來台州各縣的縣志等地方志282部；地方叢書有清代宋世犖《台州叢書》、楊晨《續台州叢書》等，以及相關地方叢書計136部，這些地方叢書搜羅歷代台州典籍以存文脉，許多文獻經此類叢書得以保存至今，成爲現存最爲完整的版本。另有台州明清以來各私家藏書樓之收藏與纂輯著録，如知還堂馮氏、確山樓宋氏、小停雲山館洪氏、秋籟閣黄氏、八磚書庫郭氏、蔭玉閣葉氏、後凋草堂王氏、寒石草堂項氏等，各類地方文集共計1705部。

館藏之中尤佳者，如宋代之《嘉定赤城志》，其作者陳耆卿學宗永嘉葉適，葉氏所代表的永嘉事功學派，與朱熹的理學、陸九淵的心學并稱"南宋三大學派"，該志爲此派之代表作。《四庫全書總目提要》稱："耆卿受學於葉適，文章法度，俱有師承，故叙述咸中體裁。"此志現存最早版本爲明謝鐸修《赤城新志》時重刻本，南京圖書館等藏有其本，本館藏本則由清宋世犖《台州叢書》而來。元明之際更有台州學人陶宗儀之《説郛》，其網羅百家，集成經史方物，以成私家編纂大型叢書之先河，本館所藏之明抄本，國内知名高校相關學者多有重視研究者。又有明王士性《廣志繹》一書，歷史地理學家譚其驤先生目之爲"人文地理學"開山之作，德國學者顧彬稱王士性爲"科學經驗主義的先驅"，館藏爲清刻本，已爲譚氏門生周振鶴教授點校出版。"盛世修史"，人而文之。近年來，台州及各縣市地方文獻叢書的纂輯者，以臨海市博物館所藏台州文獻爲基礎，陸續出版各類古籍近百種。

此次出版的《臨海市博物館古籍普查登記目錄》，爲臨海市博物館參與全國古籍普查的成果。普查期間，曾穿插了第一次全國可移動文物普查、臨海市博物館新館建設及搬遷等，在人員捉襟見肘的情況下，古籍普查工作時有斷續。先後參加古籍普查的有王海波、朱波、鄧峰、吳寒婷、林成、朱柳波等人；古籍出入庫點交、核對由張巧英、王薇負責；遇疑難問題則多請教徐三見老館長及咨詢浙江圖書館古籍部專家"會診"解決；所賴前人，如丁伋先生等人已經爲古籍整理做了大量基礎工作，而今纔得以按圖索驥，事半功倍。

《臨海市博物館古籍普查登記目錄》的出版，既是對臨海市博物館所藏古籍的整理彙總和總體展示，同時也將成爲臨海市博物館古籍整理利用的新契機。限於水平和時間，編排和内容中還存在不盡合理和錯漏之處，望有識之士不吝賜教指正。同時我們也相信，在社會各界的共同努力下，通過現代科技手段，這些書寫在古籍裏的文字，一定能够"活起來"，焕發出超越時空的生命力。

臨海市博物館

2018 年 1 月 31 日

330000－1787－0000001　0001　史部/地理類/山川之屬/水志

水道提綱二十八卷　（清）齊召南撰　清光緒四年（1878）津門徐士鑾霞城精舍刻本　胡步川批並跋　八冊

330000－1787－0000003　0003　類叢部/叢書類/彙編之屬

說郛六十卷　（明）陶宗儀纂　明抄本　清毛扆、王舟瑤批跋　二十冊

330000－1787－0000006　0006　史部/地理類/專志之屬/寺觀

幽溪別志十六卷　（明）釋傳燈著　（明）朱夐校閱　（明）釋受教增補　明崇禎十七年（1644）刻本　楊晨題記　四冊

330000－1787－0000009　0010　史部/傳記類/總傳之屬/斷代

碑傳集一百六十卷首二卷末二卷　（清）錢儀吉輯　清光緒十九年（1893）江蘇書局刻本　二十七冊　存八十卷（一至六、十至十一、十六至二十一、二十六至四十二、四十六至五十一、五十八至六十六、七十二至七十四、七十九至八十七、九十一至九十六、一百至一百二、一百九至一百十、一百十四至一百十九、一百二十五至一百二十六、一百三十六至一百三十八）

330000－1787－0000010　0009　史部/金石類/總志之屬

二銘草堂金石聚十六卷　（清）張德容輯　清同治十一年（1872）衢州張氏二銘草堂刻本　十六冊

330000－1787－0000012　0012　史部/地理類/方志之屬/郡縣志

[光緒]定海廳志三十卷首一卷　（清）史致馴修　（清）陳重威　（清）黃以恭　（清）黃以周纂　清光緒十年至十一年（1884－1885）黃樹藩刻本　八冊　存二十五卷（首,一至十一、十六至二十五、二十八至三十）

330000－1787－0000013　0013　史部/目錄類/書志之屬/提要

善本書室藏書志四十卷附錄一卷　（清）丁丙輯　清光緒二十五年至二十七年（1899－1901）錢唐丁立中鄂中刻本　十六冊

330000－1787－0000014　0014　史部/傳記類/總傳之屬/通代

歷代名人年譜十卷附存疑及生卒年月無攷一卷　（清）吳榮光撰　清光緒五年（1879）南海張蔭桓刻本　十冊

330000－1787－0000017　0017　史部/地理類

李氏五種　（清）李兆洛撰　清光緒二十四年（1898）上海掃葉山房石印本　七冊　存四種

330000－1787－0000018　0018　史部/地理類

李氏五種　（清）李兆洛撰　清光緒二十四年（1898）上海掃葉山房石印本　六冊　存二種

330000－1787－0000019　0019　史部/地理類/山川之屬/水志

水經注四十卷首一卷　（北魏）酈道元撰　王先謙校　**水經注附錄二卷**　（清）趙一清輯　清光緒二十三年（1897）新化三味書室刻本　二十四冊

330000－1787－0000020　0020　史部/政書類/邦計之屬/鹽法

四川官運鹽案類編二十八卷首一卷續編十九卷　（清）唐炯輯　清刻本　十三冊　缺三卷（首,一、二十八）

330000－1787－0000021　0021　史部/目錄類/專錄之屬

小學考五十卷　（清）謝啓昆撰　清光緒十四年（1888）浙江書局刻本　八冊　存二十卷（一至九、十二至二十二）

330000－1787－0000022　0022　類叢部/叢書類/彙編之屬

平津館叢書八集三十九種　（清）孫星衍編　清嘉慶蘭陵孫氏刻本　一冊　存一種

330000－1787－0000024　0024　類叢部/叢書類/自著之屬

汪雙池先生叢書二十種 （清）汪紱撰 清道
光至光緒刻光緒二十三年(1897)長安趙舒翹
等彙印本 一冊 存一種

330000－1787－0000025 0025 類叢部/叢
書類/家集之屬

洪氏晦木齋叢書二十種 （清）洪汝奎編 清
同治八年至宣統元年(1869－1909)刻本 一
冊 存一種

330000－1787－0000026 0026 史部/叢編

西湖集覽四十四種 （清）丁丙輯 清光緒錢
塘丁氏嘉惠堂刻本 一冊 存二種

330000－1787－0000029 0029 史部/傳記
類/別傳之屬/年譜

左文襄公[宗棠]年譜十卷 羅正鈞編 清刻
本 一冊 存一卷(四)

330000－1787－0000030 0030 史部/地理
類/遊記之屬/紀勝

雁蕩紀遊稿三卷 （清）釋道融輯 清木活字
印本 一冊 存二卷(上、中)

330000－1787－0000031 0031 集部/別集
類/清別集

燕筑吟一卷 （清）何楷章撰 清木活字印本
一冊

330000－1787－0000032 0032 史部/地理
類/山川之屬/山志

新輯雁山便覽一卷 （清）釋道融撰 清同治
七年(1868)刻本 一冊

330000－1787－0000033 0033 集部/別集
類/清別集

燕筑吟一卷 （清）何楷章撰 清木活字印本
一冊

330000－1787－0000034 0034 集部/別集
類/清別集

燕筑吟一卷 （清）何楷章撰 清木活字印本
一冊

330000－1787－0000035 0035 史部/地理
類/山川之屬/山志

新輯雁山便覽一卷 （清）釋道融撰 清同治
七年(1868)荊溪最樂堂刻本 一冊

330000－1787－0000039 0039 新學/游記

東南海島圖經十卷 （清）世增譯 張美翊述
清光緒二十六年(1900)上海石印本 三冊

330000－1787－0000040 0040 史部/地理
類/山川之屬/山志

廣雁蕩山誌二十八卷首一卷末一卷 （清）曾
唯輯 清乾隆五十五年(1790)曾唯依綠園刻
嘉慶十三年(1808)增刻同治重修本 四冊
存十六卷(十四至二十八、末)

330000－1787－0000042 0042 史部/地理
類/方志之屬/郡縣志

[光緒]玉環廳志十四卷首一卷 （清）杜冠英
（清）胥壽榮修 （清）呂鴻燾纂 清光緒六
年至七年(1880－1881)玉環廳署刻本 八冊

330000－1787－0000043 0043 史部/地理
類/方志之屬/郡縣志

光緒太平續志十八卷首一卷 （清）陳汝霖修
（清）王棻等纂 清光緒二十二年(1896)刻
本 八冊

330000－1787－0000044 0044 史部/地理
類/方志之屬/郡縣志

[光緒]寧海縣志二十四卷首一卷 （清）王瑞
成 （清）程雲驥修 （清）張濬等纂 清光緒
稿本 十二冊 存十五卷(首,二至十一、十
三至十六)

330000－1787－0000045 0045 史部/地理
類/方志之屬/郡縣志

[康熙]寧海縣志十二卷首一卷 （清）崔秉鏡
修 （清）華大琰纂 清康熙十七年(1678)刻
本 七冊 缺卷十下

330000－1787－0000046 0046 類叢部/叢
書類/自著之屬

戚鶴泉所著書十一種 （清）戚學標撰 清乾
隆至嘉慶刻本 六冊 存一種

330000－1787－0000047 0047 史部/地理
類/方志之屬/郡縣志

光緒寧海縣志二十四卷首一卷　（清）王瑞成　（清）程雲驤修　（清）張濬等纂　清光緒二十八年(1902)刻民國四年(1915)重印本　十一冊　缺三卷(六、十至十一)

330000－1787－0000052　0052　史部/地理類/方志之屬/郡縣志

[康熙]太平縣志八卷　（清）曹文埏修　清康熙二十二年(1683)刻本　三冊

330000－1787－0000055　0055　史部/地理類/方志之屬/郡縣志

[乾隆]臨海縣志殘稿一卷　稿本　一冊

330000－1787－0000056　0056　史部/地理類/方志之屬/郡縣志

[光緒]黃巖縣志四十卷附一卷　（清）陳寶善　（清）孫憙修　（清）王棻纂　（清）陳鍾英　（清）鄭錫滜續修　王詠霓續纂　清光緒五年(1879)刻本　十六冊

330000－1787－0000057　0057　史部/地理類/方志之屬/郡縣志

[乾隆]黃巖縣志十二卷首一卷　（清）王㼽修　（清）李汪度　（清）阮培元纂　清乾隆三十五年(1770)刻本　十二冊

330000－1787－0000058　0058　史部/地理類/方志之屬/郡縣志

[光緒]黃巖縣志四十卷附一卷　（清）陳寶善　（清）孫憙修　（清）王棻纂　（清）陳鍾英　（清）鄭錫滜續修　王詠霓續纂　清光緒五年(1879)刻本　十四冊　存三十卷(一、四、七、十三至三十三、三十六至四十,附)

330000－1787－0000060　0060　史部/地理類/方志之屬/郡縣志

[康熙]黃巖縣志八卷　（清）劉寬修　（清）平遇　（清）潘最纂　清康熙三十八年(1699)刻本　三冊　存三卷(五至七)

330000－1787－0000064　0064　史部/地理類/方志之屬/郡縣志

[乾隆]黃巖縣志十二卷首一卷　（清）王㼽修　（清）李汪度　（清）阮培元纂　清乾隆三十

五年(1770)刻本　王舟瑤批　十一冊　存九卷(四至十二)

330000－1787－0000065　0065　史部/地理類/山川之屬/山志

委羽山志六卷　（明）胡昌賢撰　續志六卷首一卷　（清）王維翰撰　清同治九年(1870)委羽石室刻本　三冊

330000－1787－0000066　0066　史部/地理類/方志之屬/郡縣志

[光緒]黃巖縣志四十卷附一卷　（清）陳寶善　（清）孫憙修　（清）王棻纂　（清）陳鍾英　（清）鄭錫滜續修　王詠霓續纂　清光緒五年(1879)刻本　九冊　存二十一卷(一至六、十至二十四)

330000－1787－0000067　0067　史部/地理類/山川之屬/山志

委羽山志六卷　（明）胡昌賢撰　續志六卷首一卷　（清）王維翰撰　清同治九年(1870)委羽石室刻本　三冊

330000－1787－0000070　0070　史部/地理類/方志之屬/郡縣志

[康熙]天台縣志十五卷　（清）李德耀（清）黃執中纂修　清康熙二十三年(1684)刻咸豐六年(1856)補刻本　五冊　缺四卷(五至八)

330000－1787－0000071　0071　史部/地理類/方志之屬/郡縣志

[康熙]天台縣志十五卷　（清）李德耀（清）黃執中纂修　清康熙二十三年(1684)刻咸豐六年(1856)補刻本　六冊

330000－1787－0000072　0072　史部/地理類/方志之屬/郡縣志

[康熙]天台縣志十五卷　（清）李德耀（清）黃執中纂修　清康熙二十三年(1684)刻咸豐六年(1856)補刻本　三冊　存七卷(二至四、十二至十五)

330000－1787－0000073　0073　史部/地理類/方志之屬/郡縣志

[康熙]天台縣志十五卷 （清）李德耀
（清）黃執中纂修 清抄本 四冊 存八卷
（一至四、十二至十五）

330000－1787－0000074 0074 史部/地理
類/方志之屬/郡縣志

[光緒]玉環廳志十四卷首一卷 （清）杜冠英
（清）胥壽榮修 （清）呂鴻燾纂 清光緒六
年至七年(1880－1881)玉環廳署刻本 八冊

330000－1787－0000075 0075 史部/地理
類/方志之屬/郡縣志

[光緒]玉環廳志十四卷首一卷 （清）杜冠英
（清）胥壽榮修 （清）呂鴻燾纂 清光緒六
年至七年(1880－1881)刻本 八冊

330000－1787－0000076 0076 史部/地理
類/方志之屬/郡縣志

光緒太平續志十八卷首一卷 （清）陳汝霖修
（清）王棻等纂 清光緒二十二年(1896)刻
本 八冊

330000－1787－0000077 0077 史部/地理
類/方志之屬/郡縣志

嘉慶太平縣志十八卷首一卷 （清）慶霖修
（清）戚學標等纂 清光緒二十二年(1896)古
閩陳其昌刻本 十冊

330000－1787－0000078 0078 史部/地理
類/方志之屬/郡縣志

[光緒]黃巖縣志四十卷附一卷 （清）陳寶善
（清）孫憙修 （清）王棻纂 （清）陳鍾英
（清）鄭錫滜續修 王詠霓續纂 清光緒五
年(1879)刻本 二十冊

330000－1787－0000079 0079 史部/地理
類/山川之屬/山志

天台山全志十八卷 （清）張聯元輯 清康熙
刻本 四冊

330000－1787－0000080 0080 史部/地理
類/山川之屬/山志

天台山全志十八卷 （清）張聯元輯 清康熙
刻本 六冊

330000－1787－0000081 0081 史部/地理

類/專志之屬/寺觀

天台方外志三十卷 （明）釋傳燈撰 清光緒
二十年(1894)真覺寺刻本 五冊 缺九卷
（三至四、十三至十九）

330000－1787－0000083 0083 史部/傳記
類/總傳之屬/郡邑

尊鄉錄節要四卷 （明）王弼撰 清光緒十七
年(1891)盧炯刻本 一冊

330000－1787－0000084 0084 史部/地理
類/方志之屬/郡縣志

[嘉慶]太平縣志十八卷 （清）慶霖修
（清）戚學標等纂 清嘉慶十六年(1811)刻本
四冊 存六卷(七至九、十二、十六至十七)

330000－1787－0000085 0085 集部/別集
類/清別集

燕筑吟一卷 （清）何楷章撰 清木活字印本
一冊

330000－1787－0000086 0086 史部/地理
類/方志之屬/郡縣志

[光緒]玉環廳志十四卷首一卷 （清）杜冠英
（清）胥壽榮修 （清）呂鴻燾纂 清光緒六
年(1880)刻本 一冊 存二卷(十一至十二)

330000－1787－0000088 0088 類叢部/叢
書類/自著之屬

戚鶴泉所著書十一種 （清）戚學標撰 清乾
隆至嘉慶刻本 六冊 存一種

330000－1787－0000089 0089 類叢部/叢
書類/自著之屬

戚鶴泉所著書十一種 （清）戚學標撰 清乾
隆至嘉慶刻本 四冊 存一種

330000－1787－0000090 0090 類叢部/叢
書類/自著之屬

戚鶴泉所著書十一種 （清）戚學標撰 清乾
隆至嘉慶刻本 六冊 存一種

330000－1787－0000091 0091 史部/地理
類/專志之屬/祠墓

修復二徐先生祠墓錄一卷 清光緒刻本
一冊

330000－1787－0000092　0092　類叢部/叢書類/自著之屬

戚鶴泉所著書十一種　（清）戚學標撰　清乾隆至嘉慶刻本　二冊　存一種

330000－1787－0000093　0093　類叢部/叢書類/自著之屬

戚鶴泉所著書十一種　（清）戚學標撰　清乾隆至嘉慶刻本　一冊　存一種

330000－1787－0000094　0094　史部/地理類/方志之屬/郡縣志

[康熙]僊居縣志三十卷　（清）鄭錄勳修（清）張明焜　（清）張徽謨纂　清康熙十九年(1680)刻本　六冊

330000－1787－0000095　0095　史部/地理類/方志之屬/郡縣志

[萬曆]僊居縣志十二卷　（明）顧震宇等纂修　清道光十八年(1838)木活字印本　四冊

330000－1787－0000096　0096　史部/地理類/方志之屬/郡縣志

[康熙]僊居縣志三十卷　（清）鄭錄勳修（清）張明焜　（清）張徽謨纂　清康熙十九年(1680)刻本　一冊　存七卷（一至四、二十二至二十四）

330000－1787－0000097　0097　史部/地理類/方志之屬/郡縣志

[康熙]僊居縣志三十卷　（清）鄭錄勳修（清）張明焜　（清）張徽謨纂　清康熙十九年(1680)刻本　二冊　存十五卷（四至十八）

330000－1787－0000098　0098　史部/地理類/方志之屬/郡縣志

光緒僊居志二十四卷首一卷僊居集二十四卷　（清）王壽頤　（清）潘紀恩修　（清）王棻（清）李仲昭纂　清光緒二十年(1894)木活字印本　一冊　存二卷（二十一至二十二）

330000－1787－0000105　0105　類叢部/叢書類/郡邑之屬

台州叢書（名山堂叢書）九種　（清）宋世犖編　清嘉慶至道光臨海宋氏刻本　十二冊　存四種

330000－1787－0000106　0106　類叢部/叢書類/郡邑之屬

台州叢書（名山堂叢書）九種　（清）宋世犖編　清嘉慶至道光臨海宋氏刻本　八冊　存三種

330000－1787－0000107　0107　類叢部/叢書類/郡邑之屬

台州叢書（名山堂叢書）九種　（清）宋世犖編　清嘉慶至道光臨海宋氏刻本　十四冊　存五種

330000－1787－0000108　0108　類叢部/叢書類/郡邑之屬

台州叢書（名山堂叢書）九種　（清）宋世犖編　清嘉慶至道光臨海宋氏刻本　九冊　存三種

330000－1787－0000109　0109　類叢部/叢書類/郡邑之屬

台州叢書（名山堂叢書）九種　（清）宋世犖編　清嘉慶至道光臨海宋氏刻本　九冊　存三種

330000－1787－0000110　0110　類叢部/叢書類/郡邑之屬

台州叢書（名山堂叢書）九種　（清）宋世犖編　清嘉慶至道光臨海宋氏刻本　十一冊　存五種

330000－1787－0000111　0111　類叢部/叢書類/郡邑之屬

續台州叢書　楊晨輯　清光緒二十四年(1898)翁氏刻本　一冊　存一種

330000－1787－0000112　0112　史部/地理類/方志之屬/郡縣志

[康熙]台州府志十八卷首一卷　（清）張聯元修　（清）方景濂等纂　清康熙六十一年(1722)刻本　十六冊

330000－1787－0000113　0113　史部/地理類/方志之屬/郡縣志

[康熙]台州府志十八卷首一卷　（清）張聯元

修 （清）方景濂等纂 清康熙六十一年（1722）刻本 王舟瑤批校 十六冊

330000－1787－0000114 0114 史部/地理類/方志之屬/郡縣志

[康熙]台州府志十八卷首一卷 （清）張聯元修 （清）方景濂等纂 清康熙六十一年（1722）尊經閣刻本 十二冊 存十三卷（首，一至二、五、八、十至十六、十八）

330000－1787－0000115 0115 史部/地理類/方志之屬/郡縣志

[康熙]台州府志十八卷首一卷 （清）張聯元修 （清）方景濂等纂 清康熙六十一年（1722）刻本 七冊 存七卷（二至六、十四、十八）

330000－1787－0000116 0116 史部/地理類/方志之屬/郡縣志

[康熙]寧海縣志十二卷首一卷 （清）崔秉鏡修 （清）華大琰纂 清康熙十七年（1678）刻本 二冊 存一卷（十）

330000－1787－0000117 0117 史部/地理類/方志之屬/郡縣志

[康熙]臨海縣志十五卷首一卷 （清）洪若皋纂 清康熙二十二年（1683）刻清末重印本 八冊

330000－1787－0000118 0118 史部/地理類/方志之屬/郡縣志

[康熙]臨海縣志十五卷首一卷 （清）洪若皋纂 清康熙二十二年（1683）刻清末重印本 八冊

330000－1787－0000119 0119 史部/地理類/方志之屬/郡縣志

[康熙]臨海縣志十五卷首一卷 （清）洪若皋纂 清康熙二十二年（1683）刻清末重印本 八冊

330000－1787－0000120 0120 史部/地理類/方志之屬/郡縣志

[康熙]臨海縣志十五卷首一卷 （清）洪若皋纂 清康熙二十二年（1683）刻清末重印本

七冊 存十四卷（首、一至十三）

330000－1787－0000121 0121 史部/地理類/方志之屬/郡縣志

[康熙]臨海縣志十五卷首一卷 （清）洪若皋纂 清康熙二十二年（1683）刻清末重印本 六冊 存十一卷（三至十三）

330000－1787－0000122 0122 史部/地理類/方志之屬/郡縣志

[康熙]臨海縣志十五卷首一卷 （清）洪若皋纂 清康熙二十二年（1683）刻本 四冊 存八卷（三至九、十三）

330000－1787－0000126 0126 類叢部/叢書類/郡邑之屬

台州叢書（名山堂叢書）九種 （清）宋世犖編 清嘉慶至道光臨海宋氏刻本 十三冊 存六種

330000－1787－0000127 0127 類叢部/叢書類/郡邑之屬

台州叢書（名山堂叢書）九種 （清）宋世犖編 清嘉慶至道光臨海宋氏刻本 十一冊 存四種

330000－1787－0000132 0132 子部/雜著類/雜纂之屬

談資三卷 （明）秦鳴雷撰 明萬曆刻本 二冊 存二卷（中、下）

330000－1787－0000133 0133 史部/地理類/遊記之屬/紀勝

王太初先生五岳遊草十二卷 （明）王士性撰 （清）馮甦輯 清康熙三十年（1691）臨海馮甦刻安雅堂洪氏補板本 二冊

330000－1787－0000134 0134 史部/地理類/遊記之屬/紀勝

王太初先生五岳遊草十二卷 （明）王士性撰 （清）馮甦輯 清康熙三十年（1691）臨海馮甦刻安雅堂洪氏補板本 三冊

330000－1787－0000135 0135 子部/儒家類/儒學之屬/蒙學

小學集注六卷附忠經一卷孝經一卷 （明）陳

選撰　清光緒三十二年(1906)鴻寶齋石印本
四冊

330000－1787－0000137　0137　史部/地理
類/山川之屬/山志

台南洞林志二卷　(清)馮賡雪撰　**台南洞林
志校補一卷續一卷又續一卷**　(清)葉書撰
清光緒二十五年(1899)臨海馮氏蘭竹居刻本
一冊

330000－1787－0000138　0138　史部/地理
類/專志之屬/古跡

臨海古跡記二卷　(清)黃瑞輯　清同治九年
(1870)稿本　一冊

330000－1787－0000139　0139　集部/別集
類/清別集

蔚霞堂詩稿十卷　(清)蔣履撰　清道光木活
字印本　四冊

330000－1787－0000140　0140　類叢部/叢
書類/家集之屬

傳經堂叢書十二種　(清)洪頤煊等撰　清嘉
慶至道光臨海洪氏刻本　三冊　存四種

330000－1787－0000141　0141　類叢部/叢
書類/彙編之屬

槐廬叢書四十六種　(清)朱記榮編　清光緒
三年至十五年(1877－1889)吳縣朱氏槐廬家
塾刻本　三冊　存一種

330000－1787－0000142　0142　集部/別集
類/清別集

張子晤蕉詩文選最一卷　(清)張晤蕉撰　清
康熙四十二年(1703)寄雲堂木活字印本　清
黃瑞批並跋　一冊

330000－1787－0000143　0143　史部/政書
類/儀制之屬/專志/科舉校規

**欽定科場條例六十卷首一卷續增科場條例不
分卷**　(清)奎潤等修　(清)詹鴻謨等纂　清
光緒刻本　一冊　存續增科場條例

330000－1787－0000144　0144　類叢部/叢
書類/彙編之屬

臨海葉氏蔭玉閣叢書　(清)葉書輯　清光緒

臨海葉氏木活字印本　一冊　存一種

330000－1787－0000145　0145　史部/政書
類/公牘檔冊之屬

臨海試館徵信錄不分卷　(清)蔣運球等撰
清光緒三十年(1904)臨海試館刻本　一冊

330000－1787－0000146　0146　史部/政書
類/公牘檔冊之屬

臨海試館徵信錄不分卷　(清)蔣運球等撰
清光緒三十年(1904)臨海試館刻本　一冊

330000－1787－0000147　0147　史部/政書
類/公牘檔冊之屬

臨海試館徵信錄不分卷　(清)蔣運球等撰
清光緒三十年(1904)臨海試館刻本　一冊

330000－1787－0000148　0148　史部/政書
類/公牘檔冊之屬

臨海試館徵信錄不分卷　(清)蔣運球等撰
清光緒三十年(1904)臨海試館刻本　一冊

330000－1787－0000149　0149　史部/政書
類/公牘檔冊之屬

臨海試館徵信錄不分卷　(清)蔣運球等撰
清光緒三十年(1904)臨海試館刻本　一冊

330000－1787－0000150　0150　史部/政書
類/公牘檔冊之屬

臨海試館徵信錄不分卷　(清)蔣運球等撰
清光緒三十年(1904)臨海試館刻本　一冊

330000－1787－0000151　0151　集部/別集
類/清別集

蔚霞堂詩稿十卷　(清)蔣履撰　清道光木活
字印本　四冊

330000－1787－0000152　0152　集部/別集
類/清別集

蔚霞堂詩稿十卷　(清)蔣履撰　清道光木活
字印本　二冊

330000－1787－0000153　0153　集部/別集
類/清別集

蔚霞堂詩稿十卷　(清)蔣履撰　清道光木活
字印本　一冊　存三卷(三至五)

330000 – 1787 – 0000154　0154　史部/政書類/公牘檔冊之屬

臨海學務公所章程一卷　何奏簧撰　清光緒三十一年(1905)刻本　一冊

330000 – 1787 – 0000155　0155　集部/別集類/清別集

學吟小草六卷　(清)褚步蟾撰　清木活字印本　二冊

330000 – 1787 – 0000159　0159　集部/別集類/清別集

偶寄園集三卷　(清)周曰庠著　清咸豐七年(1857)餐霞樓木活字印本　一冊

330000 – 1787 – 0000161　0161　集部/別集類/清別集

梅溪詩草一卷　(清)陳荃著　清抄本　一冊

330000 – 1787 – 0000162　0162　集部/別集類/清別集

紫薇花館詩存一卷　(清)盧敏政撰　清光緒二十九年(1903)木活字印本　一冊

330000 – 1787 – 0000163　0163　類叢部/叢書類/自著之屬

确山所著書　(清)宋世犖撰　清嘉慶二十五年(1820)、道光十四年(1834)刻光緒六年(1880)津門徐士鑾補刻印本　一冊　存一種

330000 – 1787 – 0000164　0164　集部/別集類/清別集

紫薇花館詩存一卷　(清)盧敏政撰　清光緒二十九年(1903)木活字印本　一冊

330000 – 1787 – 0000165　0165　集部/別集類/清別集

紫薇花館詩存一卷　(清)盧敏政撰　清光緒二十九年(1903)木活字印本　一冊

330000 – 1787 – 0000166　0166　集部/總集類/氏族之屬

鍾秀盦詩叢　(清)李鏐輯　清光緒木活字印本　清李鏐校　三冊　存四種

330000 – 1787 – 0000167　0167　集部/別集類/清別集

紫薇花館詩存一卷　(清)盧敏政撰　清光緒二十九年(1903)木活字印本　一冊

330000 – 1787 – 0000173　0173　集部/別集類/清別集

妙香詩草十卷　(清)釋漢兆著　清嘉慶二十五年(1820)萬竹山房刻本　三冊

330000 – 1787 – 0000174　0174　集部/總集類/選集之屬/斷代

試帖箋林八卷　(清)秦錫淳選評　(清)陳兆熊等參註　清乾隆刻本　二冊

330000 – 1787 – 0000175　0175　集部/總集類/選集之屬/斷代

試帖箋林八卷　(清)秦錫淳選評　(清)陳兆熊等參註　清乾隆刻本　二冊

330000 – 1787 – 0000176　0176　集部/總集類/選集之屬/斷代

試帖箋林八卷　(清)秦錫淳選評　(清)陳兆熊等參註　清乾隆二十三年(1758)刻本　三冊

330000 – 1787 – 0000177　0177　集部/總集類/選集之屬/斷代

試帖箋林八卷　(清)秦錫淳選評　(清)陳兆熊等參註　清乾隆刻本　三冊　存六卷(一至二、五至八)

330000 – 1787 – 0000178　0178　集部/總集類/選集之屬/斷代

試帖箋林八卷　(清)秦錫淳選評　(清)陳兆熊等參註　清乾隆刻本　二冊　存四卷(三至六)

330000 – 1787 – 0000179　0179　集部/別集類/清別集

燕筑吟一卷　(清)何楷章撰　清木活字印本　王舟瑤批並跋　一冊

330000 – 1787 – 0000180　0180　集部/別集類/清別集

燕筑吟一卷　(清)何楷章撰　清木活字印本　一冊

330000－1787－0000181　0181　　史部/地理類/專志之屬/祠墓

修復二徐先生祠墓記一卷　楊晨編　清光緒刻本　一冊

330000－1787－0000182　0182　　史部/傳記類/別傳之屬/年譜

王襄裕公[宗沐]年譜不分卷　（明）王士崧等撰　清末抄本　一冊

330000－1787－0000183　0183　　集部/別集類/清別集

花信風樓詩鈔六卷　（清）金揆之撰　清咸豐二年(1852)木活字印本　一冊

330000－1787－0000184　0184　　集部/總集類/選集之屬/通代

古唐詩合解十二卷古詩四卷　（清）王堯衢注　清道光七年(1827)文萃堂刻本　二冊　存七卷(唐詩一至三、古詩一至四)

330000－1787－0000185　0185　　史部/地理類/山川之屬/山志

台南洞林志二卷　（清）馮賡雪撰　**台南洞林志校補一卷續一卷又續一卷**　（清）葉書撰　清光緒二十五年(1899)臨海馮氏蘭竹居刻本　一冊

330000－1787－0000186　0186　　集部/總集類/課藝之屬

三台中學堂課藝初編一卷　（清）三台中學堂編　清光緒三十年(1904)三台中學堂木活字印本　一冊

330000－1787－0000187　0187　　集部/總集類/課藝之屬

三台中學堂課藝初編一卷　（清）三台中學堂編　清光緒三十年(1904)三台中學堂木活字印本　一冊

330000－1787－0000188　0188　　集部/總集類/課藝之屬

三台中學堂課藝初編一卷　（清）三台中學堂編　清光緒三十年(1904)三台中學堂木活字印本　一冊

330000－1787－0000189　0189　　集部/總集類/課藝之屬

三台中學堂課藝初編一卷　（清）三台中學堂編　清光緒三十年(1904)三台中學堂木活字印本　一冊

330000－1787－0000190　0190　　集部/總集類/課藝之屬

三台中學堂課藝初編一卷　（清）三台中學堂編　清光緒三十年(1904)三台中學堂木活字印本　一冊

330000－1787－0000193　0193　　類叢部/叢書類/彙編之屬

廣雅書局叢書一百五十九種　徐紹榮編　清光緒廣雅書局刻民國九年(1920)番禺徐紹榮彙編重印本　二冊　存一種

330000－1787－0000194　0194　　類叢部/叢書類/郡邑之屬

台州叢書(名山堂叢書)九種　（清）宋世犖編　清嘉慶至道光臨海宋氏刻本　四冊　存三種

330000－1787－0000197　0197　　集部/別集類/清別集

紫薇吟榭詩稿不分卷　（清）馬承燧撰　清末抄本　一冊

330000－1787－0000198　0198　　子部/雜著類/雜考之屬

讀書叢錄七卷　（清）洪頤煊撰　清光緒廣雅書局刻本　一冊

330000－1787－0000199　0199　　類叢部/叢書類/彙編之屬

廣雅書局叢書一百五十九種　徐紹榮編　清光緒廣雅書局刻民國九年(1920)番禺徐紹榮彙編重印本　一冊　存一種

330000－1787－0000200　0200　　類叢部/叢書類/彙編之屬

廣雅書局叢書一百五十九種　徐紹榮編　清光緒廣雅書局刻民國九年(1920)番禺徐紹榮彙編重印本　一冊　存一種

330000－1787－0000201　0201　史部/傳記類/別傳之屬/事狀

候選知縣周君叔簣[郇]行狀一卷　王詠霓撰　清光緒八年(1882)刻本　一冊

330000－1787－0000202　0202　集部/別集類/清別集

李夢梅詩鈔不分卷　(清)李夢梅著　清抄本　一冊

330000－1787－0000203　0203　集部/別集類/清別集

燕筑吟一卷　(清)何楷章撰　清木活字印本　一冊

330000－1787－0000205　0205　集部/總集類/氏族之屬

金氏濟美集三卷聯芳集二卷　(清)金掞之編次　清咸豐二年(1852)臨海括蒼山房木活字印本　王舟瑤批跋　一冊　存四卷(金氏濟美集一至三、聯芳集上)

330000－1787－0000206　0206　史部/傳記類/別傳之屬/事狀

貞惠葛先生[德]行狀不分卷　(清)葛詠裳撰　清光緒九年(1883)臨海葛氏刻本　一冊

330000－1787－0000208　0208　史部/傳記類/別傳之屬/事狀

鷗訪葉君[壽彭]行狀不分卷　(清)葉書撰　清光緒二十七年(1901)葉氏刻本　一冊

330000－1787－0000209　0209　集部/別集類/清別集

蕚輝樓詩草一卷　[清]李案梅著　清刻本　一冊

330000－1787－0000210　0210　集部/總集類/酬唱之屬

留賢詩一卷　清嘉慶二十年(1815)刻本　一冊

330000－1787－0000211　0211　集部/總集類/酬唱之屬

留賢詩一卷　清嘉慶二十年(1815)刻本　一冊

330000－1787－0000212　0212　史部/政書類/公牘檔冊之屬

臨海學務公所章程一卷　何奏簧撰　清光緒三十一年(1905)刻本　一冊

330000－1787－0000213　0213　史部/政書類/公牘檔冊之屬

臨海學務公所章程一卷　何奏簧撰　清光緒三十一年(1905)刻本　一冊

330000－1787－0000214　0214　史部/政書類/公牘檔冊之屬

臨海學務公所章程一卷　何奏簧撰　清光緒三十一年(1905)刻本　一冊

330000－1787－0000215　0215　史部/政書類/公牘檔冊之屬

臨海學務公所章程一卷　何奏簧撰　清光緒三十一年(1905)刻本　一冊

330000－1787－0000216　0216　史部/政書類/公牘檔冊之屬

臨海學務公所章程一卷　何奏簧撰　清光緒三十一年(1905)刻本　一冊

330000－1787－0000217　0217　史部/政書類/公牘檔冊之屬

臨海學務公所章程一卷　何奏簧撰　清光緒三十一年(1905)刻本　一冊

330000－1787－0000218　0218　史部/政書類/公牘檔冊之屬

臨海學務公所章程一卷　何奏簧撰　清光緒三十一年(1905)刻本　一冊

330000－1787－0000219　0219　史部/政書類/公牘檔冊之屬

臨海學務公所章程一卷　何奏簧撰　清光緒三十一年(1905)刻本　一冊

330000－1787－0000220　0220　史部/政書類/公牘檔冊之屬

臨海學務公所章程一卷　何奏簧撰　清光緒三十一年(1905)刻本　一冊

330000－1787－0000221　0221　史部/政書

類/公牘檔冊之屬

臨海學務公所章程一卷 何奏簧撰 清光緒
三十一年(1905)刻本 一冊

330000－1787－0000222 0222 史部/政書
類/公牘檔冊之屬

臨海學務公所章程一卷 何奏簧撰 清光緒
三十一年(1905)刻本 一冊

330000－1787－0000223 0223 史部/政書
類/公牘檔冊之屬

臨海學務公所章程一卷 何奏簧撰 清光緒
三十一年(1905)刻本 一冊

330000－1787－0000224 0224 史部/政書
類/公牘檔冊之屬

臨海學務公所章程一卷 何奏簧撰 清光緒
三十一年(1905)刻本 一冊

330000－1787－0000225 0225 史部/政書
類/公牘檔冊之屬

臨海學務公所章程一卷 何奏簧撰 清光緒
三十一年(1905)刻本 一冊

330000－1787－0000226 0226 史部/政書
類/公牘檔冊之屬

臨海學務公所章程一卷 何奏簧撰 清光緒
三十一年(1905)刻本 一冊

330000－1787－0000227 0227 史部/政書
類/公牘檔冊之屬

臨海試館徵信錄不分卷 （清）蔣運球等撰
清光緒三十年(1904)臨海試館刻本 一冊

330000－1787－0000228 0228 史部/政書
類/公牘檔冊之屬

臨海試館徵信錄不分卷 （清）蔣運球等撰
清光緒三十年(1904)刻本 一冊

330000－1787－0000229 0229 史部/政書
類/公牘檔冊之屬

臨海試館徵信錄不分卷 （清）蔣運球等撰
清光緒三十年(1904)臨海試館刻本 一冊

330000－1787－0000230 0230 史部/政書
類/公牘檔冊之屬

臨海試館徵信錄不分卷 （清）蔣運球等撰
清光緒三十年(1904)臨海試館刻本 一冊

330000－1787－0000231 0231 史部/地理
類/山川之屬/山志

台南洞林志二卷 （清）馮賡雪撰 **台南洞林
志校補一卷續一卷又續一卷** （清）葉書撰
清光緒二十五年(1899)臨海馮氏蘭竹居刻本
一冊

330000－1787－0000232 0232 集部/別集
類/清別集

蔚霞堂詩稿十卷 （清）蔣履撰 清道光木活
字印本 清何炳麟題記 二冊

330000－1787－0000233 0233 經部/三禮
總義類/名物制度之屬

求古錄禮說十六卷補遺一卷 （清）金鶚撰
校勘記三卷 （清）王士駿輯 清光緒二年
(1876)刻本 十冊

330000－1787－0000234 0234 史部/地理
類/防務之屬/海防

台海事畧四卷 （清）洪其紳纂輯 清嘉慶二
十一年(1816)刻本 二冊

330000－1787－0000236 0236 集部/別集
類/清別集

五君詠一卷 （清）何鍾麟撰 清末木活字印
本 一冊

330000－1787－0000237 0237 集部/總集
類/酬唱之屬

過情錄一卷 （清）何鍾麟輯 清光緒十一年
(1885)刻本 一冊

330000－1787－0000239 0239 集部/別集
類/清別集

南沙文集八卷附卷二卷 （清）洪若皋著 清
康熙刻洪蒙煊補刻本(附卷二原缺) 八冊
存八卷(南沙文集一至八)

330000－1787－0000240 0240 史部/政書
類/公牘檔冊之屬

**育嬰堂穀米銀錢進出清帳(清光緒二十三年
至三十年)不分卷** （清）育嬰堂董事編 清

光緒刻本　二冊

330000－1787－0000245　0245　集部/別集
類/清別集

斷腸集一卷　（清）陳奕珍著　清道光十六年
（1836）刻本　一冊

330000－1787－0000255　0255　集部/總集
類/選集之屬/斷代

明季天台雜詩□□卷　清刻本　項士元題簽
並跋　一冊　存一卷（下）

330000－1787－0000256　0256　集部/別集
類/清別集

筍花詩草二卷　（清）鄭家蘭撰　清刻本
一冊

330000－1787－0000260　0260　史部/傳記
類/科舉錄之屬

浙江鄉墨□□卷　清光緒二十八年（1902）刻
本　一冊　存履歷、第一場

330000－1787－0000261　0261　史部/地理
類/遊記之屬/紀勝

王太初先生五岳遊草十二卷　（明）王士性撰
　（清）馮甦輯　清康熙三十年（1691）臨海馮
甦刻本　二冊　缺七卷（二至八）

330000－1787－0000262　0262　史部/政書
類/邦計之屬/賦稅

臨海縣賦役科則不分卷　（清）臨海縣衙纂
清臨海縣衙刻本　一冊

330000－1787－0000264　0264　集部/別集
類/清別集

紅杏軒詩鈔十六卷續一卷　（清）宋世犖撰
清刻本　二冊　存九卷（五至八、十三至十
六,續）

330000－1787－0000265　0265　類叢部/叢
書類/郡邑之屬

台州叢書（名山堂叢書）九種　（清）宋世犖編
　清嘉慶至道光臨海宋氏刻本　一冊　存
一種

330000－1787－0000266　0266　集部/別集

類/清別集

紅杏軒詩鈔十六卷續一卷　（清）宋世犖撰
清刻本　一冊　存四卷（十四至十六、續）

330000－1787－0000267　0267　集部/別集
類/清別集

紅杏軒詩鈔十六卷續一卷　（清）宋世犖撰
清刻本　一冊　存三卷（十四至十六）

330000－1787－0000268　0268　集部/別集
類/清別集

紅杏軒詩鈔十六卷續一卷　（清）宋世犖撰
清刻本　一冊　存四卷（十四至十六、續）

330000－1787－0000269　0269　集部/總集
類/酬唱之屬

過情錄一卷　（清）何鍾麟輯　清光緒十一年
（1885）刻本　一冊

330000－1787－0000270　0270　集部/總集
類/酬唱之屬

過情錄一卷　（清）何鍾麟輯　清光緒十一年
（1885）刻本　一冊

330000－1787－0000271　0271　集部/總集
類/酬唱之屬

過情錄一卷　（清）何鍾麟輯　清光緒十一年
（1885）刻本　一冊

330000－1787－0000272　0272　集部/總集
類/酬唱之屬

過情錄一卷　（清）何鍾麟輯　清光緒十一年
（1885）刻本　一冊

330000－1787－0000273　0273　集部/總集
類/酬唱之屬

過情錄一卷　（清）何鍾麟輯　清光緒十一年
（1885）刻本　一冊

330000－1787－0000274　0274　集部/總集
類/酬唱之屬

過情錄一卷　（清）何鍾麟輯　清光緒十一年
（1885）刻本　一冊

330000－1787－0000275　0275　集部/總集
類/酬唱之屬

過情錄一卷　（清）何鍾麟輯　清光緒十一年
(1885)刻本　一冊

330000－1787－0000276　0276　集部/總集
類/酬唱之屬
過情錄一卷　（清）何鍾麟輯　清光緒十一年
(1885)刻本　一冊

330000－1787－0000277　0277　集部/總集
類/酬唱之屬
過情錄一卷　（清）何鍾麟輯　清光緒十一年
(1885)刻本　一冊

330000－1787－0000278　0278　集部/總集
類/酬唱之屬
過情錄一卷　（清）何鍾麟輯　清光緒十一年
(1885)刻本　一冊

330000－1787－0000279　0279　集部/總集
類/酬唱之屬
過情錄一卷　（清）何鍾麟輯　清光緒十一年
(1885)刻本　一冊

330000－1787－0000280　0280　集部/總集
類/酬唱之屬
過情錄一卷　（清）何鍾麟輯　清光緒十一年
(1885)刻本　一冊

330000－1787－0000281　0281　集部/總集
類/酬唱之屬
過情錄一卷　（清）何鍾麟輯　清光緒十一年
(1885)刻本　一冊

330000－1787－0000282　0282　集部/總集
類/酬唱之屬
過情錄一卷　（清）何鍾麟輯　清光緒十一年
(1885)刻本　一冊

330000－1787－0000283　0283　集部/總集
類/酬唱之屬
過情錄一卷　（清）何鍾麟輯　清光緒十一年
(1885)刻本　一冊

330000－1787－0000284　0284　集部/總集
類/酬唱之屬
過情錄一卷　（清）何鍾麟輯　清光緒十一年

(1885)刻本　一冊

330000－1787－0000285　0285　集部/總集
類/酬唱之屬
過情錄一卷　（清）何鍾麟輯　清光緒十一年
(1885)刻本　一冊

330000－1787－0000286　0286　集部/總集
類/酬唱之屬
過情錄一卷　（清）何鍾麟輯　清光緒十一年
(1885)刻本　一冊

330000－1787－0000287　0287　集部/總集
類/酬唱之屬
過情錄一卷　（清）何鍾麟輯　清光緒十一年
(1885)刻本　一冊

330000－1787－0000288　0288　集部/總集
類/酬唱之屬
過情錄一卷　（清）何鍾麟輯　清光緒十一年
(1885)刻本　一冊

330000－1787－0000289　0289　集部/總集
類/酬唱之屬
過情錄一卷　（清）何鍾麟輯　清光緒十一年
(1885)刻本　一冊

330000－1787－0000290　0290　集部/總集
類/酬唱之屬
過情錄一卷　（清）何鍾麟輯　清光緒十一年
(1885)刻本　一冊

330000－1787－0000291　0291　集部/總集
類/酬唱之屬
過情錄一卷　（清）何鍾麟輯　清光緒十一年
(1885)刻本　一冊

330000－1787－0000292　0292　集部/總集
類/酬唱之屬
過情錄一卷　（清）何鍾麟輯　清光緒十一年
(1885)刻本　一冊

330000－1787－0000293　0293　集部/總集
類/酬唱之屬
過情錄一卷　（清）何鍾麟輯　清光緒十一年
(1885)刻本　一冊

330000－1787－0000294　0294　集部/總集類/酬唱之屬

過情錄一卷　（清）何鍾麟輯　清光緒十一年（1885）刻本　一冊

330000－1787－0000295　0295　集部/總集類/酬唱之屬

過情錄一卷　（清）何鍾麟輯　清光緒十一年（1885）刻本　一冊

330000－1787－0000296　0296　集部/總集類/酬唱之屬

過情錄一卷　（清）何鍾麟輯　清光緒十一年（1885）刻本　一冊

330000－1787－0000297　0297　集部/總集類/酬唱之屬

過情錄一卷　（清）何鍾麟輯　清光緒十一年（1885）刻本　一冊

330000－1787－0000298　0298　集部/總集類/酬唱之屬

過情錄一卷　（清）何鍾麟輯　清光緒十一年（1885）刻本　一冊

330000－1787－0000299　0299　集部/總集類/酬唱之屬

過情錄一卷　（清）何鍾麟輯　清光緒十一年（1885）刻本　一冊

330000－1787－0000300　0300　集部/總集類/酬唱之屬

過情錄一卷　（清）何鍾麟輯　清光緒十一年（1885）刻本　一冊

330000－1787－0000301　0301　集部/總集類/酬唱之屬

過情錄一卷　（清）何鍾麟輯　清光緒十一年（1885）刻本　一冊

330000－1787－0000302　0302　集部/總集類/酬唱之屬

過情錄一卷　（清）何鍾麟輯　清光緒十一年（1885）刻本　一冊

330000－1787－0000303　0303　集部/總集類/酬唱之屬

過情錄一卷　（清）何鍾麟輯　清光緒十一年（1885）刻本　一冊

330000－1787－0000304　0304　集部/總集類/酬唱之屬

過情錄一卷　（清）何鍾麟輯　清光緒十一年（1885）刻本　一冊

330000－1787－0000305　0305　集部/總集類/酬唱之屬

過情錄一卷　（清）何鍾麟輯　清光緒十一年（1885）刻本　一冊

330000－1787－0000306　0306　集部/總集類/酬唱之屬

過情錄一卷　（清）何鍾麟輯　清光緒十一年（1885）刻本　一冊

330000－1787－0000307　0307　集部/總集類/酬唱之屬

過情錄一卷　（清）何鍾麟輯　清光緒十一年（1885）刻本　一冊

330000－1787－0000308　0308　集部/總集類/酬唱之屬

過情錄一卷　（清）何鍾麟輯　清光緒十一年（1885）刻本　一冊

330000－1787－0000309　0309　集部/總集類/酬唱之屬

過情錄一卷　（清）何鍾麟輯　清光緒十一年（1885）刻本　一冊

330000－1787－0000310　0310　集部/總集類/酬唱之屬

過情錄一卷　（清）何鍾麟輯　清光緒十一年（1885）刻本　一冊

330000－1787－0000311　0311　集部/總集類/酬唱之屬

過情錄一卷　（清）何鍾麟輯　清光緒十一年（1885）刻本　一冊

330000－1787－0000312　0312　集部/總集類/酬唱之屬

過情錄一卷　（清）何鍾麟輯　清光緒十一年（1885）刻本　一冊

330000－1787－0000313　0313　集部/總集類/酬唱之屬

留賢詩一卷　清嘉慶二十年（1815）刻本　一冊

330000－1787－0000314　0314　類叢部/叢書類/家集之屬

傳經堂叢書十二種　（清）洪頤煊等撰　清嘉慶至道光臨海洪氏刻本　六冊　存三種

330000－1787－0000320　0320　集部/別集類/清別集

确山時藝初刻一卷　（清）宋世犖撰　清刻本　一冊

330000－1787－0000321　0321　集部/別集類/清別集

醒園遺詩一卷　（清）馮喆撰　清光緒二十三年（1897）木活字印本　一冊

330000－1787－0000323　0323　類叢部/叢書類/自著之屬

确山所著書　（清）宋世犖撰　清嘉慶二十五年（1820）、道光十四年（1834）刻光緒六年（1880）津門徐士鑾補刻印本　一冊　存一種

330000－1787－0000324　0324　類叢部/叢書類/自著之屬

确山所著書　（清）宋世犖撰　清嘉慶二十五年（1820）、道光十四年（1834）刻光緒六年（1880）津門徐士鑾補刻印本　一冊　存一種

330000－1787－0000325　0325　類叢部/叢書類/自著之屬

确山所著書　（清）宋世犖撰　清嘉慶二十五年（1820）、道光十四年（1834）刻光緒六年（1880）津門徐士鑾補刻印本　一冊　存一種

330000－1787－0000326　0326　集部/別集類/明別集

鶴田草堂集十卷　（明）蔡雲程撰　清同治十一年（1872）抄本　三冊

330000－1787－0000327　0327　類叢部/叢書類/家集之屬

傳經堂叢書十二種　（清）洪頤煊等撰　清嘉慶至道光臨海洪氏刻本　二冊　存三種

330000－1787－0000328　0328　子部/雜著類/雜考之屬

讀書叢錄二十四卷　（清）洪頤煊撰　清光緒十三年（1887）吳氏醉六堂刻本　八冊

330000－1787－0000329　0329　集部/別集類/清別集

勤補軒吟稿六卷雜著二卷　（清）鮑淦著　（清）鮑繼聲輯　清末木活字印本　四冊

330000－1787－0000330　0330　集部/別集類/清別集

勤補軒吟稿六卷雜著二卷　（清）鮑淦著　（清）鮑繼聲輯　清末木活字印本　一冊　存二卷（雜著一至二）

330000－1787－0000333　0333　集部/總集類/課藝之屬

霞城課士錄一卷　（清）密雲路評選　（清）趙謙校讐　清咸豐元年（1851）刻本　一冊

330000－1787－0000335　0335　集部/別集類/清別集

松濤吟不分卷　（清）釋妙明撰　清康熙刻本　一冊

330000－1787－0000336　0336　集部/別集類/清別集

皆山詩稿不分卷　（清）沈光邦撰　（清）沈維哲纂校　清光緒沈維哲抄本　一冊

330000－1787－0000338　0338　集部/別集類/清別集

樸學堂文鈔五卷詩鈔十六卷　（清）黃河清著　清嘉慶五年（1800）樸學堂刻本　四冊　缺三卷（詩鈔十四至十六）

330000－1787－0000339　0339　集部/別集類/清別集

樸學堂文鈔五卷詩鈔十六卷　（清）黃河清著　清嘉慶五年（1800）樸學堂刻本　三冊　缺

六卷(詩鈔一至六)

330000－1787－0000342　0342　子部/天文
曆算類

星算補遺十六種　（清）董毓琦撰　清同治五
年至光緒十二年(1866－1886)刻本　三冊

330000－1787－0000349　0349　子部/天文
曆算類/算書之屬

衍元海鑑八種　（清）李鏐撰　清光緒五年
(1879)鍾秀盦木活字印本　二冊　存一種

330000－1787－0000350　0350　子部/術數
類/數學之屬

乾坤指掌圖四卷首一卷　（清）李肇桂　（清）
李鏐編　清光緒三年(1877)鍾秀盦刻朱墨套
印本　四冊

330000－1787－0000351　0351　子部/術數
類/數學之屬

籌吉指原□□卷　（清）李肇桂著　（清）李鏐
輯　清刻本　一冊　存一卷(四)

330000－1787－0000352　0352　集部/別集
類/清別集

南沙文集八卷附卷二卷　（清）洪若臯著　清
康熙刻洪蒙煊補刻本(附卷二原缺)　八冊
存八卷(南沙文集一至八)

330000－1787－0000353　0353　集部/別集
類/清別集

九峯山房詩略一卷　（清）張綺撰　清光緒臨
海葉氏蔭玉閣木活字印本　一冊

330000－1787－0000354　0354　集部/別集
類/清別集

九峯山房詩略一卷　（清）張綺撰　清光緒臨
海葉氏蔭玉閣木活字印本　一冊

330000－1787－0000355　0355　集部/別集
類/清別集

九峯山房詩略一卷　（清）張綺撰　清光緒臨
海葉氏蔭玉閣木活字印本　一冊

330000－1787－0000356　0356　集部/別集
類/清別集

九峯山房詩略一卷　（清）張綺撰　清光緒臨
海葉氏蔭玉閣木活字印本　一冊

330000－1787－0000357　0357　類叢部/叢
書類/家集之屬

傳經堂叢書十二種　（清）洪頤煊等撰　清嘉
慶至道光臨海洪氏刻本　二冊　存二種

330000－1787－0000358　0358　子部/兵家
類/兵器之屬

火器新術一卷　（清）黃方慶撰　清光緒十七
年(1891)木活字印本　一冊

330000－1787－0000359　0359　子部/兵家
類/兵器之屬

火器新術一卷　（清）黃方慶撰　清光緒十七
年(1891)木活字印本　一冊

330000－1787－0000360　0360　集部/別集
類/唐五代別集

駱臨海集十卷首一卷末一卷　（唐）駱賓王著
（清）陳熙晉箋註　（清）駱祖攀校訂　清咸
豐三年(1853)駱祖攀刻本　一冊

330000－1787－0000362　0362　史部/地理
類/輿圖之屬/道里

臨海水陸道里記不分卷　清抄本　一冊

330000－1787－0000364　0364　集部/別集
類/清別集

陳子約書一卷　（清）陳璜著　清康熙十一年
(1672)刻本　一冊

330000－1787－0000365　0365　類叢部/叢
書類/彙編之屬

臨海郭氏石齋叢書　（清）郭協寅編　清道光
臨海郭氏石齋抄本　王舟瑤批跋　三冊　存
四種

330000－1787－0000366　0366　史部/政書
類/公牘檔冊之屬

台州府培元局徵信錄不分卷　清光緒木活字
印本　一冊

330000－1787－0000367　0367　史部/政書
類/公牘檔冊之屬

台州府嵩批發何浦何埠中間完糧地內續捐賓興四成撥還何氏補助祠塾案一卷　何奏簧等撰　清宣統三年(1911)石印本　一冊

330000－1787－0000369　0369　集部/別集類/清別集

燕筑吟一卷　（清）何楷章撰　清木活字印本　一冊

330000－1787－0000370　0370　集部/總集類/氏族之屬

涌泉馮氏內集遺詩□□卷　清馮杰抄本　一冊　存二卷(二至三)

330000－1787－0000371　0371　史部/政書類/公牘檔冊之屬

臨海試館徵信錄不分卷　（清）蔣運球等撰　清光緒三十年(1904)臨海試館刻本　一冊

330000－1787－0000372　0372　史部/政書類/公牘檔冊之屬

[京都]台州會館捐款賬冊一卷　（清）京都台州會館編　清光緒十年(1884)刻本　一冊

330000－1787－0000373　0373　集部/總集類/氏族之屬

鍾秀盦詩叢　（清）李鏐輯　清光緒木活字印本　三冊

330000－1787－0000374　0374　集部/總集類/氏族之屬

耐菴文集約選一卷寒香館集約選一卷　（清）賀長齡　（清）賀熙齡撰　（清）劉璈選　清同治五年(1866)台州府署木活字印本　一冊

330000－1787－0000375　0375　集部/總集類/氏族之屬

耐菴文集約選一卷寒香館集約選一卷　（清）賀長齡　（清）賀熙齡撰　（清）劉璈選　清同治五年(1866)台州府署木活字印本　一冊

330000－1787－0000376　0376　集部/總集類/氏族之屬

耐菴文集約選一卷寒香館集約選一卷　（清）賀長齡　（清）賀熙齡撰　（清）劉璈選　清同治五年(1866)台州府署木活字印本　一冊

330000－1787－0000377　0377　集部/總集類/氏族之屬

耐菴文集約選一卷寒香館集約選一卷　（清）賀長齡　（清）賀熙齡撰　（清）劉璈選　清同治五年(1866)台州府署木活字印本　一冊

330000－1787－0000378　0378　集部/總集類/氏族之屬

同根草四卷　（清）屈苣纕　屈蕙纕撰　清光緒二十九年(1903)刻本　二冊

330000－1787－0000379　0379　集部/總集類/氏族之屬

同根草四卷　（清）屈苣纕　屈蕙纕撰　清光緒二十九年(1903)刻本　一冊　存二卷(三至四)

330000－1787－0000380　0380　集部/總集類/酬唱之屬

碧瑯玕館賦草一卷梅心續集一卷　（清）董毓琦等撰　清光緒十四年(1888)刻本　一冊

330000－1787－0000381　0381　集部/總集類/酬唱之屬

五蕙齊芳閣吟草一卷　（清）陳玉柯等撰　清光緒十八年(1892)刻本　一冊

330000－1787－0000382　0382　史部/政書類/公牘檔冊之屬

臨海試館徵信錄不分卷　（清）蔣運球等撰　清光緒三十年(1904)臨海試館刻本　一冊

330000－1787－0000383　0383　史部/政書類/公牘檔冊之屬

臨海試館徵信錄不分卷　（清）蔣運球等撰　清光緒三十年(1904)臨海試館刻本　一冊

330000－1787－0000384　0384　史部/政書類/公牘檔冊之屬

臨海試館徵信錄不分卷　（清）蔣運球等撰　清光緒三十年(1904)臨海試館刻本　一冊

330000－1787－0000385　0385　史部/政書類/公牘檔冊之屬

臨海試館徵信錄不分卷　（清）蔣運球等撰　清光緒三十年(1904)臨海試館刻本　一冊

330000－1787－0000386　0386　史部/政書類/公牘檔册之屬

臨海試館徵信錄不分卷　(清)蔣運球等撰　清光緒三十年(1904)臨海試館刻本　一册

330000－1787－0000387　0387　類叢部/叢書類/自著之屬

确山所著書　(清)宋世犖撰　清嘉慶二十五年(1820)、道光十四年(1834)刻光緒六年(1880)津門徐士鑾補刻印本　七册　存四種

330000－1787－0000388　0388　類叢部/叢書類/自著之屬

确山所著書　(清)宋世犖撰　清嘉慶二十五年(1820)、道光十四年(1834)刻光緒六年(1880)津門徐士鑾補刻印本　七册　存四種

330000－1787－0000389　0389　類叢部/叢書類/自著之屬

确山所著書　(清)宋世犖撰　清嘉慶二十五年(1820)、道光十四年(1834)刻光緒六年(1880)津門徐士鑾補刻印本　七册　存四種

330000－1787－0000390　0390　集部/別集類/清別集

紫薇花館詩存一卷　(清)盧敏政撰　清光緒二十九年(1903)木活字印本　一册

330000－1787－0000391　0391　集部/別集類/清別集

紫薇花館詩存一卷　(清)盧敏政撰　清光緒二十九年(1903)木活字印本　一册

330000－1787－0000393　0393　集部/總集類/郡邑之屬

三台詩錄三十二卷詞錄二卷　(清)戚學標輯　清刻本　十一册　缺一卷(一)

330000－1787－0000394　0394　類叢部/叢書類/彙編之屬

新斠平津館叢書十集三十四種　(清)孫星衍編　清光緒十年至十一年(1884－1885)吳縣朱氏槐廬家塾刻十五年至十七年(1889－1891)補刻本　二册　存二種

330000－1787－0000395　0395　集部/總集類/酬唱之屬

鶼唫草不分卷　(清)董毓琦　(清)傅琇雲撰　清光緒二十五年(1899)刻本　一册

330000－1787－0000396　0396　史部/地理類/山川之屬/水志

東湖志二卷　(清)特通阿輯　清嘉慶九年(1804)刻本　一册

330000－1787－0000397　0397　史部/地理類/山川之屬/水志

東湖志二卷　(清)特通阿輯　清嘉慶九年(1804)刻本　二册

330000－1787－0000398　0398　史部/地理類/雜志之屬

台州述聞不分卷　(清)郭協寅撰　稿本　三册

330000－1787－0000401　0401　史部/傳記類/別傳之屬/事狀

候選知縣周君叔篔[郇]行狀一卷　王詠霓撰　清光緒刻本　一册

330000－1787－0000402　0402　集部/總集類/酬唱之屬

留賢詩一卷　清嘉慶二十年(1815)刻本　一册

330000－1787－0000404　0404　集部/別集類/清別集

筍花詩草二卷　(清)鄭家蘭撰　清刻本　一册

330000－1787－0000410　0410　集部/總集類/氏族之屬

鍾秀龕詩叢　(清)李鏐輯　清光緒木活字印本　一册　存一種

330000－1787－0000411　0411　經部/三禮總義類/名物制度之屬

禮經宮室答問二卷　(清)洪頤煊撰　清光緒十年(1884)臨海馬氏師竹山房刻本　一册

330000－1787－0000412　0412　集部/別集類/清別集

九峯山房詩略一卷　（清）張綺撰　清末臨海
葉氏蔭玉閣木活字印本　一冊

330000－1787－0000415　0415　集部/別集
類/清別集

種香詩草六卷　（清）胡作肅撰　清嘉慶十二
年(1807)梯雲樓刻本　二冊

330000－1787－0000417　0417　集部/別集
類/清別集

嚴陵三鐸二卷　（清）周珪撰　清刻本　一冊

330000－1787－0000418　0418　集部/別集
類/清別集

南中草□□卷　（清）馮甦撰　清刻本　一冊
　　存一卷(□□)

330000－1787－0000419　0419　史部/地理
類/山川之屬/水志

東湖志二卷　（清）特通阿輯　清嘉慶九年
(1804)刻本　一冊

330000－1787－0000420　0420　史部/地理
類/方志之屬/郡縣志

臨海縣補志料不分卷　（清）宋世犖輯　清宋
龍德抄本　一冊

330000－1787－0000421　0421　新學/電學

電學綱目一卷　（英國）田大里輯　（英國）傅
蘭雅口譯　（清）周郁筆述　清末刻本　一冊

330000－1787－0000422　0422　新學/工藝/
雜藝

電氣鍍金略法一卷　（英國）華特撰　（英國）
傅蘭雅口譯　（清）周郁筆述　清光緒六年
(1880)上海江南製造局刻本　一冊

330000－1787－0000423　0423　子部/天文
曆算類/算書之屬

則古昔齋算學十三種　（清）李善蘭編　清同
治六年(1867)海寧李善蘭金陵刻本　一冊
　　存一種

330000－1787－0000426　0426　集部/別集
類/清別集

留月軒文鈔一卷三冬消夜詩一卷　（清）朱國

華撰　清光緒二十八年(1902)天台齊品亨堂
木活字印本　一冊

330000－1787－0000427　0427　集部/別集
類/清別集

留月軒文鈔一卷三冬消夜詩一卷　（清）朱國
華撰　清光緒二十八年(1902)天台齊品亨堂
木活字印本　一冊

330000－1787－0000428　0428　集部/別集
類/清別集

留月軒文鈔一卷三冬消夜詩一卷　（清）朱國
華撰　清光緒二十八年(1902)天台齊品亨堂
木活字印本　一冊

330000－1787－0000429　0429　集部/總集
類/氏族之屬

同根草四卷　（清）屈茞纕　屈蕙纕撰　清光
緒二十九年(1903)刻本　二冊

330000－1787－0000430　0430　集部/總集
類/氏族之屬

同根草一卷　（清）屈茞纕　屈蕙纕撰　清抄
本　一冊

330000－1787－0000431　0431　集部/總集
類/郡邑之屬

赤城別集五卷　楊晨篹　清末刻本　二冊

330000－1787－0000432　0432　集部/總集
類/郡邑之屬

赤城後集三十三卷　（明）謝鐸輯　清光緒刻
本　王舟瑤批　六冊

330000－1787－0000433　0433　類叢部/叢
書類/彙編之屬

臨海葉氏蔭玉閣叢書　（清）葉書輯　清光緒
臨海葉氏木活字印本　十冊　存十種

330000－1787－0000434　0434　類叢部/叢
書類/彙編之屬

臨海葉氏蔭玉閣叢書　（清）葉書輯　清光緒
臨海葉氏木活字印本　九冊　存十種

330000－1787－0000435　0435　類叢部/叢
書類/彙編之屬

臨海葉氏蔭玉閣叢書　（清）葉書輯　清光緒
臨海葉氏木活字印本　七冊　存七種

330000 - 1787 - 0000436　0436　類叢部/叢
書類/彙編之屬

臨海葉氏蔭玉閣叢書　（清）葉書輯　清光緒
臨海葉氏木活字印本　八冊　存七種

330000 - 1787 - 0000437　0437　集部/別集
類/清別集

九峯山房詩略一卷　（清）張綺撰　清光緒臨
海葉氏蔭玉閣木活字印本　一冊

330000 - 1787 - 0000438　0438　集部/別集
類/清別集

東掖山房文鈔不分卷　（清）單煜撰　清刻本
　一冊

330000 - 1787 - 0000439　0439　集部/總集
類/題詠之屬

頌禹渡黃先生功德詩不分卷　（清）程霖輯
清咸豐刻本　項士元題記　一冊

330000 - 1787 - 0000440　0440　集部/總集
類/題詠之屬

頌禹渡黃先生功德詩不分卷　（清）程霖輯
清咸豐刻本　一冊

330000 - 1787 - 0000441　0441　集部/總集
類/酬唱之屬

海上同音集二卷　（清）黃瑞　（清）王維翰撰
　清光緒十五年(1889)木活字印本　一冊

330000 - 1787 - 0000442　0442　類叢部/叢
書類/自著之屬

确山所著書　（清）宋世犖撰　清嘉慶二十五
年(1820)、道光十四年(1834)刻光緒六年
(1880)津門徐士鑾補刻印本　一冊　存一種

330000 - 1787 - 0000443　0443　集部/總集
類/彙編之屬

繪雪齋詩八卷　（清）李際時等撰　清刻本
一冊

330000 - 1787 - 0000444　0444　集部/別集
類/清別集

彝經堂詩鈔六卷賦鈔一卷駢文一卷首一卷
（清）王維翰撰　清光緒七年(1881)梅梨小隱
半繭園刻本　一冊　存六卷(詩鈔一至六)

330000 - 1787 - 0000445　0445　集部/總集
類/課藝之屬

紫陽書院課餘選二卷　（清）屠閬選　清刻本
　一冊

330000 - 1787 - 0000446　0446　集部/別集
類/清別集

白雲山人詩草二卷文草一卷　（清）陳桂撰
清刻本　一冊

330000 - 1787 - 0000448　0448　類叢部/叢
書類/彙編之屬

臨海葉氏蔭玉閣叢書　（清）葉書輯　清光緒
臨海葉氏木活字印本　四冊　存三種

330000 - 1787 - 0000449　0449　史部/地理
類/山川之屬/山志

台南洞林志二卷　（清）馮賡雪撰　台南洞林
志校補一卷續一卷又續一卷　（清）葉書撰
清光緒二十五年(1899)臨海馮氏蘭竹居刻本
　一冊

330000 - 1787 - 0000450　0450　集部/別集
類/清別集

醒園遺詩一卷　（清）馮喆撰　清光緒二十三
年(1897)木活字印本　一冊

330000 - 1787 - 0000451　0451　集部/別集
類/清別集

醒園遺詩一卷　（清）馮喆撰　清光緒二十三
年(1897)木活字印本　一冊

330000 - 1787 - 0000452　0452　集部/別集
類/清別集

醒園遺詩一卷　（清）馮喆撰　竹窗存稿一卷
　（清）陳宏撰　清光緒二十三年(1897)木活
字印本　一冊

330000 - 1787 - 0000453　0453　史部/傳記
類/總傳之屬/列女

臨海洪烈婦詩冊一卷　清咸豐四年(1854)刻
本　一冊

330000－1787－0000454　0454　史部/傳記
類/總傳之屬/列女

臨海洪烈婦詩冊一卷　清咸豐四年(1854)刻
本　一冊

330000－1787－0000455　0455　集部/別集
類/清別集

竹窗存稿一卷　（清）陳宏撰　清光緒二十四
年(1898)蔭玉閣木活字印本　一冊

330000－1787－0000456　0456　集部/總集
類/郡邑之屬

三台詩錄三十四卷詩續錄四卷　（清）戚學標
輯　清刻本　十二冊

330000－1787－0000457　0457　經部/群經
總義類/文字音義之屬

鍾秀盦經學　（清）李鏐輯　清光緒刻本　一
冊　存一種

330000－1787－0000458　0458　新學/議論/
論政

治原策一卷富強策一卷　（清）周郁撰　清太
倉試院稿本　一冊

330000－1787－0000459　0459　類叢部/叢
書類/郡邑之屬

台州叢書（名山堂叢書）九種　（清）宋世犖編
　清嘉慶至道光臨海宋氏刻本　十六冊　存
七種

330000－1787－0000460　0460　史部/政書
類/公牘檔冊之屬

臨海試館徵信錄不分卷　（清）蔣運球等撰
清光緒三十年(1904)臨海試館刻本　一冊

330000－1787－0000461　0461　史部/政書
類/公牘檔冊之屬

臨海試館徵信錄不分卷　（清）蔣運球等撰
清光緒三十年(1904)臨海試館刻本　一冊

330000－1787－0000462　0462　史部/政書
類/公牘檔冊之屬

臨海試館徵信錄不分卷　（清）蔣運球等撰
清光緒三十年(1904)臨海試館刻本　一冊

330000－1787－0000463　0463　史部/政書
類/公牘檔冊之屬

臨海試館徵信錄不分卷　（清）蔣運球等撰
清光緒三十年(1904)臨海試館刻本　一冊

330000－1787－0000464　0464　史部/政書
類/公牘檔冊之屬

臨海試館徵信錄不分卷　（清）蔣運球等撰
清光緒三十年(1904)臨海試館刻本　一冊

330000－1787－0000465　0465　史部/政書
類/公牘檔冊之屬

**台州府嵩批發何浦何埠中間完糧地內續捐賓
興四成撥還何氏補助祠塾案一卷**　何奏簧等
撰　清宣統三年(1911)石印本　一冊

330000－1787－0000466　0466　史部/政書
類/公牘檔冊之屬

**台州府嵩批發何浦何埠中間完糧地內續捐賓
興四成撥還何氏補助祠塾案一卷**　何奏簧等
撰　清宣統三年(1911)石印本　一冊

330000－1787－0000467　0467　類叢部/叢
書類/郡邑之屬

台州叢書（名山堂叢書）九種　（清）宋世犖編
　清嘉慶至道光臨海宋氏刻本　十冊　存
五種

330000－1787－0000468　0468　類叢部/叢
書類/郡邑之屬

台州叢書（名山堂叢書）九種　（清）宋世犖編
　清嘉慶至道光臨海宋氏刻本　十二冊　存
六種

330000－1787－0000469　0469　類叢部/叢
書類/郡邑之屬

台州叢書（名山堂叢書）九種　（清）宋世犖編
　清嘉慶至道光臨海宋氏刻本　十三冊　存
六種

330000－1787－0000470　0470　類叢部/叢
書類/郡邑之屬

台州叢書（名山堂叢書）九種　（清）宋世犖編
　清嘉慶至道光臨海宋氏刻本　八冊　存
四種

330000－1787－0000471　0471　類叢部/叢書類/郡邑之屬

台州叢書(名山堂叢書)九種　(清)宋世犖編　清嘉慶至道光臨海宋氏刻本　五冊　存二種

330000－1787－0000472　0472　類叢部/叢書類/郡邑之屬

台州叢書(名山堂叢書)九種　(清)宋世犖編　清嘉慶至道光臨海宋氏刻本　三冊　存二種

330000－1787－0000473　0473　史部/地理類/遊記之屬/紀勝

王太初先生五岳遊草十二卷　(明)王士性撰　(清)馮甦輯　清康熙三十年(1691)臨海馮甦刻本　三冊　存九卷(一至二、六至十二)

330000－1787－0000474　0474　集部/總集類/郡邑之屬

三台詩錄三十二卷詞錄二卷　(清)戚學標輯　清刻本　九冊

330000－1787－0000475　0475　類叢部/叢書類/自著之屬

碻山所著書　(清)宋世犖撰　清嘉慶二十五年(1820)、道光十四年(1834)刻光緒六年(1880)津門徐士變補刻印本　四冊　存一種

330000－1787－0000476　0476　集部/別集類/清別集

北山詩鈔五卷文鈔四卷附一卷　(清)姜文衡著　清咸豐六年(1856)、八年(1858)刻本　二冊

330000－1787－0000477　0477　集部/別集類/清別集

北山詩鈔五卷文鈔四卷附一卷　(清)姜文衡著　清咸豐六年(1856)、八年(1858)刻本　二冊

330000－1787－0000478　0478　集部/別集類/清別集

北山詩鈔五卷文鈔四卷附一卷　(清)姜文衡著　清咸豐六年(1856)、八年(1858)刻本　二冊

330000－1787－0000479　0479　集部/別集類/清別集

北山詩鈔五卷文鈔四卷附一卷　(清)姜文衡著　清咸豐六年(1856)、八年(1858)刻本　四冊

330000－1787－0000480　0480　子部/宗教類/道教之屬

悟真直指四卷　(宋)張伯端撰　(清)劉一明解　清刻本　一冊　存二卷(三至四)

330000－1787－0000481　0481　子部/農家農學類/農藝之屬/茶酒

六必酒經三卷　(清)楊萬樹著　清道光二年(1822)浙台四知堂刻本　一冊

330000－1787－0000482　0482　子部/雜著類/雜纂之屬

蠡測集三卷網殘集一卷　(清)董煒著　(清)黃瑞校　清光緒十四年(1888)刻本　一冊

330000－1787－0000483　0483　新學/工藝/雜藝

製造巴得蘭水泥理法二卷　(英國)李德亨利著　(清)周郇譯　稿本　一冊

330000－1787－0000484　0484　集部/總集類/酬唱之屬

霞城臚誦二卷　(清)宋世犖等撰　清嘉慶刻本　一冊

330000－1787－0000485　0485　子部/兵家類/兵法之屬

斐亭隨筆四卷附一卷　(清)徐宗幹輯　清咸豐二年(1852)斯未信齋刻本　一冊　存一卷(一)

330000－1787－0000486　0486　集部/別集類/明別集

明夏赤城先生文集二十三卷首一卷　(明)夏塤撰　清光緒十九年(1893)木活字印本　六冊

330000－1787－0000487　0487　史部/政書

類/公牘檔冊之屬

[臨海]賓興冊籍不分卷 （清）臨邑合庠（臨海縣學）編 清嘉慶十七年（1812）臨海衙署木活字印本 一冊

330000－1787－0000488 0488 史部/政書類/公牘檔冊之屬

台屬請增學額全集不分卷 （清）陳一鶴（清）李蘭生 （清）吳玉粟撰 清同治四年（1865）木活字印本 一冊

330000－1787－0000489 0489 史部/傳記類/科舉錄之屬/諸貢錄

[宣統己酉科]浙江選拔貢卷不分卷 何奏簡撰 清宣統元年（1909）刻本 一冊

330000－1787－0000490 0490 子部/兵家類/兵器之屬

火器新術一卷 （清）黃方慶撰 清光緒十七年（1891）木活字印本 一冊

330000－1787－0000491 0491 子部/兵家類/兵器之屬

火器新術一卷 （清）黃方慶撰 清光緒十七年（1891）木活字印本 一冊

330000－1787－0000492 0492 子部/兵家類/兵器之屬

火器新術一卷 （清）黃方慶撰 清光緒十七年（1891）木活字印本 一冊

330000－1787－0000493 0493 子部/兵家類/兵器之屬

火器新術一卷 （清）黃方慶撰 清光緒十七年（1891）木活字印本 一冊

330000－1787－0000494 0494 子部/雜著類/雜纂之屬

蠹測集三卷網殘集一卷 （清）董煒著 （清）黃瑞校 清光緒十四年（1888）刻本 一冊

330000－1787－0000495 0495 史部/詔令奏議類/奏議之屬

披垣疏草一卷 （明）盧明諏撰 清咸豐七年（1857）盧懷新、盧錫疇木活字印本 一冊

330000－1787－0000496 0496 經部/易類

閑存錄二卷 （清）夏子俊註 清乾隆十三年（1748）刻本 一冊

330000－1787－0000497 0497 子部/術數類/占候之屬

中天皇極太素三卷首一卷尾一卷 （清）夏寶璜撰 清光緒十四年（1888）刻本 一冊

330000－1787－0000499 0499 集部/總集類/課藝之屬

九峯精舍文集六卷首一卷 （清）王棻編 清光緒二十三年（1897）名山閣刻本 四冊

330000－1787－0000500 0500 集部/總集類/課藝之屬

九峯精舍文集六卷首一卷 （清）王棻編 清光緒二十三年（1897）名山閣刻本 四冊

330000－1787－0000501 0501 集部/總集類/酬唱之屬

海上同音集二卷 （清）黃瑞 （清）王維翰撰 清光緒十五年（1889）木活字印本 一冊

330000－1787－0000502 0502 集部/別集類/明別集

文上人詩稿不分卷 （明）釋受教著 清刻本 二冊

330000－1787－0000503 0503 集部/別集類

函雅堂集四十卷 王詠霓撰 清光緒二十二年（1896）刻本 十冊

330000－1787－0000504 0504 子部/雜著類

玉堂楷則一卷 楊晨選 清末刻本 一冊

330000－1787－0000505 0505 集部/別集類

函雅堂集四十卷 王詠霓撰 清光緒二十二年（1896）刻本 十冊

330000－1787－0000506 0506 集部/別集類/明別集

明夏赤城先生文集二十三卷首一卷 （明）夏

塡撰　清光緒十九年（1893）木活字印本　一冊　存六卷（首、一至五）

330000－1787－0000507　0507　集部/總集類/課藝之屬

九峯精舍文集六卷首一卷　（清）王棻編　清光緒二十三年（1897）名山閣刻本　四冊

330000－1787－0000508　0508　類叢部/叢書類/自著之屬

确山所著書　（清）宋世犖撰　清嘉慶二十五年（1820）、道光十四年（1834）刻光緒六年（1880）津門徐士鑾補刻印本　七冊　存四種

330000－1787－0000509　0509　類叢部/叢書類/家集之屬

傳經堂叢書十二種　（清）洪頤煊等撰　清嘉慶至道光臨海洪氏刻本　二十冊　存八種

330000－1787－0000510　0510　集部/別集類/清別集

北山詩鈔五卷文鈔四卷附一卷　（清）姜文衡著　清咸豐六年（1856）、八年（1858）刻本　二冊

330000－1787－0000511　0511　集部/總集類/郡邑之屬

赤城後集三十三卷　（明）謝鐸輯　清光緒二十六年（1900）刻本　二冊　存十一卷（五至九、二十八至三十三）

330000－1787－0000512　0512　集部/總集類/郡邑之屬

赤城後集三十三卷　（明）謝鐸輯　清光緒二十六年（1900）刻本　五冊　存二十九卷（五至三十三）

330000－1787－0000513　0513　集部/總集類/郡邑之屬

三台詩錄三十四卷詩續錄四卷　（清）戚學標輯　清嘉慶元年（1796）台州府衙刻本　二冊　存五卷（一、續錄一至四）

330000－1787－0000514　0514　集部/別集類/清別集

北山詩鈔五卷文鈔四卷附一卷　（清）姜文衡

著　清咸豐六年（1856）、八年（1858）刻本　一冊　存五卷（詩鈔一至五）

330000－1787－0000515　0515　集部/別集類

函雅堂集四十卷　王詠霓撰　清刻朱印本　一冊　存二卷（十三至十四）

330000－1787－0000516　0516　集部/別集類

函雅堂集四十卷　王詠霓撰　清光緒二十二年（1896）刻本　一冊　存四卷（十九至二十二）

330000－1787－0000517　0517　集部/總集類/郡邑之屬

三台詩錄三十二卷詞錄二卷詩續錄四卷　（清）戚學標輯　清刻本　四冊　缺二十五卷（一至五、八至二十一、二十五至三十）

330000－1787－0000518　0518　集部/總集類/郡邑之屬

國朝天台詩存十四卷補遺一卷　（清）金文田輯　清光緒三十四年（1908）木活字印本　四冊

330000－1787－0000519　0519　史部/地理類/雜志之屬

台州札記十二卷　（清）洪頤煊撰　清道光十四年（1834）小停雲山館刻本　二冊

330000－1787－0000521　0521　集部/總集類/郡邑之屬

國朝天台詩存十四卷補遺一卷　（清）金文田輯　清光緒三十四年（1908）木活字印本　三冊　存十二卷（四至十四、補遺）

330000－1787－0000522　0522　史部/傳記類/總傳之屬/忠孝

孝弟錄二卷　（清）李文耕輯　**孝弟續錄二卷**　（清）江青輯　清光緒二十一年（1895）西園江氏刻本　二冊

330000－1787－0000526　0526　集部/總集類/郡邑之屬

臨海詩錄六卷續詩錄一卷　（清）葉書輯　清

光緒葉氏蔭玉閣稿本　　三冊

330000－1787－0000527　0527　集部/總集類/郡邑之屬

國朝天台詩存十四卷補遺一卷　（清）金文田輯　清光緒三十四年（1908）木活字印本　　二冊　缺六卷（一至六）

330000－1787－0000528　0528　集部/總集類/郡邑之屬

國朝天台詩存十四卷補遺一卷　（清）金文田輯　清光緒三十四年（1908）木活字印本　　一冊　存三卷（七至九）

330000－1787－0000529　0529　集部/總集類/酬唱之屬

海上同音集二卷　（清）黃瑞　（清）王維翰撰　清光緒十五年（1889）木活字印本　　一冊

330000－1787－0000530　0530　集部/別集類/清別集

醒園遺詩一卷　（清）馮喆撰　清光緒二十三年（1897）木活字印本　　一冊

330000－1787－0000531　0531　集部/總集類/郡邑之屬

國朝天台詩存十四卷補遺一卷　（清）金文田輯　清光緒三十四年（1908）木活字印本　四冊

330000－1787－0000532　0532　集部/別集類/宋別集

杜清獻公集十九卷首一卷補遺一卷　（宋）杜範撰　**杜清獻公集附錄一卷**　（清）王棻輯　**杜清獻公集校勘記一卷**　（清）王棻撰　**杜清獻公年譜一卷**　（清）王棻編　清同治九年（1870）吳縣孫氏九峰書院刻本　　四冊

330000－1787－0000534　0534　集部/別集類/清別集

延秋閣詩鈔一卷　（清）王信中撰　清末抄本　　一冊

330000－1787－0000535　0535　集部/詞類/別集之屬

黍薌詞一卷　（清）周郇撰　清光緒刻朱印本

一冊

330000－1787－0000536　0536　集部/別集類/清別集

周黍香遺稿一卷　（清）周郇撰　清末抄本　一冊

330000－1787－0000537　0537　集部/詞類/別集之屬

黍薌詞一卷　（清）周郇撰　**琴游集二卷**　（清）鄔佩之撰　清光緒刻本　　一冊

330000－1787－0000538　0538　集部/別集類/清別集

酴醾花館詩稿一卷詞稿一卷　（清）毛玉荷撰　清光緒十五年（1889）木活字印本　　一冊

330000－1787－0000539　0539　集部/別集類/清別集

耕讀堂詩抄四卷　（清）牟濬著　**桑梓存稿一卷**　（清）牟汝弼著　清道光三十年（1850）耕讀堂刻本　　一冊

330000－1787－0000540　0540　集部/別集類

南洋勸業會雜詠二卷　王葆楨撰　清宣統二年（1910）鉛印本　　二冊

330000－1787－0000543　0543　集部/別集類/清別集

酴醾花館詩稿一卷詞稿一卷　（清）毛玉荷撰　清光緒刻本　　一冊

330000－1787－0000544　0544　集部/別集類/清別集

桐花閣詩存一卷　（清）蔣鳳撰　清刻本　一冊

330000－1787－0000548　0548　集部/別集類/清別集

深詣齋文鈔五卷　（清）黃鑣撰　（清）王棻編　清同治九年（1870）木活字印本　　二冊

330000－1787－0000549　0549　集部/別集類/清別集

一葉齋江南遊草六卷　（清）張英元撰　清咸

豐二年(1852)刻本　一冊

330000－1787－0000553　0553　史部/地理類/遊記之屬

天台遊草一卷　(清)張廷俊著　清乾隆刻本　一冊

330000－1787－0000554　0554　史部/地理類/遊記之屬

天台遊草一卷　(清)張廷俊著　清乾隆刻本　一冊

330000－1787－0000563　0563　史部/金石類/郡邑之屬/目錄

台州金石錄十八卷　(清)黃瑞撰　清光緒稿本　四冊

330000－1787－0000564　0564　史部/地理類/雜志之屬

台州札記十二卷　(清)洪頤煊撰　清道光十四年(1834)小停雲山館刻本　四冊

330000－1787－0000565　0565　集部/總集類/郡邑之屬

台詩三錄八卷坿刻三卷　(清)宋世犖輯　清抄本　王舟瑤批跋　四冊

330000－1787－0000567　0567　集部/別集類/清別集

春草堂詩鈔四卷首一卷後一卷　(清)夏鼎著　清道光刻本　二冊

330000－1787－0000569　0569　集部/別集類/清別集

梅菴遺集三卷　(清)王維祺撰　(清)王菜編　**清芬集續集一卷**　(清)王召修編　清光緒十七年(1891)臨海葉氏蔭玉閣木活字印本　一冊

330000－1787－0000570　0570　集部/總集類/郡邑之屬

方城遺獻八卷續刻一卷　(清)李成經編　清乾隆刻本　二冊　存六卷(一至三、七至八，續刻)

330000－1787－0000571　0571　子部/儒家

類/儒家之屬

朱子語錄一卷　清末鮑文波抄本　一冊

330000－1787－0000572　0572　子部/雜著類/雜纂之屬

雅俗詹言一卷　(清)李飛英著　清道光稿本　一冊

330000－1787－0000573　0573　集部/總集類/郡邑之屬

方城遺獻八卷續刻一卷　(清)李成經編　清乾隆刻本　二冊　存六卷(一至六)

330000－1787－0000575　0575　集部/別集類/清別集

耕讀堂詩抄四卷　(清)牟瀋著　**桑梓存稿一卷**　(清)牟汝弼著　清道光三十年(1850)耕讀堂刻本　一冊　存二卷(一至二)

330000－1787－0000576　0576　集部/別集類/清別集

叶壛吟室文鈔一卷　(清)管作霖撰　清末抄本　一冊

330000－1787－0000577　0577　集部/別集類/清別集

錯菴詩存二卷　(清)陳鑾撰　(清)姜文衡輯　清道光十七年(1837)刻本　一冊

330000－1787－0000578　0578　集部/別集類/清別集

錯菴詩存二卷　(清)陳鑾撰　(清)姜文衡輯　清道光十七年(1837)刻本　一冊

330000－1787－0000580　0580　集部/別集類/宋別集

杜清獻公集十九卷首一卷補遺一卷　(宋)杜範撰　**杜清獻公集附錄一卷**　(清)王菜輯　**杜清獻公集校勘記一卷**　(清)王菜撰　**杜清獻公年譜一卷**　(清)王菜編　清同治九年(1870)吳縣孫氏九峰書院刻本　一冊　存六卷(十至十五)

330000－1787－0000581　0581　集部/別集類/清別集

錯菴詩存二卷　(清)陳鑾撰　(清)姜文衡輯

清道光十七年(1837)刻本 一冊

330000－1787－0000582 0582 集部/別集類/清別集

北山詩鈔五卷文鈔四卷附一卷 （清）姜文衡著 清咸豐六年(1856)、八年(1858)刻本 一冊 存五卷(詩鈔一至五)

330000－1787－0000583 0583 集部/別集類/清別集

燕石山房詩鈔四卷 （清）趙琛著 清咸豐二年(1852)文翰齋刻本 一冊 存二卷(一至二)

330000－1787－0000584 0584 集部/別集類/清別集

燕石山房詩鈔四卷 （清）趙琛著 清咸豐二年(1852)文翰齋刻本 一冊 存二卷(一至二)

330000－1787－0000585 0585 集部/別集類/清別集

禪餘集□□卷 （清）釋毓金撰 清刻本 一冊 存四卷(一至四)

330000－1787－0000586 0586 集部/別集類/清別集

炳爐齋詩草一卷遺文一卷 （清）王樂離撰
炳爐齋詩草附錄一卷 （清）王樂胥輯 清同治八年(1869)雙研齋木活字印本 一冊

330000－1787－0000587 0587 集部/總集類/酬唱之屬

思誠公六十壽言彙抄二卷 （清）管振聲 (清)管頌聲輯 清道光二十年(1840)米船樓刻本 一冊

330000－1787－0000588 0588 集部/別集類/明別集

王靜學先生文集二卷 （明）王元彩撰 清刻本 王舟瑤題記 二冊

330000－1787－0000598 0598 子部/術數類

衡山真傳要旨□□卷 清沈真人抄本 一冊 存一卷(二)

330000－1787－0000599 0599 集部/別集類/清別集

雪薈老人詩稿四卷 （清）洪枰撰 清嘉慶二十五年(1820)刻本 一冊

330000－1787－0000600 0600 集部/別集類/清別集

井蛙詩草(半隱園詩草)二卷 （清）孫濤著 清嘉慶刻本 一冊

330000－1787－0000601 0601 集部/別集類/清別集

井蛙詩草(半隱園詩草)二卷 （清）孫濤著 清刻本 一冊

330000－1787－0000602 0602 類叢部/叢書類/家集之屬

傳經堂叢書十二種 （清）洪頤煊等撰 清嘉慶至道光臨海洪氏刻本 一冊 存一種

330000－1787－0000603 0603 集部/別集類

含青閣詩草三卷詩餘一卷 屈蕙纕撰 清光緒刻本 二冊

330000－1787－0000604 0604 集部/別集類

含青閣詩草三卷詩餘一卷 屈蕙纕撰 清光緒刻本 二冊

330000－1787－0000605 0605 集部/別集類

含青閣詩草三卷詩餘一卷 屈蕙纕撰 清光緒刻本 一冊 存二卷(一至二)

330000－1787－0000606 0606 集部/別集類/清別集

南埜詩集一卷 （清）馬鎮著 清康熙刻本 清葛詠裳觀款 一冊

330000－1787－0000607 0607 集部/總集類/酬唱之屬

小瀛洲春褉倡酬集三卷 清刻本 一冊

330000－1787－0000608 0608 史部/傳記類/總傳之屬/儒林

清聖祠從祀攷略四卷 （清）齊毓川輯 清掔古齋木活字印本 一冊

330000－1787－0000609 0609 集部/總集類/選集之屬/通代

梁昭明文選越裁十一卷 （清）洪若皋評定 清刻本 二冊 存四卷(八至十一)

330000－1787－0000610 0610 子部/雜著類/雜編之屬

玉峯先生腳氣集一卷 （宋）車若水撰 校勘記一卷 （清）王棻撰 清同治十年(1871)刻本 一冊

330000－1787－0000612 0612 集部/別集類/宋別集

杜清獻公集十九卷首一卷補遺一卷 （宋）杜範撰 杜清獻公集附錄一卷 （清）王棻輯 杜清獻公集校勘記一卷 （清）王棻撰 杜清獻公年譜一卷 （清）王棻編 清同治九年(1870)吳縣孫氏九峰書院刻本 四冊

330000－1787－0000613 0613 集部/別集類/宋別集

杜清獻公集十九卷首一卷補遺一卷 （宋）杜範撰 杜清獻公集附錄一卷 （清）王棻輯 杜清獻公集校勘記一卷 （清）王棻撰 杜清獻公年譜一卷 （清）王棻編 清同治九年(1870)吳縣孫氏九峰書院刻本 二冊 存十四卷(三至十六)

330000－1787－0000616 0616 子部/醫家類/醫理之屬/綜合

醫理信述補遺二卷 （清）夏子俊纂輯 清光緒十年(1884)刻本 一冊

330000－1787－0000617 0617 子部/醫家類/醫理之屬/綜合

醫理信述補遺二卷 （清）夏子俊纂輯 清光緒十年(1884)刻本 一冊

330000－1787－0000618 0618 集部/總集類/題詠之屬

米船樓題詞一卷 （清）管頌聲輯 清米船樓刻本 一冊

330000－1787－0000619 0619 集部/總集類/題詠之屬

米船樓題詞一卷 （清）管頌聲輯 清米船樓刻本 一冊

330000－1787－0000620 0620 集部/總集類/題詠之屬

米船樓題詞一卷 （清）管頌聲輯 清刻本 一冊

330000－1787－0000626 0626 集部/別集類/清別集

疏竹園詩草二卷 （清）喻興雲撰 柔川詩稿一卷 （清）黃方慶撰 清光緒十七年(1891)喻氏惺諟齋木活字印本 一冊

330000－1787－0000627 0627 集部/別集類/清別集

疏竹園詩草二卷 （清）喻興雲撰 柔川詩稿一卷 （清）黃方慶撰 清光緒十七年(1891)喻氏惺諟齋木活字印本 一冊

330000－1787－0000628 0628 集部/別集類/清別集

疏竹園詩草二卷 （清）喻興雲撰 柔川詩稿一卷 （清）黃方慶撰 清光緒十七年(1891)喻氏惺諟齋木活字印本 一冊

330000－1787－0000629 0629 集部/別集類/清別集

燃藜閣詩鈔四卷首一卷 （清）蔡濤著 王詠霓刪定 清光緒刻本 一冊

330000－1787－0000630 0630 集部/別集類/清別集

燃藜閣詩鈔四卷首一卷 （清）蔡濤著 王詠霓刪定 清光緒刻本 一冊 缺二卷(三至四)

330000－1787－0000631 0631 集部/別集類/清別集

燃藜閣詩鈔四卷首一卷 （清）蔡濤著 王詠霓刪定 清光緒七年(1881)蔡子綏刻本 一冊

330000－1787－0000632 0632 集部/別集

焦尾閣遺稿一卷 （清）盧德儀著 （清）王彥威 （清）王彥澈輯 清光緒九年(1883)蘇州刻本 一冊

330000－1787－0000633 0633 集部/別集類/清別集

焦尾閣遺稿一卷 （清）盧德儀著 （清）王彥威 （清）王彥澈輯 清光緒刻本 一冊

330000－1787－0000636 0636 集部/別集類/清別集

一葉齋江南遊草六卷 （清）張英元撰 清咸豐二年(1852)刻本 一冊

330000－1787－0000637 0637 集部/別集類/清別集

一葉齋江南遊草六卷 （清）張英元撰 清咸豐二年(1852)刻本 一冊

330000－1787－0000638 0638 集部/別集類/清別集

一葉齋江南遊草六卷 （清）張英元撰 清咸豐二年(1852)刻本 一冊

330000－1787－0000639 0639 集部/別集類/清別集

彝經堂詩鈔六卷賦鈔一卷駢文一卷首一卷 （清）王維翰撰 清光緒七年(1881)梅梨小隱半繭園刻本 二冊

330000－1787－0000640 0640 集部/別集類/清別集

梅菴遺集三卷 （清）王維祺撰 （清）王棻編 **清芬集續集一卷** （清）王召修編 清光緒十七年(1891)臨海葉氏蔭玉閣木活字印本 一冊

330000－1787－0000641 0641 集部/別集類/清別集

恆園詩存一卷 （清）蔡芬撰 （清）蔡蕙編 **痛輓錄一卷附紀蔡芳谷客死本末一卷** 清光緒三十三年(1907)黃巖恆園蔡氏木活字印本 一冊

330000－1787－0000642 0642 集部/別集

同光集二卷 （清）徐濬撰 **柔川詩稿一卷** （清）黃方慶撰 清光緒木活字印本 一冊

330000－1787－0000643 0643 集部/別集類/清別集

琴游集二卷 （清）鄔佩之撰 清光緒二十九年(1903)刻本 一冊

330000－1787－0000645 0645 集部/總集類/氏族之屬

東浦集六卷首一卷 （明）管藍等撰 （清）管名籓輯 **醫俗軒遺稾一卷** （清）管名籓撰 清光緒二十一年(1895)半耕堂木活字印本 一冊

330000－1787－0000646 0646 子部/宗教類/佛教之屬

天台三聖詩一卷 （唐）釋寒山 （唐）釋石得 （唐）釋豐干著 （唐）釋道翹輯 **和天台三聖詩一卷** （明）釋梵琦著 **天台三聖詩集一卷** （明）釋濟岳著 清光緒十一年(1885)常熟刻經處刻本 一冊 存一卷(和天台三聖詩)

330000－1787－0000649 0649 集部/總集類/酬唱之屬

唱和春詞九卷 （清）王承弼等著 清末石印本 一冊

330000－1787－0000650 0650 集部/別集類/清別集

恆園詩存一卷 （清）蔡芬撰 （清）蔡蕙編 **痛輓錄一卷附紀蔡芳谷客死本末一卷** 清光緒三十三年(1907)黃巖恆園蔡氏木活字印本 一冊

330000－1787－0000651 0651 集部/別集類/清別集

天球遺稿一卷 （清）朱球撰 清光緒刻本 一冊

330000－1787－0000652 0652 集部/總集類/氏族之屬

東浦集六卷首一卷 （明）管藍等撰 （清）管

名籜輯　醫俗軒遺橐一卷　（清）管名籜撰
清光緒二十一年（1895）半耕堂木活字印本
一冊

330000－1787－0000653　0653　集部／總集
類／氏族之屬
東浦集六卷首一卷　（明）管藍等撰　（清）管
名籜輯　醫俗軒遺橐一卷　（清）管名籜撰
清光緒二十一年（1895）半耕堂木活字印本
一冊

330000－1787－0000654　0654　集部／別集
類／清別集
醭醶花館詩稿一卷詞稿一卷　（清）毛玉荷撰
清光緒十五年（1889）木活字印本　一冊

330000－1787－0000655　0655　集部／別集
類／清別集
焦尾閣遺稿一卷　（清）盧德儀著　（清）王彥
威　（清）王彥澈輯　清光緒刻本　一冊

330000－1787－0000656　0656　集部／別集
類／清別集
焦尾閣遺稿一卷　（清）盧德儀著　（清）王彥
威　（清）王彥澈輯　清光緒九年（1883）蘇州
刻本　一冊

330000－1787－0000657　0657　集部／別集
類／清別集
疏竹園詩草二卷　（清）喻興雲撰　柔川詩稿
一卷　（清）黃方慶撰　清光緒十七年（1891）
喻氏惺諟齋木活字印本　一冊　缺一卷（柔
川詩稿）

330000－1787－0000659　0659　史部／詔令
奏議類／奏議之屬
掖垣疏草一卷　（明）盧明諏撰　清咸豐七年
（1857）盧懷新、盧錫疇木活字印本　一冊

330000－1787－0000660　0660　集部／別集
類／清別集
深詣齋文鈔五卷　（清）黃鑣撰　（清）王棻編
清同治九年（1870）木活字印本　二冊

330000－1787－0000661　0661　集部／別集
類／清別集

深詣齋文鈔五卷　（清）黃鑣撰　（清）王棻編
清同治九年（1870）木活字印本　一冊

330000－1787－0000662　0662　集部／別集
類／清別集
炳爍齋詩草一卷遺文一卷　（清）王樂雎撰
炳爍齋詩草附錄一卷　（清）王樂胥輯　清同
治八年（1869）雙研齋木活字印本　一冊

330000－1787－0000663　0663　集部／別集
類／清別集
炳爍齋詩草一卷遺文一卷　（清）王樂雎撰
炳爍齋詩草附錄一卷　（清）王樂胥輯　清同
治八年（1869）雙研齋木活字印本　一冊

330000－1787－0000664　0664　集部／別集
類／清別集
炳爍齋詩草一卷遺文一卷　（清）王樂雎撰
炳爍齋詩草附錄一卷　（清）王樂胥輯　清同
治八年（1869）雙研齋木活字印本　一冊

330000－1787－0000665　0665　集部／別集
類／清別集
炳爍齋詩草一卷遺文一卷　（清）王樂雎撰
炳爍齋詩草附錄一卷　（清）王樂胥輯　清同
治八年（1869）雙研齋木活字印本　一冊

330000－1787－0000666　0666　集部／別集
類／清別集
梅菴遺集三卷　（清）王維祺撰　（清）王棻編
清芬集續集一卷　（清）王召修編　清光緒
十七年（1891）臨海葉氏蔭玉閣木活字印本
一冊

330000－1787－0000667　0667　集部／別集
類／清別集
梅菴遺集三卷　（清）王維祺撰　（清）王棻編
清芬集續集一卷　（清）王召修編　清光緒
十七年（1891）臨海葉氏蔭玉閣木活字印本
一冊

330000－1787－0000668　0668　集部／別集
類／清別集
梅菴遺集三卷　（清）王維祺撰　（清）王棻編
清芬集續集一卷　（清）王召修編　清光緒

十七年(1891)臨海葉氏蔭玉閣木活字印本
一冊

330000－1787－0000669　0669　集部/別集
類/明別集

芙蓉集詩鈔八卷首一卷　（明）蔡榮名著
(清)王維翰刪定　清光緒十六年(1890)刻本
一冊

330000－1787－0000670　0670　集部/別集
類/明別集

芙蓉集詩鈔八卷首一卷　（明）蔡榮名著
(清)王維翰刪定　清光緒十六年(1890)黃巖
蔡福同刻本　一冊

330000－1787－0000671　0671　集部/別集
類/明別集

芙蓉集詩鈔八卷首一卷　（明）蔡榮名著
(清)王維翰刪定　清光緒十六年(1890)黃巖
蔡福同刻本　二冊

330000－1787－0000672　0672　集部/別集
類/清別集

敦說樓集三卷　（清)李誠撰　清刻本　一冊

330000－1787－0000673　0673　集部/總集
類/郡邑之屬

黃巖集三十二卷首一卷校議一卷續錄二卷
(清)王棻　王詠霓輯　清光緒三年(1877)刻
本　十五冊

330000－1787－0000674　0674　集部/總集
類/郡邑之屬

黃巖集三十二卷首一卷校議一卷續錄二卷
(清)王棻　王詠霓輯　清光緒三年(1877)刻
本　十四冊　缺六卷(十一至十五、校議)

330000－1787－0000675　0675　集部/總集
類/郡邑之屬

黃巖集三十二卷首一卷校議一卷續錄二卷
(清)王棻　王詠霓輯　清光緒三年(1877)刻
本　六冊　存十二卷(四至六、二十一至二十
四、二十六至二十八、三十一至三十二)

330000－1787－0000676　0676　集部/總集
類/郡邑之屬

黃巖集三十二卷首一卷校議一卷續錄二卷
(清)王棻　王詠霓輯　清光緒三年(1877)刻
本　一冊　存二卷(三十一至三十二)

330000－1787－0000677　0677　類叢部/叢
書類/郡邑之屬

續台州叢書　楊晨輯　清光緒二十四年
(1898)翁氏刻本　一冊　存三種

330000－1787－0000678　0678　集部/別集
類/元別集

羽庭集八卷補遺一卷附錄一卷　（元)劉仁本
撰　清抄本　王舟瑤批校　二冊

330000－1787－0000679　0679　集部/總集
類/郡邑之屬

赤城文鈔前編一卷　（清)李國梁等編　清道
光刻本　一冊

330000－1787－0000680　0680　集部/總集
類/郡邑之屬

黃巖集三十二卷首一卷校議一卷續錄二卷
(清)王棻　王詠霓輯　清光緒三年(1877)刻
本　十四冊　存三十三卷(黃巖集首、一至三
十二)

330000－1787－0000681　0681　集部/別集
類/清別集

九峯山房詩略一卷　（清)張綺撰　清光緒臨
海葉氏蔭玉閣木活字印本　一冊

330000－1787－0000682　0682　集部/別集
類/清別集

九峯山房詩略一卷　（清)張綺撰　清光緒臨
海葉氏蔭玉閣木活字印本　一冊

330000－1787－0000683　0683　集部/別集
類/清別集

九峯山房詩略一卷　（清)張綺撰　清光緒臨
海葉氏蔭玉閣木活字印本　一冊

330000－1787－0000684　0684　集部/別集
類/清別集

九峯山房詩略一卷　（清)張綺撰　清光緒臨
海葉氏蔭玉閣木活字印本　一冊

330000－1787－0000685　0685　集部/別集類/清別集

九峯山房詩略一卷　（清）張綺撰　清光緒臨海葉氏蔭玉閣木活字印本　一冊

330000－1787－0000686　0686　集部/別集類/清別集

九峯山房詩略一卷　（清）張綺撰　清光緒臨海葉氏蔭玉閣木活字印本　一冊

330000－1787－0000687　0687　集部/別集類/清別集

九峯山房詩略一卷　（清）張綺撰　清光緒臨海葉氏蔭玉閣木活字印本　一冊

330000－1787－0000688　0688　集部/別集類/清別集

九峯山房詩略一卷　（清）張綺撰　清光緒臨海葉氏蔭玉閣木活字印本　一冊

330000－1787－0000689　0689　集部/別集類/清別集

九峯山房詩略一卷　（清）張綺撰　清光緒臨海葉氏蔭玉閣木活字印本　一冊

330000－1787－0000691　0691　史部/傳記類/日記之屬

道西齋日記二卷（清光緒十三年）　王詠霓撰　清光緒十八年（1892）上洋鴻寶齋石印本　一冊

330000－1787－0000692　0692　史部/傳記類/日記之屬

道西齋日記二卷（清光緒十三年）　王詠霓撰　清光緒十三年（1887）青陽曹獻之、甯修安徽刻本　一冊

330000－1787－0000693　0693　子部/雜著類/雜纂之屬

暗室靈光三卷首一卷　（清）樂善堂編錄　清光緒二十二年（1896）樂善堂刻本　一冊

330000－1787－0000694　0694　集部/別集類/清別集

鄂不樓遺集二卷　（清）王辰著　**鄂不樓附存詩一卷輓詩一卷**　（清）王煦輯　清道光十六年（1836）刻本　一冊

330000－1787－0000695　0695　集部/總集類/郡邑之屬

三台文鈔一卷　清刻本　一冊

330000－1787－0000709　0709　史部/雜史類/斷代之屬

實錄館隨筆不分卷　喻長霖輯　清宣統元年（1909）喻長霖稿本　項士元題記　二冊

330000－1787－0000711　0711　子部/雜著類/雜說之屬

師範事珠一卷　喻長霖撰　清光緒三十三年（1907）稿本　項士元題記　一冊

330000－1787－0000712　0712　史部/史表類/斷代之屬

清紀事年表殘帙不分卷　喻長霖撰　清光緒二十年（1894）稿本　項士元題簽　一冊

330000－1787－0000713　0713　史部/地理類/專志之屬/書院

京師大學堂紀略歷年教員表一卷歷年學生表一卷　喻長霖撰　稿本　項士元題記　一冊

330000－1787－0000731　0731　史部/地理類/專志之屬/書院

京師大學堂紀略一卷　喻長霖輯　稿本　一冊

330000－1787－0000734　0734　史部/傳記類/科舉錄之屬/歷科登科錄

喻長霖會試硃卷一卷履歷一卷　喻長霖撰　清刻本　一冊

330000－1787－0000737　0737　史部/傳記類/日記之屬

道西齋日鈔一卷　王詠霓撰　清抄本　一冊

330000－1787－0000756　0756　集部/別集類

喻長霖鄉試試卷八卷　喻長霖撰　清抄本　八冊

330000－1787－0000757　0757　類叢部/叢書類/彙編之屬

崧岱山館叢鈔　清宣統鉛印本　六冊　存

一種

330000 - 1787 - 0000758　　0758　　類叢部/叢
書類/彙編之屬

崧岱山館叢鈔　清宣統鉛印本　六冊　存
一種

330000 - 1787 - 0000759　　0759　　類叢部/叢
書類/彙編之屬

崧岱山館叢鈔　清宣統鉛印本　六冊　存
一種

330000 - 1787 - 0000760　　0760　　類叢部/叢
書類/彙編之屬

崧岱山館叢鈔　清宣統鉛印本　六冊　存
一種

330000 - 1787 - 0000761　　0761　　類叢部/叢
書類/彙編之屬

崧岱山館叢鈔　清宣統鉛印本　五冊　存
一種

330000 - 1787 - 0000762　　0762　　類叢部/叢
書類/彙編之屬

崧岱山館叢鈔　清宣統鉛印本　二冊　存
一種

330000 - 1787 - 0000763　　0763　　子部/雜著
類/雜纂之屬

回頭想四卷再想二卷再想想四卷　（清）戚學
標撰　清抄本　十冊

330000 - 1787 - 0000764　　0764　　史部/傳記
類/科舉錄之屬/歷科鄉試錄

[光緒十一年]浙江鄉試同年齒錄不分卷
（清）□□撰　清光緒刻本　一冊

330000 - 1787 - 0000765　　0765　　史部/傳記
類/科舉錄之屬/歷科鄉試錄

[光緒十一年]浙江鄉試同年齒錄不分卷
（清）□□撰　清光緒刻本　一冊

330000 - 1787 - 0000766　　0766　　集部/總集
類/郡邑之屬

三台名媛詩輯五卷續一卷詞輯一卷　（清）黃
瑞編　清光緒元年(1875)臨海周翰清刻本

一冊

330000 - 1787 - 0000767　　0767　　集部/總集
類/郡邑之屬

三台名媛詩輯五卷續一卷詞輯一卷　（清）黃
瑞編　清光緒元年(1875)臨海周翰清刻本
二冊

330000 - 1787 - 0000768　　0768　　集部/總集
類/郡邑之屬

三台名媛詩輯五卷續一卷詞輯一卷　（清）黃
瑞編　清光緒元年(1875)臨海周翰清刻本
一冊　存三卷(一至三)

330000 - 1787 - 0000769　　0769　　集部/總集
類/郡邑之屬

三台名媛詩輯五卷續一卷詞輯一卷　（清）黃
瑞編　清光緒元年(1875)臨海周翰清刻本
二冊

330000 - 1787 - 0000772　　0772　　集部/總集
類/郡邑之屬

三台名媛詩輯五卷續一卷詞輯一卷　（清）黃
瑞編　清光緒元年(1875)臨海周翰清刻本
二冊

330000 - 1787 - 0000773　　0773　　集部/總集
類/郡邑之屬

三台名媛詩輯五卷續一卷詞輯一卷　（清）黃
瑞編　清光緒元年(1875)臨海周翰清刻本
二冊

330000 - 1787 - 0000774　　0774　　集部/總集
類/郡邑之屬

三台名媛詩輯五卷續一卷詞輯一卷　（清）黃
瑞編　清光緒元年(1875)臨海周翰清刻本
二冊

330000 - 1787 - 0000775　　0775　　集部/總集
類/郡邑之屬

三台名媛詩輯五卷續一卷詞輯一卷　（清）黃
瑞編　清光緒元年(1875)臨海周翰清刻本
一冊　存三卷(一至三)

330000 - 1787 - 0000776　　0776　　集部/總集
類/郡邑之屬

三台名媛詩輯五卷續一卷詞輯一卷 （清）黃瑞編 清光緒元年（1875）臨海周翰清刻本 一冊 存三卷（一至三）

330000－1787－0000778 0778 集部/總集類/郡邑之屬

三台詩錄三十二卷詞錄二卷 （清）戚學標輯 清嘉慶元年（1796）刻本 八冊 存二十五卷（一至五、八至二十一、二十五至三十）

330000－1787－0000779 0779 集部/總集類/郡邑之屬

三台詩錄三十二卷詞錄二卷 （清）戚學標輯 清嘉慶元年（1796）刻本 九冊 存二十五卷（一至十二、十九至二十七、三十一至三十二,詞錄一至二）

330000－1787－0000781 0781 集部/總集類/郡邑之屬

台詩三錄八卷坿刻三卷 （清）宋世犖輯 清抄本 四冊

330000－1787－0000783 0783 集部/總集類/郡邑之屬

台詩三錄八卷坿刻三卷 （清）宋世犖輯 清宋少琴抄本 二冊 存七卷（三至四、七至八,坿刻一至三）

330000－1787－0000785 0785 類叢部/叢書類/自著之屬

戚鶴泉所著書十一種 （清）戚學標撰 清乾隆至嘉慶刻本 四冊 存二種

330000－1787－0000787 0787 史部/傳記類/總傳之屬/郡邑

台攷（人物）六卷 （清）何柏章續輯 清抄本 王舟瑤批校 二冊

330000－1787－0000790 0790 史部/詔令奏議類/奏議之屬

掖垣疏草一卷 （明）盧明諏撰 清咸豐七年（1857）盧懷新、盧錫疇木活字印本 一冊

330000－1787－0000791 0791 史部/詔令奏議類/奏議之屬

掖垣疏草一卷 （明）盧明諏撰 清咸豐七年

（1857）盧懷新、盧錫疇木活字印本 一冊

330000－1787－0000792 0792 史部/詔令奏議類/奏議之屬

掖垣疏草一卷 （明）盧明諏撰 清咸豐七年（1857）盧懷新、盧錫疇木活字印本 一冊

330000－1787－0000793 0793 集部/總集類/選集之屬/通代

台山梵響十卷 （清）王維翰輯 清雙研齋抄本 王舟瑤批校 四冊

330000－1787－0000817 0817 史部/傳記類/科舉錄之屬/歷科鄉試錄

[光緒庚子辛丑恩正併科]浙江鄉試卷不分卷 （清）王誦熙等撰 清光緒刻本 一冊

330000－1787－0000818 0818 史部/傳記類/科舉錄之屬/歷科鄉試錄

[光緒丙子恩科]浙江鄉試卷不分卷 （清）朱一新等撰 清光緒刻本 一冊

330000－1787－0000819 0819 史部/傳記類/科舉錄之屬/歷科鄉試錄

[光緒壬午科]浙江鄉試卷不分卷 （清）鍾家鼐等撰 清光緒刻本 一冊

330000－1787－0000820 0820 史部/傳記類/科舉錄之屬/歷科鄉試錄

[光緒丁酉科]浙江鄉試卷不分卷 （清）金文田等撰 清光緒刻本 一冊

330000－1787－0000821 0821 集部/總集類/郡邑之屬

挑燈偶錄二卷 （清）王起霞輯 清道光二年（1822）主一堂刻本 一冊

330000－1787－0000822 0822 集部/總集類/郡邑之屬

挑燈偶錄二卷 （清）王起霞輯 清道光二年（1822）主一堂刻本 一冊

330000－1787－0000828 0828 史部/目錄類/書志之屬/提要

台州訪書約一卷 楊晨撰 清刻本 一冊

330000－1787－0000829 0829 史部/目錄

類/書志之屬/提要

台州訪書約一卷 楊晨撰　清刻本　一冊

330000－1787－0000830　0830　史部/目録類/總録之屬/地方

台獻徵目録初編一卷 金嗣獻編　清宣統三年(1911)浙太平金氏鴻遠書屋木活字印本鴻遠書屋主人題記　一冊

330000－1787－0000831　0831　史部/目録類/總録之屬/地方

台獻徵目録初編一卷 金嗣獻編　清宣統三年(1911)浙太平金氏鴻遠書屋木活字印本一冊

330000－1787－0000832　0832　史部/目録類/總録之屬/地方

台獻徵目録初編一卷 金嗣獻編　清宣統三年(1911)浙太平金氏鴻遠書屋木活字印本一冊

330000－1787－0000833　0833　史部/目録類/總録之屬/地方

台獻徵目録初編一卷 金嗣獻編　清宣統三年(1911)浙太平金氏鴻遠書屋木活字印本一冊

330000－1787－0000834　0834　史部/目録類/總録之屬/地方

台獻徵目録初編一卷 金嗣獻編　清宣統三年(1911)浙太平金氏鴻遠書屋木活字印本鴻遠書屋主人題記　一冊

330000－1787－0000835　0835　史部/目録類/總録之屬/官修

浙江藏書樓甲編書目一卷乙編書目一卷 楊復編　清光緒三十三年(1907)杭州華豐書局鉛印本　一冊　存一卷(甲編書目)

330000－1787－0000836　0836　新學/學校

台州府中學堂章程一卷 (清)張西園編　清光緒三十二年(1906)木活字印本　一冊

330000－1787－0000837　0837　集部/總集類/課藝之屬

三台中學堂課藝初編一卷 (清)三台中學堂

編　清光緒三十年(1904)三台中學堂木活字印本　一冊

330000－1787－0000838　0838　史部/政書類/公牘檔冊之屬

劉蘭洲治台文牘一卷 (清)劉璈撰　清同治七年(1868)木活字印本　一冊

330000－1787－0000839　0839　新學/學校

浙江法政學堂同學録一卷 (清)莫載編　清宣統二年(1910)杭州竹簡齋石印本　一冊

330000－1787－0000840　0840　集部/總集類/酬唱之屬

彤管揚徽三卷 (清)沈光邦　(清)沈光都輯　清乾隆三年(1738)刻本　一冊

330000－1787－0000841　0841　集部/總集類/酬唱之屬

彤管揚徽三卷 (清)沈光邦　(清)沈光都輯　清乾隆三年(1738)刻本　一冊

330000－1787－0000842　0842　類叢部/叢書類/彙編之屬

天台張氏兩銘樓叢書 (清)張廷琛編　清光緒至宣統木活字印本　一冊　存一種

330000－1787－0000843　0843　史部/政書類/公牘檔冊之屬

劉蘭洲治台文牘一卷 (清)劉璈撰　清同治七年(1868)木活字印本　一冊

330000－1787－0000844　0844　集部/總集類/郡邑之屬

台詩彙編一卷 (清)吳執御等撰　清刻本一冊

330000－1787－0000845　0845　史部/政書類

國朝右文掌録一卷 (清)宗源瀚撰　清光緒十四年(1888)刻本　一冊

330000－1787－0000847　0847　類叢部/叢書類/郡邑之屬

續台州叢書 楊晨輯　清光緒二十四年(1898)翁氏刻本　王舟瑤批校　四冊　存

一種

330000 - 1787 - 0000848　0848　類叢部/叢
書類/郡邑之屬

續台州叢書　楊晨輯　清光緒二十四年
(1898)翁氏刻本　二冊　存一種

330000 - 1787 - 0000849　0849　類叢部/叢
書類/郡邑之屬

續台州叢書　楊晨輯　清光緒二十四年
(1898)翁氏刻本　二冊　存一種

330000 - 1787 - 0000850　0850　集部/總集
類/郡邑之屬

**天台前集三卷前集別編一卷拾遺一卷續集三
卷續集拾遺一卷**　(宋)李庚　(宋)林師蒧輯
　續集別編六卷　(宋)林表民輯　清光緒臨
海黃氏述思齋抄本　王舟瑤批校　四冊

330000 - 1787 - 0000851　0851　史部/地理
類/專志之屬/祠墓

台州新建二徐先生祠堂碑不分卷　(清)孫衣
言等書　清刻本　一冊

330000 - 1787 - 0000852　0852　史部/地理
類/專志之屬/祠墓

台州新建二徐先生祠堂碑不分卷　(清)孫衣
言等書　清刻本　一冊

330000 - 1787 - 0000853　0853　史部/政書
類/公牘檔冊之屬

台州禁煙文件不分卷　(清)□□輯　清抄本
　一冊

330000 - 1787 - 0000856　0856　類叢部/叢
書類/彙編之屬

廣雅書局叢書一百五十九種　徐紹棨編　清
光緒廣雅書局刻民國九年(1920)番禺徐紹棨
彙編重印本　一冊　存一種

330000 - 1787 - 0000857　0857　史部/地理
類/方志之屬/郡縣志

臨海續志稿不分卷　稿本　四冊

330000 - 1787 - 0000866　0866　史部/傳記
類/日記之屬

潛勉堂日記一卷(清光緒五年三月)　喻長霖
撰　清光緒五年(1879)稿本　一冊

330000 - 1787 - 0000867　0867　集部/別集
類/清別集

樓雲百首一卷　(清)釋光定著　清光緒五年
(1879)刻本　一冊

330000 - 1787 - 0000869　0869　史部/傳記
類/科舉錄之屬/歷科鄉試錄

[光緒甲辰癸卯恩科]浙江鄉試卷不分卷
(清)朱文劭等撰　清光緒刻本　一冊

330000 - 1787 - 0000871　0871　史部/目錄
類/總錄之屬/地方

黃巖九峯名山閣藏書目錄四卷首一卷　(清)
王維翰校錄　清光緒五年(1879)黃巖九峯書
院刻本　一冊

330000 - 1787 - 0000872　0872　集部/總集
類/題詠之屬

壽泉紀頌一卷附錄一卷　(清)陳有慶等撰
清光緒六年(1880)文峯書院刻本　一冊

330000 - 1787 - 0000873　0873　集部/別集
類/清別集

一葉齋詩鈔□□卷　(清)張藻撰　清抄本
一冊　存一卷(三)

330000 - 1787 - 0000875　0875　史部/政書
類/公牘檔冊之屬

黃巖文會館條例一卷　清刻本　一冊

330000 - 1787 - 0000876　0876　史部/政書
類/公牘檔冊之屬

黃巖文會館條例一卷　清刻本　一冊

330000 - 1787 - 0000877　0877　新學/學校

黃巖蒙學堂簡章一卷　(清)黃巖蒙學堂編
清末木活字印本　一冊

330000 - 1787 - 0000881　0881　集部/總集
類/郡邑之屬

三台文獻錄二十三卷　(明)李時漸輯　清光
緒抄本　四冊　存八卷(十二至十四、十八至
十九、二十一至二十三)

330000－1787－0000882　0882　類叢部/叢書類/郡邑之屬

台海叢書　（清）黃瑞輯　清同治四年(1865)秋籟閣抄本　一冊　存一種

330000－1787－0000883　0883　類叢部/叢書類/家集之屬

傳經堂叢書十二種　（清）洪頤煊等撰　清嘉慶至道光臨海洪氏刻本　二冊　存一種

330000－1787－0000884　0884　類叢部/叢書類/家集之屬

傳經堂叢書十二種　（清）洪頤煊等撰　清嘉慶至道光臨海洪氏刻本　三冊　存一種

330000－1787－0000885　0885　集部/別集類/宋別集

竹軒雜著六卷補遺一卷　（宋）林季仲撰　清光緒二年(1876)瑞安孫氏詒善祠塾刻永嘉叢書本　清佚名批校　一冊

330000－1787－0000886　0886　集部/別集類/元別集

陳剛中詩集三卷附錄一卷　（元）陳孚撰　清抄本　二冊

330000－1787－0000889　0889　集部/別集類/明別集

寒枝集選五卷　（明）陳函輝著　清抄本　一冊　存二卷(三至四)

330000－1787－0000890　0890　集部/別集類/明別集

寒枝集選五卷　（明）陳函輝著　清光緒十六年(1890)許氏抄本　一冊　存一卷(四)

330000－1787－0000896　0896　集部/總集類/郡邑之屬

三台文獻錄二十三卷　（明）李時漸輯　清抄本　項士元題記　一冊　存二卷(四至五)

330000－1787－0000898　0898　子部/雜著類/雜說之屬

風雅遺聞四卷　（清）戚學標撰　清抄本　一冊　存二卷(三至四)

330000－1787－0000900　0900　類叢部/叢書類/彙編之屬

新陽趙氏叢刊十四種　（清）趙元益編　清光緒十一年至二十八年(1885－1902)新陽趙氏刻本　一冊　存一種

330000－1787－0000901　0901　史部/傳記類/總傳之屬/儒林

台學源流補五卷　（清）林丙恭輯　清抄本　一冊

330000－1787－0000902　0902　史部/傳記類/總傳之屬/儒林

台學源流七卷　（明）金賁亨撰　清道光金文煒刻同治八年(1869)同善會補刻本　一冊

330000－1787－0000903　0903　史部/傳記類/總傳之屬/儒林

台學源流七卷　（明）金賁亨撰　清道光金文煒刻同治八年(1869)同善會補刻本　一冊

330000－1787－0000904　0904　史部/傳記類/總傳之屬/儒林

台學源流七卷　（明）金賁亨撰　清道光金文煒刻同治八年(1869)同善會補刻本　一冊

330000－1787－0000905　0905　史部/傳記類/總傳之屬/儒林

台學源流七卷　（明）金賁亨撰　清道光金文煒刻同治八年(1869)同善會補刻本　一冊

330000－1787－0000906　0906　史部/傳記類/總傳之屬/儒林

台學源流七卷　（明）金賁亨撰　清道光金文煒刻同治八年(1869)同善會補刻本　一冊

330000－1787－0000907　0907　類叢部/叢書類/郡邑之屬

台州叢書(名山堂叢書)九種　（清）宋世犖編　清嘉慶至道光臨海宋氏刻本　五冊　存二種

330000－1787－0000908　0908　類叢部/叢書類/郡邑之屬

台州叢書(名山堂叢書)九種　（清）宋世犖編　清嘉慶至道光臨海宋氏刻本　一冊　存

一種

330000－1787－0000909　0909　類叢部/叢書類/郡邑之屬

台州叢書(名山堂叢書)九種　(清)宋世犖編　清嘉慶至道光臨海宋氏刻本　五冊　存二種

330000－1787－0000914　0914　史部/政書類/公牘檔冊之屬

黃巖縣教會調查表一卷　(清)張宗峰調查　清宣統元年(1909)抄本　一冊

330000－1787－0000919　0919　集部/別集類/清別集

忘憂草一卷　(清)李鶴生撰　清光緒八年(1882)月初書屋刻本　一冊

330000－1787－0000920　0920　集部/別集類/清別集

忘憂續草一卷　(清)李鶴生撰　**碧瑯玕館遺詩一卷**　(清)成玉撰　清光緒十年(1884)、十二年(1886)刻本　一冊

330000－1787－0000921　0921　集部/別集類/清別集

忘憂草一卷　(清)李鶴生撰　清光緒八年(1882)月初書屋刻本　一冊

330000－1787－0000922　0922　集部/別集類/清別集

忘憂草一卷　(清)李鶴生撰　清光緒八年(1882)月初書屋刻本　一冊

330000－1787－0000923　0923　集部/別集類/清別集

忘憂續草一卷　(清)李鶴生撰　**碧瑯玕館遺詩一卷**　(清)成玉撰　清光緒十年(1884)、十二年(1886)刻本　一冊　存一卷(忘憂續草)

330000－1787－0000924　0924　集部/別集類/清別集

壺舟文存二卷　(清)黃濬撰　陳樹鈞編　清宣統三年(1911)太平陳氏枕經閣木活字印本　一冊

110

330000－1787－0000925　0925　集部/別集類/清別集

壺舟文存二卷　(清)黃濬撰　清宣統太平林氏木活字印本　一冊　存一卷(上)

330000－1787－0000926　0926　集部/別集類/清別集

壺舟文存二卷　(清)黃濬撰　清宣統太平林氏木活字印本　二冊

330000－1787－0000927　0927　集部/別集類/清別集

壺舟文存二卷　(清)黃濬撰　清抄本　一冊

330000－1787－0000928　0928　類叢部/叢書類/彙編之屬

臨海葉氏蔭玉閣叢書　(清)葉書輯　清光緒臨海葉氏木活字印本　二冊　存二種

330000－1787－0000929　0929　類叢部/叢書類/彙編之屬

臨海葉氏蔭玉閣叢書　(清)葉書輯　清光緒臨海葉氏木活字印本　二冊　存二種

330000－1787－0000930　0930　集部/別集類/清別集

壺舟詩存十四卷　(清)黃濬撰　**不俗居詩遺鈔一卷**　(清)黃際明撰　清咸豐八年(1858)刻本　十四冊

330000－1787－0000931　0931　集部/別集類/清別集

壺舟詩存十四卷　(清)黃濬撰　**不俗居詩遺鈔一卷**　(清)黃際明撰　清咸豐八年(1858)刻本　十四冊

330000－1787－0000932　0932　集部/別集類/清別集

今樵詩存八卷　(清)黃治著　清光緒三十一年(1905)金韶刻本　四冊

330000－1787－0000933　0933　集部/別集類/清別集

今樵詩存八卷　(清)黃治著　清光緒三十一年(1905)金韶刻本　四冊

330000 – 1787 – 0000934　0934　集部/別集類/明別集

知我軒近說三卷　（明）林貴兆撰　清宣統二年(1910)太平陳氏木活字印本　二冊　缺一卷(上)

330000 – 1787 – 0000935　0935　類叢部/叢書類/自著之屬

戚鶴泉所著書十一種　（清）戚學標撰　清乾隆至嘉慶刻本　九冊　存三種

330000 – 1787 – 0000937　0937　集部/別集類/元別集

江檻集拾遺一卷附錄一卷　（元）潘伯修撰　（清）林丙恭編　**九老詩存一卷文存附錄一卷**　（清）林丙恭輯　清宣統二年(1910)太平陳氏木活字印本　一冊

330000 – 1787 – 0000938　0938　集部/別集類/清別集

集材詩草一卷　（清）林翹楚著　**江南草一卷**　**勘唫雜錄一卷**　（清）林莊著　清宣統三年(1911)太平可園林氏木活字印本　一冊

330000 – 1787 – 0000940　0940　集部/別集類/清別集

景文堂詩集十三卷　（清）戚學標著　（清）趙秦城　（清）王期煜　（清）李汝培注釋　清嘉慶至道光刻本　一冊　存八卷(一至八)

330000 – 1787 – 0000941　0941　集部/別集類/清別集

景文堂詩集十三卷　（清）戚學標著　（清）趙秦城　（清）王期煜　（清）李汝培注釋　清嘉慶至道光刻本　一冊　存三卷(七至九)

330000 – 1787 – 0000942　0942　史部/傳記類/總傳之屬/郡邑

尊鄉錄節要四卷　（明）王弼撰　清光緒十七年(1891)盧炯刻本　一冊

330000 – 1787 – 0000943　0943　集部/別集類/宋別集

東山詩選二卷　（宋）葛紹體撰　清抄本　一冊

330000 – 1787 – 0000944　0944　子部/雜著類/雜說之屬

溪山講授二卷　（清）戚學標撰　清道光二年(1822)刻本　一冊

330000 – 1787 – 0000946　0946　集部/別集類/清別集

壺舟文存二卷　（清）黃濬撰　清宣統太平林氏木活字印本　二冊

330000 – 1787 – 0000947　0947　子部/雜著類/雜說之屬

風雅遺聞四卷　（清）戚學標撰　清乾隆刻本　二冊

330000 – 1787 – 0000948　0948　子部/雜著類/雜說之屬

風雅遺聞四卷　（清）戚學標撰　清乾隆刻本　一冊　存二卷(一至二)

330000 – 1787 – 0000949　0949　集部/別集類/清別集

今樵詩存八卷　（清）黃治著　清光緒三十一年(1905)金韶刻本　四冊

330000 – 1787 – 0000950　0950　集部/別集類/明別集

知我軒近說三卷　（明）林貴兆撰　清宣統二年(1910)太平陳氏木活字印本　三冊

330000 – 1787 – 0000951　0951　集部/別集類/清別集

景文堂詩集十三卷　（清）戚學標著　（清）趙秦城　（清）王期煜　（清）李汝培注釋　清嘉慶至道光刻本　清黃瑞觀款　一冊

330000 – 1787 – 0000952　0952　集部/詩文評類/郡邑之屬

三台詩話二卷　（清）戚學標輯　清乾隆五十一年(1786)景文堂木活字印本　二冊

330000 – 1787 – 0000953　0953　類叢部/叢書類/自著之屬

戚鶴泉所著書十一種　（清）戚學標撰　清乾隆至嘉慶刻本　二十一冊　存八種

330000－1787－0000954　0954　類叢部/叢書類/自著之屬

戚鶴泉所著書十一種　（清）戚學標撰　清乾隆至嘉慶刻本　七冊　存一種

330000－1787－0000955　0955　類叢部/叢書類/自著之屬

戚鶴泉所著書十一種　（清）戚學標撰　清乾隆至嘉慶刻本　七冊　存二種

330000－1787－0000956　0956　類叢部/叢書類/自著之屬

戚鶴泉所著書十一種　（清）戚學標撰　清乾隆至嘉慶刻本　四冊　存一種

330000－1787－0000957　0957　集部/別集類/明別集

正志稿十卷　（明）林貴兆撰　清宣統二年（1910）太平陳氏木活字印本　二冊

330000－1787－0000958　0958　集部/別集類/清別集

忘憂續草一卷　（清）李鶴生撰　**碧瑯玕館遺詩一卷**　（清）成玉撰　清光緒十年（1884）、十二年（1886）刻本　一冊

330000－1787－0000959　0959　集部/別集類/清別集

忘憂草三刻一卷　（清）李鶴生撰　清光緒二十六年（1900）刻本　一冊

330000－1787－0000960　0960　集部/別集類/清別集

蒿菴詩鈔五卷　（清）馮甦著　（清）洪承澤編　清乾隆十五年（1750）洪氏刻本　二冊

330000－1787－0000961　0961　子部/農家農學類/園藝之屬

菌譜一卷　（宋）陳仁玉撰　**讀書錄存遺一卷**（宋）潘音撰　**田間書一卷**　（元）林昉撰　清宣統元年（1909）陳樹鈞刻本　一冊

330000－1787－0000962　0962　子部/農家農學類/園藝之屬

菌譜一卷　（宋）陳仁玉撰　**讀書錄存遺一卷**（宋）潘音撰　**田間書一卷**　（元）林昉撰

清宣統元年（1909）陳樹鈞刻本　一冊

330000－1787－0000964　0964　集部/別集類/清別集

集材詩草一卷　（清）林魁楚著　**江南草一卷**
勘唫雜錄一卷　（清）林莊著　清宣統三年（1911）太平可園林氏木活字印本　一冊

330000－1787－0000965　0965　類叢部/叢書類/彙編之屬

太平江氏培桂軒叢書　（清）江涵編訂　清宣統三年（1911）太平江氏培桂軒木活字印本　喻長霖題記　一冊　存一種

330000－1787－0000967　0967　經部/四書類/總義之屬/專著

留楳大學訂解一卷中庸訂解一卷　（清）周鑑輯　清刻本　一冊

330000－1787－0000968　0968　集部/總集類/酬唱之屬

思誠公六十壽言彙抄二卷　（清）管振聲（清）管頌聲輯　清道光二十年（1840）米船樓刻本　一冊

330000－1787－0000969　0969　集部/別集類/清別集

古香樓詩存五卷　（清）李成經著　清石印本　一冊

330000－1787－0000970　0970　集部/詞類/別集之屬

仙源詩餘一卷　（清）戚學標著　清刻本　一冊

330000－1787－0000971　0971　集部/別集類/清別集

景文堂詩集十三卷　（清）戚學標撰　（清）王期煟等注釋　**溪西集一卷**　（清）戚學標撰（清）林茂壁注　清嘉慶刻本　一冊　存一卷（溪西集）

330000－1787－0000972　0972　史部/傳記類/總傳之屬

先嚴先慈先伯先兄墓誌一卷　王舟瑤等撰　清石印本　一冊

330000 – 1787 – 0000973　0973　　經部/小學類/音韻之屬/古今韻說

漢學諧聲二十四卷說文補考一卷說文又考一卷　（清）戚學標撰　清嘉慶九年(1804)涉縣官署刻本　八冊

330000 – 1787 – 0000974　0974　　經部/小學類/音韻之屬/古今韻說

漢學諧聲二十四卷說文補考一卷說文又考一卷　（清）戚學標撰　清嘉慶九年(1804)涉縣官署刻本　一冊　缺二十二卷(一至二十二)

330000 – 1787 – 0000975　0975　　類叢部/叢書類/自著之屬

戚鶴泉所著書十一種　（清）戚學標撰　清乾隆至嘉慶刻本　四冊　存一種

330000 – 1787 – 0000977　0977　　子部/農家農學類/園藝之屬

菌譜一卷　（宋）陳仁玉撰　**讀書錄存遺一卷**　（宋）潘音撰　**田間書一卷**　（元）林昉撰　清宣統元年(1909)陳樹鈞刻本　一冊

330000 – 1787 – 0000978　0978　　集部/別集類/清別集

鈍齋雞肋二卷　（清）盧廷幹撰　清木活字印本　二冊

330000 – 1787 – 0000979　0979　　集部/別集類/清別集

景文堂詩集十三卷　（清）戚學標著　（清）趙秦城　（清）王期煜　（清）李汝培注釋　清嘉慶至道光刻本　二冊　存九卷(一至九)

330000 – 1787 – 0000980　0980　　集部/總集類/郡邑之屬

方城遺獻八卷續刻一卷　（清）李成經編　清乾隆五十二年(1787)德馨堂刻本　二冊　存六卷(一至六)

330000 – 1787 – 0000981　0981　　集部/別集類/宋別集

石屏詩鈔一卷　（宋）戴復古著　清刻本　一冊

330000 – 1787 – 0000982　0982　　集部/總集類/郡邑之屬

三節合編三卷　陳一星妻林氏編　清宣統二年至三年(1910－1911)太平陳氏志澄閣木活字印本　一冊

330000 – 1787 – 0000983　0983　　類叢部/叢書類/彙編之屬

肜匦雙璧二種　（清）王維翰輯　清同治八年(1869)黃巖王氏雙硯齋木活字印本　一冊

330000 – 1787 – 0000984　0984　　集部/別集類/清別集

百美集蘇騰稿一卷　（清）戚學標撰　清道光二年(1822)刻本　一冊

330000 – 1787 – 0000987　0987　　集部/別集類/明別集

萬和編□□卷　（明）林承妥著　明崇禎刻本　一冊　存六卷(七至十二)

330000 – 1787 – 0000988　0988　　子部/雜著類/雜說之屬

溪山講授二卷　（清）戚學標撰　清道光二年(1822)刻本　一冊

330000 – 1787 – 0000989　0989　　集部/別集類/清別集

百美集蘇騰稿一卷　（清）戚學標撰　清道光二年(1822)刻本　一冊

330000 – 1787 – 0000990　0990　　子部/術數類/占候之屬

儀二卷儀鼇說一卷　（清）黃濬撰　清道光七年(1827)刻本　一冊

330000 – 1787 – 0000991　0991　　子部/宗教類/道教之屬/雜著

青華秘書五卷　（清）傅鶴朧撰　清道光四年(1824)刻本　王舟瑤題記　一冊

330000 – 1787 – 0000992　0992　　子部/醫家類/兒科之屬/痘疹

沈氏麻科一卷　（清）趙開泰輯　清光緒二年(1876)刻本　一冊

330000 – 1787 – 0000993　0993　　史部/地理

類/山川之屬/水志

水道提綱二十八卷　（清）齊召南撰　清光緒
四年(1878)津門徐士鑾霞城精舍刻本　八冊

330000－1787－0000994　0994　史部/地理
類/山川之屬/水志

水道提綱二十八卷　（清）齊召南撰　清光緒
四年(1878)津門徐士鑾霞城精舍刻本　七冊

330000－1787－0000995　0995　史部/地理
類/山川之屬/水志

水道提綱二十八卷　（清）齊召南撰　清光緒
四年(1878)津門徐士鑾霞城精舍刻本　七冊
缺四卷(二十五至二十八)

330000－1787－0000998　0998　集部/別集
類/明別集

析醒草一卷　（明）王立程著　（明）釋受教評
明天啓二年(1622)刻本　一冊

330000－1787－0000999　0999　集部/別集
類/明別集

析醒草一卷　（明）王立程著　（明）釋受教評
明天啓二年(1622)刻本　一冊

330000－1787－0001000　1000　集部/總集
類/選集之屬/通代

回文類聚四卷首一卷　（宋）桑世昌輯　**織錦**
回文圖一卷回文類聚續編十卷首一卷　（清）
朱象賢輯並繪　清裕文堂刻本　四冊

330000－1787－0001001　1001　集部/別集
類/清別集

種香詩草六卷　（清）胡作肅撰　清嘉慶十二
年(1807)梯雲樓刻本　四冊

330000－1787－0001006　1006　集部/別集
類/清別集

感物吟五卷　（清）張亨梧撰　清嘉慶十七年
(1812)謹信堂刻本　一冊

330000－1787－0001007　1007　集部/別集
類/清別集

感物吟五卷　（清）張亨梧撰　清嘉慶十七年
(1812)謹信堂刻本　一冊

330000－1787－0001012　1012　集部/別集
類/清別集

燕游集一卷　（清）朱國華撰　清光緒二十八
年(1902)天台齊品亨堂木活字印本　一冊

330000－1787－0001013　1013　集部/別集
類/清別集

燕游集一卷　（清）朱國華撰　清光緒二十八
年(1902)天台齊品亨堂木活字印本　一冊

330000－1787－0001014　1014　集部/別集
類/清別集

燕游集一卷　（清）朱國華撰　清光緒二十八
年(1902)天台齊品亨堂木活字印本　一冊

330000－1787－0001015　1015　集部/別集
類/清別集

燕游集一卷　（清）朱國華撰　清光緒二十八
年(1902)天台齊品亨堂木活字印本　一冊

330000－1787－0001018　1018　集部/別集
類/清別集

睿諤堂詩稿一卷　（清）金文田撰　清光緒二
十五年(1899)木活字印本　一冊

330000－1787－0001019　1019　史部/傳記
類/總傳之屬/家乘

析居偶述一卷　（清）齊毓川撰　清光緒十五
年(1889)木活字印本　一冊

330000－1787－0001020　1020　集部/別集
類/清別集

睿諤堂詩稿一卷　（清）金文田撰　清光緒三
十四年(1908)木活字印本　一冊

330000－1787－0001021　1021　史部/傳記
類/科舉錄之屬/歷科登科錄

袁鵬圖會試硃卷(光緒庚辰科)一卷　（清）袁
鵬圖撰　清刻本　一冊

330000－1787－0001023　1023　集部/總集
類/郡邑之屬

天台三高士遺集五種五卷　（清）金文田輯
清宣統三年(1911)木活字印本　一冊

330000－1787－0001024　1024　集部/總集

類/郡邑之屬

天台三高士遺集五種五卷 （清）金文田輯
清宣統三年(1911)木活字印本　一冊

330000 – 1787 – 0001025　1025　集部/總集
類/郡邑之屬

天台三高士遺集五種五卷 （清）金文田輯
清宣統三年(1911)木活字印本　一冊

330000 – 1787 – 0001026　1026　集部/別集
類/清別集

泳川草堂詩鈔六卷 （清）陳溥撰　清嘉慶八
年(1803)興詩堂刻本　一冊　存三卷(一至
三)

330000 – 1787 – 0001027　1027　集部/別集
類/清別集

泳川草堂詩鈔六卷 （清）陳溥撰　清嘉慶八
年(1803)興詩堂刻本　一冊　存三卷(一至
三)

330000 – 1787 – 0001028　1028　集部/總集
類/氏族之屬

曹氏傳芳錄五種六卷 （清）曹希璨編　清宣
統元年(1909)木活字印本　二冊

330000 – 1787 – 0001029　1029　集部/總集
類/氏族之屬

曹氏傳芳錄五種六卷 （清）曹希璨編　清宣
統元年(1909)木活字印本　二冊

330000 – 1787 – 0001030　1030　集部/別集
類/明別集

析醒草一卷 （明）王立程著　（明）釋受教評
　明天啓二年(1622)刻本　一冊

330000 – 1787 – 0001032　1032　子部/宗教
類/道教之屬/雜著

太上感應篇堅忍錄一卷 （清）鄭國寶述　清
康熙五十五年(1716)刻本　一冊

330000 – 1787 – 0001035　1035　集部/總集
類/郡邑之屬

國朝天台詩存十四卷補遺一卷 （清）金文田
輯　清光緒三十四年(1908)木活字印本　一
冊　存三卷(一至三)

330000 – 1787 – 0001038　1038　子部/宗教
類/佛教之屬/諸宗

天台四教儀集註十卷 （元）釋蒙潤撰　清光
緒三十四年(1908)揚州藏經院刻本　一冊
存三卷(四至六)

330000 – 1787 – 0001039　1039　集部/別集
類/清別集

感物吟五卷 （清）張亨梧撰　清嘉慶十七年
(1812)謹信堂刻本　一冊

330000 – 1787 – 0001043　1043　子部/宗教
類/佛教之屬

和天台三聖詩一卷 （明）釋梵琦首和　（明）
釋石樹載和　清咸豐三年(1853)刻本　一冊

330000 – 1787 – 0001044　1044　集部/總集
類/氏族之屬

曹氏傳芳錄五種六卷 （清）曹希璨編　清宣
統元年(1909)木活字印本　二冊

330000 – 1787 – 0001046　1046　史部/地理
類/山川之屬/水志

水道提綱二十八卷 （清）齊召南撰　清光緒
四年(1878)津門徐士鑾霞城精舍刻本　五冊
　存十九卷(四至十八、二十五至二十八)

330000 – 1787 – 0001052　1052　集部/別集
類/清別集

泳川草堂詩鈔六卷 （清）陳溥撰　清嘉慶八
年(1803)興詩堂刻本　二冊

330000 – 1787 – 0001053　1053　集部/別集
類/清別集

泳川草堂詩鈔六卷 （清）陳溥撰　清嘉慶八
年(1803)興詩堂刻本　二冊

330000 – 1787 – 0001054　1054　集部/別集
類/清別集

泳川草堂詩鈔六卷 （清）陳溥撰　清嘉慶八
年(1803)興詩堂刻本　二冊

330000 – 1787 – 0001055　1055　集部/別集
類/清別集

泳川草堂詩鈔六卷 （清）陳溥撰　清嘉慶八
年(1803)興詩堂刻本　一冊

330000－1787－0001059　1059　集部/總集類/選集之屬/斷代

本朝館閣賦前集十二卷　（清）葉抱崧　（清）程洵等輯　**本朝館閣賦後集七卷後集補遺一卷附錄一卷**　（清）周日溈　（清）程琰等編錄　清乾隆二十九年(1764)、三十三年(1768)刻本　十冊

330000－1787－0001060　1060　集部/總集類/郡邑之屬

台山懷舊集十二卷　（清）張廷俊選　**同懷集附一卷**　（清）盧錫埰選　清嘉慶元年(1796)刻本　四冊

330000－1787－0001061　1061　史部/地理類/遊記之屬/紀行

湖上遊草一卷天台遊草一卷　（清）張廷俊著　清乾隆刻本　一冊

330000－1787－0001062　1062　集部/別集類/清別集

介庵詩鈔五卷附一卷　（清）金品三撰　清光緒十七年(1891)木活字印本　一冊

330000－1787－0001063　1063　史部/傳記類/總傳之屬/郡邑

國朝天台耆舊傳八卷　（清）金文田輯　清光緒二十八年(1902)木活字印本　二冊

330000－1787－0001067　1067　史部/政書類/公牘檔冊之屬

重印天台治略十卷　（清）戴兆佳撰　清光緒二十三年(1897)陳聚星木活字印本　四冊

330000－1787－0001068　1068　史部/政書類/公牘檔冊之屬

重印天台治略十卷　（清）戴兆佳撰　清光緒二十三年(1897)陳聚星木活字印本　二冊　存五卷(二至六)

330000－1787－0001069　1069　史部/政書類/公牘檔冊之屬

天台治略十卷　（清）戴兆佳撰　清道光二十六年(1846)迎瑞堂木活字印本　二冊　存五卷(一、四至七)

330000－1787－0001070　1070　史部/政書類/公牘檔冊之屬

天台治略十卷　（清）戴兆佳撰　清嘉慶九年(1804)陽羨潘春暉等木活字印本　三冊　缺一卷(一)

330000－1787－0001071　1071　集部/總集類/選集之屬/斷代

天音集二卷　（清）齊毓川錄　清光緒二十二年(1896)罕古齋木活字印本　一冊

330000－1787－0001072　1072　集部/總集類/選集之屬/斷代

天音集二卷　（清）齊毓川錄　清光緒二十二年(1896)罕古齋木活字印本　一冊

330000－1787－0001073　1073　類叢部/叢書類/彙編之屬

天台張氏兩銘樓叢書　（清）張廷琛編　清光緒至宣統木活字印本　一冊　存一種

330000－1787－0001074　1074　類叢部/叢書類/彙編之屬

天台張氏兩銘樓叢書　（清）張廷琛編　清光緒至宣統木活字印本　一冊　存一種

330000－1787－0001075　1075　類叢部/叢書類/彙編之屬

天台張氏兩銘樓叢書　（清）張廷琛編　清光緒至宣統木活字印本　一冊　存一種

330000－1787－0001076　1076　類叢部/叢書類/彙編之屬

天台張氏兩銘樓叢書　（清）張廷琛編　清光緒至宣統木活字印本　一冊　存一種

330000－1787－0001077　1077　類叢部/叢書類/彙編之屬

天台張氏兩銘樓叢書　（清）張廷琛編　清光緒至宣統木活字印本　一冊　存一種

330000－1787－0001078　1078　類叢部/叢書類/彙編之屬

天台張氏兩銘樓叢書　（清）張廷琛編　清光緒至宣統木活字印本　一冊　存一種

330000 - 1787 - 0001079　1079　類叢部/叢
書類/彙編之屬

天台張氏兩銘樓叢書　（清）張廷琛編　清光
緒至宣統木活字印本　一冊　存一種

330000 - 1787 - 0001081　1081　集部/別集
類/清別集

天台詩草一卷魏塘詩草一卷　（清）張如梧撰
　清道光十年(1830)刻本　一冊

330000 - 1787 - 0001083　1083　類叢部/叢
書類/彙編之屬

臨海葉氏蔭玉閣叢書　（清）葉書輯　清光緒
臨海葉氏木活字印本　一冊　存一種

330000 - 1787 - 0001085　1085　集部/總集
類/酬唱之屬

齊太史移居倡酬集三卷首一卷末一卷　（清）
齊毓川編輯　清光緒十二年(1886)肇古齋木
活字印本　一冊

330000 - 1787 - 0001086　1086　類叢部/叢
書類/郡邑之屬

續台州叢書　楊晨輯　清光緒二十四年
(1898)翁氏刻本　二冊　存一種

330000 - 1787 - 0001087　1087　集部/總集
類/選集之屬/通代

回文類聚四卷首一卷　（宋）桑世昌輯　**織錦
回文圖一卷回文類聚續編十卷首一卷**　（清）
朱象賢輯並繪　清洞庭楊氏刻本　一冊　存
一卷（一）

330000 - 1787 - 0001090　1090　史部/史表
類/通代之屬

歷代帝王年表十三卷　（清）齊召南編　**明年
表一卷**　（清）阮福續編　清道光四年(1824)
小琅環仙館刻本　二冊　存十三卷（歷代帝
王年表一至十三）

330000 - 1787 - 0001091　1091　子部/宗教
類/道教之屬/戒律

文帝蕉窗十則（文帝自註）一卷　清光緒四年
(1878)何陋居木活字印本　一冊

330000 - 1787 - 0001092　1092　集部/別集
類/清別集

類/清別集

謇諤堂詩稿一卷　（清）金文田撰　清光緒三
十四年(1908)木活字印本　一冊

330000 - 1787 - 0001095　1095　史部/傳記
類/總傳之屬/家乘

齊家壺範七卷　（清）齊毓川輯　清光緒二十
二年(1896)肇古齋木活字印本　一冊

330000 - 1787 - 0001098　1098　史部/詔令
奏議類/奏議之屬

龐石壁諫垣稿三卷首一卷　（明）龐泮撰
（清）齊召南編次　清宣統元年(1909)穀貽堂
刻本　一冊

330000 - 1787 - 0001099　1099　子部/雜著
類/雜纂之屬

地輿樓需郊錄不分卷　（清）齊周華著　清乾
隆二年(1737)地輿樓刻本　一冊

330000 - 1787 - 0001101　1101　史部/傳記
類/總傳之屬/郡邑

台賢要錄不分卷　（清）張廷琛撰　稿本
一冊

330000 - 1787 - 0001102　1102　史部/政書
類/公牘檔冊之屬

宣統貳年分津租流水不分卷　（清）台州府衙
編　清宣統二年(1910)台州府衙抄本　一冊

330000 - 1787 - 0001104　1104　集部/別集
類/清別集

留月軒文鈔一卷三冬消夜詩一卷　（清）朱國
華撰　清光緒二十八年(1902)天台齊品亨堂
木活字印本　一冊

330000 - 1787 - 0001105　1105　集部/總集
類/酬唱之屬

吳侯麟振錄一卷　（清）齊毓川輯　清光緒十
七年(1891)肇古齋木活字印本　一冊

330000 - 1787 - 0001106　1106　集部/總集
類/酬唱之屬

吳侯麟振錄一卷　（清）齊毓川輯　清光緒十
七年(1891)肇古齋木活字印本　一冊

330000－1787－0001107　1107　集部/總集類/郡邑之屬

台山懷舊集十二卷　（清）張廷俊選　**同懷集附一卷**　（清）盧錫琛選　清嘉慶元年（1796）刻本　三冊

330000－1787－0001108　1108　集部/總集類/郡邑之屬

台山懷舊集十二卷　（清）張廷俊選　**同懷集附一卷**　（清）盧錫琛選　清嘉慶元年（1796）刻本　二冊　缺七卷（四至十）

330000－1787－0001109　1109　集部/總集類/郡邑之屬

台山懷舊集十二卷　（清）張廷俊選　**同懷集附一卷**　（清）盧錫琛選　清嘉慶元年（1796）刻本　項士元題記　一冊　存二卷（十一至十二）

330000－1787－0001111　1111　集部/總集類/彙編之屬

六朝僧詩一卷北周詩附一卷　（明）釋受教編　清刻本　一冊

330000－1787－0001112　1112　史部/詔令奏議類/奏議之屬

龐石壁諫垣稿三卷首一卷　（明）龐泮撰（清）齊召南編次　清乾隆三十二年（1767）縠貽堂刻本　一冊

330000－1787－0001113　1113　類叢部/叢書類/彙編之屬

古逸叢書二十六種　（清）黎庶昌編　清光緒八年至十年（1882－1884）黎庶昌日本東京使署影刻本　一冊　存一種

330000－1787－0001114　1114　子部/雜著類/雜說之屬

風雅遺聞四卷　（清）戚學標撰　清乾隆刻本　清郭協寅批校　一冊

330000－1787－0001115　1115　類叢部/叢書類/自著之屬

戚鶴泉所著書十一種　（清）戚學標撰　清乾隆至嘉慶刻本　八冊　存一種

330000－1787－0001116　1116　史部/地理類/山川之屬/山志

天台山全志十八卷　（清）張聯元輯　清康熙五十六年（1717）刻本　八冊

330000－1787－0001118　1118　史部/地理類/山川之屬/山志

委羽山志六卷　（明）胡昌賢撰　**續志六卷首一卷**　（清）王維翰撰　清同治九年（1870）委羽石室刻本　三冊

330000－1787－0001119　1119　史部/地理類/雜志之屬

台州札記十二卷　（清）洪頤煊撰　清道光十四年（1834）小停雲山館刻本　二冊

330000－1787－0001120　1120　類叢部/叢書類/郡邑之屬

台州叢書（名山堂叢書）九種　（清）宋世犖編　清嘉慶至道光臨海宋氏刻本　六冊　存一種

330000－1787－0001121　1121　類叢部/叢書類/郡邑之屬

續台州叢書　楊晨輯　清光緒二十四年（1898）翁氏刻本　二冊　存一種

330000－1787－0001122　1122　史部/地理類/專志之屬/寺觀

湘山事狀全集十二卷　明正德十一年（1516）滕暉刻本　二冊　存三卷（七、十一至十二）

330000－1787－0001123　1123　類叢部/叢書類/彙編之屬

金峨山館叢書（望三益齋叢書）十一種　（清）郭傳璞編　清光緒八年至十六年（1882－1890）鄞郭氏刻二十年（1894）鎮海邵氏彙印本　四冊　存一種

330000－1787－0001124　1124　類叢部/叢書類/彙編之屬

金峨山館叢書（望三益齋叢書）十一種　（清）郭傳璞編　清光緒八年至十六年（1882－1890）鄞郭氏刻二十年（1894）鎮海邵氏彙印本　四冊　存一種

330000－1787－0001125　1125　類叢部/叢書類/彙編之屬

金峨山館叢書(望三益齋叢書)十一種　（清）郭傳璞編　清光緒八年至十六年(1882－1890)鄞郭氏刻二十年(1894)鎮海邵氏彙印本　五冊　存一種

330000－1787－0001126　1126　類叢部/叢書類/彙編之屬

金峨山館叢書(望三益齋叢書)十一種　（清）郭傳璞編　清光緒八年至十六年(1882－1890)鄞郭氏刻二十年(1894)鎮海邵氏彙印本　三冊　存一種

330000－1787－0001127　1127　類叢部/叢書類/彙編之屬

金峨山館叢書(望三益齋叢書)十一種　（清）郭傳璞編　清光緒八年至十六年(1882－1890)鄞郭氏刻二十年(1894)鎮海邵氏彙印本　二冊　存一種

330000－1787－0001128　1128　集部/別集類/清別集

寶綸堂詩鈔六卷文鈔八卷　（清）齊召南撰　清嘉慶刻本　三冊

330000－1787－0001129　1129　集部/別集類/清別集

寶綸堂詩鈔六卷文鈔八卷　（清）齊召南撰　清嘉慶刻本　三冊　存六卷(文鈔一至二、五至八)

330000－1787－0001130　1130　子部/雜著類/雜編之屬

寶綸堂集古錄十二卷　（清）齊召南撰　清光緒十四年(1888)天台齊毓川斈古齋木活字印本　二冊

330000－1787－0001131　1131　子部/雜著類/雜編之屬

寶綸堂集古錄十二卷　（清）齊召南撰　清光緒十四年(1888)天台齊毓川斈古齋木活字印本　一冊　存七卷(一至七)

330000－1787－0001132　1132　集部/別集類/清別集

寶綸堂續集十一卷　（清）齊召南撰　清光緒斈古齋木活字印本　四冊　存□□卷

330000－1787－0001133　1133　集部/別集類/清別集

寶綸堂外集十二卷　（清）齊召南撰　清宣統三年(1911)掃葉山房石印本　一冊　存六卷(七至十二)

330000－1787－0001134　1134　集部/別集類/清別集

寶綸堂詩鈔六卷文鈔八卷　（清）齊召南撰　清嘉慶刻本　四冊　存八卷(文鈔一至八)

330000－1787－0001135　1135　集部/總集類/郡邑之屬

三台文獻錄二十三卷　（明）李時漸輯　清抄本　八冊

330000－1787－0001142　1142　史部/史抄類

讀史備忘八卷　（明）范理編集　清雍正九年(1731)繼志堂刻本　一冊　存四卷(一至四)

330000－1787－0001143　1143　史部/史抄類

讀史備忘八卷　（明）范理編集　清雍正九年(1731)繼志堂刻本　二冊

330000－1787－0001144　1144　史部/史抄類

讀史備忘八卷　（明）范理編集　清雍正九年(1731)繼志堂刻本　三冊

330000－1787－0001184　1184　集部/別集類/清別集

萬八山房詩稿不分卷　（清）孫春澤撰　稿本　一冊

330000－1787－0001186　1186　史部/政書類/通制之屬

文獻通考三百四十八卷　（元）馬端臨撰　明正德十一年至十四年(1516－1519)劉洪慎獨齋刻十六年(1521)重修本　項士元題記　三冊　存十三卷(二百八十二至二百九十四)

330000 - 1787 - 0001187　1187　集部/總集類/酬唱之屬

齊太史移居倡酬集三卷首一卷末一卷　（清）齊毓川編輯　清光緒十二年(1886)肇古齋木活字印本　一冊

330000 - 1787 - 0001202　1202　子部/儒家類/儒家之屬

聖門弟子考釋六卷　（清）齊毓川述　清光緒十五年(1889)肇古齋木活字印本　二冊

330000 - 1787 - 0001203　1203　集部/別集類/清別集

有竹山房詩鈔一卷　（清）陳兆燾著　清嘉慶十二年(1807)刻本　一冊

330000 - 1787 - 0001204　1204　集部/別集類/清別集

有竹山房詩鈔一卷　（清）陳兆燾著　清嘉慶十二年(1807)刻本　一冊

330000 - 1787 - 0001205　1205　集部/別集類/清別集

有竹山房詩鈔一卷　（清）陳兆燾著　清嘉慶十二年(1807)刻本　一冊

330000 - 1787 - 0001206　1206　集部/別集類/清別集

有竹山房詩鈔一卷　（清）陳兆燾著　清嘉慶十二年(1807)刻本　一冊

330000 - 1787 - 0001207　1207　集部/別集類/清別集

有竹山房詩鈔一卷　（清）陳兆燾著　清嘉慶十二年(1807)刻本　一冊

330000 - 1787 - 0001208　1208　集部/別集類/清別集

介庵詩鈔五卷附一卷　（清）金品三撰　清光緒十七年(1891)木活字印本　一冊

330000 - 1787 - 0001209　1209　集部/總集類/郡邑之屬

赤城全集不分卷　（清）黃瑞輯　清黃氏秋籟閣抄本　二冊

330000 - 1787 - 0001210　1210　史部/傳記類/別傳之屬/事狀

隋天台智者大師[釋智顗]別傳一卷　（隋）釋灌頂撰　天台智者大師傳記一卷隋天台智者大禪師年譜一卷　（清）釋敏曦錄　清光緒五年(1879)刻本　一冊

330000 - 1787 - 0001212　1212　史部/地理類/遊記之屬/紀行

台宕紀游一卷　（清）齊周華著　清光緒二十六年(1900)木活字印本　一冊

330000 - 1787 - 0001213　1213　類叢部/叢書類/郡邑之屬

武林往哲遺箸五十二種後編十種　（清）丁丙編　清光緒二十年至二十六年(1894 - 1900)錢塘丁氏嘉惠堂刻本　四冊　存一種

330000 - 1787 - 0001214　1214　類叢部/叢書類/郡邑之屬

武林往哲遺箸五十二種後編十種　（清）丁丙編　清光緒二十年至二十六年(1894 - 1900)錢塘丁氏嘉惠堂刻本　四冊　存一種

330000 - 1787 - 0001215　1215　類叢部/叢書類/郡邑之屬

武林往哲遺箸五十二種後編十種　（清）丁丙編　清光緒二十年至二十六年(1894 - 1900)錢塘丁氏嘉惠堂刻本　四冊　存一種

330000 - 1787 - 0001216　1216　類叢部/叢書類/郡邑之屬

武林往哲遺箸五十二種後編十種　（清）丁丙編　清光緒二十年至二十六年(1894 - 1900)錢塘丁氏嘉惠堂刻本　二冊　存一種

330000 - 1787 - 0001217　1217　集部/別集類/明別集

始豐藁六卷　（明）徐一夔著　清光緒臨海葉氏蔭玉閣抄本　清葉書題記　二冊

330000 - 1787 - 0001224　1224　史部/詔令奏議類/奏議之屬

赤城論諫續錄八卷　陳樹鈞編　清末抄本　五冊

330000 – 1787 – 0001226　1226　集部/別集類/清別集

暢園遺稿十卷(大野草堂詩八卷白癡詞二卷)
　(清)張邁撰　清光緒三十年(1904)刻本
一冊

330000 – 1787 – 0001227　1227　集部/別集類/清別集

暢園遺稿十卷(大野草堂詩八卷白癡詞二卷)
　(清)張邁撰　清光緒三十年(1904)刻本
一冊

330000 – 1787 – 0001228　1228　集部/別集類/清別集

暢園遺稿十卷(大野草堂詩八卷白癡詞二卷)
　(清)張邁撰　清光緒三十年(1904)刻本
一冊

330000 – 1787 – 0001229　1229　集部/別集類/清別集

暢園遺稿十卷(大野草堂詩八卷白癡詞二卷)
　(清)張邁撰　清光緒三十年(1904)刻本
一冊

330000 – 1787 – 0001230　1230　史部/政書類/邦交之屬

[道光咸豐同治]中俄交涉史料不分卷　楊晨輯錄　清末黃巖楊晨稿本　項士元、昭易題記　一冊

330000 – 1787 – 0001231　1231　史部/史抄類

歐陽文忠公新唐書抄二卷五代史抄二十卷
(明)茅坤輯並評　明天啓刻本　二冊　存十一卷(新唐書抄一至二,五代史抄一至三、九至十四)

330000 – 1787 – 0001232　1232　經部/叢編

通志堂經解一百四十種　(清)納蘭成德輯
清康熙十九年(1680)納蘭成德刻本　三冊
存一種

330000 – 1787 – 0001234　1234　史部/傳記類/別傳之屬/事狀

天台齊氏殉難錄五卷　(清)齊毓川輯　清光

緒十九年(1893)鞏古齋木活字印本　一冊

330000 – 1787 – 0001236　1236　集部/總集類/尺牘之屬

瑤華集一卷　(清)張邁輯錄　清光緒二十八年(1902)傳是樓刻本　德蓀跋　一冊

330000 – 1787 – 0001237　1237　集部/別集類/清別集

遜庵詩稿一卷續一卷團綠山房詩餘一卷
(清)曹希璨撰　**雙桂園遺稿一卷**　(清)林一枝撰　清宣統三年(1911)木活字印本　一冊

330000 – 1787 – 0001238　1238　子部/儒家類/儒學之屬/禮教

治嘉格言一卷　(清)陸隴其撰　清光緒十六年(1890)天台縣廨刻本　一冊

330000 – 1787 – 0001239　1239　集部/別集類/清別集

嬉戲吟草四卷　(清)楊桂林撰　清嘉慶瑞碧樓木活字印本　一冊　存二卷(一至二)

330000 – 1787 – 0001240　1240　集部/總集類/郡邑之屬

里社贈言一卷續編一卷　(清)葉瑞熊等著
清道光二十八年(1848)木活字印本　一冊

330000 – 1787 – 0001241　1241　集部/別集類/清別集

天台山九明寺靜因禪師臥雲集四卷　清康熙二十一年(1682)刻本　一冊

330000 – 1787 – 0001243　1243　集部/別集類/清別集

敝帚錄四卷　(清)褚步蟾著　清刻本　二冊

330000 – 1787 – 0001244　1244　集部/別集類/清別集

紅巖山房詩稿十二卷　(清)徐鏞撰　(清)徐善員編　清光緒海寧徐亨記木活字印本
四冊

330000 – 1787 – 0001248　1248　子部/雜著類/雜說之屬

一山經說二卷雜文一卷　章梫撰　清宣統元

年（1909）京華印書局鉛印本　一冊

330000－1787－0001249　1249　集部/別集類

一山雜文一卷　章梫撰　清宣統元年（1909）京華印書局鉛印本　一冊

330000－1787－0001250　1250　集部/別集類

一山雜文一卷　章梫撰　清宣統元年（1909）京華印書局鉛印本　一冊

330000－1787－0001259　1259　子部/雜著類/雜考之屬

讀書雜志八十二卷餘編二卷　（清）王念孫撰　清同治九年（1870）金陵書局刻本　二冊　存三卷（漢書雜志十一至十三）

330000－1787－0001260　1260　集部/別集類/清別集

螺齋詩鈔十卷　（清）傅廷標撰　**澄香閣吟二卷**　（清）郭蕙撰　清道光十八年（1838）傅宗傑刻本　四冊

330000－1787－0001261　1261　史部/金石類/石之屬/目錄

寶刻叢編二十卷　（宋）陳思纂　清光緒十四年（1888）吳興陸氏十萬卷樓刻本　一冊　存五卷（十六至二十）

330000－1787－0001265　1265　集部/別集類/明別集

汲古堂集二十八卷　（明）何白撰　清道光十六年（1836）魯振彬刻本　九冊　缺二卷（二十四至二十五）

330000－1787－0001266　1266　集部/總集類/選集之屬/斷代

鐫國朝名公翰藻超奇十四卷　（明）徐宗夔批選　明萬曆唐廷仁、周日校刻本　二冊　存二卷（三至四）

330000－1787－0001267　1267　集部/小說類/短篇之屬

新刻京臺公餘勝覽國色天香十卷　（明）吳敬所輯　明刻本　一冊　存二卷（四至五）

330000－1787－0001268　1268　集部/別集類/清別集

白雲山人詩草二卷文草一卷　（清）陳桂撰　清光緒刻本　一冊

330000－1787－0001269　1269　集部/別集類/清別集

白雲山人詩草一卷　（清）陳桂撰　清光緒刻本　一冊

330000－1787－0001270　1270　集部/別集類/清別集

白雲山人詩草一卷　（清）陳桂撰　清光緒刻本　一冊

330000－1787－0001271　1271　史部/地理類/雜志之屬

永嘉郡記一卷　（南朝宋）鄭緝之撰　（清）孫詒讓輯　清光緒四年（1878）經微室刻本　一冊

330000－1787－0001272　1272　集部/別集類/清別集

萬壑松風樓詩十四卷　（清）王吉人撰　清同治九年（1870）寧海主一堂刻本　四冊

330000－1787－0001273　1273　集部/別集類/清別集

萬壑松風樓詩十四卷　（清）王吉人撰　清同治九年（1870）寧海主一堂刻本　三冊　缺三卷（一至三）

330000－1787－0001274　1274　集部/別集類/清別集

萬壑松風樓詩十四卷　（清）王吉人撰　清同治九年（1870）寧海主一堂刻本　一冊　存三卷（四至六）

330000－1787－0001275　1275　史部/地理類/專志之屬/祠墓

僊巖大忠祠錄六卷首一卷　（清）馮賡雪輯　清乾隆二十五年（1760）方一定刻本　一冊　存四卷（一至四）

330000－1787－0001276　1276　史部/地理類/專志之屬/祠墓

偃巖大忠祠錄六卷首一卷　（清）馮賡雪輯
清乾隆二十五年(1760)方一定刻本　一冊
存三卷(四至六)

330000－1787－0001277　1277　史部/地理
類/專志之屬/祠墓

偃巖大忠祠錄六卷首一卷　（清）馮賡雪輯
清乾隆二十五年(1760)方一定刻本　一冊
存二卷(三至四)

330000－1787－0001279　1279　史部/政書
類/軍政之屬

捫蝨餘譚一卷　（清）董毓琦著　清光緒二十
一年(1895)刻本　一冊

330000－1787－0001280　1280　集部/別集
類/清別集

一硯齋詩草五卷補遺一卷　（清）鮑謙著　清
道光九年(1829)刻本　一冊　缺三卷(一至
三)

330000－1787－0001282　1282　集部/總集
類/郡邑之屬

靈越賡春集一卷　（清）王棻等著　清光緒臨
海葉氏蔭玉閣木活字印本　一冊

330000－1787－0001284　1284　集部/別集
類/宋別集

湖山集八卷　（宋）吳芾撰　（清）王魏勝輯
清光緒七年(1881)仙居王氏木活字印本　二
冊　缺一卷(六)

330000－1787－0001285　1285　集部/別集
類/宋別集

湖山集八卷　（宋）吳芾撰　（清）王魏勝輯
清光緒七年(1881)仙居王氏木活字印本　二
冊　缺一卷(六)

330000－1787－0001286　1286　集部/別集
類/宋別集

湖山集八卷　（宋）吳芾撰　（清）王魏勝輯
清光緒七年(1881)仙居王氏木活字印本　二
冊　缺二卷(一、六)

330000－1787－0001289　1289　史部/地理
類/方志之屬/郡縣志

光緒僊居志二十四卷首一卷僊居集二十四卷
　（清）王壽頤　（清）潘紀恩修　（清）王棻
　（清）李仲昭纂　清光緒二十年(1894)木活
字印本　六冊　存十九卷(僊居集一至三、七
至二十二)

330000－1787－0001290　1290　史部/地理
類/方志之屬/郡縣志

光緒僊居志二十四卷首一卷僊居集二十四卷
　（清）王壽頤　（清）潘紀恩修　（清）王棻
　（清）李仲昭纂　清光緒二十年(1894)木活
字印本　一冊　存三卷(僊居集十四至十六)

330000－1787－0001291　1291　集部/總集
類/選集之屬/斷代

元詩選初集一百十四卷二集一百三卷三集一
百三卷首一卷　（清）顧嗣立輯　清康熙長洲
顧嗣立秀野草堂刻本　一冊　存一卷(三集
戊集一)

330000－1787－0001295　1295　史部/政書
類/律令之屬/判牘

安城聽斷錄一卷　（清）□□輯　清末抄本
一冊

330000－1787－0001297　1297　子部/醫家
類/溫病之屬/瘟疫

痲症集成四卷　（清）朱載揚輯著　（清）朱夢
裘校編　清光緒五年(1879)仙居留餘齋木活
字印本　一冊

330000－1787－0001300　1300　子部/宗教
類/佛教之屬/論疏

復菴和尚華嚴綸貫一卷　（宋）釋復菴撰　華
嚴普賢行願懺儀一卷　（晉）釋淨源編集　清
杭陳昭慶慧空經房刻本　一冊

330000－1787－0001301　1301　子部/宗教
類/佛教之屬/總錄

雲棲法彙二十九種　（明）釋袾宏撰　（明）王
宇春等輯　清光緒十八年至二十五年(1892－
1899)金陵刻經處刻本　一冊　存一種

330000－1787－0001302　1302　史部/地理
類/專志之屬/寺觀

玉皇山廟誌不分卷 （清）卓炳森輯 清光緒
七年（1881）刻本 一冊

330000－1787－0001303 1303 子部/宗教
類/佛教之屬/總錄
國清文定靜禪師語錄二卷 （清）釋昭鶴等輯
清刻本 一冊

330000－1787－0001304 1304 史部/地理
類/方志之屬/郡縣志
[光緒]臨海縣志不分卷 （清）□□輯 清光
緒稿本 十二冊

330000－1787－0001306 1306 集部/別集
類/清別集
一葉齋詩鈔不分卷 （清）張藻撰 清抄本
一冊

330000－1787－0001307 1307 集部/別集
類/清別集
韃線篇六卷 （清）章千巖著 清抄本 清黃
瑞批校 一冊 存四卷（三至六）

330000－1787－0001308 1308 集部/別集
類/清別集
師竹山房賦鈔不分卷 （清）馬亨森撰 稿本
一冊

330000－1787－0001309 1309 集部/別集
類/清別集
潘玉虎遺稿不分卷 （清）潘震雷著 稿本
黃體元題記 二冊

330000－1787－0001310 1310 集部/曲類/
曲選之屬
詞林摘艷十卷 （明）張祿輯 明嘉靖三十年
（1551）徽藩刻本 八冊 缺二卷（一、九）

330000－1787－0001311 1311 集部/詞類/
總集之屬
古香岑草堂詩餘四集十七卷 （明）沈際飛輯
明末刻吳門童湧泉印本 八冊 存八卷
（草堂詩餘正集一至三、國朝詩餘新集一至
五）

330000－1787－0001312 1312 類叢部/叢

書類/彙編之屬
津逮祕書十五集一百四十種 （明）毛晉編
明崇禎虞山毛氏汲古閣刻本 一冊 存一種

330000－1787－0001313 1313 集部/詩文
評類/詩評之屬
全唐詩話八卷 題（宋）尤袤撰 （清）孫濤續
輯 清乾隆三十九年（1774）清芬堂刻本 一
冊 存五卷（四至八）

330000－1787－0001314 1314 史部/傳記
類/別傳之屬/事狀
溫文簡公遺像題詞六卷 （清）王揆等撰 清
康熙五十六年（1717）刻本 二冊

330000－1787－0001315 1315 集部/別集
類/清別集
蘆碕草堂詩集八卷 （清）張廷謨著 清末抄
本 一冊 存二卷（七至八）

330000－1787－0001316 1316 子部/小說
家類/異聞之屬
拾遺記十卷 （晉）王嘉撰 （南朝梁）蕭綺錄
明刻本 一冊

330000－1787－0001317 1317 集部/別集
類/清別集
石厽文稿不分卷 （清）郭協寅撰 稿本
一冊

330000－1787－0001318 1318 集部/別集
類/清別集
綠天亭文集一卷詩集一卷 （清）林之松著
清末郭氏茹古閣抄本 一冊

330000－1787－0001319 1319 集部/別集
類/清別集
綠天亭詩集一卷文集一卷 （清）林之松著
清抄本 一冊

330000－1787－0001320 1320 集部/戲劇
類/傳奇之屬
玉茗堂四種傳奇八卷 （明）湯顯祖撰 明刻
本 三冊 存二種

330000－1787－0001321 1321 集部/別集

類/明別集

調象居士外集二卷 （明）沈獅撰 清康熙稿本 六冊

330000－1787－0001322 1322 集部/詩文評類/詩評之屬

冰川詩式十卷 （明）梁橋撰 明萬曆刻本 清黃瑞題記 五冊

330000－1787－0001323 1323 集部/別集類/清別集

南沙文集八卷附卷二卷 （清）洪若皋著 清康熙刻洪蒙煊補刻本(附卷二原缺) 七冊 缺二卷(二、附卷一)

330000－1787－0001324 1324 集部/詞類/別集之屬

復堂詩餘一卷 （清）譚仲修撰 稿本 項士元題簽 一冊

330000－1787－0001325 1325 集部/總集類/氏族之屬

黃氏五世吟橐十五卷 （清）黃瑞纂 清光緒十三年(1887)述思齋抄本 二冊

330000－1787－0001326 1326 史部/地理類/遊記之屬

天台遊草一卷 （清）張廷俊著 清乾隆刻本 一冊

330000－1787－0001327 1327 集部/別集類/清別集

半船集一卷 （清）侯嘉繙撰 清洪濟煊抄本 清黃瑞題記 一冊

330000－1787－0001328 1328 集部/別集類/清別集

松嶺偶集一卷瑞竹堂詞一卷 （清）齊召南撰 清乾隆稿本 一冊

330000－1787－0001329 1329 集部/別集類/清別集

德輝堂遺稿一卷 （清）吳之翰著 清乾隆刻本 一冊

330000－1787－0001330 1330 集部/別集類/清別集

賜硯堂遺墨(頌賦論詩)一卷 （清）齊召南撰 清乾隆稿本 一冊

330000－1787－0001331 1331 集部/別集類/清別集

賜硯堂詩稿(乾隆甲戌)一卷 （清）齊召南撰 清抄本 一冊

330000－1787－0001332 1332 集部/別集類/清別集

賜硯堂詩稿(乾隆丙寅)一卷 （清）齊召南撰 清抄本 一冊

330000－1787－0001333 1333 集部/別集類/清別集

汪友琴詩稿不分卷 （清）汪夢鶴著 （清）金門表評 清抄本 項士元題記 一冊

330000－1787－0001334 1334 集部/別集類/清別集

清憩軒詩存四卷 （清）黃瑞撰 清光緒十四年(1888)稿本 一冊

330000－1787－0001335 1335 集部/別集類/唐五代別集

李義山詩集三卷 （唐）李商隱撰 （清）朱鶴齡箋注 （清）沈厚堉輯評 **李義山詩譜一卷** 附錄諸家詩評一卷 清同治九年(1870)廣州倅署刻三色套印本 一冊 存一卷(一)

330000－1787－0001337 1337 集部/別集類/清別集

彝門詩存不分卷 （清）侯嘉繙撰 清乾隆稿本 一冊

330000－1787－0001338 1338 集部/別集類/清別集

侯夷門先生詩鈔不分卷 （清）侯嘉繙撰 稿本 清林槐生題簽 一冊

330000－1787－0001340 1340 集部/別集類/清別集

名山藏副本二集二卷 （清）齊周華著 （清）朱用常鈔輯 清臨海朱用常抄本 一冊 存一卷(上)

330000－1787－0001341　1341　集部/別集類/清別集
劉烈女遺詩一卷　(清)劉如珠著　(清)黄庭輯　清咸豐四年(1854)稿本　一冊

330000－1787－0001342　1342　集部/別集類/清別集
澤古軒留槀一卷　(清)陳賡甫撰　稿本　一冊

330000－1787－0001343　1343　集部/別集類/清別集
守墨齋詩稿不分卷　(清)齊懷德撰　清道光稿本　項士元題記　一冊

330000－1787－0001345　1345　集部/別集類/清別集
弗告山房詩稿一卷　(清)王懷保著　稿本　一冊

330000－1787－0001346　1346　集部/別集類/清別集
滇行遺草一卷　(清)何文鉽著　清光緒十七年(1891)刻本　一冊

330000－1787－0001347　1347　集部/別集類/清別集
存我堂詩録一卷　(清)洪瞻陛著　清抄本　一冊

330000－1787－0001348　1348　集部/總集類/氏族之屬
張氏三逸遺稿不分卷　(清)張文郁　(清)張元聲　(清)張亨梧著　稿本　一冊

330000－1787－0001349　1349　子部/雜著類/雜説之屬
贅言録一卷　(明)戴豪撰　清抄本　一冊

330000－1787－0001350　1350　集部/別集類/清別集
響泉詩鈔一卷　(清)楊奏瑟撰　清抄本　一冊

330000－1787－0001353　1353　集部/別集類/清別集
琴鶴草堂詩稿一卷　(清)趙嵩望撰　清抄本　一冊

330000－1787－0001354　1354　集部/別集類/唐五代別集
比紅兒詩一卷　(唐)羅虬著　清抄本　一冊

330000－1787－0001355　1355　子部/藝術類/音樂之屬/樂譜
五五絃樓樂譜一卷　(清)蔡燕綦著　清抄本　一冊

330000－1787－0001357　1357　史部/政書類/律令之屬/律例
大清律例合纂一卷　(清)□□輯　清抄本　一冊

330000－1787－0001358　1358　集部/別集類/清別集
晚香圃吟草一卷　(清)王濬喆著　清抄本　一冊

330000－1787－0001359　1359　經部/四書類/總義之屬
四書説貫一卷　(清)何石湖輯著　清抄本　一冊

330000－1787－0001361　1361　集部/別集類/清別集
有竹山房文鈔一卷　(清)陳兆燾著　(清)許兼善輯　清光緒十七年(1891)許氏溪西草堂抄本　一冊

330000－1787－0001362　1362　集部/別集類/清別集
天涯蘋梗集一卷　(清)胡子謨選録　稿本　一冊

330000－1787－0001363　1363　集部/別集類/清別集
求是齋詩草一卷　(清)邵啟棠著　清末抄本　一冊

330000－1787－0001364　1364　集部/別集類/清別集
西征詩草初集二卷　(清)鍾彤澐著　清光緒

三十四年(1908)抄本　一冊

330000－1787－0001367　1367　集部/別集類/清別集

鏡軒遺稿一卷　（清）張啟元著　**逍遙錄詩一卷**　（清）張夢禹著　**楓橋集一卷**　（清）張珂著　**東園吟草一卷**　（清）張高恩著　清抄本　一冊

330000－1787－0001369　1369　史部/地理類/遊記之屬/紀勝

阮溪遊草一卷　（清）葉豐著　清抄本　一冊

330000－1787－0001370　1370　集部/別集類/清別集

人倚樓詩鈔五卷首一卷　（清）侯嘉繙著　清陳梓手抄本　項士元題記　一冊

330000－1787－0001371　1371　集部/別集類/清別集

百千山房詩草四卷　（清）李汝皋著　清抄本　一冊　存二卷(一至二)

330000－1787－0001372　1372　集部/別集類/清別集

環碧樓詩集選鈔一卷　（清）林茂嶇著　清抄本　一冊

330000－1787－0001373　1373　子部/雜著類/雜纂之屬

金鰲退食筆記二卷　（清）高士奇撰　清抄本　一冊

330000－1787－0001374　1374　集部/別集類/清別集

非庵詩集一卷　（清）何文銓撰　清抄本　一冊

330000－1787－0001377　1377　集部/別集類/清別集

薛愚泉詩草一卷　（清）薛金輅著　清抄本　清華文彬題記　一冊

330000－1787－0001378　1378　集部/別集類/清別集

清坐齋詩鈔一卷　（清）鄭璜撰　清道光九年

(1829)抄本　一冊

330000－1787－0001380　1380　子部/雜著類/雜編之屬

鳴琴舉要一卷勸學條目一卷附岳忠武王傳論一卷　（清）汪度著　稿本　一冊

330000－1787－0001381　1381　集部/別集類/清別集

逸園詩草一卷　（清）林茂塈著　清抄本　一冊

330000－1787－0001382　1382　史部/史抄類

傅半邨讀史鈔一卷　（清）傅廷標輯　清抄本　一冊

330000－1787－0001383　1383　集部/總集類/尺牘之屬

留香吟室往還尺牘不分卷　（清）李夢康等著　稿本　一冊

330000－1787－0001384　1384　集部/別集類/清別集

陳芷仲遺詩一卷　（清）陳芷仲撰　清末王詠霓抄本　一冊

330000－1787－0001385　1385　集部/別集類/清別集

張曲江先生詩稿二卷　（清）張藻著　清抄本　一冊

330000－1787－0001387　1387　子部/雜著類/雜纂之屬

一得錄一卷　（清）金銘之撰　清抄本　項士元題記　一冊

330000－1787－0001388　1388　集部/別集類/清別集

求志居文集一卷詩存一卷　（清）朱景淳著　（清）葉書編　清抄本　一冊

330000－1787－0001389　1389　集部/別集類/清別集

習琴堂詩集二卷　（清）李旭陽著　（清）李鏐輯　稿本　一冊　存一卷(一)

330000 - 1787 - 0001390　1390　集部/別集類/清別集

平陵討春集一卷　（清）侯嘉繙著　清抄本　一冊

330000 - 1787 - 0001391　1391　集部/別集類/清別集

墨雲稿一卷　（清）陳友第著　稿本　一冊

330000 - 1787 - 0001392　1392　集部/別集類/明別集

史忠正公集三卷　（明）史可法著　（清）史山清輯　清抄本　一冊

330000 - 1787 - 0001393　1393　史部/政書類/公牘檔冊之屬

公牘錄存□□卷　（清）□□輯　清末抄本　一冊　存一卷（十二）

330000 - 1787 - 0001394　1394　經部/四書類/總義之屬

四書注求是錄一卷　（清）郭應奎注　清光緒二十七年（1901）抄本　一冊

330000 - 1787 - 0001395　1395　史部/地理類/輿圖之屬/坤輿

地學證原四卷　（清）邵啟棠著　清光緒三十年（1904）抄本　二冊

330000 - 1787 - 0001396　1396　子部/雜著類/雜編之屬

拾遺錄一卷　徐兆章輯　稿本　一冊

330000 - 1787 - 0001397　1397　子部/天文曆算類/算書之屬

算問一卷　（清）黃方慶著　稿本　一冊

330000 - 1787 - 0001399　1399　史部/政書類/考工之屬/營造

宮室攷一卷　（清）西溪堂著　清抄本　一冊

330000 - 1787 - 0001400　1400　集部/總集類/郡邑之屬

靈江竹枝詞一卷　（清）王鏡澄等著　清抄本　一冊

330000 - 1787 - 0001401　1401　子部/道家類

老子索微一卷　（清）林丙恭撰　清末抄本　一冊

330000 - 1787 - 0001403　1403　史部/傳記類/日記之屬

紅豆盦日記不分卷　（清）陳蔚青撰　清光緒稿本　二冊

330000 - 1787 - 0001404　1404　集部/別集類/清別集

返自然齋文鈔一卷　（清）管作霖著　清末抄本　一冊

330000 - 1787 - 0001406　1406　集部/別集類/明別集

金存庵文集十卷　（明）金立敬撰　清末抄本　清張廷琛題記　二冊

330000 - 1787 - 0001408　1408　史部/地理類/外紀之屬

吾妻鏡補二十八卷首一卷　（清）翁廣平纂　清抄本　一冊　存二卷（一至二）

330000 - 1787 - 0001411　1411　史部/地理類/雜志之屬

三台書畫志四卷　（清）郭協寅輯　**三台書畫志拾遺一卷**　（清）葉書輯　清末抄本　一冊

330000 - 1787 - 0001412　1412　集部/別集類/清別集

蒿庵詩鈔五卷　（清）馮甡著　（清）洪承澤編　清抄本　一冊

330000 - 1787 - 0001413　1413　集部/別集類/清別集

陳蔚青先生遺稿一卷　（清）陳蔚青撰　稿本　一冊

330000 - 1787 - 0001415　1415　子部/雜著類/雜編之屬

郭氏文獻錄一卷　（清）朱藹人編　清抄本　一冊

330000 - 1787 - 0001416　1416　集部/別集類/清別集

紅蘭館詩鈔一卷　（清）沈熙著　清抄本
一冊

330000－1787－0001417　1417　集部/總集
類/郡邑之屬

臨海詩錄九卷補遺一卷　（清）葉書輯　清光
緒臨海葉氏蔭玉閣稿本　二冊

330000－1787－0001419　1419　集部/總集
類/氏族之屬

同根艸一卷　（清）屈葮纕　屈蕙纕撰　清抄
本　一冊

330000－1787－0001420　1420　集部/別集
類/清別集

五石瓠齋文鈔一卷　（清）林孔哲著　清末抄
本　一冊

330000－1787－0001421　1421　集部/別集
類/清別集

五石瓠齋雜文一卷　（清）林孔哲著　稿本
一冊

330000－1787－0001422　1422　集部/別集
類/清別集

紅豆盦隨筆不分卷　（清）陳蔚青撰　稿本
二冊

330000－1787－0001423　1423　集部/別集
類/清別集

黃方慶遺文一卷　（清）黃方慶撰　稿本
一冊

330000－1787－0001425　1425　史部/政書
類/律令之屬/判牘

何氏族產訴訟彙存一卷　何奏壎等著　清光
緒抄本　一冊

330000－1787－0001426　1426　集部/別
集類

壬午文橐一卷　何奏簡著　稿本　一冊

330000－1787－0001427　1427　子部/雜著
類/雜編之屬

綠堂雜存一卷　何奏簴著　稿本　一冊

330000－1787－0001429　1429　史部/傳記

類/總傳之屬/家乘

何氏先德傳一卷　何奏簴撰　稿本　一冊

330000－1787－0001430　1430　史部/政書
類/公牘檔冊之屬

臨海試館徵信錄不分卷　（清）蔣運球等撰
清光緒三十年(1904)臨海試館刻本　何奏簴
題記　一冊

330000－1787－0001434　1434　史部/詔令
奏議類/詔令之屬

何氏誥命一卷　何奏簴輯　稿本　二冊

330000－1787－0001435　1435　集部/總集
類/尺牘之屬

四香老人往還尺牘一卷　（清）趙惟崳等著
稿本　一冊

330000－1787－0001437　1437　史部/政書
類/邦計之屬/賦稅

何氏柵浦埠完糧地租再捐賓興四成啟一卷
何奏簴著　清光緒二十八年(1902)刻本
一冊

330000－1787－0001438　1438　史部/政書
類/邦計之屬/賦稅

何氏柵浦埠完糧地租再捐賓興四成啟一卷
何奏簴著　清光緒二十八年(1902)刻本
一冊

330000－1787－0001439　1439　集部/別集
類/清別集

非庵詩鈔二卷　（清）何文銓撰　清雍正稿本
一冊

330000－1787－0001440　1440　史部/傳記
類/別傳之屬/年譜

何儌齋先生[楷章]年譜一卷　何奏簴著　稿
本　一冊

330000－1787－0001441　1441　子部/雜著
類/雜編之屬

為應纘夫師上陳六舟先生不分卷　（清）□□
著　稿本　一冊

330000－1787－0001442　1442　集部/總集

類/題詠之屬

雅俗詩彙存一卷 （清）何鍾麟等著　清光緒
二十九年(1903)稿本　一冊

330000－1787－0001443　1443　集部/總集
類/課藝之屬

傳經草舍制藝選鈔不分卷　何奏簋輯　清末
抄本　二冊

330000－1787－0001448　1448　史部/政書
類/公牘檔冊之屬

**台州府嵩批發何浦何埠中間完糧地內續捐賓
興四成撥還何氏補助祠塾案一卷**　何奏簋等
撰　清宣統三年(1911)石印本　一冊

330000－1787－0001450　1450　子部/雜著
類/雜編之屬

庚子居喪以後雜稿一卷　何奏簋著　清光緒
二十九年(1903)稿本　一冊

330000－1787－0001451　1451　子部/雜著
類/雜編之屬

白雲山園瑣誌一卷　何奏簋撰　稿本　一冊

330000－1787－0001452　1452　集部/總集
類/彙編之屬

白雲山園文鈔一卷　何奏簋輯　清末抄本
一冊

330000－1787－0001453　1453　集/別集類

綠堂遺稿不分卷　何奏簋著　稿本　五冊

330000－1787－0001454　1454　子部/雜著
類/雜編之屬

臨海何氏叢鈔不分卷　何奏簋著　稿本
四冊

330000－1787－0001455　1455　集部/別
集類

鸛橋何氏家書不分卷　何奏簋著　稿本　十
五冊

330000－1787－0001456　1456　集部/別集
類/清別集

寶綸堂詩文集句一卷　（清）齊召南撰　清抄
本　一冊

330000－1787－0001457　1457　集部/別集
類/清別集

叶壏吟草一卷　（清）管作霖撰　清抄本
一冊

330000－1787－0001462　1462　史部/史評
類/考訂之屬

諸史考異十八卷　（清）洪頤煊撰　清抄本
一冊　存二卷(十四至十五)

330000－1787－0001463　1463　集部/別集
類/清別集

百千山房詩草一卷　（清）李汝皋著　清末抄
本　一冊

330000－1787－0001465　1465　集部/詩文
評類/文評之屬

四六談麈一卷　（宋）謝伋著　清抄本　一冊

330000－1787－0001466　1466　集部/別集
類/宋別集

東山詩選一卷　（宋）葛紹體著　**陳剛中詩集
三卷附錄一卷**　（元）陳孚著　清抄本　一冊

330000－1787－0001467　1467　集部/別集
類/清別集

談劍吟草一卷　（清）□□著　清抄本　項士
元題記　一冊

330000－1787－0001468　1468　子部/宗教
類/道教之屬

坐忘論一卷上清侍帝宸桐柏真人真圖讚一卷
　（唐）司馬承禎撰　**歷代崇道記一卷青城山
記一卷**　（唐）杜光庭　**燕魏雜記一卷**
（宋）呂頤浩撰　清抄本　一冊

330000－1787－0001469　1469　集部/總集
類/選集之屬/斷代

兩宋綸音集一卷　（清）□□著　清抄本　項
士元題簽　一冊

330000－1787－0001470　1470　集部/別集
類/清別集

閒吟草一卷　（清）季我亭著　清抄本　一冊

330000－1787－0001471　1471　集部/別集

類/清別集

梅花書屋遺稿一卷 （清）吳應鼇著 （清）鄒兼善編 清抄本 一冊

330000－1787－0001472 1472 集部/別集類/清別集

雲溪詩稿一卷 （清）沈熙著 清抄本 一冊

330000－1787－0001473 1473 集部/別集類/清別集

台城彭穎少眉詩鈔一卷 （清）彭穎著 清抄本 一冊

330000－1787－0001474 1474 集部/別集類/清別集

草莽閒吟四卷 （清）林孔哲著 清抄本 一冊

330000－1787－0001475 1475 集部/別集類/清別集

讀月樓唫艸一卷 （清）江鎮東撰 清抄本 一冊

330000－1787－0001476 1476 集部/別集類/清別集

陳應底先生存逸錄十卷 （清）陳應底著 清抄本 一冊 存五卷(一至三、九至十)

330000－1787－0001477 1477 子部/雜著類/雜編之屬

定陽雜記一卷 （清）王夢齡著 清抄本 一冊

330000－1787－0001478 1478 集部/別集類/清別集

青箱閣詩存一卷 （清）王翰屏著 清抄本 一冊

330000－1787－0001479 1479 史部/傳記類/總傳之屬/儒林

清學統正編□□卷 （清）□□編 稿本 一冊 存一卷(七)

330000－1787－0001480 1480 集部/別集類/清別集

芙蓉傯館詩文鈔一卷 （清）丁虞撰 清抄本

項士元題記 一冊

330000－1787－0001482 1482 集部/詩文評類/詩評之屬

賜縑閣詩話一卷 （清）臥龍山樵輯 清抄本 一冊

330000－1787－0001483 1483 集部/詩文評類/詩評之屬

彥周詩話一卷 （清）許顗著 稿本 一冊

330000－1787－0001484 1484 子部/藝術類/遊藝之屬/聯語

湘綺樓聯語一卷聯語見聞錄一卷 徐兆章輯 清抄本 一冊

330000－1787－0001485 1485 集部/總集類/氏族之屬

王厥堂王禹生詩文騰稿一卷 （清）王厥堂 （清）王禹生著 清抄本 一冊

330000－1787－0001486 1486 集部/總集類/題詠之屬

瑞竹圖題詠冊一卷 （清）汪沅等著 稿本 一冊

330000－1787－0001487 1487 集部/別集類/清別集

螺齋詩鈔一卷 （清）傅廷標撰 清抄本 一冊

330000－1787－0001490 1490 子部/雜著類/雜纂之屬

静詫氏稿本一卷 （清）郭振武著 稿本 項士元題記 一冊

330000－1787－0001491 1491 史部/史抄類

春秋各國史鈔一卷 （清）□□輯 清抄本 一冊

330000－1787－0001492 1492 史部/政書類/公牘檔冊之屬

文牘拾存一卷 （清）□□輯 清抄本 一冊

330000－1787－0001493 1493 集部/別集類/清別集

栞池詩草一卷　（清）林藍撰　清抄本　一冊

330000－1787－0001494　1494　子部/雜著
類/雜纂之屬

伏櫪草一卷　（清）□□著　清抄本　項士元
題記　一冊

330000－1787－0001496　1496　集部/別集
類/清別集

授易草廬詩鈔一卷　（清）彭頊撰　清抄本
一冊

330000－1787－0001501　1501　集部/別集
類/清別集

焦尾閣遺稿一卷　（清）盧德儀著　清抄本
一冊

330000－1787－0001502　1502　集部/別集
類/清別集

張曲江題畫詩一卷　（清）張藻著　稿本　項
士元題記　一冊

330000－1787－0001503　1503　集部/別集
類/清別集

于役偶記三卷　（清）華藹撰　清抄本　一冊
缺一卷(二)

330000－1787－0001504　1504　集部/別集
類/清別集

綠天亭詩草一卷　（清）林之松撰　清抄本
一冊

330000－1787－0001506　1506　子部/儒家
類/儒家之屬

說禮□一卷　（清）許兆□著　清抄本　一冊

330000－1787－0001507　1507　子部/雜著
類/雜編之屬

玩索有得一卷　清湘南泉抄本　一冊

330000－1787－0001508　1508　集部/別集
類/清別集

四泉窗稿一卷　（清）陳奏章撰　清抄本
一冊

330000－1787－0001509　1509　子部/藝術
類/書畫之屬/書法書品

金石文摹本一卷　（清）李祥暄著　稿本
一冊

330000－1787－0001510　1510　經部/易類/
傳說之屬

學易記五卷　（明）金賁亨著　清抄本　一冊

330000－1787－0001511　1511　集部/別集
類/清別集

張默耷詩存一卷　（清）張默耷著　稿本
一冊

330000－1787－0001515　1515　經部/小學
類/音韻之屬/韻書

韻語類編□□卷　（明）葉良佩著　清抄本
二冊　存三卷(九至十、十七)

330000－1787－0001518　1518　集部/總集
類/選集之屬

倚松吟館詩草十卷　（清）洪維鈺等撰　清抄
本　一冊

330000－1787－0001520　1520　集部/總集
類/氏族之屬

賀氏藝文外編一卷　（清）鄭元鳳等著　清抄
本　一冊

330000－1787－0001521　1521　集部/別集
類/清別集

竊吹草堂詩存一卷　（清）應昌祚著　清抄本
一冊

330000－1787－0001522　1522　集部/總
集類

天際烏雲帖一卷　（元）柯九思等著　清抄本
一冊

330000－1787－0001523　1523　經部/四書
類/總義之屬

四書求是四卷　（清）汪度著　清抄本　一冊

330000－1787－0001524　1524　子部/雜著
類/雜纂之屬

六言雜詠一卷　（清）江昫林著　清抄本
一冊

330000－1787－0001525　1525　子部/雜著

類/雜纂之屬

舊學齋隨筆一卷 （清）黃育著　稿本　一冊

330000－1787－0001527　1527　經部/小學
類/文字之屬/說文/專著

說文所引經傳文字錄四卷 （清）汪度著　清
抄本　一冊

330000－1787－0001528　1528　集部/總集
類/酬唱之屬

同慶期頤一卷 （清）張乃修等撰　稿本
一冊

330000－1787－0001529　1529　集部/別集
類/清別集

苣亭詩存(苣庭殘稿)一卷 （清）汪衢撰　清
抄本　一冊

330000－1787－0001530　1530　史部/傳記
類/總傳之屬/儒林

聖廟祀典圖一卷 （清）□□著　清抄本
一冊

330000－1787－0001531　1531　集部/別集
類/清別集

竊吹草堂稿一卷 （清）應昌祚著　清抄本
一冊

330000－1787－0001532　1532　集部/別集
類/清別集

愔愔琴德居詩草一卷 （清）江培撰　（清）黃
瑞選　清抄本　一冊

330000－1787－0001533　1533　集部/別集
類/清別集

宋雲伯詩草一卷 （清）宋龍德著　清抄本
一冊

330000－1787－0001534　1534　集部/別集
類/清別集

鹿鳴屋時藝一卷 （清）畢芮撰　清抄本
一冊

330000－1787－0001535　1535　集部/別集
類/清別集

感舊絕句百首一卷 （清）邵燧撰　稿本

一冊

330000－1787－0001537　1537　史部/史
抄類

左傳分國紀要一卷 清抄本　一冊

330000－1787－0001538　1538　子部/宗教
類/佛教之屬/論

折疑論五卷 （元）釋子成撰　清抄本　一冊

330000－1787－0001539　1539　集部/別集
類/清別集

皆山堂詩槀一卷 （清）沈光邦著　（清）黃瑞
輯　清抄本　一冊

330000－1787－0001540　1540　集部/別集
類/清別集

沈皆山詩稿一卷 （清）沈光邦著　清抄本
一冊

330000－1787－0001542　1542　經部/四書
類/大學之屬/傳說

大學質疑三卷 （清）張廷琛著　清抄本
一冊

330000－1787－0001544　1544　集部/別集
類/清別集

南沙文集八卷附卷二卷首一卷 （清）洪若皋
著　清抄本　一冊　存一卷(首)

330000－1787－0001545　1545　史部/傳記
類/總傳之屬/儒林

國朝學統正編不分卷 （清）張廷琛著　稿本
三冊

330000－1787－0001547　1547　集部/別集
類/清別集

瓵蓋集一卷 （清）陳鈞著　清抄本　一冊

330000－1787－0001548　1548　集部/總集
類/選集之屬

思古幽情集一卷 （清）於昕輯　稿本　一冊

330000－1787－0001549　1549　子部/雜著
類/雜編之屬

留茆盦尺牘一卷 清抄本　一冊

330000－1787－0001550　1550　集部/別集

類/清別集

丹霞逸艸一卷　（清）李載漣著　清抄本
一冊

330000－1787－0001552　1552　集部/別集
類/清別集

鍾水堂詩集一卷　（清）顏肇維著　清抄本
一冊

330000－1787－0001553　1553　集部/別
集類

周載熙文稿一卷　周載熙著　稿本　一冊

330000－1787－0001554　1554　子部/儒家
類/儒學之屬/俗訓

聯珠集一卷　（清）張天祈著　清抄本　一冊

330000－1787－0001555　1555　集部/總集
類/題詠之屬

焚香告天圖徵詩冊一卷　（清）朱炤輯　清抄
本　一冊

330000－1787－0001558　1558　史部/政書
類/公牘檔冊之屬

清季公文雜鈔不分卷　（清）□□輯　清抄本
二冊

330000－1787－0001560　1560　史部/傳記
類/總傳之屬/儒林

河南二程子事狀一卷　（清）孫雲軒錄　清抄
本　一冊

330000－1787－0001561　1561　集部/別集
類/清別集

傅湘霆詩稿一卷　（清）傅湘霆著　清抄本
一冊

330000－1787－0001562　1562　集部/別集
類/清別集

言志堂詩鈔六卷　（清）沈元朗著　（清）朱用
常輯　清抄本　一冊

330000－1787－0001563　1563　集部/別集
類/清別集

汪蓉塘先生遺墨課徒草一卷　（清）汪度撰
清抄本　一冊

330000－1787－0001564　1564　集部/別集
類/清別集

知止書巢文稿一卷　（清）許兼善撰　稿本
一冊

330000－1787－0001565　1565　集部/別集
類/清別集

巾子山館詩鈔□□卷　（清）邵燨撰　稿本
一冊　存一卷（九）

330000－1787－0001566　1566　集部/別集
類/清別集

水壺山人詩鈔一卷　（清）侯嘉繙著　清抄本
一冊

330000－1787－0001567　1567　集部/別集
類/清別集

雪心樓詩草一卷　（清）韓士良著　清抄本
一冊

330000－1787－0001568　1568　集部/總集
類/選集之屬

方巖言志集一卷　（清）忙隱編　清抄本
一冊

330000－1787－0001569　1569　集部/別集
類/清別集

青筠軒初稿六卷　（清）芮炳南著　清抄本
一冊

330000－1787－0001570　1570　集部/別集
類/清別集

馮瑤田先生詩稿一卷　（清）馮廣雪著　清抄
本　項士元題記　一冊

330000－1787－0001571　1571　經部/讖緯
類/春秋緯之屬

春秋緯史集傳彙□□卷　（清）陳省欽撰　稿
本　一冊　存一卷（十八）

330000－1787－0001573　1573　集部/別集
類/清別集

潛研堂文集五十卷　（清）錢大昕撰　清抄本
一冊　存四卷（問答七至十）

330000－1787－0001575　1575　集部/別集

類/清別集

鑷頭吟一卷 （清）香海上人稿　清抄本　項
士元題記　一冊

330000－1787－0001580　1580　史部/雜
史類

辛壬寇略二卷 （清）葉蒸雲記　稿本　一冊

330000－1787－0001581　1581　子部/藝術
類/書畫之屬/畫譜

雲根石天然圖書譜一卷 （清）齊召南著　清
乾隆台山書屋刻本　一冊

330000－1787－0001582　1582　集部/別集
類/清別集

名山藏副本初集二卷首一卷 （清）齊周華著
　清乾隆二十六年（1761）寄生艸堂刻本
八冊

330000－1787－0001584　1584　史部/傳記
類/總傳之屬/家乘

天台齊氏族譜輯畧□□卷 （清）□□輯　清
抄本　二冊　存八卷（四至七、九至十二）

330000－1787－0001585　1585　史部/傳記
類/總傳之屬/家乘

天台齊氏文獻志七卷首一卷 （清）齊毓川輯
稿本　八冊

330000－1787－0001586　1586　子部/雜著
類/雜編之屬

雙幀屏軒雜鈔不分卷 （清）汪度著　稿本
三冊

330000－1787－0001587　1587　集部/別集
類/清別集

汪蓉塘先生文稿不分卷 （清）汪度撰　稿本
　二冊

330000－1787－0001588　1588　經部/四書
類/總義之屬/傳說

齊侍郎注疏考證十二卷 （清）齊毓川輯　清
抄本　三冊

330000－1787－0001589　1589　史部/金石
類/陶之屬/文字

瓴甓續考一卷 （清）汪度撰　稿本　一冊

330000－1787－0001590　1590　集部/別集
類/清別集

雙幀屏軒詩文一卷 （清）汪度著　清抄本
一冊

330000－1787－0001591　1591　集部/別集
類/清別集

雙幀屏軒詩草一卷 （清）汪度著　清抄本
一冊

330000－1787－0001592　1592　集部/別集
類/清別集

鳴鶴堂集杜詩鈔二卷 （清）齊圖南著　清抄
本　一冊

330000－1787－0001593　1593　經部/易類/
易占之屬

周易觀象五卷 （清）汪度輯　清抄本　一冊

330000－1787－0001594　1594　史部/紀傳
類/正史之屬

宋史道學傳一卷 （清）汪度輯　稿本　一冊

330000－1787－0001595　1595　子部/天文
曆算類/算書之屬

數雅集二卷 （清）汪度輯　稿本　一冊

330000－1787－0001596　1596　集部/別集
類/清別集

汪度詩稿一卷 （清）汪度撰　清抄本　一冊

330000－1787－0001597　1597　史部/傳記
類/總傳之屬/姓名

古今姓氏考略十四卷 （清）汪度輯　稿本
二冊

330000－1787－0001599　1599　集部/別集
類/清別集

和陶百詠一卷木屑編一卷 （清）齊召南著
清抄本　一冊

330000－1787－0001600　1600　集部/別集
類/清別集

瓊臺拙文稿一卷 （清）齊召南撰　清抄本
一冊

330000－1787－0001601　1601　史部/傳記類/科舉錄之屬/總錄

國朝天台通獻錄一卷　（清）章全著　清道光二十四年(1844)抄本　一冊

330000－1787－0001603　1603　集部/別集類/清別集

玉芝堂文集一卷　（清）齊世南著　清抄本　一冊

330000－1787－0001604　1604　集部/總集類/郡邑之屬

三台採秀集一卷　（清）王文苑等著　稿本　一冊

330000－1787－0001605　1605　集部/別集類/清別集

輏囊叢槀不分卷　（清）葛詠裳著　稿本　五十一冊

330000－1787－0001607　1607　集部/總集類/郡邑之屬

甲戌宣南銷夏集一卷　（清）葛詠裳等輯　稿本　一冊

330000－1787－0001609　1609　集部/別集類/清別集

輏囊詩詞選鈔一卷　（清）葛詠裳著　稿本　一冊

330000－1787－0001610　1610　集部/別集類/清別集

葛逸仙先生文稿一卷　（清）葛詠裳撰　清末抄本　一冊

330000－1787－0001611　1611　史部/地理類/方志之屬/通志

[雍正]勅修浙江通志二百八十卷首三卷　（清）李衛　（清）嵇曾筠等修　（清）沈翼機　（清）傅王露等纂　清光緒二十五年(1899)浙江書局刻本　四十四冊　存一百二十一卷（二至五十、五十五至六十一、七十四至一百三十八）

330000－1787－0001613　1613　史部/傳記類/總傳之屬/郡邑

台攷(人物)六卷　（清）何柏章續輯　清抄本　二冊

330000－1787－0001614　1614　史部/地理類/山川之屬/山志

萬山綱目二十一卷　（清）李誠纂　清光緒二十六年(1900)長沙刻本　八冊

330000－1787－0001615　1615　集部/總集類/選集之屬/斷代

國朝詩砭鼓吹集不分卷　（清）戴皆屏輯　清抄本　十二冊

330000－1787－0001616　1616　集部/總集類/郡邑之屬

藝稼軒叢鈔十二卷　（清）戴皆屏輯　清抄本　項士元題記　二冊

330000－1787－0001617　1617　子部/雜著類/雜纂之屬

回頭再想四卷　（清）戚學標撰　清抄本　三冊　存三卷（二至四）

330000－1787－0001618　1618　子部/藝術類/音樂之屬/雜樂舞

劇曲雜鈔一卷　（清）□□輯　稿本　一冊

330000－1787－0001619　1619　子部/雜著類/雜編之屬

鐙虎集一卷　（清）戴皆屏撰　稿本　一冊

330000－1787－0001620　1620　集部/曲類/曲選之屬

綴白裘十二集四十八卷　（清）玩花主人輯　（清）錢德蒼增輯　清刻本　一冊　存二卷（三至四）

330000－1787－0001621　1621　集部/戲劇類/雜劇之屬

綉像神夢錄十二集五十回　（清）凝碧軒主人草　清抄本　十二冊

330000－1787－0001622　1622　子部/藝術類/遊藝之屬/謎語

藝稼軒燈謎集成一卷　（清）戴皆屏編　稿本　一冊

330000－1787－0001623　1623　子部/藝術類/遊藝之屬/聯語

藝稼軒俗語集對一卷　（清）戴昺屏編　稿本　一冊

330000－1787－0001624　1624　集部/別集類/清別集

補田山房遺稿一卷　（清）萬鋐著　**越州觀音寺伴霞漢兆禪師竹窗剩稿一卷游台雜詠一卷**　（清）釋漢兆著　**米船樓題詞一卷**　（清）管頌聲輯　清藝稼軒老人抄本　一冊

330000－1787－0001625　1625　子部/藝術類/篆刻之屬/印譜

藝稼軒印譜一卷　（清）戴昺屏輯　稿本　一冊

330000－1787－0001626　1626　子部/雜著類/雜編之屬

汲古廬雜鈔一卷　（清）戴昺屏輯　清抄本　一冊

330000－1787－0001627　1627　集部/曲類/彈詞之屬

綉像倭袍傳十二卷一百回　（清）海蘭濤撰　清抄本　三冊　存二十三回（一至十、五十二至五十九、八十一至八十五）

330000－1787－0001628　1628　集部/曲類/彈詞之屬

倭袍傳十二卷一百回　（清）海蘭濤撰　清抄本　一冊　存四回（別母、勸瞀、作吊、拷打紅娘）

330000－1787－0001629　1629　經部/小學類/音韻之屬/等韻

同音通借一卷　（清）戚學標著　稿本　一冊

330000－1787－0001630　1630　集部/別集類/清別集

戚鶴泉先生原稿一卷　（清）戚學標撰　稿本　一冊

330000－1787－0001631　1631　集部/別集類/清別集

戚鶴泉先生詩稿一卷　（清）戚學標撰　稿本

一冊

330000－1787－0001632　1632　集部/總集類/選集之屬/斷代

時流名選一卷　（清）戚學標輯　清抄本　一冊

330000－1787－0001633　1633　子部/雜著類/雜編之屬

藝稼軒雜鈔一卷　（清）戴昺屏輯　清抄本　一冊

330000－1787－0001634　1634　子部/藝術類/篆刻之屬/印譜

聽雨庵印譜一卷　（清）戴昺屏輯　稿本　一冊

330000－1787－0001635　1635　子部/雜著類/雜編之屬

藝稼軒偶錄一卷　（清）戴昺屏輯　清抄本　一冊

330000－1787－0001636　1636　子部/雜著類/雜纂之屬

鶴泉筆記鈔本一卷　（清）戚學標著　清許元穎抄本　清許元穎題簽　一冊

330000－1787－0001637　1637　集部/別集類/清別集

戚鶴泉先生遺筆一卷　（清）戚學標撰　稿本　一冊

330000－1787－0001638　1638　集部/詩文評類/詩評之屬

林下偶談四卷　（宋）吳子良著　**四六談麈一卷**　（宋）謝伋著　**深學偶談一卷**　（宋）方嶽著　**丹邱生遺藁一卷**　（元）柯九思撰　清戴昺屏抄本　項士元題記　一冊　缺一卷（一）

330000－1787－0001640　1640　類叢部/叢書類/郡邑之屬

台州叢書(名山堂叢書)九種　（清）宋世犖編　清嘉慶至道光臨海宋氏刻本　二冊　存一種

330000－1787－0001641　1641　類叢部/叢

書類/郡邑之屬

台州叢書(名山堂叢書)九種 （清）宋世犖編
清嘉慶至道光臨海宋氏刻本　一冊　存
一種

330000－1787－0001642　1642　子部/雜著
類/雜考之屬

讀書叢錄二十四卷 （清）洪頤煊撰　清光緒
十三年(1887)吳氏醉六堂刻本　六冊

330000－1787－0001643　1643　史部/政書
類/公牘檔冊之屬

公牘錄存□□卷 （清）□□輯　清末抄本
十一冊　存十一卷(一至十一)

330000－1787－0001644　1644　史部/地理
類/雜志之屬

台州札記十二卷 （清）洪頤煊撰　清光緒抄
本　四冊

330000－1787－0001645　1645　史部/地理
類/輿圖之屬/道里

府疆域陸路道里表一卷 （清）□□編　清抄
本　一冊

330000－1787－0001646　1646　史部/雜
史類

辛壬寇紀一卷附無名氏方城被寇論一卷
(清)葉蒸雲記　清鴻遠書屋抄本　一冊

330000－1787－0001647　1647　史部/地理
類/雜志之屬

西陲要畧一卷 （清）祁韻士輯　稿本　一冊

330000－1787－0001648　1648　史部/地理
類/雜志之屬

台州掌故一卷 （清）□□輯　清末抄本
一冊

330000－1787－0001651　1651　史部/地理
類/雜志之屬

台考□□卷 （清）馮甦輯　清抄本　一冊
存四卷(藝文十八至二十一)

330000－1787－0001652　1652　史部/地理
類/雜志之屬

地理真傳二卷 （清）楊美堂注　清抄本　一
冊　存一卷(上)

330000－1787－0001656　1656　集部/總集
類/尺牘之屬

止軒往還書札一卷 （清）趙恩燕等撰　稿本
一冊

330000－1787－0001658　1658　史部/政書
類/公牘檔冊之屬

海門天主教教案一卷 （清）趙亮熙等撰　清
抄本　一冊

330000－1787－0001662　1662　史部/地理
類/遊記之屬/紀勝

天台山記一卷 （唐）徐徵君纂　**天台遊記一
卷** （明）顧鶴慶著　清抄本　一冊

330000－1787－0001663　1663　集部/總集
類/尺牘之屬

張子厚司馬往還尺牘一卷 （清）李瑞年等著
稿本　一冊

330000－1787－0001667　1667　史部/政書
類/軍政之屬/兵制

台守營務條陳一卷 （清）□□輯　清同治抄
本　一冊

330000－1787－0001670　1670　史部/地理
類/水利之屬

台州水利(閘)一卷 （清）□□編　稿本
一冊

330000－1787－0001671　1671　史部/地理
類/方志之屬/郡縣志

黃巖縣志稿貞烈一卷 稿本　一冊

330000－1787－0001677　1677　史部/政書
類/邦計之屬/荒政

光緒七年台州災歉全案一卷 （清）陳雲俶等
著　清抄本　一冊

330000－1787－0001678　1678　史部/政書
類/公牘檔冊之屬

**台州府嵩批發何浦何埠中間完糧地內續捐賓
興四成撥還何氏補助祠塾案一卷** 何奏簧等

撰　清宣統三年(1911)石印本　一冊

330000－1787－0001681　1681　史部/史評
類/考訂之屬

台獻疑年錄一卷　（清）王棻輯　稿本　一冊

330000－1787－0001683　1683　史部/政書
類/邦計之屬/漕運

**台州建置疆域山水道圖說一卷台州各縣水路
道日程表一卷**　（清）李鏐撰　清抄本　一冊

330000－1787－0001684　1684　史部/傳記
類/別傳之屬

劉蘭洲挽詞一卷　（清）葛詠裳等撰　稿本
一冊

330000－1787－0001685　1685　史部/政書
類/公牘檔冊之屬

臨海勸學所公牘一卷　（清）嚴秉鍼著　清抄
本　一冊

330000－1787－0001686　1686　史部/金石
類/石之屬/題跋

創建郡南正業書院碑記一卷　（清）陳璚撰
清光緒石印本　一冊

330000－1787－0001688　1688　史部/政書
類/律令之屬/判牘

台州要案彙鈔一卷　（清）□□輯　清光緒十
五年(1889)抄本　一冊

330000－1787－0001693　1693　史部/地理
類/專志之屬/古跡

三台勝蹟錄四十卷　（清）王維翰輯　稿本
三冊

330000－1787－0001694　1694　史部/地理
類/專志之屬/古跡

三台勝蹟錄四十卷　（清）王維翰輯　清光緒
十二年(1886)稿本　六冊　存十六卷(一至
三、五至九、十三至十七、十九至二十一)

330000－1787－0001697　1697　史部/編年
類/斷代之屬

清光緒七年起居注一卷　喻長霖撰　稿本
一冊

330000－1787－0001701　1701　經部/小學
類/文字之屬/說文/傳說

說文釋例十八卷　（清）王筠著　清抄本　一
冊　存十卷(一至十)

330000－1787－0001702　1702　集部/詩文
評類/詩評之屬

詩源一卷　（清）張炎編　清抄本　一冊

330000－1787－0001704　1704　經部/小學
類/文字之屬/字書/通論

小學書錄要一卷　（清）雲醉居士著　清光緒
六年(1880)抄本　一冊

330000－1787－0001705　1705　經部/小學
類/文字之屬/字書

字彙韻譜殘槀一卷　（清）忻如山著　清抄本
一冊

330000－1787－0001708　1708　集部/總集
類/選集之屬

詩賦選鈔一卷　（清）吳錫麒等著　清抄本
一冊

330000－1787－0001710　1710　子部/儒家
類/儒學之屬/性理

管窺錄一卷　（清）郭應奎注　清光緒十九年
(1893)稿本　一冊

330000－1787－0001711　1711　經部/小學
類/文字之屬/說文/專著

鄦書舉例七卷　（清）王瑤著　稿本　二冊

330000－1787－0001713　1713　子部/雜著
類/雜編之屬

水鏡新書一卷　（清）彭聖壇著　（清）林鐵山
評　清抄本　一冊

330000－1787－0001714　1714　史部/史
抄類

綱鑑擇要□□卷　（清）章襄輯　清光緒十八
年(1892)抄本　清章暮臣題簽　一冊　存十
卷(一至十)

330000－1787－0001715　1715　經部/小學
類/文字之屬/說文

說文補正初槀二卷說文古音字母一卷附六書
本義目略一卷古音攷一卷六書總譜槀一卷
（清）王棻編　稿本　二冊

330000 – 1787 – 0001716　1716　子部/雜著
類/雜編之屬
曾文正書札節鈔一卷　（清）曾國藩著　（清）
王棻輯　清抄本　二冊

330000 – 1787 – 0001718　1718　史部/史
抄類
子史摘要一卷　（清）□□輯　稿本　一冊

330000 – 1787 – 0001719　1719　子部/雜著
類/雜編之屬
理氣摘要一卷　（清）金銘之錄　稿本　項士
元題記　一冊

330000 – 1787 – 0001720　1720　子部/雜
著類
舉業要言一卷　（清）□□著　清抄本　一冊

330000 – 1787 – 0001721　1721　子部/天文
曆算類/算書之屬
王制準經算解一卷　（清）李鏐著　清抄本
一冊

330000 – 1787 – 0001722　1722　史部/目錄
類/專錄之屬
羣經平議目錄一卷　（清）陳槤恩編輯　清抄
本　一冊

330000 – 1787 – 0001723　1723　集部/總集
類/課藝之屬
庠士試藝選鈔一卷　（清）程光等著　清抄本
一冊

330000 – 1787 – 0001724　1724　集部/總集
類/郡邑之屬
三台詩錄一卷　（清）黃繒等著　清抄本
一冊

330000 – 1787 – 0001726　1726　經部/小學
類/音韻之屬/注音
說文聲律韻表十七卷　（清）嚴鼎臣述　清抄
本　二冊

330000 – 1787 – 0001727　1727　子部/雜著
類/雜纂之屬
劉伯溫選擇要論一卷　（明）劉基著　清抄本
一冊

330000 – 1787 – 0001728　1728　集部/總集
類/選集之屬/斷代
律賦選鈔一卷　（清）吳敬義等著　清抄本
一冊

330000 – 1787 – 0001730　1730　集部/總集
類/課藝之屬
仁本堂制義選鈔一卷　（清）周璜等著　（清）
曹增祿輯　清曹增祿抄本　一冊

330000 – 1787 – 0001731　1731　子部/雜著
類/雜編之屬
經學選錄一卷　（清）朱意蓀輯　清朱意蓀抄
本　一冊

330000 – 1787 – 0001732　1732　經部/群經
總義類
十三經集解一卷　（清）□□著　稿本　一冊

330000 – 1787 – 0001733　1733　經部/儀禮
類/正文之屬
儀禮易讀十三卷　清抄本　一冊

330000 – 1787 – 0001735　1735　史部/史
抄類
漢書藝文志一卷　□□輯　經典釋文序錄一
卷　（唐）陸德明撰　清抄本　一冊

330000 – 1787 – 0001736　1736　集部/總集
類/選集之屬/斷代
駢文雜鈔一卷　（清）俞樾等著　清抄本
一冊

330000 – 1787 – 0001737　1737　史部/目錄
類/總錄之屬
學海堂經解目錄表一卷　清抄本　一冊

330000 – 1787 – 0001738　1738　集部/總集
類/課藝之屬
時文楷法一卷　（清）許開基等著　清抄本
一冊

330000 – 1787 – 0001739　1739　集部/別集類/清別集

詩鈔一卷　（清）□□著　清抄本　項士元題記　一冊

330000 – 1787 – 0001740　1740　集部/別集類/清別集

盧長孺文稿一卷　（清）盧長孺著　稿本　一冊

330000 – 1787 – 0001741　1741　集部/總集類/課藝之屬

清試帖詩一卷　（清）馬晉三輯　清抄本　一冊

330000 – 1787 – 0001742　1742　史部/政書類/邦計之屬/通紀

中外時務經濟新論六卷續輯一卷　（清）富順果爾敏編定　（清）朱愛人鈔輯　清光緒朱愛人抄本　一冊　存四卷(一至四)

330000 – 1787 – 0001743　1743　子部/雜著類/雜纂之屬

勝代品談十六卷　（清）仰山艸堂主人編　清抄本　項士元題記　一冊　存二卷(一至二)

330000 – 1787 – 0001745　1745　史部/地理類/方志之屬/郡縣志

閒齋赤城筆記六卷　（清）蔡錫崑撰　清光緒抄本　一冊　存一卷(三)

330000 – 1787 – 0001746　1746　經部/小學類/音韻之屬/韻書

韻語外編□□卷　清抄本　一冊　存二卷(十一至十二)

330000 – 1787 – 0001747　1747　子部/雜著類/雜纂之屬

鼪璞湪存一卷　（清）盧焞撰　清抄本　一冊

330000 – 1787 – 0001748　1748　經部/四書類/總義之屬/傳說

慎懷堂經說一卷　（清）王秉珩著　清抄本　項士元題記　二冊

330000 – 1787 – 0001749　1749　集部/別集類/明別集

芙蓉亭草一卷　（明）蔡榮名著　清抄本　二冊

330000 – 1787 – 0001750　1750　集部/總集類/彙編之屬

古詩之流一卷　（清）汪度等著　（清）林瞻輅錄　稿本　二冊

330000 – 1787 – 0001753　1753　集部/別集類/清別集

寄廬雜詠一卷　（清）迂浦涵叟著　清末抄本　一冊

330000 – 1787 – 0001755　1755　史部/地理類/遊記之屬/紀勝

王太初先生五岳遊草十二卷　（明）王士性撰　（清）馮甦輯　清抄本　一冊　存二卷(七至八)

330000 – 1787 – 0001756　1756　子部/雜著類/雜編之屬

景山樓雜鈔一卷　（清）陳崇寔著　稿本　一冊

330000 – 1787 – 0001757　1757　集部/別集類/清別集

一葉齋湖山遊草六卷　（清）張英元撰　清抄本　一冊

330000 – 1787 – 0001758　1758　集部/別集類/宋別集

鄭至道先生諭俗七篇一卷　（宋）鄭至道著　清抄本　一冊

330000 – 1787 – 0001760　1760　子部/雜著類/雜編之屬

耕雲雜鈔一卷　（清）□□著　清抄本　一冊

330000 – 1787 – 0001761　1761　集部/別集類/清別集

楊椒山先生集文一卷詩一卷　（清）楊繼盛著　清張廷琛抄本　一冊

330000 – 1787 – 0001762　1762　子部/雜著類/雜編之屬

師範輯要二卷 （清）張廷琛著 清光緒稿本 一冊

330000－1787－0001763 1763 經部/群經總義類/傳說之屬

經說初稿一卷 （清）□□著 稿本 一冊

330000－1787－0001764 1764 集部/別集類/清別集

燼餘編一卷附雁宕游草一卷紀游草一卷 （清）李緯文著 清抄本 一冊

330000－1787－0001765 1765 子部/雜著類

閑距錄二卷 （清）吳觀周輯 清抄本 二冊

330000－1787－0001766 1766 子部/雜著類/雜纂之屬

齊息園明鑑前紀原稿一卷 （清）齊召南著 清抄本 項士元題記 一冊

330000－1787－0001767 1767 集部/總集類/選集之屬

詩文襪鈔一卷 （宋）蘇軾等著 清抄本 一冊

330000－1787－0001768 1768 集部/別集類/清別集

芙蓉僊館駢體文一卷 （清）丁虞撰 清抄本 一冊

330000－1787－0001769 1769 集部/別集類

臥廬草一卷 清抄本 一冊

330000－1787－0001770 1770 集部/總集類/郡邑之屬

台州詩錄一卷 清抄本 一冊

330000－1787－0001771 1771 集部/別集類/清別集

侍石齋漫稿一卷 （清）謝翰芝撰 稿本 一冊

330000－1787－0001772 1772 集部/別集類/宋別集

東坡題跋二卷 （宋）蘇軾著 （清）溫一貞錄 清抄本 一冊 存一卷（上）

330000－1787－0001773 1773 子部/雜著類/雜說之屬

求志居四書五經義初稿一卷策論初稿一卷 （清）□□著 清抄本 二冊

330000－1787－0001774 1774 子部/藝術類/遊藝之屬/聯語

名聯彙錄一卷哀輓彙錄一卷 （清）□□著 稿本 二冊

330000－1787－0001780 1780 經部/周禮類/傳說之屬

周官約抄六卷 清抄本 一冊

330000－1787－0001781 1781 集部/詩文評類/文法之屬/文法

詩林玉屑二卷 （清）侯嘉繙輯 清抄本 二冊

330000－1787－0001782 1782 集部/別集類/明別集

桃溪淨稿八十四卷 （明）謝鐸撰 清林瞻輅抄本 二冊 存四卷（三、十五至十七）

330000－1787－0001783 1783 集部/別集類/明別集

桃溪淨稿八十四卷 （明）謝鐸撰 清抄本 三冊 存二十二卷（十八至三十九）

330000－1787－0001852 1852 集部/別集類/清別集

侯夷門詩稿不分卷 （清）侯嘉繙著 清抄本 二冊

330000－1787－0001853 1853 集部/別集類/清別集

夷門詩存不分卷 （清）侯嘉繙著 清抄本 十冊

330000－1787－0001861 1861 經部/四書類/總義之屬/傳說

管見集一卷 （清）張少賓著 清抄本 三冊

330000－1787－0001863 1863 史部/傳記類/總傳之屬/郡邑

三逸志略一卷　（清）□□輯　清抄本　一冊

330000 – 1787 – 0001889　1889　集部/別集類/清別集

清憩軒詩存四卷　（清）黃瑞撰　清光緒抄本　一冊

330000 – 1787 – 0001890　1890　集部/別集類/明別集

弇州山人續稿二百七卷目錄十卷附十一卷（明）王世貞著　明刻本　二十冊　存一百三十九卷（十至二十四、三十三至七十三、八十九至一百二、一百二十四至一百三十、一百四十五至一百七十三、一百八十二至二百四,目錄一至十）

330000 – 1787 – 0001891　1891　經部/小學類/音韻之屬/韻書

國朝郡邑韻編四卷　（清）黃瑞輯　清抄本　一冊　存三卷（一至三）

330000 – 1787 – 0001892　1892　集部/總集類/郡邑之屬

台郡詩輯一卷　（清）黃瑞輯　清抄本　一冊

330000 – 1787 – 0001893　1893　集部/別集類/清別集

秋籟閣詩略十一卷　（清）黃瑞撰　清抄本　七冊　缺二卷（二至三）

330000 – 1787 – 0001894　1894　集部/總集類/郡邑之屬

三台名媛詩輯四卷續一卷詞輯一卷　（清）黃瑞編　清抄本　二冊　缺一卷（二）

330000 – 1787 – 0001895　1895　集部/別集類/明別集

陽明先生要書二卷附錄五卷　（明）王守仁撰　（明）陳龍正輯　明崇禎五年（1632）刻本　二冊

330000 – 1787 – 0001896　1896　子部/藝術類/篆刻之屬/印譜

秋籟閣印稿一卷　（清）黃瑞輯　清同治抄本　一冊

330000 – 1787 – 0001897　1897　集部/別集類/明別集

玉茗堂全集四十六卷　（明）湯顯祖撰　明天啓刻本　七冊　存十四卷（詩一至七、十至十六）

330000 – 1787 – 0001898　1898　子部/藝術類/篆刻之屬/印譜

秋籟閣印譜一卷　（清）黃瑞輯　稿本　一冊

330000 – 1787 – 0001899　1899　子部/雜著類/雜編之屬

黃氏藝文彙鈔一卷　（清）黃瑞編　清抄本　一冊

330000 – 1787 – 0001900　1900　集部/別集類/清別集

浣月山房詩稿一卷　（清）黃瑞著　清抄本　二冊

330000 – 1787 – 0001901　1901　集部/別集類/明別集

夏桂洲先生文集十八卷首一卷　（明）夏言撰　（明）林日瑞編　明崇禎刻本　一冊　存二卷（一至二）

330000 – 1787 – 0001902　1902　集部/別集類/明別集

松圓浪淘集十八卷　（明）程嘉燧撰　明崇禎三年（1630）刻本　一冊　存七卷（一至七）

330000 – 1787 – 0001903　1903　集部/別集類/清別集

藕花吟舫未定稿一卷　（清）黃瑞著　清抄本　一冊

330000 – 1787 – 0001904　1904　集部/別集類/清別集

草心室尺牘偶存四卷　（清）黃瑞撰　清抄本　一冊

330000 – 1787 – 0001905　1905　史部/傳記類/總傳之屬

三台氏族表一卷　（清）黃瑞編　明通議大夫刑部左侍郎撄寧府君［王宗沐］年譜一卷　（明）王士崧述　陳忠節公寒山先生年譜一卷

（明)陳函煇自述　（清)陳文烜輯　（清)
黃瑞補訂　稿本　黃體元題記　一冊

330000－1787－0001906　1906　集部/別集
類/明別集

重刊荆川先生文集十七卷　（明)唐順之撰
明萬曆元年(1573)純白齋刻本　七冊　缺三
卷(三至五)

330000－1787－0001907　1907　類叢部/叢
書類/郡邑之屬

台海叢書　（清)黃瑞輯　清同治四年(1865)
秋籟閣抄本　二冊　存三十四種

330000－1787－0001908　1908　類叢部/叢
書類/自著之屬

項不損集　（明)項真著　明刻本　四冊　存
六種

330000－1787－0001909　1909　集部/別集
類/清別集

愛日草堂詩稿一卷　（清)黃瑞著　清抄本
一冊

330000－1787－0001911　1911　經部/春秋
總義類/傳說之屬

春秋傳類纂四卷　（清)黃育著　清抄本
一冊

330000－1787－0001912　1912　子部/雜著
類/雜纂之屬

舊學齋示兒編一卷　（清)黃育著　清光緒十
二年(1886)抄本　一冊

330000－1787－0001913　1913　子部/雜著
類/雜編之屬

楊將軍乩詩一卷　（清)黃瑞抄輯　清抄本
一冊

330000－1787－0001914　1914　集部/別集
類/明別集

選寒耘集四卷　（明)陳函煇著　明刻本　一
冊　存二卷(三至四)

330000－1787－0001915　1915　子部/雜著
類/雜編之屬

金塗塔攷一卷　（清)黃瑞著　清抄本　項士
元題記　一冊

330000－1787－0001916　1916　集部/別集
類/明別集

選寒喜集二卷　（明)陳函煇著　清道光元年
(1821)抄本　一冊

330000－1787－0001917　1917　子部/雜著
類/雜編之屬

小停雲山館真蹟日劄一卷　（清)黃瑞著　清
抄本　一冊

330000－1787－0001918　1918　集部/別集
類/明別集

選寒江集三卷　（明)陳函煇著　清道光二十
年(1840)抄本　三冊

330000－1787－0001919　1919　集部/別集
類/明別集

寒玉集十一卷　（明)陳函煇著　明崇禎十四
年(1641)刻本(卷四至十四配清黃瑞抄本)
五冊

330000－1787－0001920　1920　集部/別集
類/明別集

西村詩集二卷補遺一卷　（明)朱樸撰　清乾
隆三年(1738)刻本　一冊

330000－1787－0001921　1921　集部/詞類/
別集之屬

紅豆庵詞鈔一卷　（清)黃瑞著　清抄本
一冊

330000－1787－0001922　1922　集部/總集
類/郡邑之屬

臨海詩輯一卷　（清)黃瑞輯　清抄本　一冊

330000－1787－0001923　1923　集部/別集
類/明別集

薔薇草不分卷　（明)金以諫撰　明刻本
一冊

330000－1787－0001924　1924　集部/別集
類/明別集

幀東集錄十卷　（明)秦文撰　明嘉靖六年

(1527)刻本　一冊　存五卷(一至五)

330000 – 1787 – 0001925　1925　類叢部/叢
書類/自著之屬

任天卿集　（明)任大治撰　清同治十年
(1871)抄本　二冊　存五種

330000 – 1787 – 0001926　1926　集部/別集
類/明別集

敬所王先生文集三十卷　（明)王宗沐撰
(明)張位　(明)習孔教編　明萬曆刻本　五
冊　存十卷(三至八、二十一至二十二、二十
五至二十六)

330000 – 1787 – 0001927　1927　史部/目錄
類/總錄之屬/地方

三台經籍攷一卷　（清)黃瑞錄　清抄本
一冊

330000 – 1787 – 0001928　1928　集部/總集
類/選集之屬

張石帆葉仁圃兩先生詩文拾存一卷　（清)張
一槩　(清)葉豐著　清抄本　清黃瑞題記
一冊

330000 – 1787 – 0001929　1929　集部/別集
類/清別集

黃溪漁隱詩稿一卷　（清)黃璜著　清抄本
黃體元題記　一冊

330000 – 1787 – 0001934　1934　史部/史表
類/通代之屬

歷朝年號錄一卷　（清)黃玉蟾著　清抄本
清黃瑞題記　一冊

330000 – 1787 – 0001936　1936　集部/別集
類/清別集

黃子珍先生遺稿一卷　（清)黃瑞著　稿本
二冊

330000 – 1787 – 0001937　1937　史部/目錄
類/總錄之屬/地方

臨海著錄攷六卷　（清)黃瑞纂　清抄本　二
冊　存二卷(二至三)

330000 – 1787 – 0001938　1938　史部/目錄

類/總錄之屬/地方

臨海著錄攷六卷　（清)黃瑞纂　清抄本　一
冊　存二卷(一至二)

330000 – 1787 – 0001939　1939　子部/雜著
類/雜纂之屬

秋籟閣叢稿不分卷　（清)黃瑞撰　清抄本
項士元題記　二冊

330000 – 1787 – 0001940　1940　史部/金石
類/郡邑之屬/目錄

台州金石目□□卷　（清)黃瑞撰　清抄本
二冊　存二卷(一、三)

330000 – 1787 – 0001941　1941　史部/地理
類/方志之屬/郡縣志

光緒臨海志擬槀不分卷　（清)黃瑞纂　稿本
三冊

330000 – 1787 – 0001943　1943　集部/別集
類/清別集

求是齋集九卷　（清)張廷俊著　清抄本　一
冊　缺三卷(一至三)

330000 – 1787 – 0001947　1947　集部/總集
類/郡邑之屬

三台徵獻錄二卷　（清)王維翰輯　稿本
一冊

330000 – 1787 – 0001949　1949　子部/雜著
類/雜考之屬

群經雜考不分卷　（清)□□撰　清抄本
一冊

330000 – 1787 – 0001950　1950　子部/雜著
類/雜纂之屬

雜錄補要不分卷　（清)邵啟棠撰　稿本
一冊

330000 – 1787 – 0001951　1951　集部/別集
類/清別集

鴻遠書屋稿不分卷　（清)金壽祺撰　清抄本
三冊

330000 – 1787 – 0001952　1952　集部/詩文
評類/制藝之屬

寄廬論語課孫百詠不分卷　（清）遷浦涵叟著　清抄本　一冊

330000－1787－0001953　1953　集部/別集類/清別集

綠天亭詩鈔不分卷　（清）林之松撰　清抄本　一冊

330000－1787－0001954　1954　集部/總集類/題詠之屬

靈江送別圖題詠一卷　（清）項炳玕等著　清抄本　一冊

330000－1787－0001955　1955　集部/別集類/清別集

吟花雨樓遺稿一卷　（清）尹恭壽撰　清光緒二十五年(1899)稿本　一冊

330000－1787－0001956　1956　子部/雜著類/雜纂之屬

雜言一卷　（清）華岩山農著　稿本　一冊

330000－1787－0001957　1957　集部/別集類/清別集

陳澤成遺稿不分卷　（清）陳澤成撰　稿本　一冊

330000－1787－0001958　1958　史部/詔令奏議類/奏議之屬

丁徵君策疏遺稿不分卷　（清）丁枚著　（清）張廷琛編　清光緒十五年(1889)抄本　二冊

330000－1787－0001959　1959　集部/詩文評類/詩評之屬

聽竹軒詩話不分卷　（清）江無相著　清抄本　一冊

330000－1787－0001960　1960　經部/詩類/三家詩之屬

毛詩解題不分卷　（清）劉樹標著　清抄本　一冊

330000－1787－0001961　1961　史部/政書類/公牘檔冊之屬

青蓮寺移交冊不分卷　（清）□□撰　清乾隆三十六年(1771)抄本　一冊

330000－1787－0001962　1962　集部/別集類/清別集

雜歌不分卷　（清）齊彥槐著　清抄本　一冊

330000－1787－0001963　1963　集部/別集類/清別集

矢志集不分卷　（清）葉元泰妻何氏著　清抄本　一冊

330000－1787－0001964　1964　集部/總集類/選集之屬

詩賦選鈔不分卷　（清）□□批點　清抄本　一冊

330000－1787－0001965　1965　集部/總集類/選集之屬

詩文雜鈔不分卷　（清）□□編　清抄本　一冊

330000－1787－0001966　1966　集部/別集類/清別集

灝亭詩稿不分卷　（清）王瀚撰　清抄本　一冊

330000－1787－0001967　1967　集部/別集類/清別集

闢古軒詩集五卷　（清）韓修組著　清抄本　一冊　存一卷(五)

330000－1787－0001968　1968　集部/總集類/酬唱之屬

管桂園先生壽言不分卷　（清）□□編　清抄本　一冊

330000－1787－0001969　1969　經部/小學類/音韻之屬/等韻

對類便讀不分卷　清抄本　一冊

330000－1787－0001970　1970　集部/總集類/題詠之屬

焦尾閣遺稿題詞不分卷秋鐙課詩圖題詠不分卷　（清）王彥成錄　清抄本　一冊

330000－1787－0001972　1972　集部/總集類/課藝之屬

動墨橫錦搖筆散珠不分卷　（清）陳蔚青編

清抄本 一冊

330000－1787－0001975 1975 集部/別集
類/清別集

聽風樓雜著不分卷 （清）黃為霖著 清抄本
一冊

330000－1787－0001976 1976 集部/別集
類/清別集

燃藜閣詩鈔四卷首一卷 （清）蔡濤著 王詠
霓刪定 清抄本 二冊 存二卷(三至四)

330000－1787－0001977 1977 集部/總集
類/選集之屬

七絕選鈔不分卷 （清）□□編 清抄本
一冊

330000－1787－0001978 1978 史部/傳記
類/雜傳之屬

清初名人軼事不分卷 （清）□□撰 清抄本
一冊

330000－1787－0001979 1979 經部/小學
類/訓詁之屬/譯語

對音輯字不分卷 （清）志寬 （清）培寬編
清抄本 一冊

330000－1787－0001980 1980 集部/別集
類/清別集

王灝亭先生詩集一卷 （清）王瀚撰 清抄本
一冊

330000－1787－0001981 1981 子部/藝術
類/篆刻之屬/印譜

朱一峰印譜不分卷 （清）朱一峰篆 清鈐印
本 一冊

330000－1787－0001982 1982 子部/工藝
類/文房四寶之屬/硯

九思齋硯譜不分卷 （清）□□纂修 稿本
一冊

330000－1787－0001983 1983 集部/別集
類/清別集

甕天吟草不分卷 （清）□□著 清抄本
一冊

330000－1787－0001984 1984 子部/雜著
類/雜纂之屬

郭松垞雜抄不分卷 （清）郭松垞編 清抄本
一冊

330000－1787－0001985 1985 子部/雜著
類/雜纂之屬

蔚青先生雜著不分卷 （清）陳蔚青著 清光
緒二十六年(1900)稿本 一冊

330000－1787－0001986 1986 經部/詩類/
專著之屬

葩經叶韻三字對不分卷 （清）槐生撰 清抄
本 一冊

330000－1787－0001988 1988 子部/術數
類/占候之屬

月占不分卷 清抄本 一冊

330000－1787－0001989 1989 史部/傳記
類/科舉錄之屬

台州采芹錄不分卷 （清）林瞻輅輯 清抄本
一冊

330000－1787－0001990 1990 子部/雜著
類/雜纂之屬

雜抄不分卷 （清）和甫著 清抄本 一冊

330000－1787－0001991 1991 經部/易類/
專著之屬

易章句述五卷 （清）李誠撰 清抄本 一冊

330000－1787－0001992 1992 子部/藝術
類/音樂之屬/琴學

天風海濤不分卷 （清）鶴帆子錄 清抄本
一冊

330000－1787－0001995 1995 子部/藝術
類/音樂之屬/琴學

古琴論一卷 （清）□□著 清抄本 一冊

330000－1787－0001996 1996 經部/小學
類/訓詁之屬

韻異義異摘要一卷 清抄本 一冊

330000－1787－0001997 1997 子部/工藝
類/文房四寶之屬/硯

西清硯譜彙抄不分卷硯山齋筆記摘錄不分卷
　清抄本　一冊

330000 - 1787 - 0001998　1998　史部/地理
類/山川之屬/水志

廣西撫河灘經不分卷　（清）□□撰　清抄本
　一冊

330000 - 1787 - 0001999　1999　史部/目錄
類/專錄之屬

國朝台州駢文鈔目錄不分卷　（清）□□輯
清抄本　一冊

330000 - 1787 - 0002000　2000　子部/宗教
類/道教之屬

悟真篇不分卷　（宋）張伯端著　清抄本
一冊

330000 - 1787 - 0002001　2001　子部/雜著
類/雜纂之屬

益神智齋叢稿不分卷　清抄本　一冊

330000 - 1787 - 0002002　2002　集部/別集
類/清別集

倦刪閑墨回文詩不分卷　（清）黃壽夫著　清
抄本　一冊

330000 - 1787 - 0002003　2003　子部/雜著
類/雜纂之屬

集腋成裘不分卷　（清）張霖輯　清抄本
一冊

330000 - 1787 - 0002004　2004　集部/總集
類/彙編之屬

賦錄不分卷　清抄本　一冊

330000 - 1787 - 0002005　2005　子部/雜著
類/雜纂之屬

與時俱進不分卷　（清）陳雨卿著　清抄本
一冊

330000 - 1787 - 0002006　2006　子部/雜著
類/雜纂之屬

篆青閣雜記不分卷　清抄本　一冊

330000 - 1787 - 0002008　2008　集部/別集
類/清別集

屈雲珊女史詩稿不分卷　（清）屈雲珊著　清
抄本　一冊

330000 - 1787 - 0002009　2009　經部/群經
總義類/傳說之屬

經書正蒙六卷　（清）陳應辰著　清抄本　一
冊　存三卷（一、五至六）

330000 - 1787 - 0002010　2010　集部/總集
類/郡邑之屬

桑梓遺聞□□卷　（清）王維翰輯　稿本　一
冊　存二卷（三至四）

330000 - 1787 - 0002011　2011　集部/總集
類/選集之屬

詩文雜抄一卷　（清）□□編　清抄本　一冊

330000 - 1787 - 0002012　2012　集部/別集
類/清別集

藍叔札稿不分卷　（清）藍叔撰　稿本　一冊

330000 - 1787 - 0002013　2013　集部/別集
類/清別集

意雲盦稿不分卷　徐兆章輯　清抄本　一冊

330000 - 1787 - 0002014　2014　集部/別集
類/清別集

郭花農詩稿不分卷　（清）郭花農著　清抄本
　一冊

330000 - 1787 - 0002015　2015　子部/雜著
類/雜纂之屬

郭花農雜抄不分卷　（清）郭花農著　清抄本
　一冊

330000 - 1787 - 0002017　2017　集部/總集
類/選集之屬/斷代

雜文選抄一卷　清抄本　一冊

330000 - 1787 - 0002018　2018　集部/別集
類/清別集

畫眉譜不分卷　（清）朱崇齋著　清抄本
一冊

330000 - 1787 - 0002019　2019　集部/總集
類/課藝之屬

時文選抄不分卷　（清）□□編　清抄本

一冊

330000－1787－0002021　2021　集部/總集類

續幽光集□□卷　（清）葛詠裳輯　清抄本　二冊　存二卷(一至二)

330000－1787－0002022　2022　集部/別集類/清別集

隨園詩草八卷　（清）邊連寶著　清抄本　一冊　存一卷(五)

330000－1787－0002023　2023　集部/總集類/彙編之屬

漢宮餘稿一卷　（清）邵爔編　清抄本　一冊

330000－1787－0002024　2024　集部/別集類/清別集

求是齋詩草一卷　（清）邵啟棠著　清抄本　一冊

330000－1787－0002025　2025　集部/總集類

管窺軒賦鈔一卷　（清）□□編　清抄本　一冊

330000－1787－0002026　2026　集部/小說類/短篇之屬

燕山外史二卷　（清）陳球撰　清抄本　一冊

330000－1787－0002027　2027　集部/別集類/清別集

佚名詩□□卷　（清）□□輯　清抄本　四冊　存四卷(三至六)

330000－1787－0002028　2028　史部/地理類/方志之屬/郡縣志

[康熙]僊居縣志三十卷　（清）鄭錄勳修　（清）張明焜　（清）張徽謨纂　清抄本　一冊　存七卷(一至六、二十九)

330000－1787－0002030　2030　集部/總集類/課藝之屬

南學治經史積分日程□□卷　（清）喻鯨華輯　清光緒十五年(1889)抄本　一冊　存三卷

330000－1787－0002032　2032　史部/史抄類

臨海縣志抄不分卷　（清）□□輯　清抄本　二冊

330000－1787－0002033　2033　史部/政書類/公牘檔冊之屬

浙省漕白銀款一卷　清抄本　一冊

330000－1787－0002034　2034　集部/總集類/氏族之屬

西山謝氏文獻錄一卷　清抄本　一冊

330000－1787－0002035　2035　集部/總集類/郡邑之屬

臨海文獻叢錄不分卷　清匯印本　一冊

330000－1787－0002036　2036　史部/傳記類/總傳之屬/家乘

沈月湖先生家傳不分卷　（清）□□撰　清抄本　一冊

330000－1787－0002037　2037　史部/政書類/公牘檔冊之屬

寧海知縣柳商賢呈文不分卷　（清）柳商賢撰　清光緒二十二年(1896)抄本　一冊

330000－1787－0002039　2039　史部/傳記類/科舉錄之屬/歷科鄉試錄

[光緒癸巳恩科]浙江鄉試第拾壹房同門硃卷一卷　清光緒刻本　一冊

330000－1787－0002040　2040　史部/政書類/公牘檔冊之屬

續修浙江通志臨海徵訪冊不分卷　清抄本　一冊　存名宦

330000－1787－0002041　2041　史部/地理類/方志之屬/郡縣志

天台縣志初稿□□卷　清光緒抄本　一冊　存國朝選舉

330000－1787－0002042　2042　史部/政書類/公牘檔冊之屬

清代東鄉屈盧二姓械鬥案不分卷　（清）積案局撰　清嘉慶二十四年(1819)積案局衙門抄本　一冊

330000－1787－0002043　2043　史部／地理類／雜志之屬

[台州]勝蹟錄不分卷　（清）□□輯　清抄本　二冊

330000－1787－0002044　2044　史部／地理類／方志之屬／郡縣志

黃巖縣志稿方言三卷　清抄本　三冊

330000－1787－0002045　2045　史部／史表類／通代之屬

列女附存表一卷　（清）□□輯　清抄本　一冊

330000－1787－0002046　2046　史部／傳記類／總傳之屬／家乘

擬修王氏通譜凡例不分卷　（清）亦馴撰　清抄本　一冊

330000－1787－0002049　2049　史部／政書類／公牘檔冊之屬

[台州衛]收繳銀錢紅簿不分卷　（清）戶房衙門撰　清光緒四年（1878）戶房衙門抄本　一冊

330000－1787－0002052　2052　集部／總集類／課藝之屬

九峰書院考卷一卷　（清）九峰課社編　清九峰課社抄本　一冊

330000－1787－0002053　2053　集部／總集類／郡邑之屬

方城遺獻八卷續刻一卷　（清）李成經編　清抄本　二冊　存六卷（一至三、七至八，續刻）

330000－1787－0002054　2054　集部／別集類／宋別集

篔窗集十卷　（宋）陳耆卿撰　清抄本　一冊　存五卷（六至十）

330000－1787－0002055　2055　集部／別集類／清別集

息園詩錄不分卷　（清）齊召南撰　清抄本　一冊

330000－1787－0002056　2056　集部／別集類／清別集

樸學堂集節抄本四卷　（清）黃河清著　清抄本　一冊

330000－1787－0002058　2058　集部／總集類／選集之屬／通代

金鰲詩集五卷　（清）馮賡雪等輯　清抄本　一冊

330000－1787－0002060　2060　集部／總集類／選集之屬／通代

金鰲詩集五卷　（清）馮賡雪等輯　清抄本　一冊

330000－1787－0002061　2061　集部／別集類／清別集

巾子山樵吟草二卷　（清）□□著　清抄本　一冊

330000－1787－0002063　2063　史部／金石類／陶之屬／文字

運甓錄一卷　（清）陳春暉著　清抄本　一冊

330000－1787－0002064　2064　集部／別集類／清別集

西園冗稿六卷西園文存一卷　（清）章育著　清抄本　四冊

330000－1787－0002066　2066　史部／詔令奏議類／奏議之屬

復套議二卷　（明）曾銑撰　清抄本　二冊

330000－1787－0002071　2071　集部／總集類／氏族之屬

傳經堂詩集不分卷　（清）洪文瀾輯　清抄本　一冊

330000－1787－0002072　2072　集部／別集類／明別集

海峰堂前稿十八卷　（明）葉良佩撰　清抄本　四冊　缺六卷（七至十二）

330000－1787－0002073　2073　集部／別集類／明別集

海峰堂前稿十八卷　（明）葉良佩撰　清抄本　三冊　缺九卷（四至十二）

330000－1787－0002074　2074　集部/別集類/清別集

竹蓀雜鈔不分卷　（清）陳宗庚撰　稿本
二冊

330000－1787－0002075　2075　集部/別集類/清別集

愛蓮花書屋雜誌一卷　（清）楊旭初著　清宣統元年(1909)抄本　一冊

330000－1787－0002076　2076　集部/別集類/宋別集

松隱集節錄一卷　（宋）曹勛著　清抄本
一冊

330000－1787－0002077　2077　集部/別集類/清別集

燕石山房詩鈔四卷　（清）趙琛著　清抄本
一冊

330000－1787－0002078　2078　集部/別集類/清別集

紫薇吟榭詩草□□卷　（清）馬承燦撰　清光緒抄本　二冊　存三卷(一至二、六)

330000－1787－0002079　2079　集部/別集類/清別集

荊樹承恩館詩鈔四卷　（清）王維翰著　清光緒二十二年(1896)抄本　一冊

330000－1787－0002080　2080　集部/別集類/清別集

陳竹蓀遺稿不分卷　（清）陳宗庚撰　清抄本
一冊

330000－1787－0002083　2083　史部/傳記類/日記之屬

師竹山房日記一卷　（清）□□撰　清光緒二十七年(1901)抄本　一冊

330000－1787－0002084　2084　集部/別集類/清別集

金輿遺稿不分卷　（清）金輿撰　清抄本
一冊

330000－1787－0002085　2085　集部/別集類/清別集

銘丹閣集二卷　（清）林丙修撰　清抄本
二冊

330000－1787－0002086　2086　子部/雜著類/雜纂之屬

銘丹閣雜著不分卷　（清）林丙修撰　稿本
三冊

330000－1787－0002087　2087　子部/小說家類/異聞之屬

夷堅志不分卷　（宋）洪邁撰　清張元濟抄本
一冊

330000－1787－0002088　2088　集部/別集類/清別集

張文郁文稿一卷　（清）張文郁撰　（清）張廷琛輯　清抄本　一冊

330000－1787－0002089　2089　集部/總集類/氏族之屬

天台齊氏詩輯八卷　（清）齊毓川編　清抄本
三冊

330000－1787－0002090　2090　集部/別集類/清別集

琴游集二卷　（清）鄔佩之著　清抄本　二冊

330000－1787－0002091　2091　集部/別集類/明別集

陳恭愍公遺集一卷外集一卷　（明）陳選撰
（清）張廷琛輯　清光緒十八年(1892)張廷琛抄本　一冊

330000－1787－0002092　2092　集部/別集類/清別集

白雲樓摘絕四卷　（清）陳公綸著　清抄本
一冊

330000－1787－0002095　2095　集部/別集類/清別集

楓橋集一卷　（清）張啟元著　清光緒抄本
一冊

330000－1787－0002096　2096　集部/別集類/清別集

鏡水詩集一卷楮葉詩集一卷 （清）葉豐撰
清抄本 一冊

330000－1787－0002099 2099 集部/別集
類/清別集
禪餘集四卷 （清）釋毓金撰 清抄本 一冊

330000－1787－0002101 2101 史部/編年
類/通代之屬
新刊翰林攷正綱目點音資治通鑑節要會成二
十卷 明萬曆張裔軒書坊刻本 五冊 存十
四卷（四至十四、十八至二十）

330000－1787－0002102 2102 史部/紀事
本末類/斷代之屬
明季正氣錄十一卷 （清）張廷琛纂 稿本
二冊

330000－1787－0002103 2103 集部/總集
類/郡邑之屬
台郡文獻補不分卷 （清）汪度輯 清抄本
一冊

330000－1787－0002104 2104 子部/工藝
類/文房四寶之屬/墨
方氏墨譜六卷 （明）方于魯撰 明萬曆十六
年（1588）刻本 三冊 存三卷（一至二、六）

330000－1787－0002106 2106 子部/藝術
類/篆刻之屬/印譜
谷園印譜四卷 （清）許容篆刻 （清）胡介祉
輯 清康熙二十五年（1686）胡介祉鈐印本
一冊 存一卷（二）

330000－1787－0002107 2107 新學/天學
列星圖說不分卷 （清）□□撰 清抄本
一冊

330000－1787－0002108 2108 子部/工藝
類/日用器物之屬/器具
遠西奇器圖說錄最三卷 （瑞士）鄧玉函口授
（明）王徵譯繪 新製諸器圖說一卷 （明）
王徵撰 明崇禎元年（1628）武位中刻本
四冊

330000－1787－0002109 2109 子部/天文

曆算類/天文之屬
中星更考不分卷 （清）戴錫治撰 清嘉慶二
十四年（1819）稿本 一冊

330000－1787－0002110 2110 子部/天文
曆算類/天文之屬
測天儀圖不分卷 （比利時）南懷仁撰 清康
熙十三年（1674）刻本 一冊

330000－1787－0002112 2112 史部/雜史
類/斷代之屬
弇州史料前集三十卷 （明）王世貞撰 （明）
董復表輯 明萬曆松江府張文炫刻本 一冊
存六卷（一至六）

330000－1787－0002113 2113 史部/紀事
本末類/斷代之屬
明史紀事本末八十卷 （清）谷應泰編 清順
治十五年（1658）刻本 十三冊 存六十四卷
（一至二十四、三十三至六十九、七十三至七
十五）

330000－1787－0002114 2114 史部/載
記類
東征集六卷 （清）藍鼎元撰 清雍正十年
（1732）刻本 一冊

330000－1787－0002115 2115 史部/編年
類/通代之屬
新刊翰林攷正少微通鑑節要二十卷 （宋）江
贄撰 明萬曆三十七年（1609）張裔軒刻本
六冊 存十九卷（一至二、四至二十）

330000－1787－0002116 2116 史部/編年
類/通代之屬
資治通鑑二百九十四卷 （宋）司馬光撰
（元）胡三省音注 （明）陳仁錫評 通鑑釋文
辯誤十二卷 （元）胡三省撰 明末刻本 四
冊 存十二卷（通鑑釋文辯誤一至十二）

330000－1787－0002117 2117 史部/紀事
本末類/斷代之屬
左傳分國紀事本末二十二卷 （明）孫範輯
明崇禎刻本 八冊

330000－1787－0002118 2118 史部/雜史

類/斷代之屬

彙戰國策補□□卷 （明）程元初輯 （明）江起鵬編 明刻本 一冊 存四卷（九至十二）

330000－1787－0002119 2119 史部/載記類

太平軍攻陷天台紀略不分卷 （清）褚聖恩撰 清同治十三年(1874)稿本 一冊

330000－1787－0002120 2120 史部/雜史類/斷代之屬

義和團瑣記不分卷 （清）鴻甫撰 清光緒二十六年(1900)鴻甫氏抄本 一冊

330000－1787－0002121 2121 史部/雜史類

台州寇亂志略不分卷 （清）□□撰 稿本 一冊

330000－1787－0002122 2122 史部/傳記類/總傳之屬/斷代

伊洛淵源錄十四卷 （宋）朱熹撰 伊洛淵源續錄六卷 （明）謝鐸撰 明嘉靖八年(1529)刻本 三冊

330000－1787－0002123 2123 史部/雜史類

吾學篇六十九卷 （明）鄭曉撰 明隆慶六年(1572)刻本 十三冊 存二十九卷（大政記一至十，遜國記，同姓諸王表一至二、傳一至三，異姓諸侯表、傳一至二，直文淵閣諸侯臣表，遜國臣記五至八，三禮述一至二，百官述下，四夷考一至二）

330000－1787－0002124 2124 史部/傳記類/總傳之屬/儒林

聖學宗傳十八卷 （明）周汝登撰 明萬曆刻本 一冊 存二卷（九至十）

330000－1787－0002125 2125 史部/地理類/專志之屬/古跡

闕里志十二卷 （明）孔貞叢撰 明萬曆三十七年(1609)刻本 十二冊

330000－1787－0002126 2126 史部/傳記類/總傳之屬/儒林

明儒學案正編十一卷 （清）張廷琛撰 清光緒稿本 二冊

330000－1787－0002127 2127 集部/別集類/清別集

孔懷錄不分卷 （清）黃治撰 清道光稿本 一冊

330000－1787－0002128 2128 集部/別集類/清別集

圖南錄不分卷 （清）黃治撰 清道光抄本 一冊

330000－1787－0002129 2129 史部/傳記類/別傳之屬/年譜

宋太府卿王清叔先生［卿月］年譜不分卷明禮部右侍郎戚友菊先生［存心］年譜不分卷 （清）黃瑞纂 稿本 一冊

330000－1787－0002130 2130 史部/史評類/史論之屬

歷朝捷錄二卷 （明）顧充編著 清刻本 六冊

330000－1787－0002131 2131 史部/傳記類/別傳之屬/年譜

張太素侍郎自著年譜不分卷 （清）張文郁撰 明崇禎二年(1629)稿本 陳立樹題簽並記 一冊

330000－1787－0002132 2132 史部/傳記類/總傳之屬/郡邑

台州續傳不分卷 （清）郭肇昌著 清刻本 一冊

330000－1787－0002133 2133 史部/傳記類/總傳之屬/家乘

黃氏祖德錄三卷 （明）黃孔昭撰 明成化刻本 一冊

330000－1787－0002134 2134 史部/傳記類/別傳之屬

晚香錄三卷 （清）馮甦編次 清抄本 一冊

330000－1787－0002135 2135 史部/史評類/史論之屬

讀史漫錄十四卷　（明）于慎行著　（明）郭應龍編　明刻本　一冊　存二卷（九至十）

330000－1787－0002136　2136　史部/史評類/史論之屬

史義拾遺二卷　（元）楊維楨著　明崇禎五年（1632）徐遵湯刻本　二冊

330000－1787－0002137　2137　集部/別集類

辟疆園程墨選不分卷　清刻本　一冊

330000－1787－0002138　2138　史部/地理類/專志之屬/書院

道南書院錄五卷　（明）金賁亨輯　清金籍刻本　二冊　存四卷（一至二、四至五）

330000－1787－0002139　2139　史部/地理類/方志之屬/郡縣志

[萬曆]續修嚴州府志二十四卷首一卷　（明）呂昌期修　（明）俞炳然纂　明萬曆四十二年（1614）刻本（卷九、二十一至二十四配清抄本）　二十二冊

330000－1787－0002140　2140　史部/地理類/方志之屬/通志

[康熙]浙江通志五十卷　（清）王國安等修（清）黃宗羲等纂　清康熙二十三年（1684）刻本　三十七冊

330000－1787－0002141　2141　史部/地理類/總志之屬/斷代

廣輿記二十四卷　（明）陸應陽輯　（明）閣光表增訂　明凝香閣刻本　二十冊

330000－1787－0002142　2142　史部/地理類/總志之屬/斷代

太平寰宇記二百卷　（宋）樂史撰　清初抄本　四十八冊　存一百三十八卷（一至八十一、九十三至九十六、一百七至一百十二、一百十六至一百二十五、一百六十一至一百八十三、一百八十七至二百）

330000－1787－0002143　2143　史部/地理類/總志之屬/斷代

元和郡縣圖志四十卷　（唐）李吉甫撰　清抄

本　八冊

330000－1787－0002144　2144　史部/地理類/方志之屬/郡縣志

康熙臨海志補遺初稿不分卷　（清）黃瑞撰（清）王棻校　稿本　一冊

330000－1787－0002145　2145　史部/地理類/專志之屬/古跡

賀氏忠孝故蹟錄不分卷　（清）戴良齊撰　明萬曆二十四年（1596）刻本　一冊

330000－1787－0002146　2146　史部/地理類/方志之屬/郡縣志

[萬曆]僊居縣志十二卷　（明）顧震宇等纂修　明萬曆刻本　一冊　存一卷（十二）

330000－1787－0002147　2147　史部/地理類/方志之屬/郡縣志

[咸豐]臨海縣續志不分卷　（清）程霖撰　稿本　一冊

330000－1787－0002148　2148　史部/地理類/山川之屬/山志

台南洞林志二卷　（清）馮賡雪撰　台南洞林志校補一卷續一卷又續一卷　（清）葉書撰　清光緒二十五年（1899）臨海馮氏蘭竹居刻本　一冊

330000－1787－0002149　2149　史部/地理類/山川之屬/山志

雁蒼山誌十卷　（清）林友王編　清康熙十六年（1677）刻本　一冊

330000－1787－0002150　2150　史部/地理類/專志之屬/古跡

臨海北岸巖洞圖志二卷　（清）黃瑞撰　清同治十二年（1873）稿本　一冊

330000－1787－0002151　2151　史部/地理類/專志之屬/祠墓

僊巖大忠祠錄六卷　（清）馮賡雪輯　清刻本　二冊

330000－1787－0002152　2152　史部/地理類/方志之屬/郡縣志

光緒僊居志二十四卷首一卷僊居集二十四卷
（清）王壽頤　（清）潘紀恩修　（清）王棻
（清）李仲昭纂　清光緒二十年（1894）木活
字印本　十冊

330000－1787－0002153　2153　史部/地理
類/專志之屬

帝京景物略不分卷　（明）劉同撰　明崇禎十
三年（1640）奇樹閣刻本　一冊

330000－1787－0002154　2154　史部/地理
類/雜志之屬

台郡識小錄十六卷　（清）宋世犖撰　清抄本
四冊

330000－1787－0002155　2155　史部/地理
類/方志之屬/郡縣志

[康熙]台州府志十八卷　（清）張聯元修
（清）方景濂等纂　清康熙六十一年（1722）刻
本　十八冊

330000－1787－0002156　2156　史部/詔令
奏議類/奏議之屬

蒿庵奏疏不分卷　（清）馮甦撰　清抄本
一冊

330000－1787－0002157　2157　史部/詔令
奏議類/奏議之屬

歷代名臣奏議三百五十卷　（明）黃淮　（明）
楊士奇等輯　明內府刻本　二十冊　存七十
三卷（二十二至三十六、七十四至七十六、八
十六至九十一、九十五至一百十六、一百二十
至一百二十七、一百四十四至一百四十七、一
百六十八至一百七十一、二百七十八至二百
八十一、三百二十七至三百三十三）

330000－1787－0002158　2158　史部/金石
類/陶之屬/文字

甋文考略四卷　（清）宋經畬編　清抄本
一冊

330000－1787－0002159　2159　史部/金石
類/陶之屬/文字

甋文考略四卷　（清）宋經畬編　清咸豐元年
（1851）稿本　一冊

330000－1787－0002160　2160　史部/金石
類/陶之屬/文字

甋文考略四卷　（清）宋經畬編　清抄本
一冊

330000－1787－0002161　2161　史部/金石
類/錢幣之屬

紅杏軒合搨錢鑒二卷　（清）宋珍琴輯　清光
緒十四年（1888）稿本　二冊

330000－1787－0002162　2162　史部/目錄
類/專錄之屬

梅文鼎天算書目不分卷　（清）□□撰　清抄
本　一冊

330000－1787－0002163　2163　史部/金石
類/郡邑之屬/目錄

台州金石錄二十卷闕訪四卷　（清）黃瑞撰
清抄本　十一冊

330000－1787－0002164　2164　史部/目錄
類/總錄之屬/徵訪

浙江採集遺書總錄十二卷　（清）沈初撰　清
乾隆刻本　十二冊

330000－1787－0002165　2165　史部/金石
類/總志之屬/文字

觀妙齋藏金石文攷略十六卷　（清）李光暎撰
清雍正七年（1729）嘉興李光暎刻本　七冊
存十五卷（二至十六）

330000－1787－0002166　2166　史部/金石
類/石之屬/目錄

全浙訪碑錄六卷　（清）黃瑞撰　清光緒稿本
二冊

330000－1787－0002167　2167　史部/地理
類/山川之屬/山志

萬山綱目□□卷　（清）李誠編　稿本　四冊
存四卷（一至四）

330000－1787－0002168　2168　史部/地理
類/山川之屬/山志

萬山綱目一卷　（清）李誠編　稿本　一冊

330000－1787－0002169　2169　史部/地理

類/山川之屬/山志

萬山綱目二十一卷 （清）李誠編 稿本 三冊 存十一卷（一至六、八至九、十一至十三）

330000－1787－0002170 2170 史部/地理類/山川之屬/山志

萬山綱目八卷 （清）李誠編 稿本 三冊 存六卷（一至二、五至八）

330000－1787－0002171 2171 史部/地理類/山川之屬/山志

萬山綱目二十一卷 （清）李誠編 清抄本 五冊 存十一卷（一至二、七至九、十四至十六、十九至二十一）

330000－1787－0002172 2172 經部/四書類/大學之屬/傳說

大學衍義補一百六十卷 （明）邱濬撰 明弘治刻本 三冊 存十九卷（十七至二十三、三十三至四十、一百二十七至一百三十）

330000－1787－0002173 2173 子部/兵家類/兵法之屬

左氏兵法測要二十卷首二卷 （明）宋徵璧撰 明崇禎十年（1637）刻本 八冊

330000－1787－0002174 2174 子部/藝術類/書畫之屬/畫譜

卅三劍客圖不分卷 （清）任熊繪 清咸豐六年（1856）蔡照初刻本 四冊

330000－1787－0002175 2175 子部/醫家類/方書之屬

雜症證治類方八卷 （明）王肯堂輯 清康熙三十八年（1699）刻本 十六冊

330000－1787－0002176 2176 子部/醫家類/本草之屬

本草綱目五十二卷 （明）李時珍著 清刻本 三十二冊 存四十一卷（一至十三、十五至十八、二十一至三十二、三十九至五十）

330000－1787－0002177 2177 子部/醫家類/傷科之屬

瘍科選粹八卷 （明）陳文治輯 清乾隆二十六年（1761）潯溪達尊堂刻本 十六冊

330000－1787－0002178 2178 子部/雜著類/雜說之屬

論衡三十卷 （漢）王充撰 明萬曆十六年（1588）刻本 一冊 存三卷（一至三）

330000－1787－0002179 2179 子部/農家農學類/蠶桑之屬

勸桑說育蠶法不分卷 （清）呂桂芳著 清刻本 一冊

330000－1787－0002180 2180 子部/雜著類/雜說之屬

何氏語林三十卷 （明）何良俊撰 （明）茅坤評 明天啟四年（1624）刻本 八冊

330000－1787－0002181 2181 類叢部/類書類/通類之屬

藝文類聚一百卷 （唐）歐陽詢輯 明刻本 一冊 存三卷（五十六至五十八）

330000－1787－0002182 2182 子部/雜著類/雜纂之屬

幽夢影二卷 （清）張潮輯 清刻本 一冊

330000－1787－0002183 2183 子部/雜著類/雜品之屬

諸子品節五十卷 （明）陳深輯 明萬曆刻本 八冊 存四十卷（一至二十一、二十六至三十八、四十二至四十七）

330000－1787－0002184 2184 史部/傳記類/總傳之屬/家乘

宋氏家傳纂言四卷漫錄三卷 （明）宋鳴梧輯 明末刻本 三冊

330000－1787－0002185 2185 子部/雜著類/雜纂之屬

稗史彙編一百七十五卷 （明）王圻撰 明萬曆三十六年（1608）刻本 六十九冊 存一百五十六卷（一至四十二、四十五至四十七、五十至五十三、五十五至一百二十七、一百四十二至一百七十五）

330000－1787－0002186 2186 子部/雜著類/雜說之屬

輟耕錄三十卷 （明）陶宗儀撰 明毛晉汲古

閣刻本　四册

330000－1787－0002187　2187　子部/宗教類/佛教之屬/論

緇門警訓二卷　（明）釋景隆撰　明正統吳中沙門刻本　一册　存一卷(上)

330000－1787－0002188　2188　子部/術數類/相宅相墓之屬

金精廖公秘授地學心法正傳畫筴扒砂經五卷　（宋）廖禹撰　（宋）彭大雄集　（明）江之棟輯　明萬曆四十二年(1614)刻本　十册

330000－1787－0002189　2189　子部/儒家類/儒家之屬

繪孟七卷　（明）戴君恩撰　明天啓六年(1626)刻本　四册

330000－1787－0002190　2190　類叢部/類書類/專類之屬

對類二十卷　（明）吳勉學考注　明刻本　三册　存八卷(二至五、八至十一)

330000－1787－0002191　2191　子部/雜著類/雜說之屬

淮南鴻烈解二十一卷　（漢）劉安撰　（漢）高誘注　明萬曆刻本　三册　存十三卷(一至六、八至十四)

330000－1787－0002192　2192　子部/小說家類/雜事之屬

李卓吾批點世說新語補二十卷　（南朝宋）劉義慶撰　（南朝梁）劉孝標注　（宋）劉辰翁批　（明）何良俊增　（明）王世貞刪定　（明）王世懋批釋　（明）李贄批點　（明）張文柱校注　明萬曆十四年(1586)刻本　二册　存十五卷(一至十五)

330000－1787－0002193　2193　類叢部/類書類/通類之屬

唐類函二百卷目錄二卷　（明）俞安期輯　明萬曆三十一年(1603)刻本　十六册　存八十二卷(一至八十、目錄一至二)

330000－1787－0002194　2194　類叢部/類書類/專類之屬

330000－1787－0002195　2195　類叢部/類書類/通類之屬

韻府羣玉二十卷　（宋）陰時夫編　明萬曆十八年(1590)刻本　一册　存一卷(一)

330000－1787－0002195　2195　類叢部/類書類/通類之屬

天中記六十卷　（明）陳耀文輯　明萬曆二十三年(1595)刻本　五十六册　存五十六卷(一至四十五、四十七、五十一至六十)

330000－1787－0002196　2196　子部/雜著類/雜說之屬

說略三十卷　（明）顧起元撰　清雲山書院刻本　一册　存四卷(十七至二十)

330000－1787－0002197　2197　類叢部/類書類/專類之屬

五車韻瑞一百六十卷　（明）凌稚隆輯　明金閶葉瑤池刻本　十七册　存八十五卷(一、九至十四、二十一至三十七、四十二至七十五、八十五至九十、九十八至一百二、一百十三至一百二十二、一百四十五至一百五十)

330000－1787－0002198　2198　史部/傳記類/總傳之屬/姓名

古今萬姓統譜一百四十卷　（明）凌迪知輯　明汲古閣刻本　二十二册　存一百二十四卷(七至十六、二十一至一百二十、一百二十四至一百三十七)

330000－1787－0002199　2199　類叢部/類書類/專類之屬

唐宋白孔六帖一百卷目錄二卷　（唐）白居易（宋）孔傳輯　明刻本　十六册　存二十一卷(二、五至六、八、二十七至二十八、四十、四十二至四十三、四十五至四十六、六十四至六十七、七十、七十八至八十一、九十八)

330000－1787－0002200　2200　類叢部/類書類/通類之屬

古今合璧事類備要前集六十九卷後集八十一卷續集五十六卷　（宋）謝維新輯　**古今合璧事類備要別集九十四卷外集六十六卷**　（宋）虞載輯　明萬曆三十七年(1609)刻本　七册　存五十卷(前集一至二十五、三十二至四十八、六十二至六十九)

330000－1787－0002201　2201　類叢部/類書類/通類之屬

古今合璧事類備要前集六十九卷後集八十一卷續集五十六卷　（宋）謝維新輯　**古今合璧事類備要別集九十四卷外集六十六卷**　（宋）虞載輯　明刻本　十冊　存八十一卷(後集一至八十一)

330000－1787－0002202　2202　類叢部/類書類/通類之屬

古今合璧事類備要前集六十九卷後集八十一卷續集五十六卷　（宋）謝維新輯　**古今合璧事類備要別集九十四卷外集六十六卷**　（宋）虞載輯　明刻本　六冊　存五十六卷(續集一至五十六)

330000－1787－0002203　2203　類叢部/類書類/通類之屬

古今合璧事類備要前集六十九卷後集八十一卷續集五十六卷　（宋）謝維新輯　**古今合璧事類備要別集九十四卷外集六十六卷**　（宋）虞載輯　明刻本　六冊　存七十七卷(別集一至十五、二十七至五十七、六十四至九十四)

330000－1787－0002204　2204　類叢部/類書類/通類之屬

古今合璧事類備要前集六十九卷後集八十一卷續集五十六卷　（宋）謝維新輯　**古今合璧事類備要別集九十四卷外集六十六卷**　（宋）虞載輯　明刻本　四冊　存四十一卷(外集一至四十一)

330000－1787－0002205　2205　集部/總集類/選集之屬/斷代

兩漢鴻文二十卷　（明）顧瑞屏纂　明崇禎刻本　六冊　存十八卷(一至十五、十八至二十)

330000－1787－0002206　2206　集部/總集類/彙編之屬

詩詞雜俎十二種　（明）毛晉輯　明天啓至崇禎海虞毛氏汲古閣刻本　一冊　存一種

330000－1787－0002207　2207　集部/總集類/選集之屬/通代

古文品外錄十二卷　（明）陳繼儒輯並評　明天啓五年(1625)朱蔚然刻本　四冊　存八卷(一至八)

330000－1787－0002208　2208　集部/總集類/選集之屬/斷代

應試唐詩類釋十九卷　（清）臧岳編　清乾隆二十八年(1763)刻本　六冊

330000－1787－0002209　2209　集部/總集類/選集之屬/通代

名世文宗三十卷新刊□□卷　（明）胡時化輯　明崇禎元年(1628)刻本　十六冊　存三十卷(一至十四、十九至二十六,新刊一至二、四、九、二十至二十三)

330000－1787－0002210　2210　集部/總集類/選集之屬/通代

廣文選八十二卷　（明）劉節輯　明嘉靖十二年(1533)刻本　二十冊　存七十三卷(六至七十四、七十九至八十二)

330000－1787－0002211　2211　集部/總集類/選集之屬/斷代

元文類七十卷目錄三卷　（元）蘇天爵輯　明嘉靖十六年(1537)晉府刻本　二十四冊

330000－1787－0002212　2212　集部/總集類/選集之屬/通代

古文淵鑒六十四卷　（清）徐乾學等輯注　清康熙二十四年(1685)內府刻本　二十四冊

330000－1787－0002213　2213　集部/總集類/選集之屬/通代

新刊文選考註六十卷　（南朝梁）蕭統輯　(唐)李善等考註　明萬曆刻本　十一冊　存八卷(一至五、七、十一、十三)

330000－1787－0002214　2214　集部/總集類/選集之屬/通代

秦漢鴻文二十五卷　（明）顧錫疇評選　明崇禎刻本　二冊　存五卷(先秦鴻文一至五)

330000－1787－0002215　2215　集部/總集類/選集之屬/斷代

崇禎宮詞不分卷　清抄本　一冊

330000－1787－0002216　2216　集部/總集類/選集之屬/斷代

治世正音前集十卷後集二十一卷　（明）歐陽潘輯　明成化七年(1471)刻本　十四冊

330000－1787－0002217　2217　集部/總集類/選集之屬/斷代

大雅集八卷　（元）賴良編　清道光六年(1826)抄本　二冊

330000－1787－0002218　2218　集部/總集類/選集之屬/斷代

唐詩解五十卷　（明）唐汝詢輯　明萬曆四十三年(1615)刻本　十三冊　存三十九卷(一至六、十三至三十五、四十一至五十)

330000－1787－0002219　2219　集部/總集類/選集之屬/斷代

批選六大家論二卷　（明）錢普批選　明刻本　二冊

330000－1787－0002220　2220　集部/總集類/選集之屬/斷代

精刻徐陳二先生續選熙朝明文則二卷　（明）徐廣編　明萬曆四十六年(1618)刻本　二冊

330000－1787－0002221　2221　集部/總集類/選集之屬/斷代

息山吟社詩存二卷　王璥等撰　清抄本二冊

330000－1787－0002222　2222　集部/總集類/郡邑之屬

台州文徵初稿不分卷　王舟瑤輯　稿本三冊

330000－1787－0002223　2223　集部/總集類/郡邑之屬

台州文徵一百八十卷目錄二卷　王舟瑤輯清抄本　八十二冊

330000－1787－0002224　2224　集部/別集類/唐五代別集

昌黎先生集四十卷遺文一卷傳一卷外集十卷

（唐）韓愈撰　明萬曆刻本　四冊　存十七卷(五至六、二十一至二十三,遺文,傳,外集一至十)

330000－1787－0002225　2225　集部/總集類/郡邑之屬

台嶠文徵不分卷　（清）黃瑞輯　稿本　一冊

330000－1787－0002226　2226　集部/總集類/郡邑之屬

台典不分卷　（清）宋世犖輯　清抄本　一冊

330000－1787－0002227　2227　集部/總集類/郡邑之屬

台典不分卷　（清）宋世犖輯　清嘉慶稿本五冊

330000－1787－0002228　2228　集部/總集類/郡邑之屬

台典不分卷　（清）宋世犖輯　清抄本　二冊

330000－1787－0002229　2229　集部/總集類/郡邑之屬

天台詩選五卷　（明）許鳴遠編　明崇禎十五年(1642)刻本　二冊

330000－1787－0002230　2230　集部/總集類/郡邑之屬

赤城詩集十八卷　（明）謝鐸編　清抄本　一冊　存七卷(一至七)

330000－1787－0002231　2231　集部/別集類/唐五代別集

分類補註李太白詩二十五卷　（唐）李白撰（宋）楊齊賢集注　（元）蕭士贇補注　明萬曆三十年(1602)刻本　七冊　存十四卷(一至十、二十二至二十五)

330000－1787－0002232　2232　集部/別集類/唐五代別集

分類補註李太白詩二十五卷　（唐）李白撰（宋）楊齊賢集注　（元）蕭士贇補注　分類編次李太白文五卷　（唐）李白撰　（明）郭雲鵬編次　明嘉靖刻本　八冊　存十二卷(十九至二十五、分類編次李太白文一至五)

330000 – 1787 – 0002233　2233　集部/別集類/漢魏六朝別集

揚子雲集三卷　（漢）揚雄撰　明刻本　一冊

330000 – 1787 – 0002234　2234　集部/別集類/漢魏六朝別集

梁武帝御製集一卷　（南朝梁）武帝蕭衍撰（明）張溥編　明刻本　一冊

330000 – 1787 – 0002235　2235　集部/別集類/漢魏六朝別集

蔡中郎集十二卷　（漢）蔡邕著　（明）張燮纂　明萬曆刻本　二冊　存八卷（五至十二）

330000 – 1787 – 0002236　2236　集部/總集類/題詠之屬

頌禹渡黃先生功德詩不分卷　（清）程霖輯　清咸豐九年（1859）刻本　一冊

330000 – 1787 – 0002237　2237　集部/總集類/郡邑之屬

三台名媛詩輯五卷詞輯一卷　（清）黃瑞編　清抄本　一冊

330000 – 1787 – 0002238　2238　集部/總集類/彙編之屬

韓柳全集一百四卷　（明）蔣之翹編　明崇禎六年（1633）檇李蔣之翹三徑草堂刻本　十冊　存三十六卷（唐韓昌黎集二至二十、二十四至四十）

330000 – 1787 – 0002239　2239　集部/總集類/郡邑之屬

台詩三錄八卷坿刻三卷　（清）宋世犖輯　清抄本　四冊　存九卷（一至六，坿刻上、中、下）

330000 – 1787 – 0002240　2240　集部/總集類/郡邑之屬

三台詩遺不分卷　稿本　一冊

330000 – 1787 – 0002241　2241　集部/總集類/選集之屬/通代

金鰲山集不分卷　（清）馮賡雪輯　清抄本　二冊

330000 – 1787 – 0002242　2242　集部/楚辭類

楚辭句解評林十七卷附錄一卷　（漢）劉向集（漢）王逸章句　（明）馮紹祖校　明刻本　五冊　存十三卷（一至十、十六至十七，附錄）

330000 – 1787 – 0002243　2243　集部/別集類/唐五代別集

溫飛卿詩集七卷別集一卷集外詩一卷附錄諸家詩評一卷　（唐）溫庭筠撰　（明）曾益注（清）顧予咸補注　（清）顧嗣立續注　清康熙三十六年（1697）長洲顧氏秀野草堂刻本　一冊

330000 – 1787 – 0002244　2244　集部/總集類/郡邑之屬

臨海詩輯五卷　（清）黃瑞輯　清光緒三年（1877）稿本　一冊

330000 – 1787 – 0002245　2245　集部/別集類/唐五代別集

唐陸宣公集二十二卷　（唐）陸贄撰　明萬曆九年（1581）刻本　四冊

330000 – 1787 – 0002246　2246　集部/別集類/宋別集

東坡全集一百五十卷目錄六卷　（宋）蘇軾撰　明萬曆刻本　三十一冊　存七十四卷（二十五至三十、三十四至四十一、四十八至五十、五十七至七十三、七十七至八十、八十五至一百十五，目錄一至五）

330000 – 1787 – 0002247　2247　集部/別集類/明別集

遜志齋集二十四卷　（明）方孝孺撰　明嘉靖刻本　七冊　存十六卷（一至五、九至十五、二十一至二十四）

330000 – 1787 – 0002248　2248　集部/別集類/明別集

方正學先生遜志齋集二十四卷　（明）方孝孺撰　明萬曆四十年（1612）刻本（卷二十三配清抄本）　十四冊

330000 – 1787 – 0002249　2249　集部/小說

類/短篇之屬

唐人小說傳奇不分卷　清刻本　一冊

330000－1787－0002250　2250　集部/別集
類/宋別集

海瓊玉蟾先生文集五卷續文集二卷　（宋）葛
長庚撰　（明）朱權重輯　明萬曆刻本　四冊
存五卷(三至五、續一至二)

330000－1787－0002251　2251　集部/戲劇
類/傳奇之屬

味蔗軒春燈新曲雁書記一卷玉簪記一卷
（清）黃治編　清道光刻本　一冊

330000－1787－0002252　2252　集部/別集
類/元別集

月屋樵吟四卷　（元）黃庚撰　明成化十三年
(1477)刻本　一冊

330000－1787－0002253　2253　經部/叢編

宋本十三經註疏併經典釋文校勘記　（清）阮
元撰　清嘉慶二十一年(1816)揚州阮氏文選
樓刻本　一冊　存一種

330000－1787－0002254　2254　集部/別集
類/宋別集

宋大家曾文定公文抄十卷　（宋）曾鞏撰
(明)茅坤批評　明崇禎刻本　二冊

330000－1787－0002255　2255　類叢部/叢
書類/自著之屬

陸放翁全集六種　（宋）陸游撰　明末海虞毛
氏汲古閣刻本　七冊　存一種

330000－1787－0002256　2256　集部/別集
類/元別集

夷白齋稿三十五卷外集一卷　（元）陳基撰
(元)戴良編　清光緒二十年(1894)抄本
六冊

330000－1787－0002257　2257　集部/別集
類/明別集

海峰堂前稿十八卷　（明）葉良佩撰　明嘉靖
刻本　四冊　存九卷(四至六、十三至十八)

330000－1787－0002258　2258　集部/別集
類/明別集

海峰堂前稿十八卷　（明）葉良佩撰　清抄本
一冊　存三卷(十至十二)

330000－1787－0002259　2259　集部/別集
類/明別集

海峰堂前稿十八卷　（明）葉良佩撰　清抄本
二冊　存六卷(一至三、十至十二)

330000－1787－0002260　2260　集部/別集
類/明別集

圭山近稿六卷　（明）張儉著　清乾隆二十五
年(1760)木活字印本　三冊

330000－1787－0002261　2261　集部/別集
類/明別集

桃溪淨稿八十四卷　（明）謝鐸撰　明正德十
六年(1521)刻本　二冊　存二十五卷(文一
至二十五)

330000－1787－0002262　2262　集部/別集
類/明別集

鶴田草堂集十卷　（明）蔡雲程撰　明末刻本
二冊　存七卷(四至十)

330000－1787－0002263　2263　集部/別集
類/明別集

霞山文集十卷　（明）蔡潮撰　明嘉靖三十三
年(1554)刻本　一冊　存二卷(三、八)

330000－1787－0002264　2264　集部/別集
類/明別集

新刻張太岳先生詩文集四十六卷　（明）張居
正撰　明刻本　五冊　存二十一卷(一至七、
十三至二十六)

330000－1787－0002265　2265　集部/別集
類/明別集

新刻張太岳先生詩文集四十六卷　（明）張居
正撰　明唐國達刻本　十二冊

330000－1787－0002266　2266　集部/別集
類/明別集

逸老堂淨稿十九卷　（明）謝省撰　明弘治三
年(1490)刻本(卷一至二配清康熙抄本)　二
冊　存十卷(一至十)

330000－1787－0002267　2267　集部/別集類/明別集

方正學先生遜志齋集二十四卷　（明）方孝孺撰　（明）張紹謙纂　（明）盧演輯　明崇禎刻本　十二冊

330000－1787－0002268　2268　集部/別集類/明別集

徐迪功集六卷談藝錄一卷　（明）徐禎卿撰　明末刻本　二冊

330000－1787－0002269　2269　集部/別集類/明別集

一所金先生集十二卷　（明）金賁亨撰　清光緒二十六年(1900)抄本　三冊

330000－1787－0002270　2270　集部/別集類/明別集

釾園集十四卷　（明）陳萬言撰　明末刻本　一冊　存七卷(一至七)

330000－1787－0002271　2271　集部/別集類/明別集

丹城稿不分卷　（明）范理撰　明正統抄本　二冊

330000－1787－0002273　2273　子部/醫家類/婦科之屬/通論

婦科不分卷　清抄本　一冊

330000－1787－0002274　2274　子部/醫家類/外科之屬/癰疽、疔瘡

治瘡毒不分卷　清抄本　一冊

330000－1787－0002275　2275　子部/醫家類/眼科之屬

治目要旨不分卷　清抄本　一冊

330000－1787－0002276　2276　子部/醫家類/綜合之屬/雜著

醫書不分卷　清抄本　一冊

330000－1787－0002277　2277　子部/醫家類/兒科之屬/痘疹

種痘法不分卷　清抄本　一冊

330000－1787－0002278　2278　子部/醫家

類/傷科之屬

治傷不分卷　清抄本　一冊

330000－1787－0002279　2279　子部/醫家類/診法之屬

醫術不分卷　清抄本　一冊

330000－1787－0002280　2280　子部/醫家類/方書之屬/成方藥目

方書不分卷　清抄本　一冊

330000－1787－0002281　2281　子部/醫家類/兒科之屬/痘疹

治痘全書不分卷　清抄本　一冊

330000－1787－0002282　2282　子部/醫家類/綜合之屬/雜著

行醫日記不分卷　清抄本　一冊

330000－1787－0002283　2283　子部/天文曆算類/天文之屬

星度表不分卷　清抄本　一冊

330000－1787－0002284　2284　子部/天文曆算類/算書之屬

幾何不分卷　清抄本　一冊

330000－1787－0002285　2285　子部/醫家類/綜合之屬/雜著

銘丹閣醫鈔不分卷　（清）林丙修錄　清抄本　一冊

330000－1787－0002286　2286　子部/醫家類/兒科之屬/痘疹

麻疹實驗□□集　（清）謝天心編　清抄本　一冊　存一集(下)

330000－1787－0002287　2287　子部/醫家類/綜合之屬/雜著

春在堂雜傳不分卷　清抄本　一冊

330000－1787－0002288　2288　子部/醫家類/綜合之屬/合刻、合抄

春在醫衡不分卷　（清）葉燦如識　清抄本　一冊

330000－1787－0002289　2289　子部/醫家類/綜合之屬/雜著

診甾自娛錄不分卷　清抄本　一冊

330000－1787－0002290　2290　子部/醫家類/方書之屬/歷代方書

本堂神曲方不分卷　清抄本　一冊

330000－1787－0002292　2292　子部/農家農學類/農藝之屬/作物種植

番薯栽培法不分卷　（清）王末齋撰　清抄本　一冊

330000－1787－0002293　2293　子部/醫家類/綜合之屬/雜著

醫書不分卷　清抄本　一冊

330000－1787－0002294　2294　子部/兵家類/兵器之屬

火器新術不分卷　（清）黃方慶撰　清抄本　一冊

330000－1787－0002295　2295　子部/藝術類/音樂之屬/總論

國樂指南不分卷　清抄本　一冊

330000－1787－0002296　2296　子部/農家農學類/獸醫之屬

醫牛書不分卷　（清）謝保珍撰　清抄本　一冊

330000－1787－0002297　2297　子部/醫家類/本草之屬/本草雜著

藥草備要不分卷　清抄本　一冊

330000－1787－0002298　2298　子部/醫家類

摘要不分卷　巾子山人撰　清抄本　一冊

330000－1787－0002299　2299　子部/宗教類/佛教之屬

金剛般若波羅蜜經句解不分卷　（清）季靈江註　清抄本　一冊

330000－1787－0002300　2300　子部/宗教類/佛教之屬/總錄

佛陀之福音不分卷　清抄本　一冊

330000－1787－0002301　2301　子部/醫家類

擇善而從不分卷　（清）潘志炎撰　清抄本　一冊

330000－1787－0002302　2302　子部/醫家類/兒科之屬/痘疹

秘傳麻書不分卷　清光緒二十九年（1903）抄本　一冊

330000－1787－0002303　2303　子部/醫家類/溫病之屬

濕熱症匯參不分卷　（清）林丙修撰　清抄本　一冊

330000－1787－0002304　2304　子部/醫家類/醫理之屬/綜合

醫理信述六卷　（清）夏子俊纂輯　清光緒二十五年（1899）黃城柯樹德堂刻本　一冊　存四卷（三至六）

330000－1787－0002305　2305　子部/醫家類/傷寒金匱之屬/傷寒論

傷寒六氣分治辨論□□卷　清抄本　二冊　存八卷（三至十）

330000－1787－0002306　2306　子部/醫家類/醫理之屬/陰陽五行、五運六氣

雜病六氣分治辨論□□卷　稿本　二冊　存八卷（五至十二）

330000－1787－0002307　2307　子部/宗教類/道教之屬

黃庭內外景玉經不分卷　清抄本　一冊

330000－1787－0002309　2309　子部/醫家類/本草之屬/本草雜著

本草別名雜記不分卷　清抄本　一冊

330000－1787－0002310　2310　子部/天文曆算類/天文之屬

煩察秘抄二卷　清抄本　二冊

330000－1787－0002311　2311　子部/醫家類/婦科之屬/通論

女科要旨不分卷　清抄本　一冊

330000－1787－0002313　2313　子部/天文曆算類/算書之屬

算學不分卷　清抄本　一冊

330000－1787－0002314　2314　子部/天文曆算類/算書之屬

金峰夢人學算不分卷　清抄本　一冊

330000－1787－0002315　2315　子部/醫家類/醫理之屬/病源病機

原病篇不分卷　清抄本　一冊

330000－1787－0002316　2316　子部/醫家類/溫病之屬/痧症

痧症指微不分卷　清抄本　一冊

330000－1787－0002317　2317　子部/醫家類/外科之屬/癰疽、疔瘡

療瘡摘要不分卷　清抄本　一冊

330000－1787－0002318　2318　子部/醫家類/方書之屬/單方驗方

湯丸方不分卷　清抄本　一冊

330000－1787－0002321　2321　子部/醫家類/傷寒金匱之屬/傷寒論

傷寒六氣分治辨論不分卷　清抄本　一冊

330000－1787－0002322　2322　子部/醫家類/兒科之屬/通論

兒科輯要不分卷　管昌文撰　清抄本　一冊

330000－1787－0002327　2327　子部/醫家類

粟園胗治隨筆不分卷　黃鞠夫撰　清抄本　一冊

330000－1787－0002329　2329　子部/醫家類/婦科之屬/通論

宅譜修方催生四卷　（清）蓬窠子口授　（清）青江子述編　清雍正二年(1724)刻本　一冊

330000－1787－0002334　2334　子部/醫家類/兒科之屬/驚風

驚風闢妄不分卷　清抄本　二冊

330000－1787－0002335　2335　子部/術數類

直指正元不分卷　（清）朱元村撰　清抄本　二冊

330000－1787－0002336　2336　子部/天文曆算類/算書之屬

緝古算經補草不分卷　（清）章俊民撰　清抄本　二冊

330000－1787－0002337　2337　子部/醫家類/診法之屬/其他診法

察舌辨證不分卷　（清）吳坤安述　清抄本　一冊

330000－1787－0002338　2338　子部/醫家類/兒科之屬/痘疹

麻症集成不分卷　（清）楊丹山輯錄　清光緒五年(1879)抄本　一冊

330000－1787－0002339　2339　子部/天文曆算類/算書之屬

金峰山房算草不分卷　清抄本　一冊

330000－1787－0002341　2341　子部/雜著類

雜神註解不分卷　（清）朱元村輯錄　清抄本　一冊

330000－1787－0002343　2343　子部/醫家類/方書之屬

醫藥偶錄不分卷　清抄本　一冊

330000－1787－0002344　2344　子部/醫家類/醫理之屬/藏象骨度

骨部及經穴不分卷　管昌文撰　清抄本　一冊

330000－1787－0002345　2345　子部/醫家類/本草之屬/本草雜著

本草補遺不分卷　陳君東采錄　清抄本　一冊

330000－1787－0002346　2346　子部/醫家類/綜合之屬/雜著

八卦與人身不分卷　清抄本　一冊

330000－1787－0002347　2347　子部/醫家類/醫理之屬/陰陽五行、五運六氣

六氣總治總論不分卷　稿本　一冊

330000－1787－0002348　2348　子部/醫家

類/診法之屬/其他診法

指紋切要不分卷 清抄本 一冊

330000－1787－0002349 2349 子部/醫家
類/醫經之屬/內經

內經□□卷 清抄本 一冊 存八十卷(二
至八十一)

330000－1787－0002350 2350 子部/醫家
類/醫案之屬

醫案彙抄不分卷 清抄本 一冊

330000－1787－0002352 2352 子部/道
家類

陰符經不分卷 清抄本 一冊

330000－1787－0002353 2353 子部/農家
農學類/獸醫之屬

牛經大全二卷 （明）喻本元 （明）喻本亨編
清抄本 一冊

330000－1787－0002354 2354 子部/天文
曆算類/算書之屬

格致山房算草不分卷 （清）章俊民撰 清抄
本 一冊

330000－1787－0002355 2355 子部/天文
曆算類/算書之屬

元方舉隅不分卷 清抄本 一冊

330000－1787－0002356 2356 子部/術數
類/相宅相墓之屬

黃岩穴訣不分卷 （清）卓雪溪撰 清抄本
一冊

330000－1787－0002358 2358 子部/術數
類/雜術之屬

羅經說略不分卷 葉肖埜撰 清抄本 一冊

330000－1787－0002359 2359 子部/醫家
類/本草之屬/本草雜著

藥囊不分卷 （清）朱秀夫隨筆 清抄本
一冊

330000－1787－0002360 2360 子部/醫家
類/方書之屬/單方驗方

腫瘍主治方不分卷 清抄本 一冊

330000－1787－0002361 2361 子部/醫家
類/醫案之屬

葉案撮要不分卷 清光緒二十二年(1896)抄
本 一冊

330000－1787－0002362 2362 子部/醫家
類/醫理之屬/綜合

性道文章(醫療哲學)不分卷 （清）朱秀夫錄
清抄本 一冊

330000－1787－0002363 2363 子部/醫家
類/醫經之屬/內經

內經經解□□卷 （清）洪統理編 清抄本
一冊 存一卷(四)

330000－1787－0002364 2364 子部/醫家
類/本草之屬/本草雜著

本草譯不分卷 清抄本 一冊

330000－1787－0002365 2365 子部/醫家
類/兒科之屬/通論

幼科□□卷 清抄本 一冊 存一卷(下)

330000－1787－0002366 2366 子部/醫家
類/綜合之屬/雜著

醫書不分卷 清抄本 一冊

330000－1787－0002368 2368 子部/天文
曆算類/天文之屬

天算曆象彙要不分卷 （清）黃方慶輯 清抄
本 一冊

330000－1787－0002369 2369 子部/天文
曆算類/天文之屬

天文摘要不分卷 （清）董毓琦撰 清抄本
一冊

330000－1787－0002370 2370 子部/術數
類/相宅相墓之屬

八宅開門吉凶斷不分卷 （清）張學賢撰 清
抄本 一冊

330000－1787－0002371 2371 子部/天文
曆算類/算書之屬

算學發竅不分卷 清抄本 一冊

330000－1787－0002372 2372 子部/工藝

類/日用器物之屬/服飾

珠飾與皮貨之鑒別不分卷　清抄本　一冊

330000－1787－0002373　2373　集部/別集
類/清別集

意雲盦稿不分卷　（清）徐夢丹撰　清宣統二
年(1910)抄本　一冊

330000－1787－0002374　2374　集部/別集
類/清別集

松渠文稿不分卷　（清）王松渠撰　清抄本
一冊

330000－1787－0002375　2375　子部/醫家
類/醫經之屬/難經

難經不分卷　（清）秦越人述　清抄本　一冊

330000－1787－0002378　2378　子部/術數
類/雜術之屬

造化原鑰二卷　清抄本　一冊

330000－1787－0002379　2379　子部/醫家
類/方書之屬/單方驗方

湯頭方不分卷　清抄本　一冊

330000－1787－0002380　2380　子部/天文
曆算類/曆法之屬

同治六年時憲書不分卷　清刻朱墨套印本
一冊

330000－1787－0002381　2381　子部/天文
曆算類/天文之屬

各節氣太陽黃赤升度表不分卷　清抄本
一冊

330000－1787－0002382　2382　子部/天文
曆算類/算書之屬

鉤深致遠不分卷　清抄本　一冊

330000－1787－0002393　2393　集部/總集
類/尺牘之屬

丙申外來信稿不分卷　（清）何光熊等何氏族
人撰　清抄本　一冊

330000－1787－0002394　2394　集部/總集
類/彙編之屬

傳經草舍雜存不分卷　何奏簧輯　清抄本

一冊

330000－1787－0002395　2395　集部/總集
類/課藝之屬

傳經草舍制藝選鈔不分卷　何奏簧輯　清抄
本　一冊

330000－1787－0002396　2396　集部/總集
類/彙編之屬

傳經草舍選抄殘本不分卷　何奏簧輯　清抄
本　一冊

330000－1787－0002397　2397　集部/總集
類/彙編之屬

傳經草舍雜存不分卷　何奏簧輯　清抄本
一冊

330000－1787－0002398　2398　史部/政書
類/公牘檔冊之屬

城郊造林濬河函稿不分卷　何奏簧輯　清抄
本　一冊

330000－1787－0002399　2399　集部/總集
類/尺牘之屬

丁未戊申己酉三年京廎寄台家書不分卷　何
奏簧等撰　清抄本　一冊

330000－1787－0002400　2400　集部/別
集類

辛卯杭寄家書並壬辰後尺牘不分卷　何奏簧
撰　清光緒抄本　一冊

330000－1787－0002401　2401　集部/總集
類/尺牘之屬

何氏家書不分卷　何奏簧等撰　清光緒抄本
一冊

330000－1787－0002402　2402　集部/別
集類

見石家書不分卷　何奏簧撰　清抄本　六冊

330000－1787－0002403　2403　集部/總集
類/尺牘之屬

何氏寄京家書不分卷　何奏簧等撰　清抄本
二冊

330000－1787－0002404　2404　集部/總集

類/氏族之屬

綠堂遺稿不分卷 （清）何鍾麟等撰 清抄本
　一冊

330000－1787－0002405　2405　集部/總集
類/氏族之屬

綠堂文稿不分卷 何奏簇輯 清抄本 一冊

330000－1787－0002406　2406　集部/總集
類/氏族之屬

綠堂文稿不分卷 （清）何鍾麟等撰 清抄本
　一冊

330000－1787－0002408　2408　集部/總集
類/氏族之屬

綠堂遺稿不分卷 （清）何鍾麟等撰 清光緒
抄本　一冊

330000－1787－0002409　2409　集部/別集
類/清別集

甲申冬自永康歸里後詩稿(綠堂詩存)不分卷
　（清）何鍾麟撰 清光緒抄本 一冊

330000－1787－0002410　2410　集部/總集
類/氏族之屬

綠堂詩草不分卷 （清）何鍾麟等撰 清抄本
　一冊

330000－1787－0002411　2411　史部/傳記
類/日記之屬

白雲隱吏日記不分卷 何奏簇撰 清光緒抄
本　一冊

330000－1787－0002412　2412　集部/總集
類/彙編之屬

傳經草舍雜抄不分卷 何奏簇輯 清光緒二
十九年(1903)抄本　一冊

330000－1787－0002413　2413　集部/總集
類/尺牘之屬

甘旋雜存不分卷 何奏簇等撰 清光緒二十
一年(1895)抄本　一冊

330000－1787－0002414　2414　集部/總集
類/氏族之屬

何氏掃墓祭文稿本不分卷 （清）何炳麟

（清）何鍾麟等撰 清抄本 一冊

330000－1787－0002416　2416　集部/總集
類/氏族之屬

何氏常風山歷年掃墓祭文不分卷 （清）何鍾
麟等撰 清抄本　一冊

330000－1787－0002417　2417　集部/總集
類/氏族之屬

辛丑年清明掃墓冬至拜祠祭文不分卷 （清）
何氏族人撰 清光緒二十七年(1901)抄本
　一冊

330000－1787－0002418　2418　集部/總集
類/尺牘之屬

何肅堂函稿不分卷 何奏簇等撰 清抄本
　一冊

330000－1787－0002420　2420　集部/總集
類/氏族之屬

何氏遺詩彙抄不分卷 （清）何氏族人撰 清
抄本　一冊

330000－1787－0002424　2424　集部/總集
類/氏族之屬

何氏文獻錄存不分卷 何奏簇等撰 清抄本
　一冊

330000－1787－0002425　2425　集部/別
集類

棄餘草不分卷 何奏簇撰 清抄本 一冊

330000－1787－0002426　2426　史部/政書
類/公牘檔冊之屬

何氏柵浦埠訟爭始末不分卷 何奏簇等撰
清抄本　一冊

330000－1787－0002427　2427　史部/政書
類/公牘檔冊之屬

臨海何氏私產錄□□卷 清抄本 一冊 存
一卷(上)

330000－1787－0002428　2428　集部/總集
類/酬唱之屬

贈［何氏］詩不分卷 （清）張裔渠等撰 清抄
本　一冊

330000－1787－0002429　2429　集部/別集類

何星槎制藝(寸燭草)不分卷　何奏簴撰　清抄本　一冊

330000－1787－0002430　2430　集部/別集類

王次長壽詩不分卷　何奏簴撰　清抄本　一冊

330000－1787－0002431　2431　集部/別集類/清別集

何四香廣文遺稿不分卷　（清）何鍾麟撰　稿本　一冊

330000－1787－0002432　2432　集部/別集類

何奏簴課文不分卷　何奏簴撰　清抄本　一冊

330000－1787－0002433　2433　集部/別集類/明別集

何芷升遺稿不分卷　（明）何芷升撰　清抄本　一冊

330000－1787－0002434　2434　子部/雜著類/雜纂之屬

卡霓讀書記不分卷　（清）葛詠裳撰　清抄本　六冊

330000－1787－0002435　2435　集部/總集類/氏族之屬

棠棣集三卷　趙珩等撰　清抄本　三冊

330000－1787－0002437　2437　集部/別集類/清別集

張廷琛手稿不分卷　（清）張廷琛撰　稿本　一冊

330000－1787－0002439　2439　集部/別集類/清別集

詩集不分卷　清抄本　一冊

330000－1787－0002440　2440　經部/三禮總義類/通論之屬

讀禮疑義不分卷　（清）陳寬居著　清抄本

一冊

330000－1787－0002441　2441　集部/總集類/郡邑之屬

台州詩錄不分卷　清抄本　一冊

330000－1787－0002444　2444　集部/別集類/清別集

竹平安館遺稿不分卷　（清）傅鼎文撰　清抄本　一冊

330000－1787－0002447　2447　集部/別集類/清別集

江清侶詩集不分卷　（清）江清侶撰　清抄本　一冊

330000－1787－0002449　2449　史部/地理類/遊記之屬/紀行

□游草不分卷　（清）張署村撰　清抄本　一冊

330000－1787－0002451　2451　集部/別集類/宋別集

陸放翁詩鈔不分卷　（宋）陸游撰　清何沅抄本　一冊

330000－1787－0002455　2455　史部/史抄類

野史筆記叢抄不分卷　清抄本　一冊

330000－1787－0002457　2457　集部/別集類/清別集

睿諤堂詩稿一卷　（清）金文田撰　清抄本　一冊

330000－1787－0002458　2458　集部/別集類/清別集

鶴籬詩集不分卷　清抄本　一冊

330000－1787－0002460　2460　集部/總集類/氏族之屬

臨海沈氏文獻錄不分卷　（清）許兼善輯　清抄本　一冊

330000－1787－0002462　2462　集部/別集類/清別集

澹襟唫秋室詩鈔四卷　（清）蔡肅撰　清抄本

一冊

330000－1787－0002466　2466　集部/別集
類/清別集

兩銘樓詩草不分卷　（清）張廷琛撰　清光緒
抄本　一冊

330000－1787－0002467　2467　集部/別集
類/清別集

推敲餘興不分卷　（清）任重撰　稿本　一冊

330000－1787－0002468　2468　集部/別集
類/清別集

竹平安館詩稿不分卷　（清）項黛文撰　清抄
本　一冊

330000－1787－0002469　2469　集部/別集
類/清別集

紅雪山房詩鈔五卷　（清）劉暄之撰　清抄本
一冊

330000－1787－0002470　2470　集部/別集
類/清別集

生意滿芳叢不分卷　（清）黃石老人撰　清咸
豐六年(1856)稿本　一冊

330000－1787－0002471　2471　集部/戲劇
類/總集之屬/雜劇

雜劇選抄不分卷　清抄本　一冊

330000－1787－0002472　2472　集部/別集
類/清別集

翠竹山房詩稿不分卷　（清）齊中嶔撰　清抄
本　一冊

330000－1787－0002473　2473　集部/總集
類/酬唱之屬

友聲叢集不分卷　清抄本　一冊

330000－1787－0002474　2474　史部/傳記
類/科舉錄之屬/總錄

天台採訪冊不分卷　（清）齊毓川撰　清抄本
一冊

330000－1787－0002475　2475　子部/雜著
類/雜考之屬

讀書辨論不分卷　（明）方孝孺著　明抄本

一冊

330000－1787－0002480　2480　經部/三禮
總義類/名物制度之屬

求古錄□□卷　（清）金鶚撰　清同治五年
(1866)抄本　一冊　存二卷(十三至十四)

330000－1787－0002482　2482　集部/別集
類/清別集

斗南詩草不分卷　（清）斗南撰　清抄本
一冊

330000－1787－0002484　2484　集部/別集
類/清別集

養寬詩草不分卷　（清）養寬撰　稿本　一冊

330000－1787－0002485　2485　集部/別集
類/清別集

雙柏館詩稿不分卷　（清）余翰撰　清抄本
一冊

330000－1787－0002487　2487　集部/別集
類/清別集

陳竹蓀遺稿不分卷　（清）陳宗庚撰　稿本
一冊

330000－1787－0002488　2488　集部/戲劇
類/總集之屬/雜劇

雜劇彙抄不分卷　清抄本　一冊

330000－1787－0002489　2489　經部/禮記
類/分篇之屬

禮記節解不分卷　清抄本　一冊

330000－1787－0002490　2490　集部/別集
類/清別集

末利軒詩草□□卷　（清）金贊勛撰　清抄本
一冊　存三卷(四至六)

330000－1787－0002491　2491　集部/別集
類/清別集

末利軒詩草不分卷　（清）金贊勛撰　清咸豐
四年(1854)抄本　一冊

330000－1787－0002492　2492　集部/別集
類/清別集

巾子山館詩鈔不分卷　（清）邵燧撰　清抄本

三冊

330000－1787－0002493　2493　集部/別集類/清別集

復庵詩集不分卷　（清）趙模撰　清抄本　一冊

330000－1787－0002494　2494　集部/別集類/清別集

末利軒詩草□□卷　（清）金贊勛撰　清抄本　一冊　存三卷(一至三)

330000－1787－0002495　2495　經部/春秋總義類/專著之屬

春秋考證不分卷　稿本　一冊

330000－1787－0002499　2499　集部/別集類/清別集

樵經閣近抄不分卷　（清）秦行澧撰　清抄本　一冊

330000－1787－0002501　2501　集部/別集類/清別集

隨記集不分卷　（清）徐傳璦著　清抄本　一冊

330000－1787－0002503　2503　集部/別集類/清別集

王松渠文稿不分卷　（清）王松渠撰　清抄本　一冊

330000－1787－0002504　2504　集部/別集類/清別集

燕筑吟一卷　（清）何楷章撰　清刻本　一冊

330000－1787－0002505　2505　集部/別集類/清別集

石泉詩草不分卷　（清）戴景祺撰　清抄本　一冊

330000－1787－0002506　2506　子部/藝術類/書畫之屬/書法書品

續書譜不分卷　（宋）姜夔撰　清抄本　一冊

330000－1787－0002507　2507　集部/別集類/清別集

江浣秋先生詩稿不分卷　（清）江浣秋撰　清

抄本　一冊

330000－1787－0002509　2509　集部/別集類/清別集

寫經堂詩遺稿不分卷　（清）蔡箎撰　清抄本　一冊

330000－1787－0002510　2510　集部/別集類/清別集

陳蔚青先生遺稿不分卷　（清）陳蔚青撰　稿本　一冊

330000－1787－0002511　2511　集部/別集類/清別集

沈薇卿先生遺稿不分卷　（清）沈薇卿撰　清抄本　二冊

330000－1787－0002512　2512　集部/別集類/清別集

枕山樓詩草二卷　（清）葉舟撰　清抄本　一冊　存一卷(上)

330000－1787－0002513　2513　集部/別集類/清別集

燕筑吟一卷　（清）何楷章撰　清刻本　一冊

330000－1787－0002514　2514　集部/別集類/清別集

皆山堂詩不分卷　（清）沈光邦撰　清抄本　一冊

330000－1787－0002515　2515　子部/儒家類/儒家之屬

續台學源流初稿不分卷　（清）吳觀周撰　清光緒二十三年(1897)稿本　一冊

330000－1787－0002516　2516　集部/別集類/清別集

聽鸝軒詩鈔不分卷醋墨樓詩鈔不分卷　清抄本　一冊

330000－1787－0002517　2517　子部/儒家類/儒家之屬

續台學源流初稿不分卷　（清）吳觀周撰　稿本　一冊

330000－1787－0002518　2518　集部/別集

存修齋詩集不分卷 （清）趙貽琛著　清抄本
　一冊

330000－1787－0002519　2519　集部/別集
類/清別集

洪雨蓀遺稿不分卷 （清）洪宗瀚撰　清抄本
　一冊

330000－1787－0002520　2520　集部/別集
類/清別集

灝亭詩集七卷 （清）王瀚撰　清光緒十八年
(1892)抄本　一冊

330000－1787－0002522　2522　史部/史評
類/考訂之屬

三國志辨誤不分卷　清抄本　一冊

330000－1787－0002523　2523　史部/編年
類/斷代之屬

宋資治通鑑□□卷 （清）郭協寅輯　清抄本
　一冊　存四卷(五至八)

330000－1787－0002524　2524　集部/別集
類/清別集

留香吟室雜錄附秋籟閣雜抄不分卷 （清）林
槐生纂　清抄本　一冊

330000－1787－0002525　2525　集部/別集
類/清別集

非庵詩鈔不分卷 （清）何文銓撰　清刻本
一冊

330000－1787－0002526　2526　集部/別集
類/清別集

松石軒詩草不分卷 （清）倪夢茹撰　清抄本
一冊

330000－1787－0002527　2527　集部/別集
類/清別集

耕讀堂詩鈔四卷 （清）牟潛著　清抄本
一冊

330000－1787－0002528　2528　集部/別集
類/清別集

元祐堂山居詩不分卷　清抄本　一冊

330000－1787－0002529　2529　集部/別集
類/清別集

陳竺僧遺稿不分卷 （清）陳宗庚撰　清抄本
　一冊

330000－1787－0002530　2530　集部/別集
類/清別集

漫郎聯語不分卷 （清）趙士麐撰　清抄本
一冊

330000－1787－0002531　2531　集部/別集
類/清別集

蘭竹居詩草四卷 （清）馮廣雪著　清抄本
一冊

330000－1787－0002535　2535　史部/地理
類/遊記之屬/紀勝

雁山游草不分卷 （清）張藻撰　清光緒三十
三年(1907)稿本　一冊

330000－1787－0002536　2536　史部/政書
類/邦計之屬/漕運

海運詳考不分卷 （明）王宗沐撰　清抄本
一冊

330000－1787－0002537　2537　集部/別集
類/清別集

莪園外集不分卷 （清）張廷琛撰　清抄本
一冊

330000－1787－0002538　2538　集部/總集
類/酬唱之屬

馥泉山同聲草不分卷 （清）朱景淳 （清）章
素著　靈溪山館詩題詞不分卷 （清）許忍為
編　清抄本　一冊

330000－1787－0002539　2539　集部/總集
類/郡邑之屬

方城詩錄十卷　金嗣獻編　清抄本　三冊

330000－1787－0002541　2541　集部/別集
類/清別集

彭少眉詩鈔不分卷 （清）彭少眉撰　清抄本
　一冊

330000－1787－0002545　2545　史部/詔令

奏議類/奏議之屬

刑垣疏稿二卷 清抄本 二冊

330000－1787－0002546 2546 集部/別集類/清別集

酣墨樓詩鈔二卷 （清）章淳著 清抄本 一冊

330000－1787－0002547 2547 史部/傳記類/總傳之屬/郡邑

兩浙名賢錄台人傳不分卷 （清）徐象梅撰 清抄本 一冊

330000－1787－0002548 2548 集部/總集類/選集之屬

雙研齋文游錄二卷 （清）王維翰輯 清抄本 一冊

330000－1787－0002549 2549 集部/別集類/清別集

享帚集五卷 （清）尤竟成撰 清抄本 一冊

330000－1787－0002550 2550 史部/傳記類/雜傳之屬

草莽私乘不分卷 （明）陶宗儀輯 清咸豐十年(1860)抄本 一冊

330000－1787－0002551 2551 集部/總集類/氏族之屬

何氏詩文抄不分卷 （清）何寵等撰 清抄本 一冊

330000－1787－0002554 2554 集部/別集類/明別集

任天卿集不分卷 （明）任大治撰 清抄本 一冊

330000－1787－0002556 2556 集部/別集類

文稿不分卷 清抄本 一冊

330000－1787－0002559 2559 經部/春秋公羊傳類/專著之屬

春秋公羊正解稿本二卷 清抄本 一冊 存一卷(下)

330000－1787－0002560 2560 集部/別集

類/明別集

王敬所先生詩略不分卷 （明）王宗沐撰 清抄本 一冊

330000－1787－0002561 2561 集部/別集類/清別集

聞樨香室初稿六卷 （清）羅藻著 清抄本 一冊

330000－1787－0002562 2562 集部/別集類/清別集

松渠詩錄不分卷 （清）王松渠撰 清抄本 一冊

330000－1787－0002563 2563 子部/雜著類/雜纂之屬

松渠雜鈔不分卷 （清）王松渠撰 清抄本 一冊

330000－1787－0002564 2564 集部/別集類/清別集

陳銘生詩稿不分卷 （清）陳懋森撰 清光緒十年(1884)稿本 一冊

330000－1787－0002565 2565 史部/傳記類/科舉錄之屬

臨海採芹錄不分卷 （清）黃瑞撰 清抄本 一冊

330000－1787－0002567 2567 集部/總集類/選集之屬

雙璧樓燕貽集內外編不分卷 （宋）張驥孫等撰 清咸豐六年(1856)抄本 一冊

330000－1787－0002568 2568 集部/別集類

一山詩存□□卷 章枨撰 清抄本 一冊存二卷(十一至十二)

330000－1787－0002569 2569 集部/總集類/題詠之屬

張烈女題詠冊不分卷 （清）張學賢錄 清抄本 一冊

330000－1787－0002570 2570 集部/別集類/清別集

蔚霞堂詩稿不分卷 （清）蔣履撰 清抄本
項士元題記 一冊

330000 - 1787 - 0002571　2571　集部/別集
類/清別集

尹莘農先生遺稿不分卷 （清）尹莘農撰 清
抄本 一冊

330000 - 1787 - 0002573　2573　集部/別集
類/明別集

逸老堂淨稿十九卷 （明）謝省撰 清抄本
一冊 存九卷(一至九)

330000 - 1787 - 0002574　2574　經部/春秋
總義類/專著之屬

春秋三傳總義十四卷 （清）林琨琢撰 清抄
本 七冊

330000 - 1787 - 0002575　2575　史部/傳記
類/總傳之屬/家乘

癭業紀年不分卷 清抄本 一冊

330000 - 1787 - 0002576　2576　子部/道
家類

道德經疏二卷 （春秋）李耳著 （清）陳殿英
疏 清抄本 一冊

330000 - 1787 - 0002578　2578　集部/詞類/
別集之屬

今樵詞一卷 （清）黃治著 清抄本 一冊

330000 - 1787 - 0002579　2579　史部/傳記
類/科舉錄之屬

台州採芹錄不分卷 （清）林爵銘撰 清抄本
一冊

330000 - 1787 - 0002581　2581　集部/別集
類/清別集

楊岱毓詩稿不分卷 （清）楊岱毓撰 清抄本
一冊

330000 - 1787 - 0002582　2582　集部/別集
類/清別集

林逸園詩稿不分卷 （清）林逸園撰 清抄本
一冊

330000 - 1787 - 0002583　2583　集部/別集
類/清別集

聽秋吟館詩賸不分卷 （清）陳春暉著 清抄
本 一冊

330000 - 1787 - 0002584　2584　集部/別集
類/清別集

心齋逸吟□□卷 清抄本 一冊 存四卷
(六至九)

330000 - 1787 - 0002586　2586　集部/別集
類/清別集

樸學堂雜著不分卷 （清）黃河清撰 清抄本
一冊

330000 - 1787 - 0002588　2588　集部/總集
類/選集之屬

聽蕉雨軒賦鈔不分卷 （清）徐緒等撰 清抄
本 一冊

330000 - 1787 - 0002589　2589　集部/總集
類/選集之屬

詩文雜鈔不分卷 （唐）杜荀鶴等撰 清抄本
一冊

330000 - 1787 - 0002590　2590　集部/總集
類/課藝之屬

時論選抄不分卷 （清）鄧隆等撰 清光緒三
十年(1904)抄本 一冊

330000 - 1787 - 0002591　2591　集部/總集
類/郡邑之屬

三台賦抄不分卷 （清）王翰屏等撰 清光緒
十五年(1889)抄本 一冊

330000 - 1787 - 0002592　2592　史部/傳記
類/職官錄之屬/歷朝

明代名臣便覽不分卷 （清）林春瀚編 清抄
本 一冊

330000 - 1787 - 0002593　2593　集部/別集
類/清別集

留茆盒尺牘□□卷 （清）嚴籛士撰 清抄本
一冊 存一卷(上)

330000 - 1787 - 0002594　2594　集部/別集
類/清別集

九峯山房詩鈔□□卷　（清）張綺撰　清抄本
　　一冊　存五卷（一至五）

330000－1787－0002595　2595　集部/別集
類/清別集
黃漱蘭尺牘手稿不分卷　（清）黃漱蘭撰　清
抄本　一冊

330000－1787－0002596　2596　集部/別集
類/清別集
棣華閒錄二卷　（清）張家相著　清抄本
一冊

330000－1787－0002597　2597　集部/別集
類/清別集
草莽閑吟不分卷　（清）林孔哲著　清抄本
一冊

330000－1787－0002598　2598　集部/別集
類/清別集
醉墨軒襍稿不分卷　（清）朱銓士撰　清光緒
二十三年（1897）抄本　三冊

330000－1787－0002599　2599　集部/別集
類/清別集
范璞人遺稿不分卷　（清）范許瑃撰　清抄本
　　一冊

330000－1787－0002600　2600　集部/總集
類/郡邑之屬
靈越廣春集一卷　（清）王菜等撰　清抄本
一冊

330000－1787－0002602　2602　集部/別集
類/清別集
綠天亭詩文集不分卷　（清）林之松撰　清抄
本　一冊

330000－1787－0002603　2603　子部/雜著
類/雜纂之屬
今樵筆欠不分卷　（清）黃治著　清抄本
一冊

330000－1787－0002605　2605　集部/別集
類/清別集
銘丹閣遺稿不分卷　（清）林丙修撰　清抄本

一冊

330000－1787－0002606　2606　經部/春秋
公羊傳類/傳說之屬
春秋公羊傳正解不分卷　（清）陳廖廷撰　清
同治十年（1871）抄本　一冊

330000－1787－0002609　2609　集部/別集
類/清別集
序銘語說不分卷　（清）董毓琦撰　清抄本
一冊

330000－1787－0002610　2610　集部/別集
類/清別集
陳伯冶詩草不分卷　（清）陳伯冶撰　清抄本
　　一冊

330000－1787－0002611　2611　集部/別集
類/清別集
自怡集二卷　（清）馮大位著　清抄本　一冊

330000－1787－0002612　2612　集部/總集
類/課藝之屬
試課稿不分卷　清抄本　一冊

330000－1787－0002613　2613　經部/小學
類/音韻之屬/等韻
詩韻異同考二卷　（清）洪瞻陛輯　清抄本
一冊

330000－1787－0002614　2614　集部/別集
類/清別集
少眉文鈔不分卷　（清）彭穎撰　清抄本
一冊

330000－1787－0002615　2615　集部/總集
類/彙編之屬
卡霓外集不分卷　清抄本　一冊

330000－1787－0002616　2616　集部/別集
類/清別集
女史王香谷詩稿不分卷　（清）王香谷撰　清
抄本　一冊

330000－1787－0002617　2617　集部/別集
類/清別集
青虛山房集不分卷　（清）王太岳撰　清抄本

一冊

330000－1787－0002618　2618　史部/地理類/雜志之屬

台州札記十二卷　（清）洪頤煊撰　清抄本
一冊

330000－1787－0002619　2619　史部/史評類/史學之屬

志議摭聞不分卷　清抄本　一冊

330000－1787－0002620　2620　集部/別集類/清別集

莪園隨筆不分卷　（清）張廷琛撰　稿本
一冊

330000－1787－0002621　2621　集部/別集類/清別集

莪園文稿不分卷　（清）張廷琛撰　稿本
一冊

330000－1787－0002622　2622　集部/別集類/明別集

高太史鳧藻集五卷　（明）高啟撰　（清）周立編　清抄本　四冊

330000－1787－0002623　2623　集部/別集類/清別集

蟲吟殘稿□□卷　（清）朱兆蝠撰　清抄本
一冊　存一卷(二)

330000－1787－0002624　2624　集部/總集類/彙編之屬

渡春山莊叢抄不分卷　清抄本　一冊

330000－1787－0002626　2626　集部/別集類/清別集

洪文波遺稿不分卷　（清）洪文波撰　稿本
一冊

330000－1787－0002627　2627　集部/別集類/清別集

守齋遺稿不分卷雲響詩鈔不分卷　清抄本
一冊

330000－1787－0002628　2628　集部/別集類/明別集

景山詩存不分卷　（明）李一瀚撰　清抄本
一冊

330000－1787－0002629　2629　集部/別集類/清別集

紫薇花館詩存□□卷　（清）盧敏政著　（清）王棻校正　清抄本　二冊　存四卷(一至四)

330000－1787－0002630　2630　集部/別集類

王星垣先生賦鈔試帖不分卷　王舟瑤撰　稿本　一冊

330000－1787－0002631　2631　子部/藝術類/遊藝之屬/雜藝

益智圖二卷　（清）童叶庚撰　清光緒二十九年(1903)刻本　一冊　存一卷(上)

330000－1787－0002632　2632　集部/別集類/清別集

漱石山房詩抄不分卷　（清）孫璜撰　清抄本
一冊

330000－1787－0002633　2633　集部/總集類/選集之屬

倚松吟館詩草不分卷　（清）洪維鈺等撰　清光緒十六年(1890)抄本　一冊

330000－1787－0002634　2634　集部/總集類/酬唱之屬

馥泉山同聲草不分卷　（清）朱景淳　（清）章素著　清抄本　一冊

330000－1787－0002635　2635　史部/金石類/錢幣之屬/文字

錢譜不分卷　（清）林迪臣纂　清宣統二年(1910)稿本　一冊

330000－1787－0002636　2636　史部/傳記類/總傳之屬/家乘

始祖歷代列考列姓之歷史不分卷　清抄本
一冊

330000－1787－0002637　2637　集部/別集類/清別集

留香吟館書啟不分卷　（清）林鏡心撰　清抄

本 一冊

330000 - 1787 - 0002638　2638　史部/史評
類/史論之屬

歷朝車鑑略二卷　（清）黃鑒述　（清）黃元敏
釋　清抄本　一冊

330000 - 1787 - 0002639　2639　集部/別集
類/清別集

翰峰堂詩稿不分卷　（清）單夢熊著　清抄本
一冊

330000 - 1787 - 0002640　2640　集部/總集
類/題詠之屬

安洲王節母題詠冊不分卷　（清）陸道隆
（清）陸震東等撰　清抄本　一冊

330000 - 1787 - 0002641　2641　集部/別集
類/清別集

陳伯謙詩草不分卷　（清）陳伯謙撰　清抄本
一冊

330000 - 1787 - 0002642　2642　集部/別集
類/清別集

葉薰先生詩稿不分卷　（清）葉薰撰　清抄本
一冊

330000 - 1787 - 0002643　2643　集部/別集
類/清別集

紫薇吟榭詩草五卷　（清）馬承燧撰　清抄本
五冊

330000 - 1787 - 0002644　2644　集部/別集
類/清別集

省園遺文不分卷　（清）陳北熊撰　清抄本
一冊

330000 - 1787 - 0002646　2646　集部/總
集類

文苑聯珠□□卷　清抄本　二冊　存八卷
（二十三至二十六、三十二至三十五）

330000 - 1787 - 0002647　2647　集部/總集
類/郡邑之屬

台州詩文雜鈔不分卷　（清）秦錫淳等撰　清
抄本　一冊

330000 - 1787 - 0002648　2648　集部/別集
類/清別集

於薑圃詩不分卷　（清）於相如著　清抄本
一冊

330000 - 1787 - 0002649　2649　集部/總集
類/課藝之屬

留香吟室試帖選鈔不分卷　（清）林瞻輅撰
清抄本　一冊

330000 - 1787 - 0002650　2650　集部/別集
類/清別集

瓊田之第不分卷　清抄本　一冊

330000 - 1787 - 0002651　2651　集部/總集
類/郡邑之屬

台詩錄遺不分卷　（清）許兼善輯　清抄本
一冊

330000 - 1787 - 0002652　2652　集部/別集
類/清別集

秋水山房文集不分卷　（清）范樵著　清抄本
一冊

330000 - 1787 - 0002653　2653　史部/政書
類/公牘檔冊之屬

巴鹽雜抄不分卷　（清）涪局委員會編　清光
緒六年(1880)抄本　一冊

330000 - 1787 - 0002654　2654　集部/別集
類/清別集

敦說樓遺集不分卷　（清）李誠撰　清抄本
一冊

330000 - 1787 - 0002655　2655　經部/小學
類/訓詁之屬/字詁

敦說樓詁經雜記不分卷　（清）李春枝撰　清
抄本　一冊

330000 - 1787 - 0002656　2656　集部/別
集類

文稿不分卷　清抄本　一冊

330000 - 1787 - 0002657　2657　子部/術數
類/相宅相墓之屬

堪輿叢錄不分卷　清刻抄合訂本　一冊

330000－1787－0002659　2659　集部/別集類/明別集

管時球文稿不分卷　（明）管時球撰　清抄本　一冊

330000－1787－0002660　2660　集部/別集類/清別集

施兆嵩文稿不分卷　清抄本　一冊

330000－1787－0002661　2661　集部/別集類/清別集

許雲屏遺稿不分卷　（清）許藩撰　清抄本　一冊

330000－1787－0002662　2662　集部/別集類/清別集

湖山萍寄吟草不分卷　（清）余毓蘭撰　清抄本　一冊

330000－1787－0002663　2663　集部/別集類/清別集

抱一齋隨筆不分卷　稿本　一冊

330000－1787－0002665　2665　集部/別集類/清別集

憶綠陰室制藝不分卷　（清）葛詠裳撰　清抄本　五冊

330000－1787－0002666　2666　集部/別集類/清別集

和叔同年來信不分卷　（清）孫樹禮撰　清抄本　一冊

330000－1787－0002667　2667　集部/別集類/清別集

郭俊三遺稿不分卷　（清）郭俊三撰　清抄本　一冊

330000－1787－0002668　2668　子部/雜著類/雜纂之屬

黃穀臣讀書雜鈔不分卷　（清）黃穀臣撰　清抄本　一冊

330000－1787－0002669　2669　集部/別集類/清別集

遣愁雜鈔不分卷　（清）張繼鎬撰　清抄本

一冊

330000－1787－0002670　2670　集部/別集類/清別集

周藍生遺稿不分卷　（清）周藍生撰　清抄本　一冊

330000－1787－0002671　2671　子部/雜著類

經學雜記不分卷　（清）夏少泉撰　清光緒十二年(1886)稿本　一冊

330000－1787－0002672　2672　集部/別集類/清別集

李渭泉文稿不分卷　（清）李渭泉撰　清抄本　一冊

330000－1787－0002673　2673　集部/別集類/清別集

隱雲樓詩草不分卷　（清）鄭會南著　清抄本　一冊

330000－1787－0002674　2674　集部/別集類/清別集

小雲巢詩抄不分卷　（清）羅敬銘撰　清抄本　一冊

330000－1787－0002675　2675　集部/別集類/清別集

柴桑集□□卷　（清）蔡欽斌撰　清抄本　一冊　存一卷(中)

330000－1787－0002676　2676　集部/總集類/課藝之屬

臨海課藝不分卷　清抄本　一冊

330000－1787－0002677　2677　集部/總集類/郡邑之屬

無言詩稿附台州各家詩鈔不分卷　（清）徐太受等撰　清光緒抄本　一冊

330000－1787－0002678　2678　集部/總集類/彙編之屬

見聞錄不分卷　清抄本　一冊

330000－1787－0002680　2680　集部/別集類/清別集

馮再來雜文不分卷 （清）馮甦撰　清抄本
一冊

330000－1787－0002681　2681　　集部/別集
類/清別集

掃葉山房詩集三卷 （清）謝庭芝撰　清抄本
一冊

330000－1787－0002682　2682　　子部/藝術
類/遊藝之屬/聯語

挽聯彙錄不分卷 （清）謝冠芳輯　清抄本
一冊

330000－1787－0002683　2683　　集部/別集
類/清別集

程心樹遺稿不分卷 （清）程心樹撰　清抄本
一冊

330000－1787－0002684　2684　　集部/別集
類/清別集

瑯環瑣記不分卷 （清）董竹湖輯　清抄本
一冊

330000－1787－0002685　2685　　集部/別集
類/清別集

飛鴻留爪不分卷 （清）范更生撰　清抄本
一冊

330000－1787－0002686　2686　　史部/地理
類/雜志之屬

臺灣紀略不分卷 （清）林謙光著　**臺灣雜記**
不分卷 （清）季麒光著　清抄本　一冊

330000－1787－0002687　2687　　集部/別集
類/清別集

南湖雜著不分卷 （清）翁雪耕撰　清抄本
一冊

330000－1787－0002689　2689　　集部/總集
類/選集之屬

顏筋柳骨不分卷 （清）尹明廷等撰　清同治
七年(1868)抄本　一冊

330000－1787－0002691　2691　　集部/別集
類/清別集

香雪山房詩集□□卷 （清）朱亢宗著　清抄

本　一冊　存六卷(一至六)

330000－1787－0002692　2692　　集部/總集
類/選集之屬/通代

古錦囊不分卷 （清）陳四泉錄　清抄本
一冊

330000－1787－0002693　2693　　史部/金石
類/錢幣之屬/文字

錢文考略九卷 （清）黃瑞編　清拓印本　一
冊　存二卷(一至二)

330000－1787－0002694　2694　　集部/總集
類/氏族之屬

長田陳氏雜鈔不分卷 喻長霖等撰　清抄本
一冊

330000－1787－0002695　2695　　集部/總集
類/郡邑之屬

浙江文錄不分卷 （清）丁午等撰　清抄本
二冊

330000－1787－0002696　2696　　集部/總集
類/課藝之屬

唐試詩甲乙選不分卷 （清）黃河清輯　清抄
本　一冊

330000－1787－0002698　2698　　集部/別集
類/清別集

金駕山詩草不分卷 （清）金鰲峰著　清抄本
一冊

330000－1787－0002699　2699　　集部/別集
類/清別集

意雲盦集不分卷 （清）徐夢丹撰　清抄本
一冊

330000－1787－0002700　2700　　集部/別集
類/清別集

姑聽集不分卷 （清）黃瑞撰　清抄本　一冊

330000－1787－0002701　2701　　集部/總
集類

四泉叢錄不分卷 （清）陳四泉輯　清抄本
一冊

330000－1787－0002702　2702　　集部/總集

178

類/選集之屬/斷代

倚松吟館詩稿不分卷 （清）方肇明等撰　清抄本　一冊

330000－1787－0002703　2703　集部/別集類/清別集

李越縵駢文不分卷 （清）李慈銘撰　清抄本　一冊

330000－1787－0002704　2704　集部/別集類/清別集

紅豆盒隨筆不分卷 （清）陳蔚青撰　清抄本　二冊

330000－1787－0002707　2707　集部/別集類/清別集

陳蔚青先生遺稿不分卷 （清）陳蔚青撰　清光緒十五年(1889)稿本　一冊

330000－1787－0002709　2709　集部/別集類/清別集

莪園文稿不分卷 （清）張廷琛撰　清抄本　一冊

330000－1787－0002710　2710　集部/別集類/清別集

皐亭山館詩草□□卷 （清）范元偉撰　清抄本　一冊　存一卷(八)

330000－1787－0002711　2711　集部/總集類/彙編之屬

鳴鶴堂集詩彙編不分卷 （清）齊毓地錄　清抄本　一冊

330000－1787－0002712　2712　集部/別集類/清別集

柴桑居雜詠不分卷 （清）蔡欽斌撰　清抄本　一冊

330000－1787－0002713　2713　集部/別集類/清別集

補拙軒詩存不分卷 （清）杖國老人撰　清抄本　一冊

330000－1787－0002714　2714　集部/別集類/清別集

楊舟先生詩稿不分卷 （清）楊舟撰　清抄本　一冊

330000－1787－0002715　2715　集部/別集類/清別集

陳寬居先生遺稿不分卷 （清）陳寬居撰　清抄本　一冊

330000－1787－0002716　2716　史部/史評類/詠史之屬

讀史感懷雜詠不分卷 （清）葉燦如撰　清抄本　一冊

330000－1787－0002717　2717　子部/藝術類/篆刻之屬/印譜

宋心芝印譜不分卷 （清）宋心芝編　清鈐印本　一冊

330000－1787－0002719　2719　集部/別集類/清別集

鶴亭詩草不分卷 （清）胡樹檁撰　清同治三年(1864)胡泰抄本　一冊

330000－1787－0002720　2720　集部/總集類/彙編之屬

賦抄不分卷　清抄本　一冊

330000－1787－0002721　2721　經部/小學類/文字之屬/字書/通論

元書譜二卷　清抄本　二冊

330000－1787－0002722　2722　集部/總集類/郡邑之屬

天台詩徵不分卷 （清）黃海等撰　清抄本　一冊

330000－1787－0002723　2723　集部/總集類/酬唱之屬

齊一山壽言不分卷 （清）葉佰丹等撰　清抄本　一冊

330000－1787－0002724　2724　集部/總集類

評花書屋窗稿不分卷 （清）李宇毅改　清宣統元年(1909)抄本　一冊

330000－1787－0002727　2727　集部/別集

179

類/清別集

倚松閣詩鈔二卷 （清）馮錫鏞撰　清抄本　一冊

330000－1787－0002728　2728　集部/別集類/清別集

花犢翁詩不分卷 （清）花壔撰　清抄本　一冊

330000－1787－0002729　2729　集部/總集類/彙編之屬

草窗梅花集句不分卷 （清）汪蓉塘錄　**落花詩不分卷** （清）沈周著　清抄本　一冊

330000－1787－0002730　2730　經部/讖緯類/春秋緯之屬

春秋緯史集傳□□卷 （清）陳省欽撰　清抄本　七冊　存三十五卷（一至十五、二十一至四十）

330000－1787－0002731　2731　集部/別集類/清別集

緱城攀轅詩錄不分卷 （清）周丹庭撰　清抄本　一冊

330000－1787－0002735　2735　集部/總集類/郡邑之屬

寧海詩錄內編不分卷 （宋）羅適等撰　清抄本　一冊

330000－1787－0002736　2736　集部/別集類/清別集

瓣吟詩草不分卷 （清）葉尚蘇著　清抄本　一冊

330000－1787－0002740　2740　史部/傳記類/科舉錄之屬

台州採芹錄不分卷　清抄本　一冊

330000－1787－0002741　2741　集部/別集類/清別集

郭祉安遺稿不分卷 （清）郭祉安撰　清抄本　一冊

330000－1787－0002744　2744　史部/政書類/公牘檔冊之屬

雜垕冊不分卷　稿本　一冊

330000－1787－0002745　2745　經部/小學類/音韻之屬/注音

四聲篆略□□卷 （清）黃璜輯　清抄本　一冊　存二卷（一至二）

330000－1787－0002747　2747　集部/總集類/氏族之屬

長甸陳氏文獻不分卷 （清）陳桂聲等撰　清抄本　一冊

330000－1787－0002748　2748　經部/書類/書序之屬

書序攷異一卷　王詠霓撰　清抄本　一冊

330000－1787－0002749　2749　史部/目錄類/總錄之屬/私撰

函雅堂書目不分卷道西齋日記不分卷　王詠霓撰　清抄本　一冊

330000－1787－0002750　2750　史部/目錄類/總錄之屬/私撰

函雅堂書目不分卷　王詠霓撰　清抄本　一冊

330000－1787－0002751　2751　集部/別集類

涵雅堂制義不分卷　王詠霓撰　稿本　一冊

330000－1787－0002752　2752　史部/傳記類/日記之屬

掔精覃思室日鈔不分卷　王詠霓撰　清光緒十六年（1890）抄本　八十二冊

330000－1787－0002753　2753　集部/別集類/清別集

涵雅齋學錄不分卷 （清）喻衡撰　清光緒三十年（1904）稿本　一冊

330000－1787－0002754　2754　集部/別集類

函雅堂詩集不分卷　王詠霓撰　清光緒十四年（1888）抄本　一冊

330000－1787－0002755　2755　經部/易類/專著之屬

讀易偶記不分卷　王詠霓撰　稿本　一冊

330000－1787－0002756　2756　史部/金石類/陶之屬/文字

古甎所見錄不分卷　王詠霓摹錄　清抄本　一冊

330000－1787－0002757　2757　史部/傳記類/日記之屬

秋燈課詩屋日記不分卷　（清）王彥威撰　稿本　二冊

330000－1787－0002758　2758　集部/總集類/郡邑之屬

天台詩徵內外篇二卷　（清）張廷琛輯　清抄本　二冊

330000－1787－0002759　2759　集部/總集類/郡邑之屬

天台文徵不分卷　（清）張廷琛輯　清抄本　一冊

330000－1787－0002760　2760　集部/別集類/清別集

奔馬草堂四六初編不分卷　（清）張廷琛撰　清光緒五年(1879)抄本　一冊

330000－1787－0002761　2761　子部/儒家類/儒家之屬

浙學淵源述要不分卷　（清）張廷琛撰　清抄本　一冊

330000－1787－0002762　2762　史部/傳記類/日記之屬

反求錄不分卷　（清）張廷琛補瑕　清光緒十七年(1891)稿本　一冊

330000－1787－0002763　2763　集部/別集類/清別集

莪園囈言不分卷莪園省記不分卷　（清）張廷琛撰　清抄本　一冊

330000－1787－0002764　2764　集部/別集類/清別集

莪園叢錄不分卷三台故家遺訓不分卷莪園文選不分卷　（清）張廷琛撰　清抄本　一冊

330000－1787－0002765　2765　集部/總集類/郡邑之屬

台州文獻隨抄不分卷　（清）張廷琛錄　清抄本　一冊

330000－1787－0002766　2766　集部/總集類/課藝之屬

敦學錄二卷　（清）張廷琛補瑕　清抄本　二冊

330000－1787－0002767　2767　集部/總集類/課藝之屬

敦學錄十卷　（清）張廷琛補瑕　清抄本　二冊

330000－1787－0002768　2768　子部/農家農學類/鳥獸蟲之屬

幾希錄二卷　（清）張廷琛輯　清光緒十八年(1892)抄本　一冊

330000－1787－0002769　2769　子部/術數類/相宅相墓之屬

地理枝言一卷　（清）洪枰撰　清抄本　一冊

330000－1787－0002770　2770　集部/別集類/清別集

繼善樓文抄不分卷　（清）張廷琛撰　清同治十年至光緒五年(1871－1879)稿本　一冊

330000－1787－0002771　2771　集部/總集類/課藝之屬

敦學錄初稿不分卷　（清）張廷琛撰　清抄本　一冊

330000－1787－0002772　2772　史部/地理類/山川之屬/山志

天台山新志稿不分卷　（清）張廷琛補　清抄本　四冊

330000－1787－0002773　2773　集部/總集類/郡邑之屬

天台詩隨錄不分卷　（清）張廷琛輯　清抄本　一冊

330000－1787－0002774　2774　史部/傳記類/日記之屬

莪園日記不分卷(清光緒二十八年夏至二十
九年冬) (清)張廷琛撰 清抄本 一冊

330000－1787－0002775 2775 集部/別集
類/清別集

莪園文變七卷 (清)張廷琛撰 清光緒十三
年至十五年(1887－1889)抄本 一冊

330000－1787－0002776 2776 史部/目錄
類/總錄之屬/私撰

倦舫書目□□卷 (清)洪瞻墉撰 清抄本
三冊 存七卷(三至六、八至九,補遺)

330000－1787－0002777 2777 史部/金石
類/總志之屬/目錄

小停雲山館金石目錄不分卷 (清)洪瞻墉撰
蘭雪軒書畫目錄不分卷 項士元纂訂 清
抄本 一冊

330000－1787－0002778 2778 集部/別集
類/清別集

蘭竹居詩集□□卷 (清)馮廣雪著 清李鏐
抄本 一冊 存三卷(一至三)

330000－1787－0002779 2779 集部/別集
類/清別集

雪薲詩鈔八卷 (清)洪枰撰 清抄本 一冊

330000－1787－0002780 2780 集部/別集
類/清別集

以樓詩草一卷 (清)陳一夔著 曉山詩草一
卷 (清)朱松齡 來夢軒吟一卷 (清)洪
水也著 清抄本 一冊

330000－1787－0002781 2781 子部/雜著
類/雜纂之屬

知新錄不分卷 (清)張廷琛撰 清光緒三十
年(1904)抄本 一冊

330000－1787－0002782 2782 集部/總集
類/郡邑之屬

臨海先賢詩稿不分卷 清抄本 一冊

330000－1787－0002783 2783 集部/別集
類/清別集

悔齋詩集不分卷 (清)季安祖著 清抄本

一冊

330000－1787－0002784 2784 子部/儒家
類/儒學之屬/禮教/家訓

家誡輯要四卷 (清)張廷琛編 清抄本 一
冊 存二卷(三至四)

330000－1787－0002785 2785 集部/總集
類

綠香紅影廬詩選不分卷 (清)李鏐輯 稿本
一冊

330000－1787－0002786 2786 集部/總集
類/選集之屬/斷代

片羽僅存集不分卷 (清)李鏐輯 清抄本
一冊

330000－1787－0002787 2787 集部/別集
類/清別集

莪園文稿不分卷 (清)張廷琛撰 清抄本
二冊

330000－1787－0002788 2788 集部/別集
類/清別集

地齋詩抄二卷 (清)洪坤煊著 清抄本
一冊

330000－1787－0002789 2789 集部/別集
類/清別集

藜盦遺詩不分卷 (清)王彥威撰 清抄本
一冊

330000－1787－0002790 2790 集部/別集
類/清別集

藜盦殘稿二卷 (清)王彥威撰 附錄一卷
(清)王樹祺撰 清抄本 一冊

330000－1787－0002792 2792 子部/術數
類/相宅相墓之屬

地理支言一卷 (清)洪枰撰 清抄本 一冊

330000－1787－0002793 2793 集部/總集
類/彙編之屬

焦尾閣遺稿所徵文不分卷 (清)王彥威錄
清抄本 一冊

330000－1787－0002794 2794 集部/總集

182

類/彙編之屬

焦尾閣遺稿所徵詩不分卷 （清）王彥威錄
清抄本 一冊

330000－1787－0002795 2795 集部/別集
類/清別集

倚劍詩草□□卷 （清）黃濬撰 清抄本 一
冊 存一卷（九）

330000－1787－0002796 2796 集部/別集
類/清別集

味青詩草□□卷 （清）黃濬撰 清抄本 一
冊 存一卷（二）

330000－1787－0002797 2797 集部/別集
類/清別集

蕉陰補讀盧文藁十八卷 （清）林丙恭撰 清
抄本 三冊

330000－1787－0002798 2798 集部/別集
類/清別集

言志堂詩不分卷 （清）沈元朗撰 清抄本
一冊

330000－1787－0002799 2799 集部/別
集類

南洋勸業會紀事絕句二卷 王葆楨撰 清抄
本 二冊

330000－1787－0002800 2800 集部/別集
類/清別集

沈筠卿遺稿不分卷 （清）沈筠卿撰 清抄本
二冊

330000－1787－0002801 2801 史部/載
記類

閩難記不分卷 （清）洪若皋著 清抄本
一冊

330000－1787－0002802 2802 集部/別集
類/清別集

張霞村遺澤詩草不分卷 （清）張霞村撰 清
抄本 一冊

330000－1787－0002803 2803 集部/別集
類/明別集

王穉玉文集八卷 （明）王亮撰 清道光九年
（1829）抄本 一冊

330000－1787－0002804 2804 史部/政書
類/邦計之屬/漕運

海運詳考不分卷 （明）王宗沐撰 清抄本
一冊

330000－1787－0002805 2805 集部/別集
類/清別集

黃潤川遺稿不分卷 （清）黃潤川撰 稿本
一冊

330000－1787－0002806 2806 集部/別集
類/明別集

畏齋存稿不分卷 （明）林鶚撰 清抄本
二冊

330000－1787－0002807 2807 集部/別集
類/清別集

戴心齋遺詩不分卷 （清）戴心齋撰 清抄本
一冊

330000－1787－0002808 2808 集部/別集
類/清別集

溪郭茅堂詩鈔二卷 （清）陳壽璋撰 清抄本
一冊

330000－1787－0002809 2809 史部/地理
類/雜志之屬

台郡識小錄十六卷 （清）宋世犖撰 清林丙
恭凌滄閣抄本 一冊 存四卷（九至十二）

330000－1787－0002810 2810 史部/傳記
類/總傳之屬/家乘

宣樓家集不分卷 徐兆章輯 清抄本 一冊

330000－1787－0002811 2811 集部/詞類/
別集之屬

壺舟詞四卷 （清）黃濬撰 陳樹鈞輯 清抄
本 一冊

330000－1787－0002812 2812 集部/別集
類/清別集

壺舟先生雜作不分卷 （清）黃濬撰 清稿抄
合訂本 一冊

330000－1787－0002813　2813　子部/雜著類/雜纂之屬

倚劍窺管不分卷　（清）黃濬撰　清抄本　一冊

330000－1787－0002814　2814　子部/雜著類

石齋雜錄不分卷　（清）郭協寅輯　清抄本　一冊

330000－1787－0002815　2815　集部/別集類/清別集

東掖山房稿不分卷　（清）單煜撰　清抄本　一冊

330000－1787－0002817　2817　集部/別集類/清別集

夢鵬齋文稿不分卷　（清）沈維哲撰　稿本　一冊

330000－1787－0002819　2819　集部/別集類/清別集

嘉慶戊午科浙江舉人心田伯公詩稿不分卷　（清）楊淪撰　清抄本　一冊

330000－1787－0002821　2821　集部/別集類/元別集

羽庭集六卷　（元）劉仁本撰　清抄本　一冊　存四卷（一至四）

330000－1787－0002823　2823　集部/別集類/清別集

畫石山房文集不分卷　（清）王魏勝撰　清抄本　一冊

330000－1787－0002824　2824　集部/別集類/宋別集

杜清獻公集校注十九卷　（宋）杜範撰　（清）王棻　（清）王蜆校註　清抄本　一冊

330000－1787－0002825　2825　集部/別集類/清別集

王灝亭先生詩集不分卷　（清）王瀚撰　清抄本　一冊

330000－1787－0002826　2826　集部/別集類/清別集

禪也集詩選不分卷　（清）釋式海撰　清抄本　一冊

330000－1787－0002828　2828　集部/別集類/清別集

皆山堂詩存不分卷　（清）沈光邦著　（清）葉書輯　清抄本　一冊

330000－1787－0002829　2829　集部/別集類/明別集

畏齋存稿二卷　（明）林鶚撰　清抄本　一冊

330000－1787－0002830　2830　集部/別集類/清別集

野見集詩稿□□卷　（清）齊鯤池撰　清抄本　一冊　存一卷（三）

330000－1787－0002831　2831　集部/詞類/別集之屬

白癡詞二卷　（清）張邁撰　清抄本　一冊

330000－1787－0002832　2832　集部/別集類/清別集

雪窻剩墨不分卷　（清）袁鳳翔撰　清抄本　一冊

330000－1787－0002833　2833　集部/別集類/清別集

小誰園賸稿不分卷　（清）陳文烜撰　稿本　一冊

330000－1787－0002834　2834　集部/別集類/清別集

枕山樓詩鈔不分卷　（清）葉舟撰　清抄本　一冊

330000－1787－0002836　2836　集部/總集類/彙編之屬

九峰山房隨筆□□卷　（清）張綺輯　清抄本　一冊　存一卷（六）

330000－1787－0002837　2837　集部/別集類/清別集

深詣齋詩鈔三卷　（清）黃鑮著　清抄本　一冊

330000－1787－0002838　2838　史部/傳記類/總傳之屬/郡邑

太平鄉賢事略四卷　（清）趙佩茳撰　清抄本　一冊

330000－1787－0002839　2839　集部/別集類/清別集

擊壤集不分卷　（清）王敦著　清抄本　一冊

330000－1787－0002840　2840　集部/總集類/氏族之屬

同根草不分卷　（清）屈苞纕　屈蕙纕撰　清同治十年(1871)稿本　一冊

330000－1787－0002841　2841　集部/別集類/清別集

梅窗小草不分卷　（清）馮賡雪撰　清抄本　一冊

330000－1787－0002842　2842　集部/別集類/清別集

紅豆盦隨筆不分卷　（清）陳蔚青撰　清抄本　一冊

330000－1787－0002843　2843　集部/總集類/選集之屬

巖西遺錄□□卷　（明）楊景威輯　清抄本　一冊　存三卷(七至九)

330000－1787－0002845　2845　集部/別集類/清別集

誤我廬詩存□□卷　（清）朱炤撰　清抄本　三冊　存三卷(一至三)

330000－1787－0002846　2846　集部/別集類/清別集

景文堂詩不分卷　（清）戚學標著　清抄本　一冊

330000－1787－0002847　2847　集部/別集類/清別集

紅雪山房詩存七卷　（清）劉暄之撰　清抄本　一冊

330000－1787－0002848　2848　集部/別集類/清別集

紅雪山房詩存六卷　（清）劉暄之撰　清光緒十七年(1891)抄本　一冊

330000－1787－0002849　2849　集部/別集類/清別集

紅雪山房詩存六卷　（清）劉暄之撰　清光緒十八年(1892)抄本　一冊

330000－1787－0002850　2850　集部/別集類/清別集

萬八山房詩鈔不分卷　（清）孫春澤撰　清抄本　一冊

330000－1787－0002851　2851　集部/別集類/清別集

董枚臣先生遺稿四卷　（清）董煒撰　清抄本　一冊　存二卷(蠡測集、璞返集)

330000－1787－0002852　2852　集部/別集類/清別集

名山藏副本初集二卷　（清）齊周華著　清抄本　二冊　存一卷(下)

330000－1787－0002853　2853　集部/總集類/氏族之屬

臨海赤水徐氏詩鈔不分卷　（清）徐嘉謨輯　清抄本　一冊

330000－1787－0002854　2854　集部/別集類/清別集

藝稼軒吟草不分卷　（清）戴晸屏撰　清抄本　一冊

330000－1787－0002855　2855　史部/傳記類/科舉錄之屬

清代台州採芹錄不分卷　清抄本　一冊

330000－1787－0002856　2856　子部/宗教類/道教之屬/道藏

四註悟真篇四卷　（宋）張伯端著　清善成堂刻本　三冊　存三卷(一至三)

330000－1787－0002857　2857　子部/宗教類/道教之屬

道書二十三種　（清）劉一明撰　清光緒三年至六年(1877－1880)上海翼化堂刻本　一冊

存一種

330000－1787－0002860　2860　集部/總集
類/選集之屬

紅豆盦聯錄不分卷 （清）陳潤芳輯　清抄本
一冊

330000－1787－0002866　2866　子部/雜著
類/雜纂之屬

秋籟閣叢稿不分卷 （清）黃瑞撰　清抄本
一冊

330000－1787－0002867　2867　子部/雜著
類/雜纂之屬

秋籟閣叢稿不分卷 （清）黃瑞撰　清同治抄
本　一冊

330000－1787－0002868　2868　集部/別集
類/清別集

秋籟山莊詩草不分卷 （清）黃瑞撰　清抄本
一冊

330000－1787－0002869　2869　史部/傳記
類/別傳之屬/事狀

黃子珍先生哀輓錄不分卷 （清）黃瑞等撰
清抄本　一冊

330000－1787－0002870　2870　集部/別集
類/清別集

秋籟閣詩草不分卷 （清）黃瑞撰　清抄本
七冊

330000－1787－0002871　2871　集部/總集
類/彙編之屬

述思齋劫灰搜剩甲集不分卷 （清）黃瑞輯
清抄本　一冊

330000－1787－0002872　2872　史部/目錄
類/專錄之屬

元詩選總目不分卷 （清）顧嗣立輯　清抄本
一冊

330000－1787－0002873　2873　史部/傳記
類/總傳之屬/技藝

印人姓氏考不分卷 （清）黃瑞輯　清抄本
一冊

186

330000－1787－0002874　2874　集部/別集
類/清別集

秋籟閣雨夕懷人絕句不分卷 （清）黃瑞撰
稿本　一冊

330000－1787－0002875　2875　集部/總集
類/郡邑之屬

臨海詩輯不分卷 （清）黃瑞輯　清抄本
一冊

330000－1787－0002876　2876　史部/地理
類/方志之屬/郡縣志

康熙臨海志補遺□□卷 （清）黃瑞撰　清抄
本　一冊　存五卷(一、輯存一至四)

330000－1787－0002877　2877　集部/總集
類/郡邑之屬

天台後集不分卷 （清）黃瑞輯　稿本　五冊

330000－1787－0002878　2878　集部/別集
類/清別集

黃谿漁隱札稿不分卷 （清）黃璜撰　清抄本
一冊

330000－1787－0002879　2879　集部/總集
類/題詠之屬

黃谿漁隱圖題詠不分卷 （清）陳載洛等撰
清抄本　一冊

330000－1787－0002880　2880　集部/別集
類/清別集

巢雲小舍遺詩不分卷 （清）黃璜撰　清抄本
一冊

330000－1787－0002881　2881　史部/地理
類/方志之屬/郡縣志

康熙臨海志校勘記不分卷 （清）黃瑞撰　稿
本　一冊

330000－1787－0002882　2882　史部/金石
類/石之屬/目錄

補正天一閣碑目□□卷 （清）黃瑞撰　稿本
一冊　存一卷(上)

330000－1787－0002883　2883　集部/別集
類/清別集

秋籟閣文略不分卷 （清）黃瑞撰 清抄本
一冊

330000－1787－0002884 2884 史部/傳記
類/總傳之屬/技藝

台州書畫識不分卷 （清）黃瑞撰 稿本
一冊

330000－1787－0002885 2885 集部/總集
類/題詠之屬

黃瑞軼聯不分卷 （清）黃璜等撰 清抄本
一冊

330000－1787－0002886 2886 史部/傳記
類/日記之屬

分年日記不分卷(清同治四年) （清）黃瑞撰
清抄本 一冊

330000－1787－0002887 2887 史部/地理
類/山川之屬/山志

金鰲山志不分卷 （清）黃瑞纂輯 清抄本
一冊

330000－1787－0002888 2888 集部/別集
類/清別集

黃先生詩草不分卷 （清）黃瑞撰 清抄本
一冊

330000－1787－0002889 2889 史部/傳記
類/日記之屬

客中日記不分卷 （清）黃瑞撰 稿本 二冊

330000－1787－0002890 2890 集部/別集
類/清別集

秋籟閣函稿不分卷 （清）黃瑞撰 稿本
一冊

330000－1787－0002891 2891 子部/雜著
類/雜纂之屬

秋籟閣叢錄□□卷 （清）黃瑞撰 清抄本
二冊 存二卷(一、五)

330000－1787－0002892 2892 史部/地理
類/方志之屬/郡縣志

[同治]臨海志擬稿不分卷 （清）黃瑞撰 清
同治抄本 一冊

330000－1787－0002893 2893 集部/別集
類/清別集

清憩軒詩存四卷 （清）黃瑞撰 清抄本
一冊

330000－1787－0002894 2894 史部/地理
類/方志之屬/郡縣志

臨海續志稿不分卷 （清）黃瑞撰 清抄本
五冊

330000－1787－0002895 2895 集部/總集
類/郡邑之屬

赤城三集不分卷姓名小傳不分卷 （清）黃瑞
輯 稿本 七冊

330000－1787－0002896 2896 史部/地理
類/專志之屬/古跡

臨海古跡記□□卷 （清）黃瑞輯 清抄本
二冊 存八卷(一至八)

330000－1787－0002897 2897 集部/別集
類/清別集

秋籟閣筆譚三卷 （清）黃瑞撰 清光緒三年
(1877)抄本 一冊

330000－1787－0002898 2898 集部/別集
類/清別集

秋籟閣詩草不分卷 （清）黃瑞撰 清咸豐十
一年(1861)稿本 一冊

330000－1787－0002899 2899 史部/目錄
類/總錄之屬/地方

三台經籍存徵目錄十卷 （清）郭協寅輯
（清）黃瑞增輯 清抄本 一冊

330000－1787－0002900 2900 集部/總集
類/氏族之屬

愛日草堂家言不分卷 （清）黃瑞輯 清抄本
一冊

330000－1787－0002901 2901 集部/總集
類/選集之屬/斷代

美人香草不分卷 （清）黃瑞輯 清抄本
一冊

330000－1787－0002902 2902 史部/傳記

類/總傳之屬/家乘

族事瑣識不分卷 （清）黃瑞撰　清光緒十二年（1886）稿本　一冊

330000 – 1787 – 0002903　2903　集部/別集類/清別集

帚金稿一卷 （清）黃瑞撰　稿本　一冊

330000 – 1787 – 0002904　2904　集部/別集類/清別集

鸞河吟草不分卷 （清）黃瑞撰　稿本　一冊

330000 – 1787 – 0002905　2905　史部/金石類/石之屬/文字

述思齋金石叢不分卷 （清）黃瑞撰　清抄本　一冊

330000 – 1787 – 0002906　2906　史部/傳記類/別傳之屬/事狀

劉璈哀輓錄不分卷 （清）黃瑞錄　清抄本　一冊

330000 – 1787 – 0002907　2907　史部/傳記類/別傳之屬/事狀

先長兄子琛[黃珍]行略不分卷 （清）黃璜撰
先長兄編年紀略不分卷 （清）黃璜撰　清抄本　一冊

330000 – 1787 – 0002908　2908　集部/總集類/郡邑之屬

章安雜錄不分卷 （清）黃瑞輯　清抄本　一冊

330000 – 1787 – 0002909　2909　史部/目錄類/總錄之屬/地方

三台著錄考不分卷 （清）黃瑞輯　稿本　一冊

330000 – 1787 – 0002910　2910　史部/傳記類/科舉錄之屬/歷科登科錄

國朝台士登科考二卷 （清）黃瑞輯　清抄本　二冊

330000 – 1787 – 0002911　2911　集部/別集類/清別集

述思齋叢稿不分卷 （清）黃瑞撰　稿本

330000 – 1787 – 0002912　2912　史部/傳記類/總傳之屬/郡邑

天台後集赤城三集姓氏爵里考□□卷 （清）黃瑞輯　稿本　一冊　存一卷（下）

330000 – 1787 – 0002913　2913　史部/地理類/遊記之屬/紀行

閩行紀程不分卷 （清）黃瑞撰　稿本（部分爲項士元抄本）　一冊

330000 – 1787 – 0002914　2914　史部/地理類/專志之屬/古跡

臨海古跡志不分卷 （清）黃瑞撰　清抄本　一冊

330000 – 1787 – 0002915　2915　史部/金石類/陶之屬/文字

日運百甓齋磚文不分卷 （清）陳半亭摹　稿本　一冊

330000 – 1787 – 0002916　2916　史部/地理類/方志之屬/郡縣志

臨海志料錄不分卷 （清）黃瑞輯　清同治稿本　一冊

330000 – 1787 – 0002917　2917　集部/總集類/選集之屬/通代

金鰲集五卷 （元）盧倫　（明）盧崇典（清）黃瑞輯　清抄本　一冊

330000 – 1787 – 0002918　2918　集部/總集類/選集之屬/通代

金鰲新集一卷 （清）黃瑞編輯　清抄本　一冊

330000 – 1787 – 0002919　2919　集部/總集類/選集之屬/通代

金鰲新集一卷 （清）黃瑞編輯　清抄本　一冊

330000 – 1787 – 0002920　2920　集部/總集類/郡邑之屬

鄉先進遺詩集錄一卷 （清）黃瑞編錄　清抄本　一冊

330000 – 1787 – 0002921　2921　史部/目録
類/專錄之屬

三台詩錄總目一卷　（清）黃瑞輯　清抄本
一冊

330000 – 1787 – 0002922　2922　史部/目錄
類/總錄之屬/私撰

臨海黃氏秋籟閣寄存圖書目目錄不分卷
（清）黃瑞撰　清抄本　一冊

330000 – 1787 – 0002923　2923　史部/傳記
類/總傳之屬/家乘

諸家譜敘錄存不分卷　（清）黃瑞撰　清抄本
一冊

330000 – 1787 – 0002924　2924　集部/總集
類/尺牘之屬

齊息園宗伯同人投贈手札墨跡不分卷　（清）
黃瑞輯　**倦舫老人投贈書札不分卷**　（清）黃
瑞輯　清抄本　一冊

330000 – 1787 – 0002925　2925　史部/地理
類/方志之屬/郡縣志

[同治]臨海縣志稿不分卷　（清）黃瑞撰　清
抄本　四冊

330000 – 1787 – 0002926　2926　子部/雜著
類/雜纂之屬

台故日劄□□卷　（清）黃瑞撰　清抄本　八
冊　存八卷(一、四、十、二十至二十二、三十、
三十五)

330000 – 1787 – 0002927　2927　集部/別集
類/清別集

莘農先生遺稿不分卷　（清）尹聖任著　清抄
本　一冊

330000 – 1787 – 0002928　2928　經部/易類/
專著之屬

周易尚象一家言二卷　（清）忻如山注釋　清
抄本　一冊

330000 – 1787 – 0002929　2929　經部/小學
類/音韻之屬/注音

記字珠不分卷　清抄本　一冊

330000 – 1787 – 0002930　2930　史部/金石
類/石之屬/目錄

台山訪碑錄不分卷　（清）黃瑞撰　稿本
一冊

330000 – 1787 – 0002931　2931　史部/金
石類

摹磚文鐘鼎文簿不分卷　（清）章安子勳氏摹
　稿本　一冊

330000 – 1787 – 0002932　2932　子部/藝術
類/篆刻之屬/印論

印學家言不分卷　（清）黃瑞輯　稿本　一冊

330000 – 1787 – 0002933　2933　子部/雜著
類/雜纂之屬

讀書雜抄不分卷　清抄本　一冊

330000 – 1787 – 0002934　2934　經部/易類/
傳說之屬

易律通解四卷　（清）沈光邦著　清抄本
四冊

330000 – 1787 – 0002935　2935　史部/史評
類/考訂之屬

求古錄四卷　（清）金鶚著　清抄本　一冊

330000 – 1787 – 0002936　2936　子部/道
家類

陰符直解二卷　（清）王應奎著　清咸豐六年
(1856)稿本　一冊

330000 – 1787 – 0002937　2937　經部/四
書類

四書正義六卷　（清）金鶚著　清抄本　三冊

330000 – 1787 – 0002938　2938　史部/金石
類/陶之屬/文字

古甀識□□卷　（清）黃瑞撰　稿本　一冊
存一卷(下)

330000 – 1787 – 0002939　2939　史部/史評
類/史學之屬

志例擬稿不分卷　（清）黃瑞輯　清同治十一
年(1872)稿本　一冊

330000 – 1787 – 0002940　2940　史部/金石

類/石之屬/目録

兩浙訪碑録□□卷 （清）黃瑞撰 稿本 一
冊 存一卷（一）

330000－1787－0002941 2941 集部/總集
類/選集之屬/通代

紅豆盦雜録不分卷 （清）陳雨卿輯 清抄本
一冊

330000－1787－0002942 2942 史部/金石
類/石之屬/目録

寶刻叢編二卷 （宋）陳思纂 清抄本 一冊

330000－1787－0002943 2943 集部/別集
類/明別集

敬所王先生文集三十卷 （明）王宗沐撰
（明）張位 （明）習孔教編 （清）黃瑞校繕
清黃瑞抄本 一冊 存二卷（十一至十二）

330000－1787－0002944 2944 集部/別集
類/清別集

紅雪山房詩鈔□□卷 （清）劉暄之撰 清抄
本 一冊 存四卷（二至五）

330000－1787－0002945 2945 集部/別集
類/明別集

正志稿五卷 （明）林貴兆撰 （清）黃瑞校
清黃瑞抄本 一冊

330000－1787－0002946 2946 集部/總集
類/選集之屬/通代

古文節要不分卷 黃道周等撰 清抄本
一冊

330000－1787－0002947 2947 集部/別集
類/清別集

半船集一卷補編一卷 （清）侯嘉繙撰 清抄
本 一冊

330000－1787－0002948 2948 史部/地理
類/山川之屬/山志

台南洞林志二卷 （清）馮賡雪撰 清抄本
一冊

330000－1787－0002949 2949 史部/傳記
類/總傳之屬/姓名

赤城文獻志姓氏攷不分卷 （清）思來室主輯
清抄本 一冊

330000－1787－0002950 2950 史部/金石
類/石之屬/文字

台人墓志雜抄不分卷 清抄本 一冊

330000－1787－0002951 2951 史部/目録
類/總録之屬/地方

赤城藝文略不分卷 （清）柔橋隱居輯 清同
治二年（1863）抄本 四冊

330000－1787－0002952 2952 經部/詩類/
專著之屬

葩經三字可對録不分卷 （清）許樸生撰 清
抄本 一冊

330000－1787－0002953 2953 集部/別集
類/清別集

黃敏夫遺稿不分卷 （清）黃敏夫撰 稿本
一冊

330000－1787－0002954 2954 史部/目録
類/專録之屬

金鰲山集目録不分卷 （清）馮賡雪輯 清抄
本 一冊

330000－1787－0002955 2955 史部/傳記
類/別傳之屬/年譜

伯賢朱先生[右]年譜不分卷金一所先生[賣
亨]年譜不分卷 （清）黃瑞纂 稿本 一冊

330000－1787－0002956 2956 集部/總集
類/氏族之屬

郭氏文獻録不分卷 （清）郭協寅輯 清抄本
一冊

330000－1787－0002957 2957 史部/傳記
類/日記之屬

東還瑣識不分卷 （清）遂初主人撰 稿本
一冊

330000－1787－0002958 2958 集部/別集
類/清別集

白雲稿五卷 （清）朱右撰 清同治十三年
（1874）抄本 一冊

330000 – 1787 – 0002959　2959　　子部/農家
農學類/園藝之屬

菌譜一卷　（宋）陳仁玉撰　清光緒十四年
(1888)抄本　一冊

330000 – 1787 – 0002960　2960　　集部/總集
類/郡邑之屬

天台後集不分卷　（清）郭協寅編　清抄本
一冊

330000 – 1787 – 0002961　2961　　集部/總集
類/選集之屬/斷代

盧朱二女士詩不分卷　（清）盧梅鄰　（清）朱
玉卿撰　稿本　一冊

330000 – 1787 – 0002962　2962　　子部/藝術
類/篆刻之屬/印譜

汗青閣印譜不分卷　（清）蔡鱖撰　清同治鈐
印本　一冊

330000 – 1787 – 0002963　2963　　子部/術
數類

蔣氏秘函四種不分卷　（清）蔣大鴻撰　清抄
本　一冊

330000 – 1787 – 0002964　2964　　子部/術數
類/相宅相墓之屬

墓地五侯斷不分卷　稿本　一冊

330000 – 1787 – 0002965　2965　　集部/別集
類/清別集

名山藏副本初集二卷　（清）齊周華著　清道
光五年(1825)抄本　一冊　存一卷(下)

330000 – 1787 – 0002966　2966　　集部/總集
類/郡邑之屬

台嶽鴻泥集不分卷　（清）葉書錄　清抄本
一冊

330000 – 1787 – 0002967　2967　　史部/地理
類/遊記之屬/紀勝

台山游草不分卷　（清）徐鏞撰　清抄本
一冊

330000 – 1787 – 0002968　2968　　史部/金
石類

紅杏軒集古不分卷　（清）宋世犖撰　稿本
一冊

330000 – 1787 – 0002969　2969　　集部/別集
類/清別集

蓉塘先生遺稿不分卷　（清）汪度著　清抄本
一冊

330000 – 1787 – 0002970　2970　　史部/傳記
類/總傳之屬/家乘

[浙江臨海]何氏傳略不分卷　（清）何其饒輯
清抄本　一冊

330000 – 1787 – 0002971　2971　　集部/別集
類/清別集

石園剩稿一卷　（清）朱溶著　（清）葉書輯
清光緒元年(1875)抄本　一冊

330000 – 1787 – 0002972　2972　　集部/別集
類/宋別集

委羽集不分卷　（宋）左緯撰　（清）黃瑞輯
清黃瑞抄本　一冊

330000 – 1787 – 0002973　2973　　集部/別集
類/清別集

師竹友蘭室稿不分卷　（清）姜景華著　清抄
本　二冊

330000 – 1787 – 0002974　2974　　集部/別集
類/明別集

金箴思遺稿不分卷　（明）金以諫撰　（清）黃
瑞校　清抄本　一冊

330000 – 1787 – 0002975　2975　　集部/總集
類/選集之屬

齊胡二翁詩選不分卷　（清）齊召南　（清）胡
作肅撰　清抄本　一冊

330000 – 1787 – 0002976　2976　　集部/別集
類/清別集

白雲山人詩草不分卷　（清）陳桂撰　清抄本
一冊

330000 – 1787 – 0002977　2977　　集部/別集
類/清別集

梅莊殘本三卷　（清）馮賡雪撰　清抄本　一

冊　存二卷(一至二)

330000 – 1787 – 0002978　2978　集部/別集類/清別集

思雲意玉禪室尺牘不分卷　（清）黃瑞撰　清抄本　一冊

330000 – 1787 – 0002979　2979　子部/雜著類/雜纂之屬

黃廣文雜錄不分卷　（清）黃元吉撰　清抄本　一冊

330000 – 1787 – 0002980　2980　集部/總集類/選集之屬

莊騷合選不分卷　（戰國）莊周　（戰國）屈原著　清王郁蘭抄本　清黃瑞題簽並記　一冊

330000 – 1787 – 0002981　2981　集部/總集類/選集之屬/斷代

國朝詩選不分卷　清抄本　一冊

330000 – 1787 – 0002982　2982　史部/地理類/專志之屬/祠墓

清風嶺王貞婦祠錄不分卷　（清）黃瑞輯　稿本　一冊

330000 – 1787 – 0002983　2983　子部/雜著類/雜纂之屬

吉光片羽集不分卷　（清）趙竹生著　清黃瑞抄本　一冊

330000 – 1787 – 0002984　2984　史部/地理類/遊記之屬/紀勝

方茝園台游百詠不分卷　（清）方學沆著　清抄本　一冊

330000 – 1787 – 0002985　2985　集部/別集類/清別集

癡知草不分卷　稿本　一冊

330000 – 1787 – 0002986　2986　集部/別集類/宋別集

繼一堂詩集不分卷　（宋）郭磊卿撰　（清）郭協寅輯　（清）黃瑞校　清黃瑞抄本　一冊

330000 – 1787 – 0002987　2987　集部/別集類/清別集

求是齋詩抄不分卷　（清）張應虞撰　清抄本　一冊

330000 – 1787 – 0002988　2988　集部/別集類/清別集

皆山堂詩集四卷　（清）沈光邦著　清抄本　一冊

330000 – 1787 – 0002989　2989　集部/別集類/清別集

秀當樓詩稿不分卷　（清）盧懷堂著　清道光十八年(1838)抄本　一冊

330000 – 1787 – 0002990　2990　集部/別集類/清別集

心丝遺詩不分卷　（清）戴景祺著　清抄本　一冊

330000 – 1787 – 0002991　2991　集部/別集類/清別集

陸詩心印不分卷　（清）葉薰撰　清光緒二年(1876)黃夏貴抄本　一冊

330000 – 1787 – 0002992　2992　集部/別集類/清別集

瑞芝草堂詩稿不分卷　（清）彭澤著　（清）黃瑞選　清抄本　一冊

330000 – 1787 – 0002993　2993　集部/別集類/清別集

胡卓亭詩稿不分卷　（清）胡卓亭撰　清抄本　一冊

330000 – 1787 – 0002994　2994　集部/別集類/清別集

鷦寄堂稿不分卷　（清）黃瑞輯　清抄本　一冊

330000 – 1787 – 0002995　2995　集部/別集類/清別集

涵遠山房詩鈔不分卷　（清）張廷俊著　清抄本　一冊

330000 – 1787 – 0002996　2996　集部/別集類/清別集

香芷詩存不分卷　（清）項蘅撰　清抄本

一冊

330000－1787－0002997　2997　集部/別集類/清別集

九峰山房詩集不分卷　（清）張綺撰　清光緒元年(1875)黃瑞抄本　一冊

330000－1787－0002998　2998　集部/別集類/清別集

高愚里先生遺詩不分卷　（清）高式蘇撰　清抄本　一冊

330000－1787－0002999　2999　集部/別集類/清別集

瑞鹿堂詩集不分卷　（清）葉豐著　清抄本　一冊

330000－1787－0003000　3000　集部/別集類/清別集

抹雲樓賦鈔不分卷　（清）秦錫淳撰　清抄本　一冊

330000－1787－0003001　3001　集部/別集類/清別集

題畫絕句不分卷　（清）張藻撰　稿本　一冊

330000－1787－0003002　3002　集部/別集類/清別集

張曲江詩稿不分卷　（清）張藻撰　稿本　一冊

330000－1787－0003003　3003　集部/別集類/明別集

桃溪詩鈔不分卷　　（明）謝鐸撰　清抄本　一冊

330000－1787－0003004　3004　集部/別集類/清別集

謝鐵橋先生遺詩不分卷　（清）謝鐵橋撰　清抄本　一冊

330000－1787－0003005　3005　子部/雜著類

繡餘偶錄不分卷　（清）王郁蘭輯　清抄本　一冊

330000－1787－0003006　3006　子部/雜著類

繡餘偶錄不分卷　（清）王郁蘭輯　稿本　一冊

330000－1787－0003007　3007　集部/別集類/清別集

秋籟閣詩稿初集不分卷　（清）黃瑞撰　稿本　一冊

330000－1787－0003008　3008　集部/別集類/清別集

蓮浦吟不分卷　（清）葉舟著　清抄本　一冊

330000－1787－0003009　3009　集部/別集類/清別集

江上吟不分卷　（清）黃瑞撰　清同治六年(1867)稿本　一冊

330000－1787－0003010　3010　集部/明別集

滄浪櫂歌不分卷　（明）陶宗儀著　清黃瑞抄本　一冊

330000－1787－0003011　3011　集部/別集類/清別集

陳葵卿詩稿不分卷　（清）陳旭撰　清抄本　一冊

330000－1787－0003012　3012　集部/別集類/清別集

夷門詩鈔一卷　（清）侯嘉繙著　清抄本　一冊

330000－1787－0003013　3013　集部/別集類/清別集

筠軒詩鈔四卷　（清）洪頤煊著　清抄本　一冊

330000－1787－0003014　3014　集部/別集類/清別集

綠香紅影廬文集不分卷　（清）彭穎著　清抄本　一冊

330000－1787－0003015　3015　集部/別集類/唐五代別集

韓昌黎詩選不分卷　（唐）韓愈撰　清黃瑞抄

本 一冊

330000－1787－0003016　3016　史部/地理類/方志之屬/郡縣志

閒齋赤城筆記六卷 （清）蔡錫崑撰　清抄本　一冊　存一卷（一）

330000－1787－0003017　3017　史部/地理類/方志之屬/郡縣志

［臨海志稿］人物志不分卷 （清）黃瑞輯　清抄本　一冊

330000－1787－0003018　3018　集部/別集類/元別集

陳笏齋詩集三卷 （元）陳孚撰　清抄本　一冊

330000－1787－0003019　3019　集部/別集類/清別集

存我堂詩選不分卷 （清）洪瞻陛著　清黃瑞抄本　一冊

330000－1787－0003020　3020　子部/藝術類/篆刻之屬/印論

圖章會纂不分卷 （清）李漁輯　清抄本　一冊

330000－1787－0003021　3021　史部/傳記類/別傳之屬

齊蓀圍墓志銘附傳不分卷 （清）鍾德賓（清）戴殿泗撰　清木活字印本　一冊

330000－1787－0003022　3022　史部/傳記類/總傳之屬/郡邑

台人碑志行狀傳略雜抄不分卷 （清）黃瑞輯　清抄本　一冊

330000－1787－0003023　3023　史部/地理類/方志之屬/郡縣志

［嘉靖］臨海志二十六卷 （明）金賁亨撰（清）黃瑞輯　清黃瑞抄本　一冊

330000－1787－0003024　3024　史部/地理類/方志之屬/郡縣志

續修臨海縣志稿不分卷 （清）何炳麟輯　清抄本　一冊

330000－1787－0003025　3025　史部/地理類/方志之屬/郡縣志

採錄續臨海縣志不分卷 （清）何炳麟輯　清同治十一年（1872）王藻抄本　一冊

330000－1787－0003026　3026　集部/別集類/元別集

熬波圖不分卷 （元）陳椿撰　**秋籟閣題畫詩存不分卷** （清）黃瑞撰　清抄本　一冊

330000－1787－0003027　3027　集部/總集類/酬唱之屬

石厽先生尚友錄不分卷 （清）郭協寅撰　清同治七年（1868）黃瑞抄本　一冊

330000－1787－0003028　3028　集部/總集類/選集之屬/通代

歷朝賦楷選讀不分卷 （清）禮通氏編輯　清抄本　一冊

330000－1787－0003029　3029　史部/傳記類/總傳之屬/家乘

［浙江臨海］張氏家譜□□卷 （清）張樞纂　清抄本　一冊　存一卷（先德）

330000－1787－0003030　3030　子部/術數類/相宅相墓之屬

地鈐書一卷 （宋）謝賜著　清愛日草堂抄本　一冊

330000－1787－0003031　3031　集部/詩文評類/文法之屬/文法

文則二卷 （宋）陳騤撰　**四六譚麈一卷** （宋）謝伋撰　清抄本　一冊

330000－1787－0003032　3032　集部/總集類/彙編之屬

溪南書藏籤書 （清）黃瑞輯　稿本　一冊　存四種

330000－1787－0003033　3033　經部/易類/專著之屬

讀易單方入門初基篇不分卷 清抄本　一冊

330000－1787－0003034　3034　經部/詩類/專著之屬

詩經即目不分卷　清黃瑞抄本　一冊

330000－1787－0003035　3035　子部/藝術類/篆刻之屬/印譜

印章摹本不分卷　（清）黃瑞摹　清摹本一冊

330000－1787－0003036　3036　經部/詩類/專著之屬

葩經問答一卷台賢爵里考□□卷　（清）鄭相如撰　清抄本　一冊　存二卷(葩經問答、台賢爵里考一)

330000－1787－0003037　3037　史部/政書類/公牘檔冊之屬

台協營分管地界處所清冊不分卷　（清）台協營編　清咸豐九年(1859)抄本　一冊

330000－1787－0003038　3038　集部/總集類/氏族之屬

王氏家集不分卷　（清）王維藩等撰　清抄本一冊

330000－1787－0003039　3039　經部/四書類

四書歸真不分卷　（清）朱之鵬纂　清抄本二冊

330000－1787－0003040　3040　史部/政書類/公牘檔冊之屬

府臨兩庠賓興簿不分卷　清光緒五年(1879)刻本　一冊

330000－1787－0003041　3041　史部/地理類/方志之屬/郡縣志

臨海縣志稿不分卷　清抄本　一冊

330000－1787－0003042　3042　史部/傳記類/別傳之屬/事狀

孀評初編四卷首一卷　（清）何梁器輯　清抄本　一冊

330000－1787－0003043　3043　子部/雜著類/雜纂之屬

勿憚改齋雜錄不分卷　（清）洪霽林著　清道光抄本　一冊

330000－1787－0003044　3044　集部/別集類/清別集

梅譜詩稿不分卷　（清）張英元著　清抄本一冊

330000－1787－0003045　3045　史部/傳記類/日記之屬

星垣日記二十九卷　王舟瑤撰　清光緒稿本二十九冊

330000－1787－0003047　3047　史部/紀傳類/正史之屬

二十一史二千五百六十七卷　明刻明清遞修本　四百九十七冊　缺六十三卷(宋史二十三至二十八、五十六至六十一、一百七十七至一百八十、一百八十二至二百二十、二百二十三至二百二十四,金史二十四至二十九)

330000－1787－0003048　3048　經部/小學類/音韻之屬/韻書

洪武正韻十六卷　（明）樂韶鳳　（明）宋濂等撰　明隆慶元年(1567)厚德堂刻清重印本六冊

330000－1787－0003049　3049　經部/小學類/音韻之屬/韻書

古今韻會舉要小補三十卷　（明）方日升編輯　明李本寧刻本　十六冊

330000－1787－0003050　3050　經部/小學類/音韻之屬/韻書

廣韻五卷　（宋）陳彭年等重修　清康熙澤存堂刻本　二冊

330000－1787－0003051　3051　經部/小學類/音韻之屬/等韻

晉王右軍行書集字分韻六卷　（清）黃璜編清光緒五年(1879)抄本　二冊

330000－1787－0003052　3052　經部/群經總義類/傳說之屬

泉齋簡端錄十二卷　（明）邵寶撰　（明）王宗元編　明秦榛刻本　三冊　存九卷(一至六、十至十二)

330000－1787－0003053　3053　經部/四書

類/孟子之屬/傳說

孟子註疏解經十四卷題辭解一卷 （漢）趙岐
註 （宋）孫奭疏 明萬曆國子監刻本 一冊
存三卷（一至二、題辭解）

330000－1787－0003054 3054 經部/春秋
左傳類/傳說之屬

春秋左翼四十三卷首一卷 （明）王震撰 明
烏程王氏刻本 一冊 存一卷（首）

330000－1787－0003055 3055 經部/叢編

通志堂經解一百四十種 （清）納蘭成德輯
清康熙十九年（1680）納蘭成德刻本 四冊
存一種

330000－1787－0003056 3056 經部/叢編

通志堂經解一百四十種 （清）納蘭成德輯
清康熙十九年（1680）納蘭成德刻本 一冊
存一種

330000－1787－0003057 3057 經部/易類

**周易傳義大全二十四卷綱領一卷朱子圖說一
卷** （明）胡廣等纂 明正德十二年（1517）楊
氏清江堂刻嘉靖四年（1525）重修本 四冊

330000－1787－0003058 3058 經部/易類/
傳說之屬

蘇長公易解八卷 （宋）蘇軾撰 明刻本 一
冊 存四卷（五至八）

330000－1787－0003059 3059 經部/易類/
傳說之屬

桂林點易丹十六卷 （明）顧懋樊撰 明崇禎
十三年（1640）刻本 一冊 存五卷（一至五）

330000－1787－0003060 3060 類叢部/叢
書類/彙編之屬

津逮祕書十五集一百四十種 （明）毛晉編
明崇禎虞山毛氏汲古閣刻本 二冊 存一種

330000－1787－0003061 3061 經部/易類/
傳說之屬

周易傳義存疑二卷 （明）應大猷撰 清乾隆
四十三年（1778）木活字印本 一冊

330000－1787－0003062 3062 經部/儀禮

類/傳說之屬

儀禮註疏十七卷 （漢）鄭玄註 （唐）賈公彥
疏 明萬曆二十一年（1593）國子監刻本 七
冊 存十一卷（五至十五）

330000－1787－0003063 3063 經部/易類/
傳說之屬

易律通解四卷 （清）沈光邦著 清抄本
四冊

330000－1787－0003064 3064 經部/易類/
傳說之屬

易律神解四卷 （清）沈光邦著 清抄本
四冊

330000－1787－0003066 3066 史部/紀傳
類/正史之屬

十七史 （明）毛晉編 明崇禎元年至十七年
（1628－1644）毛氏汲古閣刻本 十冊 存
一種

330000－1787－0003067 3067 史部/紀傳
類/正史之屬

史記評林一百三十卷 （明）凌稚隆輯 明萬
曆五年（1577）刻本 十五冊

330000－1787－0003068 3068 史部/紀傳
類/正史之屬

唐書二百卷 （五代）劉昫等撰 明嘉靖十四
年至十八年（1535－1539）餘姚聞人詮刻本
三十七冊 存一百六十六卷（本紀四至二十
一、列傳一至一百四十八）

330000－1787－0003069 3069 史部/紀傳
類/正史之屬

晉書一百三十卷 （唐）房玄齡等撰 明嘉靖
三十七年（1558）刻萬曆十年（1582）南京國子
監遞修本 二十四冊

330000－1787－0003070 3070 史部/載
記類

契丹國志二十七卷 （宋）葉隆禮撰 明末抄
本 四冊

330000－1787－0003071 3071 史部/紀傳
類/正史之屬

遼史一百十六卷　（元）脱脱等撰　明萬曆三
十四年(1606)刻本　十二冊

330000－1787－0003072　3072　史部/紀傳
類/正史之屬

魏書一百十四卷　（北齊）魏收撰　明萬曆二
十四年(1596)南京國子監刻本　一冊　存四
卷(一至四)

330000－1787－0003073　3073　史部/編年
類/通代之屬

資治通鑑二百九十四卷　（宋）司馬光編集
（明）陳仁錫評閲　明刻本　一百一冊

330000－1787－0003074　3074　史部/編年
類/通代之屬

資治通鑑目錄三十卷　（宋）司馬光編集　資
治通鑑問疑一卷　（宋）劉義仲纂集　明崇禎
二年(1629)陳仁錫刻本　十四冊

330000－1787－0003075　3075　史部/編年
類/通代之屬

宋元通鑑一百五十七卷　（明）薛應旂撰
（明）陳仁錫評　明天啓六年(1626)長洲陳仁
錫刻本　三十冊

330000－1787－0003076　3076　史部/紀傳
類/正史之屬

史記一百三十卷　（漢）司馬遷撰　明刻本
十五冊　存一百二十卷(五至一百二十四)

330000－1787－0003077　3077　史部/編年
類/通代之屬

御製資治通鑑綱目一百九卷　明崇禎三年
(1630)刻本　八十九冊

330000－1787－0003078　3078　史部/目錄
類/專錄之屬

經世文三編擬目一卷　王舟瑤撰　稿本
一冊

330000－1787－0003079　3079　子部/雜著
類/雜纂之屬

王玫伯先生雜抄不分卷　王舟瑤輯　稿本
一冊

330000－1787－0003080　3080　史部/目錄
類/專錄之屬

永樂大典輯出諸書一卷　王舟瑤輯　稿本
一冊

330000－1787－0003081　3081　史部/目錄
類/專錄之屬

台學統敘錄一卷　王舟瑤輯　稿本　一冊

330000－1787－0003082　3082　史部/目錄
類/專錄之屬

後凋草堂所藏吳興劉氏所刻書目錄一卷　王
舟瑤撰　稿本　一冊

330000－1787－0003083　3083　集部/別
集類

後凋草堂尺牘一卷　王舟瑤撰　清抄本
一冊

330000－1787－0003084　3084　子部/雜著
類/雜纂之屬

慎思日錄□□卷　王舟瑤撰　清光緒王舟瑤
稿抄本　一冊　存一卷(三)

330000－1787－0003086　3086　子部/雜著
類/雜纂之屬

涵雅齋讀書錄不分卷　王舟瑤撰　清光緒二
十七年(1901)、二十八年(1902)稿本　二冊

330000－1787－0003087　3087　子部/儒家
類/儒學之屬　勸學

勸學淺語一卷　王舟瑤撰　清抄本　一冊

330000－1787－0003088　3088　史部/目錄
類/專錄之屬

太平御覽引書目一卷　王舟瑤輯　清光緒二
十一年(1895)抄本　一冊

330000－1787－0003091　3091　新學/史志

中國學術史稿□□章　王舟瑤撰　清光緒京
師大學堂講稿稿本　一冊　存六章(三至八)

330000－1787－0003092　3092　新學/史志

中國學術史□□章　王舟瑤撰　清光緒京師
大學堂講稿抄本　一冊　存七章(一至七)

330000－1787－0003093　3093　新學/史志

中國學術史□□章　王舟瑤撰　清油印本
一冊　存七章(一至七)

330000－1787－0003094　3094　集部/別
集類

墨盦文稿不分卷　王舟瑤撰　清光緒抄本
三冊

330000－1787－0003096　3096　史部/史評
類/考訂之屬

漢書地理志攷證一卷　王舟瑤撰　清抄本
一冊

330000－1787－0003097　3097　史部/傳記
類/總傳之屬

王玫伯之祖先及師友一卷　王舟瑤輯　稿本
一冊

330000－1787－0003098　3098　子部/雜著
類/雜編之屬

墨盦瑣錄一卷　王舟瑤撰　清光緒十三年
(1887)稿本　一冊

330000－1787－0003099　3099　子部/雜著
類/雜編之屬

經說叢錄不分卷　王舟瑤撰　稿本　一冊

330000－1787－0003100　3100　子部/雜著
類/雜編之屬

經說叢錄不分卷　王舟瑤撰　稿本　一冊

330000－1787－0003101　3101　經部/群經
總義類/傳說之屬

墨盦經解一卷　王舟瑤撰　稿本　一冊

330000－1787－0003102　3102　經部/群經
總義類/傳說之屬

玫伯經說不分卷　王舟瑤撰　清光緒十二年
(1886)抄本　一冊

330000－1787－0003103　3103　子部/雜
著類

科舉末期之書院場屋試題不分卷　王舟瑤輯
稿本　一冊

330000－1787－0003104　3104　史部/傳記
類/總傳之屬/家乘

清芬錄一卷　王舟瑤輯　清光緒五年(1879)
稿本　一冊

330000－1787－0003105　3105　子部/雜著
類/雜纂之屬

雅俗詹言一卷　(清)李飛英纂　清王舟瑤抄
本　一冊

330000－1787－0003106　3106　集部/總集
類/郡邑之屬

天台三集外編不分卷　王舟瑤輯　稿本
二冊

330000－1787－0003107　3107　集部/總集
類/選集之屬/斷代

虛白室詩選一卷　王舟瑤選錄　清光緒三年
(1877)抄本　一冊

330000－1787－0003108　3108　史部/政書
類/公牘檔冊之屬

田產冊一卷　王舟瑤撰　清光緒三十四年
(1908)稿本　一冊

330000－1787－0003109　3109　集部/詞類/
別集之屬

阮亭詩餘一卷　(清)王士禛撰　清抄本
一冊

330000－1787－0003111　3111　史部/政書
類/公牘檔冊之屬

兩廣優級師範學堂女子兩等小學堂章程不分
卷　清光緒稿本　一冊

330000－1787－0003112　3112　史部/目錄
類/專錄之屬

清季各局之書價不分卷　王舟瑤撰　清抄本
一冊

330000－1787－0003113　3113　史部/目錄
類/專錄之屬

江蘇校士瑣志一卷　王舟瑤撰　稿本　一冊

330000－1787－0003114　3114　史部/傳記
類/日記之屬

閩游日記不分卷　王舟瑤撰　清光緒十七年
(1891)稿本　一冊

330000－1787－0003117　3117　史部/目錄類/專錄之屬

墨盦收藏台州書目一卷　喻長霖錄　清抄本　一冊

330000－1787－0003118　3118　史部/目錄類/總錄之屬/私撰

敦說樓藏書目錄一卷　王舟瑤撰　清光緒二十六年(1900)稿本　一冊

330000－1787－0003119　3119　史部/目錄類/專錄之屬

書局價目叢抄不分卷　王舟瑤撰　清光緒稿本　一冊

330000－1787－0003120　3120　史部/政書類/公牘檔冊之屬

兩廣優級師範學堂王舟瑤履歷清冊一卷　(清)兩廣優級師範學堂撰　清兩廣優級師範學堂抄本　一冊

330000－1787－0003122　3122　經部/群經總義類

京師大學堂經學講義稿不分卷　王舟瑤撰　稿本　二冊

330000－1787－0003123　3123　經部/群經總義類

京師大學堂經學講義十章　王舟瑤撰　清光緒京師大學堂抄本　一冊

330000－1787－0003124　3124　集部/別集類

粵雪不分卷　王舟瑤撰　清抄本　一冊

330000－1787－0003125　3125　集部/別集類

墨盦文甲集三卷　王舟瑤撰　清抄本　一冊

330000－1787－0003126　3126　史部/傳記類/科舉錄之屬

台州府王舟瑤試稿不分卷　王舟瑤撰　清抄本　一冊

330000－1787－0003127　3127　史部/傳記類/別傳之屬/事狀

周太孺人六十壽言不分卷　(清)郭式昌撰　清抄本　一冊

330000－1787－0003128　3128　史部/目錄類/總錄之屬/私撰

墨盦讀書錄不分卷　王舟瑤撰　清抄本　一冊

330000－1787－0003129　3129　子部/雜著類/雜編之屬

經說叢錄不分卷　王舟瑤撰　稿本　一冊

330000－1787－0003130　3130　集部/別集類/清別集

葦村先生遺稿不分卷　(清)王葦村撰　清光緒三十四年(1908)抄本　王舟瑤題記　一冊

330000－1787－0003132　3132　經部/四書類/論語之屬/專著

論語人名攷一卷　王舟瑤撰　清光緒七年(1881)抄本　一冊

330000－1787－0003134　3134　史部/傳記類/別傳之屬/年譜

墨盦居士[王舟瑤]年譜不分卷　王舟瑤撰　清光緒三十四年(1908)稿本　二冊

330000－1787－0003136　3136　集部/別集類

清夜爇香室初稿一卷　王舟瑤撰　清光緒二十四年(1898)稿本　一冊

330000－1787－0003137　3137　集部/別集類

清夜爇香室時文一卷　王舟瑤撰　清抄本　一冊

330000－1787－0003138　3138　集部/別集類

星垣詩二卷　王舟瑤撰　清光緒八年(1882)抄本　一冊

330000－1787－0003139　3139　集部/別集類

墨盦文稿不分卷　王舟瑤撰　稿本　三冊

330000－1787－0003142　3142　集部/別

集類

清夜爇香室詩□□卷　王舟瑤撰　清光緒六年(1880)抄本　一冊　存二卷(四至五)

330000－1787－0003143　3143　集部/別集類

清夜爇香室稿一卷　王舟瑤撰　清光緒抄本　一冊

330000－1787－0003144　3144　史部/傳記類/日記之屬

北游瑣記不分卷　王舟瑤撰　清光緒十五年(1889)稿本　一冊

330000－1787－0003145　3145　史部/目録類/專録之屬

杜詩選抄目録一卷　王舟瑤輯　稿本　一冊

330000－1787－0003146　3146　史部/傳記類/別傳之屬/事狀

王母周太夫人哀挽録不分卷　(清)林丙修等撰　清抄本　一冊

330000－1787－0003147　3147　子部/雜著類

王玫伯舊稿不分卷　王舟瑤撰　清光緒九年(1883)稿本　一冊

330000－1787－0003148　3148　集部/別集類

墨盦擬删稿一卷　王舟瑤撰　稿本　一冊

330000－1787－0003149　3149　經部/小學類

說經文鈔一卷　王舟瑤輯　清王舟瑤抄本　一冊

330000－1787－0003152　3152　集部/總集類/氏族之屬

清芬集外編二卷　(清)王敬禮撰　清光緒抄本　一冊

330000－1787－0003153　3153　集部/別集類

王星垣先生遺稿不分卷　王舟瑤撰　稿本　二冊

330000－1787－0003155　3155　子部/雜著類/雜纂之屬

墨盦偶記二卷　王舟瑤撰　稿本　一冊

330000－1787－0003159　3159　史部/傳記類/日記之屬

石橋日記不分卷　褚傳誥撰　清光緒稿本　八冊

330000－1787－0003165　3165　史部/史評類/考訂之屬

續讀史備忘□□卷　褚傳誥編　清抄本　一冊　存五卷(一、六至九)

330000－1787－0003172　3172　史部/傳記類/別傳之屬/事狀

石橋先生壽言不分卷　陳思蓉輯　稿本　一冊

330000－1787－0003186　3186　集部/總集類/郡邑之屬

太平詩存□□卷　金嗣獻編　清抄本　一冊　存二卷(九至十)

330000－1787－0003187　3187　集部/別集類/清別集

授易草廬詩存一卷　(清)彭頊撰　清抄本　一冊

330000－1787－0003188　3188　集部/別集類/明別集

林公輔文集不分卷　(明)林右著　清抄本　一冊

330000－1787－0003189　3189　集部/別集類/明別集

勿齋詩稿一卷　(明)陳員韜撰　清抄本　一冊

330000－1787－0003190　3190　集部/別集類/清別集

潤川隨筆不分卷　(清)黃河清撰　清抄本　一冊

330000－1787－0003192　3192　集部/別集類/宋別集

玉溪吟草不分卷 （宋）林表民撰 清抄本 一冊

330000－1787－0003193 3193 集部/總集類/郡邑之屬

臨海文鈔不分卷 （清）陳懋森輯 清抄本 二冊

330000－1787－0003194 3194 集部/別集類/元別集

羽庭集重校記四卷 （元）劉仁本撰 陳樹鈞校 清抄本 一冊

330000－1787－0003195 3195 集部/別集類/元別集

羽庭集重校記四卷 （元）劉仁本撰 陳樹鈞校 清抄本 一冊

330000－1787－0003196 3196 集部/別集類/元別集

羽庭集校勘記四卷 （元）劉仁本撰 陳樹鈞校 閬風集校勘記十二卷 （宋）舒岳祥撰 陳樹鈞校 清抄本 一冊

330000－1787－0003197 3197 集部/總集類/郡邑之屬

台詩隨見錄不分卷 陳樹鈞輯 清抄本 一冊

330000－1787－0003199 3199 史部/史表類/斷代之屬

明年表一卷 （清）王棻編 清光緒十四年(1888)抄本 一冊

330000－1787－0003200 3200 集部/別集類/清別集

松籟愁吟一卷 （清）葉書撰 清抄本 一冊

330000－1787－0003201 3201 集部/別集類/清別集

玩芳草堂雜記不分卷 （清）王棻撰 稿本 一冊

330000－1787－0003202 3202 集部/別集類/清別集

遜志齋集校勘記不分卷 （清）王棻撰 （清）

方來補訂 清抄本 一冊

330000－1787－0003203 3203 子部/雜著類/雜考之屬

急就章考異一卷管子目錄一卷 （清）王棻撰 清光緒十六年(1890)抄本 一冊

330000－1787－0003204 3204 集部/別集類/清別集

鵾溪漁唱二卷 （清）葉書撰 清抄本 一冊

330000－1787－0003205 3205 經部/小學類/文字之屬/說文/專著

六書解五卷 （清）王棻撰 清抄本 六冊

330000－1787－0003208 3208 集部/別集類

養拙居詩稿一卷 楊晨撰 清抄本 一冊

330000－1787－0003209 3209 集部/別集類

養拙居文二卷 楊晨撰 清抄本 二冊

330000－1787－0003210 3210 集部/別集類

崇雅堂文稿不分卷 楊晨撰 稿本 二冊

330000－1787－0003212 3212 類叢部/叢書類/彙編之屬

臨海葉氏蔭玉閣叢書 （清）葉書輯 清抄本 十五冊 存十種

330000－1787－0003214 3214 史部/地理類/方志之屬/郡縣志

光緒餘杭縣志稿不分卷 （清）褚成博纂 清刻本 一冊

330000－1787－0003215 3215 史部/地理類/方志之屬/郡縣志

[光緒]松陽縣志十二卷 （清）支恒椿修 （清）丁鳳章等纂 清光緒元年(1875)刻本 六冊 存十卷(一至四、六至九、十一至十二)

330000－1787－0003216 3216 史部/地理類/方志之屬/郡縣志

[光緒]處州府志三十卷首一卷末一卷 （清）潘紹詒修 （清）周榮椿纂 清光緒三年

(1877)刻本　十四冊　存十四卷(首,一至三、七、十三至十五、十七至二十、二十六至二十七)

330000－1787－0003217　3217　史部/地理類/方志之屬/郡縣志

[光緒]處州府志三十卷首一卷末一卷　(清)潘紹詒修　(清)周榮椿纂　清光緒三年(1877)刻本　二十八冊

330000－1787－0003218　3218　史部/地理類/水利之屬

浙江通志水利海防十四卷　(清)李衛　(清)嵇曾筠等修　(清)沈翼機　(清)傅王露等纂　清光緒五年(1879)墨潤堂刻本　二冊　存五卷(一至五)

330000－1787－0003221　3221　史部/地理類/方志之屬/郡縣志

[光緒]樂清縣志十六卷首一卷　(清)李登雲　(清)錢寶鎔修　(清)陳珅等纂　清光緒二十七年(1901)刻民國元年(1912)高誼校印本　十六冊　存十五卷(首,一至三、五、七至十六)

330000－1787－0003222　3222　史部/地理類/方志之屬/郡縣志

[光緒]青田縣志十八卷首一卷　(清)雷銑修　(清)王棻纂　清光緒元年至二年(1875－1876)刻本　十九冊

330000－1787－0003223　3223　史部/地理類/方志之屬/郡縣志

[同治]樂安縣志十二卷首一卷　(清)朱奎章修　(清)胡芳杏纂　清同治十年(1871)刻本　十三冊

330000－1787－0003225　3225　史部/金石類/總志之屬

金石萃編一百六十卷　(清)王昶撰　清嘉慶十年(1805)青浦王氏經訓堂刻同治十一年(1872)嘉善錢寶傳補刻印本　六十四冊

330000－1787－0003226　3226　史部/金石類/總志之屬

金石萃編一百六十卷　(清)王昶撰　清嘉慶十年(1805)青浦王氏經訓堂刻同治十一年(1872)嘉善錢寶傳補刻印本　六十四冊

330000－1787－0003227　3227　史部/金石類

行素草堂金石叢書(孫谿朱氏金石叢書)十六種　(清)朱記榮輯　清光緒吳縣朱氏刻十四年(1888)彙印本　一冊　存一種

330000－1787－0003229　3229　史部/地理類/總志之屬/斷代

元和郡縣圖志四十卷　(唐)李吉甫撰　闕卷逸文一卷　(清)孫星衍輯　元和郡縣補志九卷　(清)嚴觀輯　清光緒六年(1880)、八年(1882)金陵書局刻本(卷十九至二十、二十三至二十四、三十五至三十六原缺)　十冊

330000－1787－0003230　3230　史部/金石類/金之屬

西清續鑑甲編二十卷附錄一卷　(清)王杰等纂修　清宣統三年(1911)上海商務印書館石印本　十五冊　存十三卷(一至二、四至七、九、十一至十三、十五至十六,附錄)

330000－1787－0003231　3231　史部/金石類/金之屬

西清古鑑四十卷錢錄十六卷　(清)梁詩正(清)蔣溥等纂修　清石印本　十三冊　存二十五卷(七至八、十至十六、十八至十九、二十二至三十一、三十三至三十六)

330000－1787－0003232　3232　史部/金石類/石之屬/圖像

寧壽鑑古十六卷　(清)梁詩正等撰　清商務印書館刻本　三冊　存三卷(一、十至十一)

330000－1787－0003233　3233　類叢部/叢書類/自著之屬

蓬萊軒所著地理學叢書十一種　(清)丁謙益撰　清光緒刻本　四冊　存九種

330000－1787－0003234　3234　史部/地理類/雜志之屬

啓東錄六卷　(清)林壽圖撰　清光緒五年

(1879)閩縣林壽圖歐齋刻本　二冊

330000－1787－0003235　3235　史部/地理類/外紀之屬

海國圖志徵實一百卷首一卷　(清)孫灝輯
清光緒二十八年(1902)上海敦記石印本　十四冊　存七十卷(首、一至二、四、十八至五十、五十五至八十四、九十七至九十九)

330000－1787－0003236　3236　類叢部/叢書類/彙編之屬

崇文書局彙刻書三十一種　(清)崇文書局編
清光緒元年至三年(1875－1877)湖北崇文書局刻本　六冊　存一種

330000－1787－0003237　3237　史部/地理類/山川之屬/水志

水經注匯校四十卷首一卷　(清)楊希閔撰
水經注釋附錄二卷　(清)趙一清輯　清光緒七年(1881)福州刻本　十二冊

330000－1787－0003238　3238　史部/地理類/山川之屬/山志

黃鵠山志十二卷首一卷　(清)胡鳳丹撰　清同治十三年(1874)胡氏退補齋刻本　六冊

330000－1787－0003239　3239　子部/兵家類/兵法之屬

紀效新書十八卷首一卷　(明)戚繼光撰　清道光二十一年(1841)武林西泉氏刻本　六冊

330000－1787－0003240　3240　子部/兵家類/兵法之屬

紀效新書十八卷首一卷　(明)戚繼光撰　清咸豐五年(1855)虞山張雲鵬恬愛吾廬刻本　三冊　存十六卷(首、一至十五)

330000－1787－0003241　3241　子部/兵家類/兵法之屬

紀效新書十八卷　(明)戚繼光撰　清刻本　四冊　存十五卷(二至十六)

330000－1787－0003245　3245　史部/地理類/方志之屬/郡縣志

[同治]江山縣志十二卷首一卷末一卷　(清)王彬　(清)孫晉梓修　(清)朱寶慈等纂　清

刻本　七冊　存十二卷(江山縣志一至十二)

330000－1787－0003247　3247　史部/地理類/方志之屬/郡縣志

[同治]嵊縣志二十六卷首一卷末一卷　(清)嚴思忠　(清)陳仲麟修　(清)蔡以瑞等纂
清同治十年(1871)刻本　一冊　存三卷(首、一至二)

330000－1787－0003248　3248　史部/地理類/方志之屬/郡縣志

[乾隆]嵊縣志十八卷首一卷末一卷　(清)李以琰修　(清)田實稛等纂　清乾隆七年(1742)刻本　一冊　存三卷(首、一至二)

330000－1787－0003249　3249　史部/地理類/方志之屬/郡縣志

[光緒]平湖縣志二十五卷首一卷末一卷
(清)彭潤章等修　(清)葉廉鍔等纂　清光緒十二年(1886)刻本　十二冊

330000－1787－0003250　3250　史部/地理類/方志之屬/郡縣志

[光緒]諸暨縣志六十卷　陳遹聲修　(清)蔣鴻藻纂　清宣統二年(1910)刻本　十六冊　存五十四卷(一至二十、二十七至六十)

330000－1787－0003251　3251　史部/地理類/方志之屬/郡縣志

[光緒]嘉興府志八十八卷首二卷　(清)許瑤光修　(清)吳仰賢等纂　清刻本　二冊　存四卷(七十九至八十、八十三至八十四)

330000－1787－0003252　3252　史部/地理類/方志之屬/郡縣志

[光緒]永嘉縣志三十八卷首一卷　(清)張寶琳修　(清)王棻　(清)孫詒讓纂　清刻本
十六冊

330000－1787－0003260　3260　史部/地理類/山川之屬/水志

湖山便覽十二卷　(清)翟灝等撰　清光緒元年(1875)槐蔭堂王氏刻本　六冊

330000－1787－0003261　3261　史部/地理類/方志之屬/郡縣志

[光緒]餘姚縣志二十七卷首一卷末一卷 (清)周炳麟修 (清)邵友濂 (清)孫德祖 纂 清光緒二十五年(1899)刻本 十五冊

330000－1787－0003264 3264 史部/地理 類/方志之屬/郡縣志
[同治]鄞縣志七十五卷 (清)戴枚修 (清)張恕 (清)董沛等纂 清光緒三年 (1877)刻本 三十六冊

330000－1787－0003266 3266 史部/地理 類/方志之屬/郡縣志
[光緒]奉化縣志四十卷首一卷 (清)李前泮 修 張美翊等纂 清光緒三十四年(1908)刻 本 十二冊

330000－1787－0003267 3267 史部/地理 類/方志之屬/郡縣志
[光緒]嘉興府志八十八卷首二卷 (清)許瑤 光修 (清)吳仰賢等纂 清光緒三年至四年 (1877－1878)鴛湖書院刻本 四十八冊

330000－1787－0003268 3268 史部/地理 類/方志之屬/郡縣志
[同治]麗水縣志十五卷 (清)彭潤章等纂修 清同治十三年(1874)刻本 八冊

330000－1787－0003271 3271 子部/天文 曆算類/算書之屬
衍元海鑑八種 (清)李鏐撰 清光緒五年 (1879)鍾秀盦木活字印本 八冊

330000－1787－0003272 3272 子部/天文 曆算類/算書之屬
衍元海鑑八種 (清)李鏐撰 清光緒五年 (1879)鍾秀盦木活字印本 八冊

330000－1787－0003274 3274 史部/傳記 類/總傳之屬/姓名
元和姓纂十卷 (唐)林寶撰 (清)孫星衍 (清)洪瑩補 清光緒元年(1875)金陵書局刻 本 四冊

330000－1787－0003275 3275 史部/地理 類/方志之屬/通志
[道光]廣東通志三百三十四卷首一卷 (清)

阮元修 (清)陳昌齊等纂 清同治三年 (1864)刻本 一百二十冊

330000－1787－0003276 3276 類叢部/叢 書類/郡邑之屬
武林掌故叢編一百八十七種 (清)丁丙編 清光緒三年至二十六年(1877－1900)錢塘丁 氏嘉惠堂刻本 二十五冊 存三十二種

330000－1787－0003277 3277 史部/地理 類/山川之屬/山志
廣雁蕩山誌二十八卷首一卷末一卷 (清)曾 唯輯 清刻本 七冊 存二十九卷(廣雁蕩 山誌一至二十八、末)

330000－1787－0003278 3278 史部/地理 類/山川之屬/山志
廣雁蕩山誌二十八卷首一卷末一卷 (清)曾 唯輯 清刻本 三冊 存十二卷(二至十三)

330000－1787－0003279 3279 史部/地理 類/山川之屬/山志
廣雁蕩山誌二十八卷首一卷末一卷 (清)曾 唯輯 清刻本 三冊 存十卷(四至六、二十 三至二十八、末)

330000－1787－0003280 3280 史部/地理 類/山川之屬/水志
湖山便覽十二卷 (清)翟灝等撰 清刻本 二冊 存四卷(五至六、十一至十二)

330000－1787－0003281 3281 史部/地理 類/方志之屬/郡縣志
[嘉慶]山陰縣志三十卷首一卷 (清)徐元梅 修 (清)朱文翰等纂 清刻本 一冊 存二 卷(二十八至二十九)

330000－1787－0003282 3282 史部/地理 類/方志之屬/郡縣志
[光緒]上虞縣志四十八卷首一卷末一卷附錄 一卷 (清)唐煦春修 (清)朱士黻纂 清光 緒十七年(1891)刻本 二十冊

330000－1787－0003283 3283 史部/地理 類/方志之屬/郡縣志
[康熙]衢州府志四十卷首一卷 (清)楊廷望

（清）金玉衡纂修　清刻本　一冊　存三卷
（十至十二）

330000－1787－0003284　3284　史部/地理
類/方志之屬/郡縣志

[光緒]嚴州府志三十八卷首一卷　（清）吳士
進原本　（清）吳世榮續修　（清）鄒柏森
（清）馬斯臧等續纂　清刻本　二冊　存四卷
（二十八至二十九、三十四至三十五）

330000－1787－0003285　3285　史部/地理
類/方志之屬/郡縣志

[光緒]海鹽縣志二十二卷首一卷末一卷
（清）王彬修　（清）徐用儀纂　清刻本　三冊
存四卷（十五至十七、十九）

330000－1787－0003286　3286　史部/地理
類/方志之屬/郡縣志

[光緒]龍泉縣志十二卷首一卷　（清）顧國詔
修　（清）張世堉纂　清光緒三年(1877)刻本
六冊

330000－1787－0003287　3287　史部/地理
類/方志之屬/郡縣志

[同治]新昌縣志三十二卷首一卷末一卷
（清）朱慶萼等纂修　清刻本　二冊　存四卷
（七至八、三十二,末）

330000－1787－0003288　3288　史部/地理
類/方志之屬/郡縣志

[乾隆]湖州府志四十八卷首一卷　（清）胡承
謀輯　清刻本　九冊　存十八卷（三十一至
四十八）

330000－1787－0003289　3289　史部/地理
類/方志之屬/郡縣志

[嘉慶]瑞安縣志十卷首一卷　（清）張德標修
（清）王殿金　（清）黃徵乂纂　清刻本　二
冊　存二卷（二、九）

330000－1787－0003290　3290　史部/地理
類/方志之屬/郡縣志

[雍正]處州府志二十卷　（清）曹掄彬修
（清）朱肇濟等纂　清雍正十一年(1733)刻本
一冊　存一卷（八）

330000－1787－0003292　3292　史部/地理
類/方志之屬/郡縣志

[光緒]餘姚縣志二十七卷首一卷末一卷
（清）周炳麟修　（清）邵友濂　（清）孫德祖
纂　清光緒二十五年(1899)刻本　五冊　存
六卷(首,九、二十三至二十六)

330000－1787－0003294　3294　史部/地理
類/山川之屬/水志

西湖志纂十五卷首一卷末一卷　（清）沈德潛
（清）傅王露輯　（清）梁詩正合纂　清刻本
一冊　存三卷(四至六)

330000－1787－0003295　3295　史部/地理
類/山川之屬/水志

西湖志四十八卷　（清）李衛　（清）程元章修
（清）傅王露纂　清光緒四年(1878)浙江書
局刻本　二冊　存四卷(四十五至四十八)

330000－1787－0003296　3296　史部/地理
類/山川之屬/水志

西湖志四十八卷　（清）李衛　（清）程元章修
（清）傅王露纂　清雍正十三年(1735)刻本
一冊　存二卷(一至二)

330000－1787－0003297　3297　史部/地理
類/方志之屬/郡縣志

[康熙]樂清縣志八卷　（清）徐化民等修　清
康熙二十四年(1685)刻本　一冊　存四卷
(五至八)

330000－1787－0003298　3298　史部/地理
類/方志之屬/郡縣志

[同治]麗水縣志十五卷　（清）彭潤章等纂修
清同治十三年(1874)刻本　一冊　存一卷
(一)

330000－1787－0003299　3299　史部/地理
類/方志之屬/郡縣志

[光緒]龍泉縣志十二卷首一卷　（清）顧國詔
修　（清）張世堉纂　清刻本　一冊　存二卷
(十一至十二)

330000－1787－0003300　3300　史部/地理
類/方志之屬/郡縣志

[同治]高安縣志二十八卷首一卷 （清）夏燮
等修 （清）熊松之等纂 清同治刻本 一冊
存一卷(首)

330000－1787－0003301 3301 史部/地理
類/方志之屬/郡縣志

[康熙]甌寧縣志十三卷 （清）鄧其文修 清
刻本 一冊 存二卷(八至九)

330000－1787－0003303 3303 史部/地理
類/山川之屬/山志

重修南海普陀山志二十卷首一卷 （清）秦耀
曾輯 清刻本 一冊 存二卷(十六至十七)

330000－1787－0003304 3304 史部/地理
類/方志之屬/通志

[雍正]敕修浙江通志二百八十卷首三卷
(清)李衛 （清）嵇曾筠等修 （清）沈翼機
（清）傅王露等纂 清刻本 六十冊 存一
百三十七卷(一百三十九至一百五十、一百五
十二至二百七十一、二百七十六至二百八十)

330000－1787－0003305 3305 史部/地理
類/方志之屬/郡縣志

[同治]鄞縣志七十五卷 （清）戴枚修
(清)張恕 （清）董沛等纂 清刻本 二十五
冊 存五十九卷(十四至二十二、二十六至七
十五)

330000－1787－0003306 3306 史部/地理
類/方志之屬/郡縣志

[乾隆]溫州府志三十卷首一卷 （清）李琬修
(清)齊召南 （清）汪沆纂 清刻本 五冊
存十卷(四至十一、十九至二十)

330000－1787－0003307 3307 史部/地理
類/方志之屬/郡縣志

[同治]雲和縣志十六卷首一卷 （清）伍承吉
修 （清）涂冠續修 （清）王士鈖纂 清刻本
一冊 存四卷(三至六)

330000－1787－0003308 3308 史部/地理
類/方志之屬/郡縣志

[光緒]永康縣志十六卷首一卷 （清）李汝爲
(清)郭文魁修 （清）潘樹棠等纂 清刻本

206

一冊 存二卷(十至十一)

330000－1787－0003310 3310 史部/地理
類/總志之屬/斷代

大清一統志四百二十四卷 （清）和珅等纂修
清光緒二十八年(1902)上海寶善齋石印本
四十九冊 存三百五十二卷(一至一百三
十一、一百三十九至二百四十二、二百六十五
至三百二十三、三百四十五至三百九十五、四
百四至四百十)

330000－1787－0003312 3312 史部/地理
類/方志之屬/通志

[光緒]江西通志一百八十卷首五卷 （清）劉
坤一等修 （清）劉繹等纂 清光緒七年
(1881)刻本 一百十九冊 存一百八十三卷
(首一至五，一至一百十四、一百十七至一百
八十)

330000－1787－0003313 3313 史部/地理
類/方志之屬/郡縣志

[同治]贛州府志七十八卷首一卷 （清）魏瀛
修 （清）魯琪光 （清）鍾音鴻纂 清同治十
二年(1873)刻本 十冊 存三十一卷(二十
六至三十三、五十二至六十三、六十五至七十
五)

330000－1787－0003315 3315 史部/地理
類/方志之屬/郡縣志

[同治]廣昌縣志十卷首一卷 （清）曾毓璋纂
修 清同治六年(1867)刻本 九冊 存九卷
(二至十)

330000－1787－0003316 3316 史部/地理
類/方志之屬/郡縣志

[光緒]盱眙縣志稿十七卷首一卷續補遺一卷
(清)王錫元修 （清）高延第等纂 清光緒
十七年(1891)刻本 四冊 存十卷(首、一至
九)

330000－1787－0003317 3317 集部/總集
類/彙編之屬

漢魏名文乘(漢魏六十名家)六十種 （明）張
運泰 （明）余元熹輯 明末刻本 五十四冊

330000 – 1787 – 0003318　3318　史部/地理類/方志之屬/郡縣志

[同治]弋陽縣志十四卷首一卷　（清）俞致中修　（清）汪炳熊等纂　清同治十年(1871)刻本　十冊

330000 – 1787 – 0003319　3319　史部/地理類/方志之屬/郡縣志

[同治]安遠縣志十卷首一卷　（清）黃瑞圖等修　（清）歐陽鐸纂　清同治十一年(1872)刻本　八冊

330000 – 1787 – 0003320　3320　史部/地理類/方志之屬/郡縣志

[同治]樂平縣志十卷首一卷　（清）董萼榮（清）梅毓翰修　（清）汪元祥　（清）陳謨纂　清同治九年(1870)翥山書院刻本　十二冊

330000 – 1787 – 0003321　3321　史部/地理類/方志之屬/郡縣志

[同治]德興縣志十卷首一卷末一卷　（清）孟慶雲修　（清）楊重雅等纂　清同治十一年(1872)興賢書院刻光緒二十二年(1896)補刻本　一冊　存一卷(七)

330000 – 1787 – 0003322　3322　史部/地理類/方志之屬/郡縣志

[同治]宜春縣志十卷首一卷　（清）路青雲修　（清）李佩琳　（清）陳瑜纂　清同治十年(1871)刻本　十一冊

330000 – 1787 – 0003323　3323　史部/地理類/方志之屬/郡縣志

[同治]宜春縣志十卷首一卷　（清）路青雲修　（清）李佩琳　（清）陳瑜纂　清同治十年(1871)刻本　一冊　存二卷(一至二)

330000 – 1787 – 0003324　3324　史部/地理類/方志之屬/郡縣志

[同治]南昌府志六十六卷首一卷末一卷（清）許應鑅　（清）王之藩修　（清）曾作舟（清）杜防纂　清同治十二年(1873)刻本　四十冊

330000 – 1787 – 0003325　3325　史部/地理

類/方志之屬/郡縣志

[光緒]撫州府志八十六卷首一卷　（清）許應鑅　（清）陳增　（清）朱澄瀾修　（清）謝煌等纂　清光緒二年(1876)刻三十二年(1906)增修本　三十九冊

330000 – 1787 – 0003327　3327　類叢部/叢書類/郡邑之屬

台州叢書(名山堂叢書)九種　（清）宋世犖編　清嘉慶至道光臨海宋氏刻本　六冊　存一種

330000 – 1787 – 0003328　3328　集部/別集類/清別集

黃二峯先生制藝不分卷　（清）黃際明撰　清嘉慶十三年(1808)刻本　四冊

330000 – 1787 – 0003329　3329　子部/儒家類/儒學之屬/蒙學

小學集注五卷　（明）陳選撰　清光緒二十八年(1902)上海書局石印本　三冊

330000 – 1787 – 0003330　3330　史部/金石類/郡邑之屬/文字

兩浙金石志十八卷補遺一卷　（清）阮元撰清光緒十六年(1890)浙江書局刻本　三冊存八卷(一至三、十一至十五)

330000 – 1787 – 0003333　3333　經部/三禮總義類/名物制度之屬

求古錄禮說十六卷補遺一卷　（清）金鶚撰**校勘記三卷**　（清）王士駿輯　清光緒二年(1876)刻本　一冊　存三卷(校勘記一至三)

330000 – 1787 – 0003334　3334　經部/三禮總義類/名物制度之屬

求古錄禮說十六卷補遺一卷　（清）金鶚撰**校勘記三卷**　（清）王士駿輯　清光緒二年(1876)刻本　三冊　存六卷(二至五、十四至十五)

330000 – 1787 – 0003335　3335　經部/三禮總義類/名物制度之屬

求古錄禮說十六卷補遺一卷　（清）金鶚撰**校勘記三卷**　（清）王士駿輯　清光緒二年

(1876)刻本　五冊　存九卷（一至五、十四至十六，補遺）

330000－1787－0003336　3336　經部/三禮總義類/名物制度之屬

求古錄禮說十六卷補遺一卷　（清）金鶚撰
校勘記三卷　（清）王士駿輯　清光緒二年（1876）刻本　四冊　存九卷（一至五、十至十一、十四至十五）

330000－1787－0003337　3337　類叢部/叢書類/自著之屬

戚鶴泉所著書十一種　（清）戚學標撰　清乾隆至嘉慶刻本　三冊　存一種

330000－1787－0003339　3339　類叢部/叢書類/自著之屬

戚鶴泉所著書十一種　（清）戚學標撰　清乾隆至嘉慶刻本　一冊　存一種

330000－1787－0003340　3340　史部/目錄類/總錄之屬/地方

黃巖九峯名山閣藏書目錄四卷首一卷　（清）王維翰校錄　清光緒五年（1879）黃巖九峯書院刻本　一冊

330000－1787－0003341　3341　史部/傳記類/總傳之屬/技藝

台州書畫識目錄不分卷　（清）黃瑞撰　清光緒王舟瑤抄本　一冊

330000－1787－0003342　3342　史部/金石類/郡邑之屬/文字

兩浙金石志十八卷補遺一卷　（清）阮元撰　清刻本　五冊　存十卷（一至六、十四至十五、十七至十八）

330000－1787－0003343　3343　史部/金石類/郡邑之屬/文字

兩浙金石志十八卷補遺一卷　（清）阮元撰　清光緒十六年（1890）浙江書局刻本　三冊　存三卷（十四至十六）

330000－1787－0003344　3344　經部/小學類/音韻之屬/古今韻說

漢學諧聲二十四卷說文補考一卷說文又考一

卷　（清）戚學標撰　清嘉慶九年（1804）涉縣官署刻本　八冊

330000－1787－0003345　3345　子部/宗教類/佛教之屬/諸宗

蓮宗輯要不分卷　（清）釋達淨輯　清刻本　一冊

330000－1787－0003347　3347　史部/雜史類/斷代之屬

巡臺退思錄不分卷　（清）劉璈著　清木活字印本　二冊

330000－1787－0003348　3348　類叢部/叢書類/彙編之屬

天台張氏兩銘樓叢書　（清）張廷琛輯　清光緒至宣統木活字印本　一冊　存一種

330000－1787－0003349　3349　子部/儒家類/儒學之屬/禮教/家訓

張氏家訓二卷　（清）張廷琛輯　清光緒十八年（1892）刻本　一冊

330000－1787－0003350　3350　類叢部/叢書類/自著之屬

戚鶴泉所著書十一種　（清）戚學標撰　清嘉慶涉縣署刻本　一冊　存一種

330000－1787－0003353　3353　史部/傳記類/總傳之屬/郡邑

尊鄉錄節要四卷　（明）王弼撰　清光緒十七年（1891）盧炯刻本　一冊

330000－1787－0003354　3354　史部/傳記類/總傳之屬/郡邑

重刊崇祀鄉賢錄不分卷　清光緒十二年（1886）刻本　一冊

330000－1787－0003355　3355　經部/小學類/音韻之屬/古今韻說

漢學諧聲二十四卷說文補考一卷說文又考一卷　（清）戚學標撰　清嘉慶九年（1804）涉縣官署刻本　六冊　存二十卷（一至二十）

330000－1787－0003356　3356　經部/三禮總義類/名物制度之屬

求古錄禮說十六卷補遺一卷　（清）金鶚撰
校勘記三卷　（清）王士駿輯　清光緒二年
(1876)刻本　八冊　存十六卷(二至十六、補
遺)

330000－1787－0003359　3359　集部/總集
類/酬唱之屬

過情錄一卷　（清）何鍾麟輯　清光緒十一年
(1885)刻本　一冊

330000－1787－0003360　3360　集部/總集
類/酬唱之屬

過情錄一卷　（清）何鍾麟輯　清光緒十一年
(1885)刻本　一冊

330000－1787－0003365　3365　史部/目錄
類/總錄之屬/私撰

宜樓書目不分卷　清抄本　一冊

330000－1787－0003367　3367　集部/別集
類/明別集

容菴集十卷　（明）應大猷撰　清乾隆四十三
年(1778)刻本　一冊　存二卷(六至七)

330000－1787－0003369　3369　經部/小學
類/訓詁之屬/方言

越諺三卷　（清）范寅輯　清光緒八年(1882)
谷應山房刻本　一冊

330000－1787－0003370　3370　史部/史
評類

古史通紀不分卷　（清）李飛英撰　清抄本
一冊

330000－1787－0003372　3372　類叢部/叢
書類/彙編之屬

天台張氏兩銘樓叢書　（清）張廷琛編　清光
緒至宣統木活字印本　一冊　存一種

330000－1787－0003373　3373　子部/儒家
類/儒學之屬/禮教

聖室錄感評註不分卷　（清）李顯撰　清木活
字印本　一冊

330000－1787－0003374　3374　集部/總集
類/課藝之屬

義法舉隅二卷首一卷　（清）張廷琛輯　清光
緒二十八年(1902)木活字印本　一冊

330000－1787－0003375　3375　集部/總集
類/課藝之屬

義法舉隅二卷首一卷　（清）張廷琛輯　清光
緒二十八年(1902)木活字印本　一冊

330000－1787－0003377　3377　類叢部/叢
書類/自著之屬

确山所著書　（清）宋世犖撰　清刻本　一冊
存一種

330000－1787－0003379　3379　集部/總集
類/郡邑之屬

天台續集別編六卷　（宋）林表民輯　清刻本
一冊　存三卷(一至三)

330000－1787－0003380　3380　史部/政書
類/公牘檔冊之屬

天台治略十卷　（清）戴兆佳撰　清道光二十
六年(1846)迎瑞堂木活字印本　一冊　存一
卷(一)

330000－1787－0003381　3381　史部/傳記
類/別傳之屬/事狀

孀評初編四卷首一卷　（清）何梁器輯　清木
活字印本　一冊

330000－1787－0003382　3382　史部/傳記
類/別傳之屬/事狀

孀評初編四卷首一卷　（清）何梁器輯　清木
活字印本　一冊

330000－1787－0003383　3383　子部/天文
曆算類/算書之屬

補造無功集不分卷　（清）董毓琦等撰　清同
治五年(1866)刻本　一冊

330000－1787－0003385　3385　史部/地理
類/山川之屬/水志

浙江水道考殘帙不分卷　清抄本　一冊

330000－1787－0003386　3386　子部/術
數類

太乙書不分卷　清抄本　一冊

330000 – 1787 – 0003387　3387　　子部/天文曆算類/算書之屬

盛世參苓算稿一卷　（清）董毓琦撰　清刻本　一冊

330000 – 1787 – 0003388　3388　　集部/總集類/課藝之屬

義法舉隅二卷首一卷　（清）張廷琛輯　清光緒二十八年(1902)木活字印本　一冊

330000 – 1787 – 0003389　3389　　史部/史評類/考訂之屬

諸史考異十八卷　（清）洪頤煊撰　清抄本　一冊　存四卷(四至七)

330000 – 1787 – 0003390　3390　　集部/總集類/選集之屬

安洲喜雨唫不分卷　（清）許之龍等撰　清台郡雷恒源石印本　一冊

330000 – 1787 – 0003391　3391　　集部/總集類/課藝之屬

緱城試牘不分卷　（清）陳明倫撰　清刻本　一冊

330000 – 1787 – 0003392　3392　　經部/大戴禮記類/分篇之屬

夏小正註不分卷　（清）黃澥註　清道光六年(1826)刻本　一冊

330000 – 1787 – 0003394　3394　　集部/別集類/明別集

方正學先生遜志齋集二十四卷　（明）方孝孺撰　（明）張紹謙纂　明刻本　二冊　存四卷(二十一至二十四)

330000 – 1787 – 0003395　3395　　集部/別集類/明別集

方正學先生遜志齋集二十四卷　（明）方孝孺撰　（明）張紹謙纂　明刻本　一冊　存二卷(二十三至二十四)

330000 – 1787 – 0003397　3397　　子部/雜著類/雜說之屬

一山經說二卷雜文一卷　章梫撰　清宣統元年(1909)京華印書局鉛印本　一冊　存一卷

（一）

330000 – 1787 – 0003399　3399　　史部/目錄類/專錄之屬

台書存目錄一卷　陳樹鈞藏　清刻本　一冊

330000 – 1787 – 0003400　3400　　子部/天文曆算類/算書之屬

天代蒙泉一卷　清刻本　一冊

330000 – 1787 – 0003401　3401　　史部/地理類/水利之屬

治河管見一卷　（清）董毓琦撰　清刻本　一冊

330000 – 1787 – 0003402　3402　　史部/政書類/公牘檔冊之屬

台州府疏濬水利檔案不分卷　清光緒二十二年(1896)抄本　一冊

330000 – 1787 – 0003403　3403　　史部/傳記類/總傳之屬/儒林

台學源流七卷　（明）金賁亨撰　清同治金文煒刻同治八年(1869)同善會補刻本　一冊

330000 – 1787 – 0003404　3404　　史部/傳記類/總傳之屬/列女

三台閨範六卷　（清）張廷琛輯　清光緒二十四年至宣統元年(1898 – 1909)天台張氏木活字印本　三冊　存五卷(二至六)

330000 – 1787 – 0003405　3405　　史部/傳記類/總傳之屬/列女

三台閨範六卷　（清）張廷琛輯　清光緒二十四年至宣統元年(1898 – 1909)天台張氏木活字印本　一冊　存四卷(三至六)

330000 – 1787 – 0003406　3406　　類叢部/叢書類/彙編之屬

臨海葉氏蔭玉閣叢書　（清）葉書輯　清光緒臨海葉氏木活字印本　一冊　存一種

330000 – 1787 – 0003407　3407　　集部/別集類/清別集

恆園詩存一卷　（清）蔡芬撰　（清）蔡蕙編

痛輓錄一卷附紀蔡芳谷客死本末一卷　清光

緒三十三年(1907)黃巖恆園蔡氏木活字印本
　一冊

330000 – 1787 – 0003408　3408　經部/小學
類/文字之屬/字書/通論
字學舉隅不分卷　清刻本　一冊

330000 – 1787 – 0003410　3410　集部/總集
類/酬唱之屬
過情錄一卷　（清)何鍾麟輯　清光緒十一年
(1885)刻本　一冊

330000 – 1787 – 0003411　3411　集部/總集
類/酬唱之屬
過情錄一卷　（清)何鍾麟輯　清光緒十一年
(1885)刻本　一冊

330000 – 1787 – 0003412　3412　集部/總集
類/酬唱之屬
過情錄一卷　（清)何鍾麟輯　清光緒十一年
(1885)刻本　一冊

330000 – 1787 – 0003413　3413　集部/總集
類/酬唱之屬
過情錄一卷　（清)何鍾麟輯　清光緒十一年
(1885)刻本　一冊

330000 – 1787 – 0003414　3414　史部/地理
類/遊記之屬/紀行
台宕紀游一卷　（清)齊周華著　清光緒二十
六年(1900)木活字印本　一冊

330000 – 1787 – 0003416　3416　新學/學校
耀梓學校紀念錄一卷　（清)耀梓學校編　清
木活字印本　一冊

330000 – 1787 – 0003417　3417　集部/總集
類/酬唱之屬
過情錄一卷　（清)何鍾麟輯　清光緒十一年
(1885)刻本　一冊

330000 – 1787 – 0003418　3418　集部/總集
類/氏族之屬
同根草四卷　（清)屈苣纕　屈蕙纕撰　清光
緒二十九年(1903)刻本　一冊　存二卷(三
至四)

330000 – 1787 – 0003419　3419　史部/傳記
類/別傳之屬/事狀
嬬評初編四卷首一卷　（清)何梁器輯　清木
活字印本　一冊

330000 – 1787 – 0003420　3420　子部/小說
家類/異聞之屬
見聞隨筆二卷　（清)馮甦撰　清刻本　一冊
　存一卷(二)

330000 – 1787 – 0003421　3421　子部/小說
家類/異聞之屬
見聞隨筆二卷　（清)馮甦撰　清嘉慶二十一
年(1816)刻本　一冊　存一卷(一)

330000 – 1787 – 0003422　3422　史部/地理
類/山川之屬/水志
天台仙居水道考一卷　王舟瑤撰　稿本
一冊

330000 – 1787 – 0003423　3423　史部/金石
類/石之屬/文字
明靖難忠臣血蹟碑記一卷　清抄本　一冊

330000 – 1787 – 0003424　3424　史部/政書
類/公牘檔冊之屬
安老會不分卷　（清)何鍾麟撰　清光緒三年
(1877)木活字印本　一冊

330000 – 1787 – 0003425　3425　集部/別集
類/清別集
花信風樓詩鈔六卷　（清)金揀之撰　清木活
字印本　一冊　存五卷(一至五)

330000 – 1787 – 0003426　3426　類叢部/叢
書類/郡邑之屬
台州叢書續編十三種　（清)王棻等編　清光
緒王棻等刻本　二冊　存一種

330000 – 1787 – 0003429　3429　史部/詔令
奏議類/奏議之屬
掖垣疏草一卷　（明)盧明諏撰　清咸豐七年
(1857)盧懷新、盧錫疇木活字印本　一冊

330000 – 1787 – 0003430　3430　子部/醫家
類/傷科之屬

救傷秘書一卷　（清）趙廷海輯　清抄本
一冊

330000－1787－0003431　3431　史部/目錄
類/總錄之屬/地方

黃巖九峯名山閣藏書目錄四卷首一卷　（清）
王維翰校錄　清光緒五年(1879)黃巖九峯書
院刻本　一冊

330000－1787－0003432　3432　史部/傳記
類/科舉錄之屬/歷科登科錄

會試硃卷一卷　（清）洪復煊撰　清刻本
一冊

330000－1787－0003433　3433　子部/儒家
類/儒學之屬/性理

管窺錄一卷　（清）王嘉玉撰　清嘉慶二十五
年(1820)刻本　一冊

330000－1787－0003434　3434　類叢部/叢
書類/彙編之屬

說郛一百卷　（明）陶宗儀纂　清抄本　一冊
存一卷(七十五)

330000－1787－0003435　3435　集部/別集
類/清別集

出山小草一卷　（清）張如梧撰　清道光七年
(1827)刻本　一冊

330000－1787－0003436　3436　集部/總集
類/郡邑之屬

天台詩選六卷續補遺一卷　（明）許鳴遠輯
清刻本　一冊　存四卷(四至六、續補遺)

330000－1787－0003437　3437　集部/總集
類/郡邑之屬

天台詩選六卷續補遺一卷　（明）許鳴遠輯
清刻本　一冊　存四卷(四至六、續補遺)

330000－1787－0003438　3438　史部/金石
類/陶之屬

浙江磚錄四卷　（清）馮登府撰　清道光十六
年(1836)鄞縣鄭淳刻本　二冊　存三卷(二
至四)

330000－1787－0003439　3439　類叢部/叢

書類/家集之屬

傳經堂叢書十二種　（清）洪頤煊等撰　清嘉
慶至道光臨海洪氏刻本　一冊　存一種

330000－1787－0003443　3443　集部/總集
類/彙編之屬

安洲試鈔一卷　（清）張鍾秀輯　清抄本
一冊

330000－1787－0003444　3444　史部/地理
類/山川之屬/山志

招隱山志十二卷首一卷　繆潛撰　清宣統三
年(1911)刻本　三冊　存十卷(首、一至九)

330000－1787－0003445　3445　史部/政書
類/公牘檔冊之屬

柵川案卷一卷　（清）高任內撰　清抄本
一冊

330000－1787－0003447　3447　史部/傳記
類/總傳之屬/姓名

臨海先正姓名類纂一卷　（清）林槐生撰　清
同治六年(1867)抄本　一冊

330000－1787－0003448　3448　史部/政書
類/公牘檔冊之屬

成府憲核定培元局章程一卷　（清）培元局編
清光緒十三年(1887)木活字印本　一冊

330000－1787－0003452　3452　子部/術數
類/相宅相墓之屬

學易餘聞四卷首一卷　（清）林丙修撰　清宣
統二年(1910)石印本　一冊

330000－1787－0003453　3453　史部/目錄
類/總錄之屬/私撰

式古堂目錄十七卷　（清）尤瑩編　清光緒十
九年(1893)石印本　二冊

330000－1787－0003454　3454　類叢部/叢
書類/彙編之屬

天台張氏兩銘樓叢書　（清）張廷琛編　清光
緒至宣統木活字印本　一冊　存一種

330000－1787－0003455　3455　集部/別集
類/明別集

方正學先生遜志齋集二十四卷　（明）方孝孺撰　（明）張紹謙纂　明刻本　三冊　存六卷（一至二、十八至十九、二十三至二十四）

330000 - 1787 - 0003456　3456　集部/別集類/明別集

李二曲先生堊室錄感一卷　（清）張廷琛校　清光緒十九年（1893）刻本　一冊

330000 - 1787 - 0003457　3457　集部/別集類/清別集

景文堂詩集十三卷　（清）戚學標著　（清）趙秦城　（清）王期煜　（清）李汝培注釋　清刻本　一冊　存七卷（七至十三）

330000 - 1787 - 0003458　3458　史部/政書類/公牘檔冊之屬

澤國文昌閣公欵簡章一卷　清石印本　一冊

330000 - 1787 - 0003460　3460　子部/小說家類/異聞之屬

見聞隨筆二卷　（清）馮甡撰　清嘉慶二十一年（1816）刻本　一冊　存一卷（一）

330000 - 1787 - 0003461　3461　史部/傳記類/總傳之屬/郡邑

尊鄉錄節要四卷　（明）王弼撰　清光緒十七年（1891）盧炯刻本　一冊

330000 - 1787 - 0003462　3462　類叢部/叢書類/自著之屬

戚鶴泉所著書十一種　（清）戚學標撰　清乾隆至嘉慶刻本　一冊　存一種

330000 - 1787 - 0003463　3463　集部/別集類/清別集

深詣齋文鈔五卷　（清）黃鑣撰　（清）王菜編　清同治九年（1870）木活字印本　二冊

330000 - 1787 - 0003464　3464　集部/總集類/選集之屬

桃源洞詩集一卷　（清）修褉主人輯　清抄本　一冊

330000 - 1787 - 0003465　3465　子部/宗教類/佛教之屬/總錄

御選語錄十九卷　（清）世宗胤禛輯　清光緒四年（1878）金陵刻經處刻本　一冊　存二卷（三、八）

330000 - 1787 - 0003466　3466　經部/四書類/總義之屬/專著

四書偶談內外編二卷　（清）戚學標輯　清嘉慶刻本　曾士瀛題記　二冊

330000 - 1787 - 0003467　3467　史部/地理類/遊記之屬/紀行

台宕紀游一卷　（清）齊周華著　清光緒二十六年（1900）木活字印本　一冊

330000 - 1787 - 0003468　3468　史部/金石類/郡邑之屬/文字

兩浙金石志十八卷補遺一卷　（清）阮元撰　清光緒十六年（1890）浙江書局刻本　一冊　存一卷（十五）

330000 - 1787 - 0003469　3469　集部/總集類/酬唱之屬

勑五黃老先生暨黃母扵老孺人雙壽贈言一卷　清石印本　一冊

330000 - 1787 - 0003474　3474　集部/別集類/清別集

日就月將不分卷　（清）章襄撰　清光緒十一年（1885）抄本　一冊

330000 - 1787 - 0003475　3475　集部/別集類/清別集

碧峰山房賦選不分卷　（清）章襄撰　清光緒二十三年（1897）抄本　二冊

330000 - 1787 - 0003477　3477　史部/傳記類/日記之屬

碧峰山房日記十四卷續二十六卷　（清）章襄撰　清光緒十二年至三十三年（1886 - 1907）、民國八年至三十年（1919 - 1941）抄本　四十冊

330000 - 1787 - 0003478　3478　集部/別集類/清別集

碧峰山房褉作不分卷　（清）章襄撰　清光緒二十五年（1899）抄本　一冊

330000－1787－0003479　3479　集部/別集類/清別集

碧峰山房文稿不分卷　（清）章襄撰　清抄本　七冊

330000－1787－0003480　3480　史部/史評類/史論之屬

碧峰山房史論彙稿不分卷　（清）章襄撰　清光緒二十九年(1903)抄本　二冊

330000－1787－0003481　3481　集部/別集類/清別集

碧峰山房賦稿不分卷　（清）章襄撰　清光緒二十七年(1901)抄本　二冊

330000－1787－0003482　3482　集部/別集類/清別集

碧峰山房詩選不分卷　（清）章襄撰　清光緒二十三年(1897)抄本　二冊

330000－1787－0003483　3483　集部/別集類/清別集

碧峰山房古詩選不分卷　（清）章襄撰　清光緒二十三年(1897)抄本　二冊

330000－1787－0003484　3484　集部/別集類/清別集

碧峰山房時務彙稿不分卷　（清）章襄撰　清光緒二十九年(1903)抄本　一冊

330000－1787－0003487　3487　集部/別集類/清別集

庇風雨廬函稿不分卷　（清）曹愷撰　清光緒三十四年至宣統元年(1908－1909)抄本　一冊

330000－1787－0003488　3488　集部/別集類/清別集

鳴鶴堂詩集十一卷　（清）任源祥撰　清光緒十五年(1889)刻本　一冊　存五卷(一至五)

330000－1787－0003490　3490　史部/政書類/公牘檔冊之屬

三台正學東湖三書院膏火登記不分卷　（清）三台書院　（清）正學書院　（清）東湖書院撰　清同治八年(1869)抄本　一冊

330000－1787－0003491　3491　集部/別集類/清別集

鳴鶴堂文集十卷　（清）任源祥撰　清光緒十五年(1889)刻本　四冊

330000－1787－0003494　3494　史部/政書類/律令之屬/律例

審看擬式四卷首一卷末一卷　（清）剛毅輯　清光緒十八年(1892)浙江書局刻本　一冊　存三卷(首、一至二)

330000－1787－0003497　3497　子部/宗教類/佛教之屬/經

妙法蓮華經七卷　（後秦）釋鳩摩羅什譯　清刻本　三冊

330000－1787－0003510　3510　史部/傳記類/日記之屬

潛勉堂日記不分卷(清光緒五年三月)　喻長霖撰　清光緒四年(1878)稿本　一冊

330000－1787－0003519　3519　史部/史抄類

綱鑑擇要□□卷　（清）章襄輯　清光緒十六年(1890)抄本　一冊　存十卷(十一至二十)

330000－1787－0003525　3525　史部/史表類/斷代之屬

春秋表不分卷　清抄本　一冊

330000－1787－0003531　3531　史部/傳記類/總傳之屬/家乘

汝南周氏仁和本支譜不分卷　（清）周昱編　清道光十六年(1836)抄本　一冊

330000－1787－0003533　3533　集部/總集類/尺牘之屬

師竹山房往還尺牘不分卷　（清）□□編　清光緒八年(1882)抄本　一冊

330000－1787－0003537　3537　史部/地理類/遊記之屬/紀行

藍叔札稿閩行紀程不分卷　（清）藍叔撰　稿本　一冊

330000－1787－0003539　3539　史部/傳記

類/別傳之屬/事狀

李靜軒先生行述不分卷　王舟瑤撰　清光緒
十二年(1886)抄本　一冊

330000－1787－0003540　3540　集部/別集
類/清別集

朱澂園行狀及遺詩不分卷　（清）朱澂園撰
清抄本　一冊

330000－1787－0003542　3542　史部/傳記
類/總傳之屬/列女

歷朝節孝祠供奉不分卷　清抄本　一冊

330000－1787－0003543　3543　史部/傳記
類/別傳之屬/事狀

周夢坡先生行狀不分卷　清抄本　一冊

330000－1787－0003544　3544　史部/目錄
類/專錄之屬

台書存目錄一卷　陳樹鈞藏　清抄本　一冊

330000－1787－0003545　3545　史部/傳記
類/科舉錄之屬/歷科鄉試錄

浙江鄉試卷不分卷　清抄本　五冊

330000－1787－0003546　3546　史部/政書
類/公牘檔冊之屬

清代黃巖縣考試點名冊一卷　（清）黃巖縣學
編　清抄本　一冊

330000－1787－0003548　3548　史部/目錄
類/總錄之屬/地方

書目舉要不分卷台州書目不分卷　戴朢齊撰
清抄本　一冊

330000－1787－0003549　3549　史部/政書
類/公牘檔冊之屬

欽點內閣中書卷一卷　楊晨撰　清抄本
一冊

330000－1787－0003551　3551　集部/別集
類/清別集

玉潤珠圓一卷　清抄本　一冊

330000－1787－0003552　3552　集部/別集
類/清別集

九峰精舍月課一卷　（清）趙城撰　清抄本

一冊

330000－1787－0003554　3554　史部/目錄
類/總錄之屬/地方

名山閣藏書目錄初稿不分卷　清光緒三十三
年(1907)抄本　一冊

330000－1787－0003556　3556　史部/目錄
類/總錄之屬/地方

四庫台賢書目(經史二部)不分卷　清抄本
一冊

330000－1787－0003557　3557　史部/目錄
類/總錄之屬/地方

三台遺書編目不分卷　何奏簧撰　清光緒二
十二年(1896)抄本　一冊

330000－1787－0003560　3560　史部/傳記
類/科舉錄之屬/諸貢錄

[宣統己酉科]浙江選拔貢卷不分卷　清宣統
元年(1909)刻本　一冊

330000－1787－0003561　3561　史部/傳記
類/科舉錄之屬/諸貢錄

[宣統己酉科]浙江選拔貢卷不分卷　何奏簡
撰　清宣統元年(1909)刻本　一冊

330000－1787－0003562　3562　史部/傳記
類/科舉錄之屬/諸貢錄

[宣統己酉科]浙江選拔貢卷不分卷　清宣統
元年(1909)刻本　一冊

330000－1787－0003563　3563　史部/傳記
類/科舉錄之屬/諸貢錄

[宣統己酉科]浙江選拔貢卷不分卷　清宣統
元年(1909)刻本　一冊

330000－1787－0003566　3566　集部/總集
類/郡邑之屬

台州文獻彙存不分卷　（清）李壽鶴輯　清抄
本　一冊

330000－1787－0003567　3567　史部/地理
類/雜志之屬

臨海地誌不分卷　清抄本　一冊

330000－1787－0003568　3568　史部/地理

類/雜志之屬

台事襍録不分卷　清抄本　一冊

330000－1787－0003569　3569　史部/目録
類/專録之屬

台書存目録一卷　陳樹鈞藏　清宣統二年
(1910)油印本　一冊

330000－1787－0003571　3571　史部/目録
類/總録之屬/私撰

臨海許氏小石室藏書不分卷　(清)許兼善撰
　清抄本　一冊

330000－1787－0003572　3572　史部/傳記
類/科舉録之屬/歷科鄉試録

光緒壬午科江花試卷不分卷　(清)江花撰
清光緒八年(1882)刻本　一冊

330000－1787－0003573　3573　史部/地理
類/方志之屬/郡縣志

赤城新志二十三卷　(明)謝鐸撰　清王舟瑤
抄本　二冊

330000－1787－0003575　3575　史部/傳記
類/科舉録之屬/歷科鄉試録

光緒壬辰科朱琪昌試卷不分卷　(清)朱琪昌
撰　清光緒十八年(1892)刻本　一冊

330000－1787－0003576　3576　集部/總集
類/課藝之屬

安洲書院月課不分卷　(清)安洲書院輯　清
安洲書院抄本　一冊

330000－1787－0003577　3577　史部/目録
類/總録之屬/氏族

曹氏藏書目録不分卷　清抄本　二冊

330000－1787－0003578　3578　史部/地理
類/方志之屬/郡縣志

光緒台州府志稿不分卷　王舟瑤　(清)張廷
琛等纂　清光緒稿本　六十八冊

330000－1787－0003580　3580　史部/傳記
類/科舉録之屬/歷科鄉試録

福建鄉試録不分卷　清刻本　一冊

330000－1787－0003586　3586　史部/目録

類/總録之屬/地方

黃巖經籍志不分卷　王詠霓撰　清抄本
一冊

330000－1787－0003587　3587　集部/總集
類/課藝之屬

[台州府]分府月課不分卷　(清)山輝書院等
輯　清光緒十四年(1888)抄本　一冊

330000－1787－0003588　3588　史部/地理
類/山川之屬/山志

仙岩洞紀略不分卷　(清)秦沐雲撰　稿本
一冊

330000－1787－0003589　3589　史部/傳記
類/科舉録之屬

葉保硃卷一卷　清刻本　一冊

330000－1787－0003590　3590　史部/地理
類/雜志之屬

庚辛小志不分卷爐餘草一卷　(清)雙溪逸史
撰　清咸豐十一年至同治元年(1861－1862)
抄本　一冊

330000－1787－0003593　3593　史部/地理
類/雜志之屬

台州掌故資料不分卷　(清)楚軍撰　清光緒
六年(1880)抄本　一冊

330000－1787－0003594　3594　史部/目録
類/總録之屬/地方

臨海人著述目録不分卷　清抄本　一冊

330000－1787－0003595　3595　集部/總集
類/課藝之屬

臨海縣學月課不分卷　(清)臨海縣學輯　清
抄本　三冊

330000－1787－0003596　3596　子部/雜
著類

逸園筆記不分卷　(清)章逸中撰　清光緒二
十二年(1896)抄本　一冊

330000－1787－0003597　3597　史部/目録
類/總録之屬/私撰

蔭玉閣台州故書總目不分卷　(清)葉書撰

216

稿本　一冊

330000－1787－0003598　3598　　集部/總集類/課藝之屬

黃巖縣試課卷不分卷　（清）楊雷等撰　清光緒抄本　一冊

330000－1787－0003599　3599　　史部/目錄類

天台齊氏經籍志不分卷　清抄本　一冊

330000－1787－0003600　3600　　史部/目錄類/總錄之屬/地方

台州藝文志不分卷　清抄本　一冊

330000－1787－0003601　3601　　史部/地理類/雜志之屬

台州札記十二卷　（清）洪頤煊撰　清道光十四年(1834)小停雲山館刻本　一冊　存三卷（四至六）

330000－1787－0003602　3602　　集部/別集類/清別集

董煒遺集　（清）董煒撰　清石印本　一冊　存一卷(□□)

330000－1787－0003606　3606　　子部/雜著類/雜纂之屬

暗室靈光三卷首一卷　（清）樂善堂編錄　清光緒二十二年(1896)樂善堂刻本　一冊

330000－1787－0003609　3609　　新學/報章

條銀日報不分卷　清光緒四年(1878)抄本　一冊

330000－1787－0003632　3632　　史部/政書類/公牘檔冊之屬

黃巖縣商事習慣調查不分卷　（清）□□撰　清宣統二年(1910)稿本　一冊

330000－1787－0003633　3633　　史部/政書類/公牘檔冊之屬

黃巖統計處司法調查表稿不分卷　清光緒三十三年(1907)抄本　一冊

330000－1787－0003640　3640　　史部/政書類/邦計之屬/賦稅

□□總局收支賬冊不分卷　稿本　一冊

330000－1787－0003641　3641　　史部/政書類/公牘檔冊之屬

台州府嵩批發何浦何埠中間完糧地內續捐賓興四成撥還何氏補助祠塾案一卷　何奏簪等撰　清宣統三年(1911)石印本　一冊

330000－1787－0003642　3642　　史部/政書類/邦計之屬/賦稅

台州府衙光緒三十一年收支冊不分卷　清抄本　一冊

330000－1787－0003645　3645　　史部/政書類/邦計之屬/漕運

台州府水路道里表不分卷　清抄本　一冊

330000－1787－0003646　3646　　史部/政書類/邦計之屬/漕運

台州水陸道里表不分卷　清抄本　一冊

330000－1787－0003649　3649　　史部/政書類/公牘檔冊之屬

續修浙江通志臨海徵訪冊不分卷　何奏簪輯　清抄本　一冊　存藝文

330000－1787－0003650　3650　　史部/政書類/軍政之屬/兵制

[浙江台州]海門鎮標中左右三營名冊不分卷　（清）海門鎮標撰　清光緒二十九年(1903)油印本　一冊

330000－1787－0003654　3654　　史部/地理類/山川之屬/合志

山川攷不分卷　（清）俞樹棠撰　清抄本　一冊

330000－1787－0003657　3657　　集部/總集類/氏族之屬

郭氏譜藝文外集不分卷　（清）郭協寅輯　清抄本　一冊

330000－1787－0003658　3658　　史部/傳記類/總傳之屬/家乘

[浙江臨海]臨海西嶼陳氏世系表不分卷　（清）黃瑞輯　清抄本　一冊

330000－1787－0003660　3660　史部/傳記類/總傳之屬/家乘

[浙江臨海]臨海城內陳氏支譜不分卷　（清）臨海城內陳氏宗族編　清抄本　一冊

330000－1787－0003661　3661　史部/傳記類/總傳之屬/家乘

[浙江臨海]臨海陳氏世系不分卷　（清）臨海陳氏宗族編　清抄本　一冊

330000－1787－0003662　3662　史部/傳記類/總傳之屬/家乘

[浙江臨海]長田陳氏宗譜不分卷　（清）長田陳氏宗族編　清抄本　一冊

330000－1787－0003663　3663　史部/傳記類/總傳之屬/家乘

[浙江臨海]臨海陳氏譜序不分卷　（清）臨海陳氏宗族編　清抄本　一冊

330000－1787－0003664　3664　史部/傳記類/總傳之屬/家乘

[浙江臨海]臨海陳岐何氏宗譜不分卷　（清）臨海陳岐何氏宗族編　清抄本　一冊

330000－1787－0003665　3665　集部/總集類/氏族之屬

臨海陳沈文獻錄不分卷　清抄本　一冊

330000－1787－0003666　3666　史部/傳記類/總傳之屬/家乘

[浙江臨海]臨海陳氏譜稿不分卷　（清）臨海陳氏宗族編　清抄本　一冊

330000－1787－0003669　3669　史部/傳記類/總傳之屬/家乘

[浙江臨海]臨海義城黃氏宗譜不分卷　（清）黃瑞撰　稿本　一冊

330000－1787－0003670　3670　史部/傳記類/總傳之屬/家乘

[浙江臨海]臨海金氏家牒不分卷　（清）臨海金氏宗族編　清同治元年（1862）黃瑞抄本　一冊

330000－1787－0003673　3673　史部/傳記

類/總傳之屬/家乘

[浙江臨海]臨海鄭氏譜傳不分卷　（清）臨海鄭氏宗族編　清光緒十一年（1885）抄本　一冊

330000－1787－0003674　3674　史部/傳記類/總傳之屬/家乘

[浙江臨海]朱氏家譜不分卷　（清）朱志澡撰　清光緒二十年（1894）抄本　一冊

330000－1787－0003679　3679　史部/傳記類/總傳之屬/家乘

[浙江臨海]更樓郭氏譜殘稿不分卷　（清）郭協寅撰　清嘉慶十五年（1810）抄本　一冊

330000－1787－0003682　3682　史部/傳記類/總傳之屬

何氏二先生傳不分卷　清光緒三年（1877）鉛印本　一冊

330000－1787－0003683　3683　史部/傳記類/總傳之屬

何尺園及星槎兩先生傳不分卷　清光緒三年（1877）鉛印本　一冊

330000－1787－0003695　3695　史部/傳記類/總傳之屬/家乘

[浙江臨海]尹氏宗譜不分卷　（清）臨海尹氏宗族編　清咸豐四年（1854）刻本　一冊

330000－1787－0003697　3697　史部/傳記類/總傳之屬/家乘

[浙江臨海]臨海洪氏宗譜不分卷　（清）臨海洪氏宗族編　清道光四年（1824）木活字印本　一冊

330000－1787－0003702　3702　史部/傳記類/總傳之屬/家乘

[浙江臨海]臨海宋氏宗譜□□卷　（清）臨海宋氏編　清道光十年（1830）木活字印本　一冊　存三卷（一至三）

330000－1787－0003704　3704　史部/傳記類/總傳之屬/家乘

[浙江臨海]竹岙朱氏宗譜不分卷　（清）竹岙朱氏宗族編　清同治十一年（1872）木活字印

本　一册

330000－1787－0003711　3711　史部/傳記類/總傳之屬/家乘

[浙江臨海]台臨界嶺詹氏宗譜□□卷　（清）界嶺詹氏宗族編　清宣統二年（1910）木活字印本　一册　存一卷（八）

330000－1787－0003712　3712　史部/傳記類/總傳之屬/家乘

[浙江臨海]臨海郡城林氏宗譜□□卷　（清）郡城林氏宗族編　清木活字印本　一册　存一卷（四）

330000－1787－0003713　3713　史部/傳記類/總傳之屬/家乘

[浙江臨海]台臨方氏宗譜五卷　（清）台臨方氏宗族編　清光緒十九年（1893）木活字印本　一册　存二卷（一至二）

330000－1787－0003714　3714　史部/傳記類/總傳之屬/家乘

[浙江臨海]臨天蔡氏宗譜□□卷　（清）臨天蔡氏宗族編　清乾隆四十年（1775）木活字印本　一册　存二卷（一至二）

330000－1787－0003716　3716　史部/傳記類/總傳之屬/家乘

[浙江臨海]臨海桃渚柳氏宗譜四卷　（清）桃渚柳氏宗族編　清光緒七年（1881）木活字印本　一册

330000－1787－0003717　3717　史部/傳記類/總傳之屬/家乘

[浙江臨海]臨海灘頭柳氏宗譜二卷　（清）灘頭柳氏宗族編　清道光二十六年（1846）木活字印本　一册

330000－1787－0003718　3718　史部/傳記類/總傳之屬/家乘

[浙江臨海]台臨長田任氏宗譜□□卷　（清）長田任氏宗族編　清光緒三十三年（1907）木活字印本　一册　存一卷（三）

330000－1787－0003720　3720　史部/傳記類/總傳之屬/家乘

[浙江臨海]台臨朱馮複姓家乘□□卷　清光緒二十五年（1899）木活字印本　一册　存二卷（一至二）

330000－1787－0003721　3721　史部/傳記類/總傳之屬/家乘

[浙江臨海]南陽滕氏宗譜□□卷　（清）南陽滕氏宗族編　清同治三年（1864）木活字印本　一册　存一卷（八）

330000－1787－0003722　3722　史部/傳記類/總傳之屬/家乘

[浙江臨海]臨海後街秦氏宗譜□□卷　（清）後街秦氏宗族編　清光緒六年（1880）木活字印本　一册　存一卷（一）

330000－1787－0003723　3723　史部/傳記類/總傳之屬/家乘

[浙江臨海]台臨北澗羅氏宗譜□□卷　（清）北澗羅氏宗族編　清同治十年（1871）木活字印本　一册　存二卷（一至二）

330000－1787－0003724　3724　史部/傳記類/總傳之屬/家乘

[浙江臨海]臨海陶氏宗譜□□卷　（清）臨海陶氏宗族編　清同治八年（1869）木活字印本　一册　存一卷（三）

330000－1787－0003725　3725　史部/傳記類/總傳之屬/家乘

[浙江臨海]臨海吳氏宗譜□□卷　（清）臨海吳氏宗族編　清道光十年（1830）木活字印本　一册　存一卷（三）

330000－1787－0003726　3726　史部/傳記類/總傳之屬/家乘

[浙江臨海]杜岐戴氏宗譜□□卷　（清）杜岐戴氏宗族撰　清咸豐元年（1851）抄本　三册　存二十三卷（一至二十三）

330000－1787－0003727　3727　史部/傳記類/總傳之屬/釋道

天寧寺傳法譜不分卷　（清）天寧寺僧撰　清光緒抄本　二册

330000－1787－0003729　3729　史部/傳記

[浙江臨海]臨海更樓郭氏宗譜十卷首一卷
(清)更樓郭氏宗族編　清光緒三十三年
(1907)木活字印本　五冊　存七卷(一、四至
九)

330000－1787－0003732　3732　史部/傳記
類/總傳之屬/家乘

[浙江臨海]臨海更樓郭氏宗譜十卷　(清)更
樓郭氏宗族編　清同治十一年(1872)木活字
印本　三冊　存四卷(七至十)

330000－1787－0003734　3734　史部/傳記
類/總傳之屬/家乘

[浙江臨海]台臨夏館侯氏宗譜□□卷　(清)
夏館侯氏宗族編　清道光二十八年(1848)木
活字印本　一冊　存二卷(一至二)

330000－1787－0003735　3735　史部/傳記
類/總傳之屬/家乘

[浙江臨海]台臨夏館侯氏宗譜□□卷　(清)
夏館侯氏宗族編　清乾隆五十一年(1786)木
活字印本　一冊　存一卷(三)

330000－1787－0003736　3736　史部/傳記
類/總傳之屬/家乘

[浙江臨海]台臨夏館侯氏宗譜□□卷　(清)
夏館侯氏宗族編　清同治十一年(1872)木活
字印本　二冊　存二卷(二、七)

330000－1787－0003737　3737　史部/傳記
類/總傳之屬/家乘

[浙江臨海]台臨夏館侯氏宗譜□□卷　(清)
夏館侯氏宗族編　清同治十一年(1872)木活
字印本　六冊　存七卷(一至七)

330000－1787－0003738　3738　史部/傳記
類/總傳之屬/家乘

[浙江臨海]臨海汾川李氏八修族譜□□卷
清木活字印本　一冊　存二卷(十五至十六)

330000－1787－0003745　3745　史部/傳記
類/總傳之屬/家乘

[浙江臨海]幀下張氏宗譜□□卷首一卷
(清)幀下張氏宗族編　清嘉慶八年(1803)木

活字印本　一冊　存一卷(首)

330000－1787－0003746　3746　史部/傳記
類/總傳之屬/家乘

[浙江臨海]章安夏門張氏宗譜□□卷　(清)
章安夏門張氏宗族編　清嘉慶六年(1801)木
活字印本　一冊　存二卷(一至二)

330000－1787－0003747　3747　史部/傳記
類/總傳之屬/家乘

[浙江臨海]新修黃氏世譜稿十四卷　清光緒
木活字印本　一冊

330000－1787－0003748　3748　史部/傳記
類/總傳之屬/家乘

[浙江臨海]黃氏世譜底本不分卷　(清)黃瑞
編　清同治七年(1868)抄本　一冊

330000－1787－0003749　3749　史部/傳記
類/總傳之屬/家乘

[浙江臨海]黃氏世譜□□卷　清光緒三年
(1877)抄本　一冊　存一卷(十二)

330000－1787－0003750　3750　史部/傳記
類/總傳之屬/家乘

[浙江臨海]臨海黃氏世譜一卷　(清)黃瑞輯
　清抄本　一冊

330000－1787－0003751　3751　史部/傳記
類/總傳之屬/家乘

[浙江臨海]黃氏世譜□□卷　(清)臨海黃氏
宗族編　清光緒三年(1877)抄本　四冊　存
四卷(一、三、十二、十四)

330000－1787－0003752　3752　史部/傳記
類/總傳之屬/家乘

[浙江臨海]黃氏世譜□□卷　(清)臨海黃氏
宗族編　清光緒十一年(1885)木活字印本
一冊　存二卷(一至二)

330000－1787－0003753　3753　史部/傳記
類/總傳之屬/家乘

[浙江臨海]黃氏世譜□□卷　(清)臨海黃氏
宗族編　清光緒十一年(1885)木活字印本
五冊　存九卷(一至六、十至十一、十三)

330000－1787－0003755　3755　史部/傳記類/總傳之屬/家乘

[浙江臨海]台臨洪氏宗譜□□卷首一卷 (清)台臨洪氏宗族編　清光緒元年(1875)木活字印本　一冊　存五卷(首,一至三、八)

330000－1787－0003756　3756　史部/傳記類/總傳之屬/家乘

[浙江臨海]臨海洪氏宗譜□□卷 (清)臨海洪氏宗族編　清同治五年(1866)木活字印本　一冊　存二卷(十三至十四)

330000－1787－0003757　3757　史部/傳記類/總傳之屬/家乘

[浙江臨海]臨海洪氏宗譜□□卷 (清)臨海洪氏宗族撰　清同治五年(1866)木活字印本　五冊　存十卷(六至十五)

330000－1787－0003758　3758　史部/傳記類/總傳之屬/家乘

[浙江臨海]臨海梘橋謝氏宗譜□□卷 (清)臨海梘橋謝氏宗族編　清同治九年(1870)木活字印本　一冊　存二卷(一至二)

330000－1787－0003762　3762　史部/傳記類/總傳之屬/家乘

[浙江臨海]石塘程氏宗譜□□卷 (清)石塘程氏宗族編　清光緒十七年(1891)木活字印本　一冊　存一卷(一)

330000－1787－0003763　3763　史部/傳記類/總傳之屬/家乘

[浙江臨海]塗川項氏宗譜十九卷 (清)塗川項氏宗族編　清光緒三十四年(1908)木活字印本　二冊　存三卷(一、八至九)

330000－1787－0003764　3764　史部/傳記類/總傳之屬/家乘

[浙江臨海]項氏宗譜不分卷 (清)項惺齋纂　清光緒二十五年(1899)木活字印本　一冊

330000－1787－0003765　3765　史部/傳記類/總傳之屬/家乘

[浙江臨海]郡城林氏宗譜不分卷 (清)郡城林氏宗族編　清抄本　一冊

330000－1787－0003766　3766　史部/傳記類/總傳之屬/家乘

[浙江臨海]台臨呂氏宗譜□□卷 (清)台臨呂氏宗族編　清嘉慶三年(1798)木活字印本　一冊

330000－1787－0003768　3768　史部/傳記類/總傳之屬/家乘

[浙江臨海]東塍潘氏宗譜不分卷 (清)東塍潘氏宗族編　清同治四年(1865)木活字印本　一冊

330000－1787－0003769　3769　史部/傳記類/總傳之屬/家乘

[浙江臨海]臨海郡城林氏宗譜四卷 (清)臨海郡城林氏宗族編　清光緒九年(1883)木活字印本　四冊　存二卷(二至三)

330000－1787－0003770　3770　史部/傳記類/總傳之屬/家乘

[浙江臨海]臨海郡城林氏宗譜四卷 (清)臨海郡城林氏宗族編　清光緒九年(1883)木活字印本　一冊　存一卷(四)

330000－1787－0003771　3771　史部/傳記類/總傳之屬/家乘

[浙江臨海]臨海郡城林氏宗譜四卷 (清)臨海郡城林氏宗族編　清光緒九年(1883)木活字印本　四冊

330000－1787－0003772　3772　史部/傳記類/總傳之屬/家乘

[浙江臨海]臨海縹山葉氏宗譜十四卷首一卷 (清)臨海縹山葉氏宗族編　清同治六年(1867)木活字印本　四冊　存四卷(二、六、九、十二)

330000－1787－0003773　3773　史部/傳記類/總傳之屬/家乘

[浙江臨海]臨海大石縹山葉氏宗譜三十卷首一卷 (清)臨海大石縹山葉氏宗族編　清光緒二十五年(1899)木活字印本　二冊　存十五卷(首,一至七、二十四至三十)

330000－1787－0003775　3775　史部/傳記

類/總傳之屬/家乘

[浙江臨海]湧泉馮氏宗譜□□卷 （清）湧泉
馮氏宗族編 清抄本 一冊 存一卷(九)

330000－1787－0003776 3776 史部/傳記
類/總傳之屬/家乘

[浙江臨海]湧泉馮氏族譜圖傳卷不分卷
（清）馮杰編 清宣統二年(1910)木活字印本
一冊

330000－1787－0003778 3778 史部/傳記
類/總傳之屬/家乘

[浙江臨海]湧泉馮氏族譜不分卷 （清）馮杰
編 清抄本 一冊

330000－1787－0003784 3784 史部/傳記
類/總傳之屬/家乘

[浙江臨海]台臨石屏陳氏重修宗譜六卷首一
卷 （清）台臨石屏陳氏宗族編 清光緒九年
(1883)木活字印本 三冊 存六卷(首,一至
四、六)

330000－1787－0003785 3785 史部/傳記
類/總傳之屬/家乘

[浙江臨海]台臨石屏陳氏重修宗譜六卷首一
卷 （清）台臨石屏陳氏宗族編 清光緒九年
(1883)木活字印本 四冊 存五卷(首,一至
三、六)

330000－1787－0003787 3787 史部/傳記
類/總傳之屬/家乘

[浙江臨海]台臨留賢包氏宗譜□□卷 （清）
台臨留賢包氏宗族編 清同治三年(1864)木
活字印本 一冊 存二卷(四、六)

330000－1787－0003788 3788 史部/傳記
類/總傳之屬/家乘

[浙江臨海]台臨留賢包氏宗譜□□卷 （清）
台臨留賢包氏宗族編 清同治三年(1864)木
活字印本 一冊 存二卷(四、六)

330000－1787－0003789 3789 史部/傳記
類/總傳之屬/家乘

[浙江臨海]台臨孫氏宗譜十三卷 （清）臨海
孫氏宗族編 清光緒三十三年(1907)木活字

222

印本 二冊 缺二卷(十二至十三)

330000－1787－0003793 3793 史部/傳記
類/總傳之屬/家乘

[浙江臨海]台臨蔣氏宗譜□□卷 （清）蔣氏
宗族編 清光緒十六年(1890)木活字印本
一冊 存一卷(八)

330000－1787－0003796 3796 集部/總集
類/氏族之屬

臨海汾川李氏藝文不分卷 （清）旭陽編 清
抄本 一冊

330000－1787－0003797 3797 史部/傳記
類/總傳之屬/家乘

[浙江臨海]石塘張家渡許氏宗譜□□卷
（清）石塘張家渡許氏宗族編 清道光二十三
年(1843)刻本 二冊 存二卷(七至八)

330000－1787－0003799 3799 史部/傳記
類/總傳之屬/家乘

[浙江臨海]長沙陳氏宗譜九卷首一卷 （清）
臨海長沙陳氏宗族編 清光緒二十五年
(1899)木活字印本 一冊 存二卷(首、一)

330000－1787－0003800 3800 史部/傳記
類/總傳之屬/家乘

[浙江臨海]台臨石屏陳氏重修宗譜六卷首一
卷 （清）台臨石屏陳氏宗族編 清嘉慶二十
一年(1816)木活字印本 四冊 存五卷(首,
一至三、六)

330000－1787－0003801 3801 史部/傳記
類/總傳之屬/家乘

[浙江臨海]台臨石屏陳氏重修宗譜六卷首一
卷 （清）台臨石屏陳氏宗族編 清嘉慶二十
一年(1816)木活字印本 三冊 存三卷(二
至三、五)

330000－1787－0003802 3802 史部/傳記
類/總傳之屬/家乘

[浙江臨海]台臨石屏陳氏重修宗譜六卷首一
卷 （清）台臨石屏陳氏宗族編 清光緒九年
(1883)木活字印本 一冊 存一卷(二)

330000－1787－0003803 3803 史部/傳記

類/總傳之屬/家乘

[浙江臨海]臨海金氏宗譜不分卷 （清）臨海
金氏宗族編 清抄本 一冊

330000－1787－0003804 3804 史部/傳記
類/總傳之屬/家乘

[浙江臨海]金氏世譜□□卷 （清）臨海金氏
宗族編 清光緒二十一年(1895)木活字印本
一冊 存二卷(二至三)

330000－1787－0003805 3805 史部/傳記
類/總傳之屬/家乘

[浙江臨海]金氏世譜□□卷 （清）金掞之輯
清咸豐三年(1853)木活字印本 二冊 存
九卷(十六至二十四)

330000－1787－0003808 3808 史部/傳記
類/總傳之屬/家乘

[浙江臨海]臨海黃溪李氏宗譜不分卷 （清）
臨海黃溪李氏宗族編 清雍正十一年(1733)
木活字印本 一冊

330000－1787－0003809 3809 史部/傳記
類/總傳之屬/家乘

[浙江臨海]臨海黃溪李氏宗譜□□卷 （清）
臨海黃溪李氏宗族編 清初木活字印本 一
冊 存一卷(一)

330000－1787－0003810 3810 史部/傳記
類/總傳之屬/家乘

[浙江臨海]台臨笏橋李氏宗譜□□卷首一卷
（清）台臨笏橋李氏宗族編 清光緒十一年
(1885)木活字印本 二冊 存五卷(首、一至
四)

330000－1787－0003812 3812 史部/傳記
類/總傳之屬/家乘

[浙江臨海]赤城李氏宗譜三卷 （清）赤城李
氏宗族編 清光緒三十年(1904)抄本 一冊

330000－1787－0003814 3814 集部/總集
類/氏族之屬

[浙江臨海]湧泉馮氏族譜內集文不分卷
（清）馮杰編 清宣統二年(1910)木活字印本
一冊

330000－1787－0003817 3817 集部/總集
類/氏族之屬

[浙江臨海]湧泉馮氏族譜外集文不分卷
（清）馮杰編 清宣統二年(1910)木活字印本
一冊

330000－1787－0003818 3818 史部/傳記
類/總傳之屬/家乘

[浙江臨海]臨海義城山勝黃氏宗譜□□卷
（清）黃瑞編 清光緒元年(1875)抄本 一冊
存一卷(一)

330000－1787－0003819 3819 史部/傳記
類/總傳之屬/家乘

[浙江臨海]下沈沈氏宗譜□□卷 （清）下沈
沈氏宗族編 清同治七年(1868)木活字印本
一冊 存一卷(二)

330000－1787－0003820 3820 史部/傳記
類/總傳之屬/家乘

[浙江臨海]下沈沈氏宗譜□□卷 （清）下沈
沈氏宗族編 清同治七年(1868)木活字印本
一冊 存一卷(二)

330000－1787－0003821 3821 史部/傳記
類/總傳之屬/家乘

[浙江臨海]下沈沈氏宗譜□□卷 （清）下沈
沈氏宗族編 清同治七年(1868)木活字印本
一冊 存一卷(二)

330000－1787－0003822 3822 史部/傳記
類/總傳之屬/家乘

[浙江臨海]下沈沈氏宗譜□□卷 （清）下沈
沈氏宗族編 清同治七年(1868)木活字印本
六冊 存六卷(一至二、四至五、八至九)

330000－1787－0003823 3823 史部/傳記
類/總傳之屬/家乘

[浙江臨海]蟾岩顏氏宗譜□□卷 （清）蟾岩
顏氏宗族編 清同治四年(1865)木活字印本
一冊 存一卷(一)

330000－1787－0003824 3824 史部/傳記
類/總傳之屬/家乘

[浙江臨海]西莊蔣氏宗譜一卷 （清）應守險

編 清嘉慶八年(1803)抄本 一冊

330000－1787－0003827 3827 史部/傳記類/總傳之屬/家乘

[浙江臨海]臨海黃沙張氏宗譜□□卷 （清）黃沙張氏宗族編 清光緒四年(1878)木活字印本 三冊 存三卷(四至五、十一)

330000－1787－0003828 3828 史部/傳記類/總傳之屬/家乘

[浙江臨海]南陽滕氏宗譜□□卷 （清）南陽滕氏宗族編 清同治三年(1864)木活字印本 一冊 存一卷(十一)

330000－1787－0003833 3833 史部/傳記類/總傳之屬/家乘

[浙江臨海]沈氏宗譜□□卷 （清）臨海沈氏宗族編 清道光十六年(1836)木活字印本 一冊 存一卷(二)

330000－1787－0003834 3834 史部/傳記類/總傳之屬/家乘

[浙江臨海]吳寧根溪陳氏宗譜不分卷 （宋）吳寧根溪陳氏宗族編 宋刻明初遞修本 一冊

330000－1787－0003835 3835 史部/傳記類/總傳之屬/家乘

[浙江臨海]玉露洋葉氏宗譜□□卷 （清）臨海玉露洋葉氏宗族編 清光緒三十四年(1908)木活字印本 三冊 存三卷(一、四、十一)

330000－1787－0003837 3837 集部/別集類/清別集

寶綸堂文鈔八卷 （清）齊召南撰 清刻本 二冊 存二卷(三至四)

330000－1787－0003838 3838 史部/目錄類/總錄之屬/私撰

傳經樓藏書目五卷 （清）黃瑞編 稿本 一冊

330000－1787－0003839 3839 史部/傳記類/總傳之屬/儒林

清聖祠從祀攷略四卷 （清）齊毓川輯 清犟

古齋木活字印本 一冊 存三卷(二至四)

330000－1787－0003840 3840 集部/別集類/元別集

江檻集一卷附錄一卷 （元）潘伯修撰 陳樹鈞重編 適闉詩草一卷 （清）江左撰 清宣統二年(1910)太平陳氏木活字印本 一冊

330000－1787－0003841 3841 史部/傳記類/總傳之屬/忠孝

崇節祠錄三卷 （清）江青撰 清光緒二十九年(1903)刻本 一冊

330000－1787－0003844 3844 集部/小說類/長篇之屬

臺灣外記三十卷 （清）江日昇撰 清刻本 二冊 存八卷(七至十、十四至十七)

330000－1787－0003850 3850 集部/總集類/課藝之屬

義法舉隅二卷首一卷 （清）張廷琛輯 清光緒二十八年(1902)木活字印本 二冊

330000－1787－0003851 3851 集部/總集類/課藝之屬

義法舉隅二卷首一卷 （清）張廷琛輯 清光緒二十八年(1902)木活字印本 一冊

330000－1787－0003852 3852 史部/金石類/郡邑之屬/文字

栝蒼金石志十二卷 （清）李金瀾輯 清東甌博古齋刻本 三冊 存八卷(三至十)

330000－1787－0003855 3855 史部/目錄類/總錄之屬/私撰

臨海黃氏秋籟閣寄存圖書不分卷 （清）黃瑞撰 清抄本 一冊

330000－1787－0003856 3856 史部/目錄類/總錄之屬/私撰

臨海黃氏秋籟閣寄存圖書目錄不分卷 （清）黃瑞撰 清抄本 一冊

330000－1787－0003857 3857 集部/別集類/元別集

顧北集一卷 （元）泰不華著 （清）江青編輯

清刻本 一冊

330000－1787－0003858 3858 史部/詔令
奏議類/奏議之屬

龐石壁諫垣稿三卷首一卷 （明）龐泮撰
（清）齊召南編次 清宣統元年（1909）穀貽堂
刻本 一冊

330000－1787－0003861 3861 集部/別集
類/清別集

樸學堂文鈔一卷 （清）黃河清撰 清嘉慶五
年（1800）刻本 一冊

330000－1787－0003864 3864 集部/總集
類/選集之屬/通代

刪補古今文致四卷 （明）劉士鱗輯 （明）王
宇增補 明刻本 一冊

330000－1787－0003865 3865 集部/別集
類/清別集

南沙文集八卷附卷二卷 （清）洪若皋著 清
刻本 三冊 存三卷（三、五、八）

330000－1787－0003866 3866 經部/小學
類/音韻之屬

矩齋所學 勞乃宣撰 清光緒至民國刻本
一冊 存一種

330000－1787－0003867 3867 集部/別集
類/宋別集

杜清獻公集十九卷首一卷補遺一卷 （宋）杜
範撰 **杜清獻公集附錄一卷** （清）王棻輯 **杜清
獻公集校勘記一卷** （清）王棻撰 **杜清
獻公年譜一卷** （清）王棻編 清同治九年
（1870）刻本 八冊

330000－1787－0003868 3868 史部/地理
類/遊記之屬/紀勝

雁蕩紀遊稿三卷 （清）釋道融輯 清木活字
印本 一冊

330000－1787－0003871 3871 史部/地理
類/遊記之屬/紀勝

天台齊袁兩太史遊記二卷 （清）齊召南
（清）袁鵬圖撰 清宣統二年（1910）鉛印本
一冊

330000－1787－0003872 3872 史部/地理
類/遊記之屬/紀勝

天台齊袁兩太史遊記二卷 （清）齊召南
（清）袁鵬圖撰 清宣統二年（1910）鉛印本
一冊

330000－1787－0003878 3878 集部/小說
類/長篇之屬

**新鐫玉茗堂批評按鑑參補南宋志傳十卷五十
回** （明）陳繼儒編 清刻本 一冊 存二卷
（一至二）

330000－1787－0003881 3881 經部/群經
總義類

**群經大義錄（京師大學堂經學講義第二編）一
卷** 王舟瑤撰 清光緒二十九年（1903）京師
大學堂鉛印本 一冊

330000－1787－0003882 3882 類叢部/叢
書類/彙編之屬

天台張氏兩銘樓叢書 （清）張廷琛編 清光
緒至宣統木活字印本 一冊 存一種

330000－1787－0003883 3883 類叢部/叢
書類/彙編之屬

天台張氏兩銘樓叢書 （清）張廷琛編 清光
緒至宣統木活字印本 一冊 存一種

330000－1787－0003884 3884 類叢部/叢
書類/彙編之屬

天台張氏兩銘樓叢書 （清）張廷琛編 清光
緒至宣統木活字印本 一冊 存一種

330000－1787－0003885 3885 集部/總集
類/選集之屬/斷代

試帖箋林八卷 （清）秦錫淳選評 （清）陳兆
熊等參註 清乾隆經笥堂刻本 二冊 存三
卷（二至四）

330000－1787－0003886 3886 集部/別集
類/清別集

畫石山房詩鈔□□卷 （清）王魏勝撰 清咸
豐六年（1856）木活字印本 一冊 存二卷
（四至五）

330000－1787－0003887 3887 史部/地理

類/雜志之屬

[仙居縣]測量底簿不分卷　清抄本　二冊

330000－1787－0003888　3888　史部/地理
類/方志之屬/郡縣志

光緒僊居志二十四卷首一卷僊居集二十四卷
　（清）王壽頤　（清）潘紀恩修　（清）王棻
　（清）李仲昭纂　清光緒二十年（1894）木活
字印本　一冊　存三卷（僊居集四至六）

330000－1787－0003890　3890　子部/雜著
類/雜說之屬

正學干城不分卷　（清）王守愚撰　清光緒三
十二年（1906）上海書局石印本　一冊

330000－1787－0003891　3891　集部/別集
類/明別集

容菴集十卷　（明）應大猷撰　清乾隆四十三
年（1778）刻本　一冊　存三卷（八至十）

330000－1787－0003892　3892　集部/別集
類/明別集

容菴集十卷　（明）應大猷撰　清乾隆四十三
年（1778）刻本　五冊

330000－1787－0003894　3894　史部/地理
類/遊記之屬/紀行

台宕紀游一卷　（清）齊周華著　清光緒二十
六年（1900）木活字印本　一冊

330000－1787－0003895　3895　史部/地理
類/遊記之屬/紀行

台宕紀游一卷　（清）齊周華著　清光緒二十
六年（1900）木活字印本　一冊

330000－1787－0003896　3896　史部/地理
類/遊記之屬/紀行

台宕紀游一卷　（清）齊周華著　清光緒二十
六年（1900）木活字印本　一冊

330000－1787－0003897　3897　史部/地理
類/遊記之屬/紀行

台宕紀游一卷　（清）齊周華著　清光緒二十
六年（1900）木活字印本　一冊

330000－1787－0003898　3898　史部/地理

類/遊記之屬/紀勝

天台齊袁兩太史遊記二卷　（清）齊召南
（清）袁鵬圖撰　清宣統二年（1910）鉛印本
一冊

330000－1787－0003899　3899　史部/地理
類/遊記之屬/紀勝

天台齊袁兩太史遊記二卷　（清）齊召南
（清）袁鵬圖撰　清宣統二年（1910）鉛印本
一冊

330000－1787－0003901　3901　集部/別集
類/清別集

名山藏副本不分卷　（清）齊周華著　（清）稼
學輯　清稼學抄本　一冊

330000－1787－0003902　3902　史部/載
記類

劉蘭洲興學記一卷　（清）劉璈撰　清刻本
一冊

330000－1787－0003903　3903　集部/別集
類/明別集

方正學先生遜志齋集二十四卷目錄一卷年譜
一卷拾補一卷外紀一卷　（明）方孝孺撰
（明）張紹謙纂　清康熙刻本　十五冊

330000－1787－0003904　3904　集部/別集
類/明別集

方正學先生遜志齋集二十四卷目錄一卷年譜
一卷拾補一卷外紀一卷　（明）方孝孺撰
（明）張紹謙纂　清同治十二年（1873）刻本
十六冊

330000－1787－0003907　3907　類叢部/叢
書類/郡邑之屬

永嘉叢書十三種　（清）孫衣言編　清同治至
光緒瑞安孫氏詒善祠塾刻本　四十四冊　存
十二種

330000－1787－0003908　3908　集部/別集
類/宋別集

水心先生文集二十九卷補遺一卷水心先生別
集十六卷　（宋）葉適撰　清光緒八年（1882）
瑞安孫氏詒善祠塾刻本　十六冊

330000－1787－0003910　3910　類叢部/類書類/通類之屬

通俗編三十八卷　（清）翟灝撰　清乾隆十六年(1751)仁和翟灝無不宜齋刻武林竹簡齋印本　八冊　存二十五卷(一至二十五)

330000－1787－0003911　3911　經部/小學類/音韻之屬/古今韻說

漢學諧聲二十四卷說文補考一卷說文又考一卷　（清）戚學標撰　清嘉慶九年(1804)涉縣官署刻本　六冊

330000－1787－0003912　3912　子部/藝術類/篆刻之屬/印譜

歙生鐵筆不分卷　清鈐印本　一冊

330000－1787－0003913　3913　類叢部/叢書類/彙編之屬

知不足齋叢書　（清）鮑廷博編　（清）鮑志祖續編　清乾隆三十七年至道光三年(1772－1823)長塘鮑氏刻彙印本　七冊　存一種

330000－1787－0003914　3914　類叢部/叢書類/彙編之屬

知不足齋叢書　（清）鮑廷博編　（清）鮑志祖續編　清乾隆三十七年至道光三年(1772－1823)長塘鮑氏刻彙印本　二冊　存一種

330000－1787－0003915　3915　經部/四書類/總義之屬/專著

四書偶談內外編二卷　（清）戚學標輯　清嘉慶刻本　二冊

330000－1787－0003916　3916　經部/四書類/總義之屬/專著

四書續談內編二卷補一卷外編二卷補一卷　（清）戚學標撰　清嘉慶二十四年(1819)刻本　三冊　缺二卷(外編下、補)

330000－1787－0003917　3917　經部/書類/書序之屬

書序攷異一卷書序答問一卷　王詠霓撰　清刻本　一冊

330000－1787－0003918　3918　經部/書類/書序之屬

書序攷異一卷書序答問一卷　王詠霓撰　清刻本　二冊

330000－1787－0003919　3919　集部/總集類/選集之屬

寒山拾得中峰三大士詩三卷　（清）揚州藏經院編　清光緒二年(1876)刻本　一冊

330000－1787－0003920　3920　史部/傳記類/總傳之屬/家乘

[浙江台州]台州郡城柵浦何氏宗譜□□卷　（清）何氏後人編　清宣統二年(1910)鉛印本　一冊　存一卷(一)

330000－1787－0003921　3921　子部/農家農學類/總論之屬

農政全書六十卷　（明）徐光啓撰　明刻本　一冊　存四卷(四十三至四十六)

330000－1787－0003922　3922　史部/目錄類/總錄之屬/官修

欽定四庫全書簡明目錄二十卷首一卷　（清）紀昀等撰　清同治七年(1868)廣東書局刻本　一冊　存一卷(首)

330000－1787－0003923　3923　子部/天文曆算類/算書之屬

籌算不分卷　（清）董毓琦撰　清光緒十二年(1886)鉛印本　一冊

330000－1787－0003924　3924　集部/總集類/題詠之屬

小瀛洲集不分卷　（清）王棻等撰　清光緒十三年(1887)鉛印本　一冊

330000－1787－0003925　3925　史部/金石類

行素草堂金石叢書(孫谿朱氏金石叢書)十六種　（清）朱記榮輯　清光緒吳縣朱氏刻十四年(1888)彙印本　一冊　存一種

330000－1787－0003928　3928　史部/傳記類/科舉錄之屬

兩浙校士錄不分卷　清光緒十七年(1891)刻本　一冊

330000－1787－0003929　3929　類叢部/叢書類/輯佚之屬

漢魏遺書鈔一百四種　（清）王謨輯　清嘉慶三年（1798）金谿王氏刻本　三冊　存七種

330000－1787－0003930　3930　子部/雜著類/雜說之屬

野獲編三十卷補遺四卷　（明）沈德符撰（清）錢枋輯　清道光七年（1827）錢塘姚氏羊城扶荔山房刻同治八年（1869）補刻本　一冊

330000－1787－0003931　3931　集部/總集類/彙編之屬

南宋羣賢小集七十四種　（宋）陳起編　（清）顧修重輯　清嘉慶六年（1801）石門顧氏讀畫齋刻本　一冊　存一種

330000－1787－0003933　3933　類叢部/叢書類/彙編之屬

藝海珠塵一百六十四種　（清）吳省蘭輯　清嘉慶南匯吳氏聽彝堂刻本　十二冊　存二十五種

330000－1787－0003934　3934　類叢部/叢書類/郡邑之屬

武林掌故叢編一百八十七種　（清）丁丙編　清光緒三年至二十六年（1877－1900）錢塘丁氏嘉惠堂刻本　一冊　存一種

330000－1787－0003935　3935　子部/雜著類/雜考之屬

卍齋璅錄十卷　（清）李調元撰　清刻本　一冊　存六卷（五至十）

330000－1787－0003936　3936　子部/農家農學類/鳥獸蟲之屬

蟲薈五卷　（清）方旭撰　清刻本　一冊　存一卷（二）

330000－1787－0003937　3937　集部/別集類

默盦詩存□□卷　王舟瑤撰　清刻本　一冊　存二卷（三至四）

330000－1787－0003938　3938　經部/三禮總義類/名物制度之屬

求古錄禮說十六卷補遺一卷校勘記三卷　（清）金鶚撰　（清）王士駿輯　清光緒二年（1876）刻本　九冊　缺三卷（校勘記一至三）

330000－1787－0003939　3939　經部/三禮總義類/名物制度之屬

求古錄禮說十六卷補遺一卷校勘記三卷　（清）金鶚撰　（清）王士駿輯　清光緒二年（1876）刻本　二冊　存四卷（四至七）

330000－1787－0003940　3940　史部/傳記類/科舉錄之屬　歷科鄉試錄

[光緒癸卯恩科]浙江鄉試第壹房同門試卷一卷　清光緒刻本　十八冊

330000－1787－0003941　3941　經部/三禮總義類/名物制度之屬

求古錄禮說十六卷補遺一卷校勘記三卷　（清）金鶚撰　（清）王士駿輯　清光緒二年（1876）刻本　一冊　存三卷（校勘記一至三）

330000－1787－0003942　3942　經部/三禮總義類/名物制度之屬

求古錄禮說十六卷補遺一卷校勘記三卷　（清）金鶚撰　（清）王士駿輯　清刻本　三冊　存七卷（四至七，校勘記一至三）

330000－1787－0003945　3945　子部/雜著類/雜說之屬

輟耕錄三十卷　（明）陶宗儀撰　明毛晉汲古閣刻本　一冊　存四卷（二十七至三十）

330000－1787－0003946　3946　集部/別集類/明別集

遜志齋集二十四卷　（明）方孝孺撰　明崇禎刻本　一冊　存二卷（三至四）

330000－1787－0003947　3947　集部/別集類/明別集

遜志齋集□□卷　（明）方孝孺撰　清刻本　三冊　存六卷（二至三、二十七至三十）

天台縣圖書館

古籍普查登記目録

全國古籍普查登記目録·浙江台州

國家圖書館出版社
National Library of China Publishing House

《天台縣圖書館古籍普查登記目録》
編委會

主　　編：王水球

副 主 編：曹善俊

編　　委：陳慧斐　夏哲堯

《天台縣圖書館古籍普查登記目録》

前　言

天台縣圖書館館藏古籍來源於 20 世紀 80 年代初天台縣文管會。接管的這些古籍中有的被加了封面重新裝訂,有的將原來的多册裝訂成一册,如《重刻世説新語補》二十卷附《釋名》一卷(索書號 0155)原 9 册現裝訂成 2 册,也有同題名不同版本的古籍合訂成 1 册,如《鼎鍥幼幼集成》六卷(索書號 0177 與 0178)被合訂成 1 册。到了 90 年代,這些古籍從老館搬到新館,進行了重新登記,登記過程中加蓋了館藏章和流水號。目前由於館舍的限制,與地方文獻同放一室,祇能采取一些簡單的保護措施,如專櫃存放、放樟腦丸等。我館計劃在之後建設新館時,設計一個標準的古籍庫房,專門存放這些古籍。

2014 年根據浙江省古籍保護中心的要求,我館派出工作人員參加了省古籍保護中心的古籍普查培訓,安排專項經費,於 2015 年開始對館藏古籍進行普查。

經普查,我館共收藏 1912 年以前古籍 159 部 1058 册,雖然數量不多,但經、史、子、集、類叢、新學各大類均有。館藏古籍中大多數是清中後期的綫裝書,有 3 部爲天台籍清朝大學士齊召南的稿本、抄本,有一定的歷史價值。

本次的古籍普查工作開始由王水球和陳慧斐二人進行,後由於王水球館内事務繁忙,普查工作進展不够快,台州市圖書館領導爲保證普查工作進度而重新調整任務分配。本次普查,得到了台州學院圖書館大力支持,我館館藏大多數書目數據也是由台州學院圖書館夏哲堯老師完成,在此特别感謝台州學院圖書館王秀萍館長、夏哲堯老師的幫助與支持!

普查工作雖已完成,但由於編者水平有限,難免會存在錯漏之處,請省古籍保護中心和各兄弟館的專家同仁批評指正。

天台縣圖書館

2018 年 6 月

330000 – 4726 – 0000001　0001　集部/別集類/清別集

瓊臺稿八卷 （清）齊召南撰　清雍正十二年(1734)抄本　清齊遲昌跋　二冊

330000 – 4726 – 0000002　0002　集部/總集類/選集之屬/斷代

御定全唐詩錄一百卷詩人年表一卷 （清）徐倬等輯　清康熙四十五年(1706)揚州詩局刻本　十三冊　存五十六卷(五至十九、三十四至三十七、四十六至五十七、六十三至八十三、八十九至九十二)

330000 – 4726 – 0000003　0003　經部/叢編

通志堂經解一百四十種一千八百六十卷 （清）成德輯　清康熙十九年(1680)納蘭成德刻本　二冊　存一種

330000 – 4726 – 0000004　0004　史部/編年類/通代之屬

資治通鑑綱目五十九卷 （宋）朱熹撰 （明）陳仁錫評　**資治通鑑綱目續編一卷** （明）陳桱撰 （明）陳仁錫評　**資治通鑑綱目前編二十五卷** （明）南軒撰 （明）陳仁錫評　**續資治通鑑綱目二十七卷** （明）商輅等撰 （明）陳仁錫評　清嘉慶九年(1804)姑蘇聚文堂刻本　一百八冊　缺十九卷(一至四、資治通鑑綱目前編一至五、續資治通鑑綱目十八至二十七)

330000 – 4726 – 0000005　0005　集部/總集類/課藝之屬

寶綸堂經史講義不分卷 （清）齊召南撰　清乾隆八年(1743)稿本　一冊

330000 – 4726 – 0000006　0006　經部/春秋左傳類/傳說之屬

左繡三十卷首一卷 （清）馮李驊 （清）陸浩評輯　清乾隆三十六年(1771)刻本　八冊

330000 – 4726 – 0000007　0007　史部/編年類/通代之屬

資治通鑑綱目五十九卷 （宋）朱熹撰 （明）陳仁錫評　**資治通鑑綱目續編一卷** （明）陳桱撰 （明）陳仁錫評　**資治通鑑綱目前編二**

十五卷 （明）南軒撰 （明）陳仁錫評　**續資治通鑑綱目二十七卷** （明）商輅等撰 （明）陳仁錫評　清刻本　二十三冊　存三十五卷(六至十、十二至十六,資治通鑑綱目前編一至二十五)

330000 – 4726 – 0000008　0008　經部/小學類/文字之屬/字書/字典

正字通十二卷 （明）張自烈撰 （清）廖文英輯　**字彙舊本首一卷** （明）梅膺祚音釋　清康熙刻本　三十五冊

330000 – 4726 – 0000009　0009　集部/總集類/選集之屬/通代

文選六十卷 （南朝梁）蕭統輯 （唐）李善注　清乾隆十一年(1746)懷德堂刻本　十冊　缺二十五卷(十七至二十二、三十一至四十二、五十一至五十三、五十七至六十)

330000 – 4726 – 0000010　0010　史部/編年類/通代之屬

御批歷代通鑑輯覽一百二十卷 （清）傅恆等撰　清同治十年(1871)浙江書局刻朱墨套印本　二十七冊　缺五十六卷(一至五十六)

330000 – 4726 – 0000011　0011　史部/編年類/通代之屬

御批歷代通鑑輯覽一百二十卷 （清）傅恆等撰　清光緒二十七年(1901)上海經香閣石印本　十五冊　缺十卷(四十三至五十、一百四至一百五)

330000 – 4726 – 0000013　0013　集部/別集類/清別集

燕游集不分卷 （清）朱國華撰　清光緒木活字印本　三冊

330000 – 4726 – 0000014　0014　經部/小學類/文字之屬/字書/字典

字彙十二卷首一卷末一卷 （明）梅膺祚撰　清刻本　二冊　存二卷(午集、未集)

330000 – 4726 – 0000015　0015　經部/小學類/文字之屬/字書/字典

字彙十二卷首一卷末一卷韻法直圖一卷

(明)梅膺祚撰　**韻法橫圖一卷**　(明)李世澤撰　清康熙十八年(1679)雲樓寺刻本　一冊　存一卷(首)

330000－4726－0000016　0016　經部/小學類/文字之屬/字書/字典

字彙十二卷首一卷末一卷韻法直圖一卷　(明)梅膺祚撰　**韻法橫圖一卷**　(明)李世澤撰　清文秀堂刻本　八冊　存八卷(丑集、卯集、辰集、巳集、未集、申集、酉集、戌集)

330000－4726－0000017　0017　經部/小學類/文字之屬/字書/字典

字彙十二卷首一卷末一卷　(明)梅膺祚撰　清大文堂刻本　一冊　存一卷(子集)

330000－4726－0000018　0018　經部/小學類/文字之屬/字書/字典

字彙十二卷首一卷末一卷　(明)梅膺祚撰　清刻本　一冊　存一卷(午集)

330000－4726－0000019　0019　經部/小學類/文字之屬/字書/字典

字彙十二卷首一卷末一卷　(明)梅膺祚撰　清刻本　一冊　存一卷(巳集)

330000－4726－0000020　0020　經部/小學類/文字之屬/字書/字典

字彙十二卷首一卷末一卷　(明)梅膺祚撰　清刻本　一冊　存一卷(巳集)

330000－4726－0000021　0021　集部/總集類/彙編之屬

齊家墨寶不分卷　(清)商盤等撰　清抄本　一冊

330000－4726－0000022　0022　集部/別集類/清別集

九曲山房詩不分卷　(清)宗聖垣撰　清乾隆二十三年(1758)抄本　一冊

330000－4726－0000023　0023　集部/總集類/課藝之屬

曹源書院墨卷選不分卷　(清)江發等撰　清乾隆齊召南抄本　一冊

330000－4726－0000024　0024　子部/術數類/相宅相墓之屬

撼龍經批注校補不分卷疑龍經批注校補三卷　(唐)楊益撰　(清)高其倬批點　(清)寇宗集注　(清)榮錫勳校補　清光緒十八年(1892)巴蜀善成堂刻本　四冊

330000－4726－0000025　0025　子部/術數類/相宅相墓之屬

陽宅集成八卷　(清)姚廷鑾輯　清刻本　一冊　存一卷(三)

330000－4726－0000026　0026　子部/術數類/相宅相墓之屬

陰宅集要四卷　(清)姚廷鑾撰　清刻本　二冊　存二卷(二至三)

330000－4726－0000027　0027　類叢部/類書類/通類之屬

廣事類賦四十卷　(清)華希閔撰　清刻本　二冊　存八卷(十三至二十)

330000－4726－0000028　0028　子部/醫家類/類編之屬

醫門棒喝二種　(清)章楠撰　清刻本　一冊　存一種

330000－4726－0000032　0032　史部/地理類/方志之屬/郡縣志

[康熙]天台縣志十五卷首一卷　(清)李德燿　(清)黃執中纂修　清刻本　一冊　存三卷(五至七)

330000－4726－0000033　0033　經部/春秋左傳類/傳說之屬

春秋左傳五十卷　(晉)杜預　(宋)林堯叟註釋　(唐)陸德明音義　(明)孫鑛　(明)鍾惺批點　清刻本　十三冊　缺三卷(一至二、五十)

330000－4726－0000034　0034　經部/春秋左傳類/傳說之屬

春秋左傳杜林合註五十卷　(晉)杜預　(宋)林堯叟註釋　(唐)陸德明音義　(明)閔光德　(明)閔夢得　(明)閔宗德編輯　清刻本

八冊　缺七卷(一至七)

330000－4726－0000035　0035　集部/總集類/選集之屬/通代

重訂文選集評十五卷首一卷末一卷　（清）于光華輯　清嘉慶懷德堂刻本　十六冊

330000－4726－0000036　0036　子部/儒家類/儒家之屬

孔氏家語十卷　（三國魏）王肅注　清光緒六年(1880)埽葉山房刻本　二冊

330000－4726－0000037　0037　子部/儒家類/儒家之屬

孔子家語八卷　（明）何孟春注　明永明書院刻本　四冊

330000－4726－0000038　0038　子部/儒家類/儒學之屬/經濟

大學衍義四十三卷　（宋）真德秀撰　清光緒二十七年(1901)上海書局石印本　五冊　缺四卷(四十至四十三)

330000－4726－0000039　0039　經部/書類/傳說之屬

書經精華六卷　（清）薛嘉穎撰　清光緒二年(1876)寧郡簡香齋刻本　四冊

330000－4726－0000040　0040　經部/四書類/總義之屬/傳說

四書釋地一卷續一卷又續一卷三續一卷　（清）閻若璩撰　清刻本　四冊

330000－4726－0000041　0041　經部/禮記類/傳說之屬

禮記增訂旁訓六卷　（清）徐立綱撰　清簡香齋刻本　六冊

330000－4726－0000043　0043　經部/禮記類/傳說之屬

禮記集說十卷　（元）陳澔撰　清刻本　八冊　缺二卷(四、八)

330000－4726－0000044　0044　經部/周禮類/傳說之屬

周禮精華六卷　（清）陳龍標輯　清咸豐十年

(1860)刻本　六冊

330000－4726－0000046　0046　史部/傳記類/別傳之屬/年譜

孟子編年四卷　（清）狄子奇撰　清光緒十三年(1887)浙江書局刻本　一冊

330000－4726－0000047　0047　子部/醫家類/醫案之屬

臨證指南醫案八卷首一卷　（清）葉桂撰　（清）徐大椿評　清光緒三十二年(1906)上海龍文書局石印本　八冊

330000－4726－0000049　0049　子部/醫家類/本草之屬/歷代綜合本草

本草從新十八卷　（清）吳儀洛輯　清光緒三十三年(1907)上海書局石印本　四冊　缺一卷(十八)

330000－4726－0000052　0052　史部/傳記類/總傳之屬/仕宦

歷代名臣言行錄二十四卷　（清）朱桓輯　清光緒二十八年(1902)鴻寶書局鉛印本　十二冊

330000－4726－0000054　0054　經部/叢編

五經味根錄　關蔚煌輯　清光緒二十六年(1900)上海中西書局石印本　十冊　缺十九卷(春秋十二至十四;禮記首,一至二、七至八;書經四至六;詩經首,一至三、五至八)

330000－4726－0000056　0056　經部/詩類/傳說之屬

詩經嫏嬛體註不分卷　（明）黃文煥纂輯　清乾隆二十八年(1763)三餘堂刻本　四冊

330000－4726－0000057　0057　經部/春秋左傳類/傳說之屬

讀左補義五十卷首一卷　（清）姜炳璋輯　清光緒三十年(1904)浙寧汲綆齋刻本　十二冊　缺十四卷(三十四至三十七、四十一至五十)

330000－4726－0000058　0058　子部/道家類

南華簡鈔(南華經)四卷　（清）徐廷槐輯注

清書業堂刻本　二冊

330000－4726－0000060　0060　集部/總集類/選集之屬/通代

增補重訂千家詩註解二卷　(清)任來吉選(清)王相註　**新鎸五言千家詩會義直解二卷**(清)王相選注　(清)任福祐重輯　清光緒五年(1879)墨潤堂刻本　二冊

330000－4726－0000061　0061　集部/總集類/選集之屬/通代

文翰齋古文觀止十二卷　(清)吳乘權　(清)吳大職輯　清咸豐元年(1851)童文翰齋刻本六冊

330000－4726－0000062　0062　集部/別集類/唐五代別集

李太白文集三十卷　(唐)李白撰　清刻本七冊　缺二卷(一至二)

330000－4726－0000063　0063　史部/地理類/外紀之屬

海國圖志一百卷首一卷　(清)魏源撰　清石印本　一冊　存十七卷(三、五、二十五、二十九、三十七、五十六、五十九、七十一至七十三、九十四至一百)

330000－4726－0000066　0066　經部/四書類/總義之屬/傳說

四書題鏡味根合編三十九卷　(清)汪鯉翔(清)金㵾撰　清石印本　一冊　存四卷(孟子八至十一)

330000－4726－0000067　0067　集部/別集類/清別集

韞山堂時文初集一卷二集二卷三集一卷(清)管世銘撰　清末石印本　二冊　存二卷(二集二、三集)

330000－4726－0000068　0068　史部/編年類/通代之屬

新增加批綱鑑補註二十四卷首一卷　(明)袁黃編纂　清末石印本　五冊　存十卷(十一至十二、十五至十六、十九至二十四)

330000－4726－0000069　0069　史部/紀事

本末類/斷代之屬

聖武記十四卷　(清)魏源撰　清光緒二十五年(1899)正記書局石印本　五冊　存十二卷(一至八、十一至十四)

330000－4726－0000070　0070　史部/傳記類/總傳之屬/通代

尚友錄二十二卷補遺一卷　(明)廖用賢輯(清)張伯琮補輯　**尚友錄續集二十二卷**(清)潘遵祁輯　清光緒十四年(1888)上海點石齋石印本　三冊　存十六卷(續集一至四、十一至二十二)

330000－4726－0000071　0071　子部/雜著類/雜考之屬

日知錄集釋三十二卷刊誤二卷續刊誤二卷(清)黃汝成撰　清光緒二十九年(1903)石印本　三冊　存十九卷(一至十九)

330000－4726－0000072　0072　類叢部/類書類/通類之屬

策學總纂大成四十六卷目錄二卷　(清)蔡壽祺輯　清光緒七年(1881)京都琉璃廠聚文堂刻本　十一冊　存二十三卷(二至三、五至八、十六至二十二、三十一至三十五、三十九至四十三)

330000－4726－0000073　0073　集部/總集類/選集之屬/通代

夢華廬賦海三十卷　(清)夢華廬主人選　清光緒石印本　六冊　存二十三卷(二至八、十五至三十)

330000－4726－0000074　0074　史部/紀事本末類

歷朝紀事本末九種　(清)陳如升　(清)朱記榮輯　(清)慎記主人增輯　清光緒二十五年(1899)上海慎記書莊石印本　六冊　存二種

330000－4726－0000075　0075　史部/紀事本末類

歷朝紀事本末七種　(清)陳如升　(清)朱記榮輯　清光緒二十一年(1895)上海積山書局石印本　三十四冊　存三百九十一卷(左傳紀事本末十二至五十三,通鑑紀事本末一百六十七至二百三十九,宋史紀事本末一至一百九,西夏紀事本末首一至二、一至三十六,元史紀事本末一至二十七,明史紀事本末一至八十,三藩紀事本末一至二十二)

330000－4726－0000076　0076　史部/傳記類/科舉録之屬/歷科鄉試録

光緒二十九年癸卯恩科湖南闈墨一卷　（清）汪根甲等撰　清末上海文寶書局石印本　一冊

330000－4726－0000077　0077　史部/傳記類/科舉録之屬/歷科登科録

光緒三十年甲辰恩科會試闈墨一卷　（清）譚廷闓等撰　清末石印本　一冊

330000－4726－0000078　0078　史部/傳記類/科舉録之屬/歷科鄉試録

光緒二十九年癸卯恩科貴州河南闈墨不分卷　清末石印本　一冊

330000－4726－0000079　0079　集部/總集類/選集之屬/斷代

壬寅直省闈藝八卷　（清）徐少湖輯　清光緒二十八年(1902)上海書局石印本　二冊　存二卷(二、八)

330000－4726－0000080　0080　經部/春秋左傳類/傳說之屬

東萊博議四卷　（宋）呂祖謙撰　清光緒十八年(1892)上海古香閣石印本　一冊　存二卷(三至四)

330000－4726－0000081　0081　經部/春秋左傳類/傳說之屬

東萊博議四卷　（宋）呂祖謙撰　**增補虛字註釋一卷**　（清）馮泰松點定　清光緒二十四年(1898)上海鴻寶齋石印本　一冊　存三卷(一至二、增補虛字註釋)

330000－4726－0000082　0082　史部/編年類/通代之屬

尺木堂綱鑑易知録九十二卷　（清）吳乘權（清）周之炯　（清）周之燦輯　清刻本　二十一冊　存四十二卷(十二至十九、二十二至二

十五、二十八至三十七、四十四至四十五、五十至五十三、五十六至六十一、七十一至七十四、八十三至八十四、八十九至九十)

330000－4726－0000083　0083　史部/編年類/斷代之屬

御撰資治通鑑綱目三編二十卷　（清）張廷玉等撰　清咸豐五年(1855)刻本　二冊　存七卷(一至三、十至十三)

330000－4726－0000084　0084　史部/編年類/通代之屬

尺木堂綱鑑易知録九十二卷　（清）吳乘權（清）周之炯　（清）周之燦輯　清光緒三十年(1904)上海商務印書館鉛印本　十三冊　存八十五卷(一至十一、十九至九十二)

330000－4726－0000085　0085　史部/編年類/通代之屬

尺木堂綱鑑易知録九十二卷明鑑易知録十五卷　（清）吳乘權　（清）周之炯　（清）周之燦輯　清光緒二十七年(1901)上海鑄史齋鉛印本　十一冊　存七十四卷(一至四、十三至三十三、四十一至五十四、六十一至八十七,明鑑易知録八至十五)

330000－4726－0000086　0086　史部/編年類/通代之屬

寶經堂綱鑑易知録九十二卷　（清）吳乘權（清）周之炯　（清）周之燦輯　**御撰資治通鑑綱目三編二十卷**　（清）張廷玉等撰　清刻本　四十冊　存九十四卷(一至二十六、二十九至八十,御撰資治通鑑綱目三編五至二十)

330000－4726－0000087　0087　類叢部/類書類/通類之屬

策學備纂三十二卷首一卷　（清）蔡啟盛（清）吳潁炎等輯　清光緒十三年(1887)上海點石齋石印本　二十七冊　存二十二卷(一至四、六至十一、十七至二十七、三十)

330000－4726－0000088　0088　類叢部/類書類/通類之屬

淵鑑類函四十五卷　（清）張英（清）王士禎等纂　清光緒二十三年(1897)上海點石齋石

印本 九冊

330000 - 4726 - 0000089 0089 史部/傳記類/總傳之屬/仕宦

歷代名臣言行錄二十四卷 （清）朱桓輯 清光緒十五年(1889)上海廣百宋齋鉛印本 十冊 存二十卷(一至二十)

330000 - 4726 - 0000090 0090 子部/兵家類/兵法之屬

讀史兵略十二卷 （清）胡林翼撰 清光緒二十七年(1901)上海富文書局石印本 八冊

330000 - 4726 - 0000091 0091 新學/雜著

五洲政藝撮要二十六卷 （清）蕭德驤編輯 清光緒二十八年(1902)石印本 五冊 存二十二卷(一至九、十四至二十六)

330000 - 4726 - 0000093 0093 史部/編年類/通代之屬

綱鑑總論二卷 （清）周茂才撰 清光緒三十年(1904)上海書局石印本 一冊 存一卷（上）

330000 - 4726 - 0000094 0094 史部/編年類/通代之屬

綱鑑總論二卷 （清）周茂才撰 清刻本 二冊 存一卷(上)

330000 - 4726 - 0000095 0095 史部/詔令奏議類/奏議之屬

曾文正公奏議十卷首一卷末一卷補編四卷 （清）曾國藩撰 （清）薛福成編 清光緒二十二年(1896)上海圖書集成印書局鉛印本 一冊 存四卷(首、一至三)

330000 - 4726 - 0000096 0096 子部/術數類/相宅相墓之屬

入地眼全書十卷 （宋）釋靜道撰 清光緒三十二年(1906)上海校經山房石印本 四冊

330000 - 4726 - 0000097 0097 子部/醫家類/方書之屬/單方驗方

葉種德堂丸散膏丹全錄一卷 （清）葉種德堂主人輯 清光緒十三年(1887)葉種德堂刻本 一冊

330000 - 4726 - 0000101 0101 史部/地理類/外紀之屬

地球韻言四卷 （清）張士瀛撰 清光緒二十四年(1898)鄂垣務急書館刻本 一冊 存二卷(三至四)

330000 - 4726 - 0000102 0102 集部/別集類/明別集

震川大全集三十卷別集十卷補集八卷餘集八卷先太僕評點史記例意一卷歸震川先生論文章體則一卷 （明）歸有光撰 清宣統二年(1910)國學扶輪社石印本 十二冊

330000 - 4726 - 0000104 0104 史部/雜史類/斷代之屬

明季稗史彙編十六種 （清）留雲居士輯 清光緒鉛印本 四冊 存九種

330000 - 4726 - 0000108 0108 子部/醫家類/綜合之屬/通論

醫宗說約六卷 （清）蔣示吉撰 清刻本 四冊

330000 - 4726 - 0000109 0109 子部/醫家類/類編之屬

醫門棒喝二種 （清）章楠撰 清同治六年(1867)聚文堂刻本 四冊 存一種

330000 - 4726 - 0000110 0110 子部/醫家類/類編之屬

醫門棒喝二種 （清）章楠撰 清同治六年(1867)聚文堂刻本 七冊 存一種

330000 - 4726 - 0000111 0111 集部/別集類/唐五代別集

杜律通解四卷 （唐）杜甫撰 （清）李文煒箋釋 清刻本 四冊

330000 - 4726 - 0000112 0112 史部/編年類/通代之屬

御批歷代通鑑輯覽一百二十卷 （清）傅恆等撰 清同治十年(1871)浙江書局刻朱墨套印本 十九冊 存五十三卷(一至十一、十五至五十六)

330000 - 4726 - 0000113 0113 史部/地理

類/方志之屬/郡縣志

[同治]麗水縣志十五卷 （清）彭潤章等纂修
清同治十三年(1874)刻本 八冊

330000 – 4726 – 0000114 0114 子部/叢編

二十二子(二十二子彙函) （清）浙江書局編
清光緒元年至三年(1875 – 1877)浙江書局
刻本 二冊 存二種

330000 – 4726 – 0000115 0115 集部/總集
類/選集之屬/通代

古文析義十六卷 （清）林雲銘評註 清刻本
一冊 存三卷(三至五)

330000 – 4726 – 0000118 0118 子部/醫家
類/眼科之屬

傅氏眼科審視瑤函六卷首一卷 （明）傅仁宇
撰 （明）林長生校補 清宣統元年(1909)上
海會文書局石印本 六冊

330000 – 4726 – 0000130 0130 子部/醫家
類/養生之屬

護病要術不分卷 （清）何福壽等纂 清宣統
元年(1909)上海美華書館鉛印本 一冊

330000 – 4726 – 0000134 0134 子部/醫家
類/兒科之屬/痘疹

鄭氏瘄畧一卷附錄一卷 （清）鄭啟壽撰 清
同治九年(1870)汲綆齋刻本 一冊

330000 – 4726 – 0000137 0137 子部/醫家
類/兒科之屬/痘疹

明王疇九先生麻科一卷 （明）王疇九撰 清
宣統二年(1910)太平金氏木活字印本 一冊

330000 – 4726 – 0000138 0138 子部/醫家
類/兒科之屬/痘疹

明王疇九先生麻科一卷 （明）王疇九撰 清
宣統二年(1910)太平金氏木活字印本 一冊

330000 – 4726 – 0000139 0139 子部/醫家
類/眼科之屬

異授眼科一卷 清同治六年(1867)劉繼禮刻
本 二冊

330000 – 4726 – 0000141 0141 子部/醫家

類/方書之屬/成方藥目

靈驗良方彙編四卷附胎產要訣二卷 （清）沈
銘三撰 （清）田間來增輯 清嘉慶刻本
一冊

330000 – 4726 – 0000142 0142 史部/史評
類/史論之屬

讀史論畧增註三卷 （清）杜詔撰 （清）唐桂
註 （清）傅傳增註 清光緒七年(1881)永嘉
徐氏刻本 二冊

330000 – 4726 – 0000143 0143 子部/天文
曆算類/曆法之屬

[清同治六年至光緒六年]御定七政四餘萬年
曆不分卷 清刻本 一冊

330000 – 4726 – 0000144 0144 集部/別集
類/清別集

小重山房詩續錄十二卷 （清）張祥河撰 清
光緒刻本 一冊 存二卷(朝天集、關中集)

330000 – 4726 – 0000145 0145 史部/金石
類/石之屬

石鼓文音訓攷正一卷 （元）潘迪音訓 （清）
馮承輝攷正 清光緒十九年(1893)刻本
一冊

330000 – 4726 – 0000146 0146 新學/史志/
諸國史

歐羅巴通史四卷首一卷 （日本）箕作元八
（日本）峰岸米造纂 （清）胡景伊 （清）徐
有成 （清）唐人傑譯 清光緒二十六年
(1900)東亞譯書會鉛印本 四冊

330000 – 4726 – 0000147 0147 新學/格
致總

西學考畧二卷 （美國）丁韙良撰 （清）貴榮
（清）時雨化譯 清光緒二十八年(1902)同
文館鉛印本 二冊

330000 – 4726 – 0000148 0148 史部/地理
類/外紀之屬

西史綱目三十五卷 （清）周維翰撰 清光緒
二十八年至二十九年(1902 – 1903)經世文社
石印本 十四冊 存二十七卷(一至六、九至

十、十三至十四、十七至十八、二十一至三十
五)

330000 - 4726 - 0000149　0149　史部/編年
類/通代之屬

御批歷代通鑑輯覽一百二十卷　(清)傅恆等
撰　清光緒二十五年(1899)美華賓記石印本
二十冊

330000 - 4726 - 0000150　0150　史部/史評
類/史論之屬

讀通鑑論十六卷附宋論十五卷　(清)王夫之
撰　清光緒三十年(1904)上海商務印書館鉛
印本　十冊

330000 - 4726 - 0000151　0151　子部/雜著
類/雜纂之屬

經餘必讀八卷續編八卷　(清)雷琳　(清)錢
樹棠　(清)錢樹立輯　**經餘必讀三編四卷**
(清)趙在翰輯　清嘉慶十二年(1807)宏德堂
刻本　十冊

330000 - 4726 - 0000152　0152　子部/小說
家類/異聞之屬

諧鐸十二卷　(清)沈起鳳撰　清刻本　四冊
存八卷(一至八)

330000 - 4726 - 0000153　0153　子部/醫家
類/綜合之屬/合刻、合抄

筆花片石合刻二種七卷　(清)良卿氏編　清
光緒十八年(1892)上海中西書局石印本　一
冊　存三卷(筆花醫鏡五、片石居瘍科治法輯
要一至二)

330000 - 4726 - 0000155　0155　子部/小說
家類/雜事之屬

重刻世說新語補二十卷附釋名一卷　(清)黃
汝琳補訂　清葛氏嘯園刻本　九冊

330000 - 4726 - 0000156　0156　類叢部/叢
書類/郡邑之屬

武林掌故叢編一百九十種　(清)丁丙編　清
光緒三年至二十六年(1877 - 1900)錢塘丁氏
嘉惠堂刻本　商略批　二冊　存一種

330000 - 4726 - 0000160　0160　子部/醫家

類/溫病之屬

時病論八卷附論一卷　(清)雷豐撰　清末石
印本　四冊

330000 - 4726 - 0000163　0163　史部/地理
類/外紀之屬

瀛環志略四卷　(清)徐繼畬撰　清光緒二十
三年(1897)上海書局石印本　四冊

330000 - 4726 - 0000164　0164　史部/地理
類/外紀之屬

瀛環志畧十卷　(清)徐繼畬撰　**續集四卷末
一卷**　(英國)慕維廉纂　**補遺一卷**　(清)陳
俠君校正　清光緒二十三年(1897)新學會堂
石印本　二冊　存二卷(一至二)

330000 - 4726 - 0000165　0165　類叢部/類
書類/專類之屬

類類聯珠初編三十二卷二編十二卷　(清)李
堃編　(清)李椿林增補　清同治九年(1870)
刻本　五冊

330000 - 4726 - 0000166　0166　集部/總集
類/彙編之屬

宋四名家詩　(清)周之鱗　(清)柴升編　清
光緒元年(1875)刻本　二冊　存一種

330000 - 4726 - 0000168　0168　史部/傳記
類/總傳之屬/仕宦

歷代名臣言行錄二十四卷　(清)朱桓輯　清
光緒二十一年(1895)上海宏文閣石印本　五
冊　存十四卷(一至七、十八至二十四)

330000 - 4726 - 0000169　0169　史部/紀事
本末類/通代之屬

通鑑紀事本末二百三十九卷　(宋)袁樞撰
(明)張溥論正　清光緒二十一年(1895)上海
積山書局石印本　十三冊　存一百三十五卷
(一至五、三十七至一百六十六)

330000 - 4726 - 0000170　0170　子部/儒家
類/儒學之屬/經濟

經世博議二卷　(清)任源祥撰　(清)瞿源洙
集評　(清)任啟運纂　清光緒二十八年
(1902)經義史館石印本　四冊

330000－4726－0000171　0171　集部/總集類/選集之屬/斷代

皇朝經世文編一百二十卷　（清）賀長齡輯　清末鉛印本　二冊　存十卷(六至十、七十四至七十八)

330000－4726－0000172　0172　集部/總集類/選集之屬/斷代

皇朝經世文編一百二十卷　（清）賀長齡輯　清鉛印本　十冊　存五十卷(十至十四、三十一至五十、六十一至六十九、九十五至一百五、一百十一至一百十五)

330000－4726－0000173　0173　集部/總集類/選集之屬/斷代

皇朝經世文續編一百二十卷　（清）葛士濬輯　清末鉛印本　五冊　存二十六卷(十二至十七、四十五至五十五、六十二至七十)

330000－4726－0000174　0174　集部/總集類/選集之屬/斷代

皇朝經世文續編一百二十卷　（清）葛士濬輯　清石印本　四冊　存四十四卷(二十六至四十八、七十六至八十八、一百一至一百八)

330000－4726－0000175　0175　集部/總集類/選集之屬/斷代

皇朝經世文新編三十二卷　麥仲華輯　清光緒二十七年(1901)上海書局石印本　八冊　存十七卷(三至五、七至十一、二十二至二十六、二十九至三十二)

330000－4726－0000176　0176　集部/總集類/選集之屬/斷代

皇朝經世文三編八十卷　（清）陳忠倚輯　清光緒二十三年(1897)寶善書局石印本　八冊　存三十五卷(一至五、十一至二十、二十六至三十、四十一至五十、七十一至七十五)

330000－4726－0000178　0178　子部/醫家類/兒科之屬/通論

鼎鍥幼幼集成六卷　（清）陳復正輯　清末石印本　四冊　存四卷(三至六)

330000－4726－0000181　0181　集部/別集類/唐五代別集

習之先生文集二卷　（唐）李翱撰　清宣統三年(1911)上海會文堂書局石印本　二冊

330000－4726－0000183　0183　集部/別集類/宋別集

王臨川全集二十四卷　（宋）王安石撰　清宣統三年(1911)上海掃葉山房石印本　十二冊

330000－4726－0000184　0184　經部/小學類/文字之屬/字書/字典

康熙字典十二集三十六卷總目一卷檢字一卷辨似一卷等韻一卷補遺一卷備考一卷　（清）張玉書等纂修　清光緒三十年(1904)上海錦章書局石印本　六冊

330000－4726－0000191　0191　史部/編年類/通代之屬

御批歷代通鑑輯覽一百二十卷　（清）傅恆等撰　清刻本　一冊　存三卷(十二至十四)

330000－4726－0000195　0195　史部/地理類/總志之屬/通代

天下郡國利病書一百二十卷　（清）顧炎武撰　清光緒二十七年(1901)上海圖書集成印書局鉛印本　二十五冊　存一百六卷(一至五、十一至十八、二十三至七十八、八十四至一百二十)

330000－4726－0000196　0196　經部/書類/傳說之屬

書經集傳六卷　（宋）蔡沈撰　清康熙十二年(1673)朱錫旂刻本　四冊

330000－4726－0000197　0197　子部/儒家類/儒學之屬/蒙學

訓蒙捷徑四卷　（清）黃慶澄輯　清光緒二十五年(1899)刻本　四冊

330000－4726－0000198　0198　子部/術數類/陰陽五行之屬

天玉經內傳心印四卷　（唐）楊益撰　（清）王宗臣註　清刻本　一冊

330000－4726－0000199　0199　經部/小學類/文字之屬/字書

字學舉隅不分卷 （清）黃本驥 （清）龍啓瑞撰 清同治十年(1871)刻本 一冊

330000 – 4726 – 0000201　0201　經部/春秋左傳類/傳說之屬

春秋大事表敘錄不分卷 （清）顧棟高撰 （清）天台中學堂主課者輯 清光緒三十四年(1908)木活字印本 二冊

330000 – 4726 – 0000202　0202　集部/別集類/漢魏六朝別集

庾子山集十六卷總釋一卷 （北周）庾信撰 （清）倪璠註 年譜一卷 （清）倪璠撰 清刻本 十一冊

330000 – 4726 – 0000203　0203　集部/總集類/選集之屬/斷代

湖海文傳七十五卷 （清）王昶輯 清刻本 四冊 存二十一卷(三至七、十七至二十一、二十六至三十、六十四至六十九)

330000 – 4726 – 0000204　0204　子部/術數類/相宅相墓之屬

雪心賦正解四卷 （唐）卜應天撰 （清）孟浩註 辯論三十篇一卷 （清）孟浩撰 清掃葉山房刻校經山房印本 四冊

330000 – 4726 – 0000205　0205　子部/叢編

二十二子(二十二子彙函) （清）浙江書局編 清光緒元年至三年(1875－1877)浙江書局刻本 二冊 存一種

330000 – 4726 – 0000206　0206　集部/別集類/清別集

板橋集五種六卷 （清）鄭燮撰 清乾隆刻本 一冊 存四種

330000 – 4726 – 0000207　0207　集部/詞類/詞譜之屬

詞律二十卷 （清）萬樹撰 詞律拾遺六卷 （清）徐本立撰 詞律補遺一卷 （清）杜文瀾撰 清光緒二年(1876)吳下刻本 四冊 存六卷(一至四、九至十)

330000 – 4726 – 0000208　0208　集部/總集類/選集之屬/斷代

欽定全唐文一千卷目錄三卷 （清）董誥等輯 清嘉慶十九年(1814)內府刻本 三冊 存十一卷(四百六十二至四百七十二)

330000 – 4726 – 0000209　0209　經部/四書類/總義之屬/傳說

大文堂四書體註合講十九卷圖說一卷 （清）翁復編 清大文堂刻本 五冊

330000 – 4726 – 0000210　0210　經部/小學類/訓詁之屬/爾雅

爾雅註疏旁訓四卷 （清）周樽輯 （清）馬俊良增訂 釋名四卷 （漢）劉熙著 清嘉慶五年(1800)刻本 學稼子題記 一冊

330000 – 4726 – 0000211　0211　經部/四書類/總義之屬/傳說

四書朱子本義匯參四十三卷首四卷 （清）王步青輯 清光緒十二年(1886)鉛印本 一冊 存七卷(中庸首、一至六)

330000 – 4726 – 0000212　0212　經部/小學類/音韻之屬/韻書

詩韻集成十卷附詞林典腋一卷 （清）余照輯 清刻本 二冊 存五卷(一至二、五至七)

330000 – 4726 – 0000214　0214　經部/小學類/音韻之屬/韻書

詩韻合璧五卷 （清）湯祥瑟輯 清末鉛印本 二冊 存二卷(三至四)

330000 – 4726 – 0000215　0215　集部/總集類/選集之屬/斷代

紅蘭新體四卷 （清）宗績辰編注 清道光二年(1822)五弗措室刻本 一冊 存二卷(一至二)

330000 – 4726 – 0000216　0216　子部/雜著類/雜纂之屬

經餘必讀續編八卷 （清）雷琳 （清）錢樹棠 （清）錢樹立輯 清刻本 一冊 存二卷(五至六)

330000 – 4726 – 0000220　0220　集部/別集類/宋別集

朱子古文讀本六卷 （宋）朱熹撰 （清）周大

244

璋輯　清康熙五十六年（1717）寶旭齋刻本
八冊

330000－4726－0000221　0221　子部/儒家
類/儒學之屬/俗訓

人譜一卷人譜類記二卷　（明）劉宗周撰　清
光緒三十二年（1906）文明會社石印本　三冊

330000－4726－0000222　0222　史部/政書
類/通制之屬

廣治平畧三十六卷　（清）蔡方炳撰　清小琅
嬛館刻本　八冊

330000－4726－0000223　0223　集部/別集
類/明別集

明張文忠公文集十一卷詩集六卷　（明）張居

正撰　清宣統三年（1911）醉古堂石印本
四冊

330000－4726－0000229　0229　集部/別集
類/宋別集

曾南豐文集四卷　（宋）曾鞏撰　清宣統二年
（1910）上海會文堂粹記石印本　二冊

330000－4726－0000230　0230　子部/天文
曆算類/算書之屬

測海山房中西算學叢刻初編　（清）測海山房
主人輯　清光緒二十二年（1896）上海璣衡堂
石印本　三十四冊　缺十六卷（四元玉鑑細
草十一至二十,談天十四至十八、談天附表）

仙居縣圖書館
古籍普查登記目録

全國古籍普查登記目録·浙江台州

國家圖書館出版社
National Library of China Publishing House

歌詩編第二

吳絲蜀桐張高秋　空山凝雲頹不流
愁李憑中國彈箜篌　崑山玉碎鳳凰叫芙蓉泣露香
蘭笑十二門前融冷光二十三絲動紫篁女媧鍊石
補天處石破天驚逗秋雨夢入神山教神嫗老魚跳
波瘦蛟舞吳質不眠倚桂樹露腳斜飛濕寒兔

殘絲曲

垂楊葉老鶯哺兒殘絲欲斷黃蜂歸綠鬢少年金釵

《仙居縣圖書館古籍普查登記目錄》
編委會

主　　編：蔣恩智

編　　委：范忠民　郭柳佩　吳革偉　余晶晶

《仙居縣圖書館古籍普查登記目録》

前　言

　　仙居縣圖書館館藏古籍來源於縣文廣新局,大部分藏書是由圖書館第一任館長王施教捐助,後由於館舍簡陋,人員配備不到位,没有專人整理保存,這批書一直被束之高閣,受潮、蟲蛀、鼠咬,保存狀況堪憂。爲配合全國古籍普查工作,我館於2012年9月制訂了古籍普查計劃并全面實施古籍普查工作,在浙江省古籍保護中心的關心支持和普查工作人員的共同努力下,歷時兩年,於2014年8月圓滿完成本館普查任務,摸清了館藏古籍的基本情況。

　　經全面整理,館藏1912年以前古籍共194部1587册,包括佛教抄本、家族譜牒、地方志資料等文獻,具有較大的史料價值。

　　從版本類型來看,主要爲刻本、石印本和鉛印本,數量分別爲140部1061册(66.86%)、32部423册(26.65%)和14部49册(3.08%)。另外還有部分活字印本、抄本、朱墨套印本等。從分類而言,主要以經部爲主,有73部706册,占册數總量的44.49%,史部、類叢部、子部、集部、新學部分别有57部658册(41.46%)、19部87册(5.48%)、23部40册(2.52%)、17部78册(4.91%)和5部18册(1.13%)。從裝幀來講均爲綫裝。

　　經過普查,發現館藏古籍中有一批地方文獻,共37部210册,其中包括仙居、台州、黄岩、餘姚、麗水、龍泉等多地的郡縣志、山志等等,具有較高的史料價值,對於研究當地歷史很有幫助。

　　此次古籍普查工作的順利完成,首先要感謝浙江省古籍保護中心的悉心指導,其次與本館工作人員兩年來的辛勤勞動密不可分。普查工作難度大、專業性强、要求高,限於我們的學識水平,疏漏之處在所難免,敬請專家批評指正,以便我們完善下一步工作。

仙居縣圖書館

2018年6月

330000 – 1721 – 0000001　善 0001　集部/總集類/選集之屬/通代

文選六十卷　（南朝梁）蕭統輯　（唐）李善注　**文選考異十卷**　（清）胡克家撰　清光緒四明林植梅刻本　二十冊　缺十卷(考異一至十)

330000 – 1721 – 0000002　善 0002　經部/小學類/文字之屬/字書/字典

康熙字典十二集三十六卷總目一卷檢字一卷辨似一卷等韻一卷補遺一卷備考一卷　（清）張玉書等纂修　清康熙刻本　十六冊　存十六卷(子集中下、丑集上下、卯集上、辰集中下、巳集上、午集上、酉集上中下、戌集上中下、亥集上)

330000 – 1721 – 0000004　文物 0002　子部/雜著類/雜考之屬

古書疑義舉例七卷　（清）俞樾撰　清刻本　一冊　存二卷(六至七)

330000 – 1721 – 0000005　文物 0003　經部/叢編

十三經古注二百九十卷　（明）金蟠　（明）葛鼒校　明崇禎十二年(1639)金蟠刻清同治八年(1869)浙江書局重修本　四十七冊

330000 – 1721 – 0000006　文物 0004　經部/叢編

省吾堂四種二十五卷　（清）蔣光弼輯　清常熟蔣氏省吾堂刻本　四冊　存二種

330000 – 1721 – 0000007　文物 0005　類叢部/叢書類/彙編之屬

增訂漢魏叢書八十六種　（清）王謨編　清乾隆五十六年(1791)金谿王氏刻本　一冊　存三種

330000 – 1721 – 0000012　文物 0010　經部/群經總義類/文字音義之屬

經典釋文三十卷　（唐）陸德明撰　清刻本　七冊　存十四卷(十五至二十八)

330000 – 1721 – 0000014　文物 0012　類叢部/叢書類/彙編之屬

武英殿聚珍版書一百四十八種　清乾隆四十二年(1777)福建刻道光至同治遞修光緒二十一年(1895)增刻本　九冊　存一種

330000 – 1721 – 0000016　文物 0014　經部/叢編

御纂七經五種二百九十四卷　（清）李光地等撰　清同治六年至九年(1867 – 1870)浙江書局刻本　二十冊　存一種

330000 – 1721 – 0000017　文物 0015　經部/春秋左傳類/傳說之屬

春秋左傳五十卷　（晉）杜預　（宋）林堯叟註釋　（唐）陸德明音義　（明）鍾惺　（明）孫鑛　（明）韓范評點　清書業堂刻本　十冊

330000 – 1721 – 0000018　文物 0016　經部/春秋左傳類/傳說之屬

春秋大事表五十卷輿圖一卷附錄一卷　（清）顧棟高輯　清乾隆十三年至十四年(1748 – 1749)萬卷樓刻本　李熙□批註　二十四冊

330000 – 1721 – 0000019　文物 0017　經部/禮記類/分篇之屬

檀弓論文二卷　（清）孫濩孫評訂　清康熙天心閣刻本　小甫批校　二冊

330000 – 1721 – 0000020　文物 0018　經部/禮記類/傳說之屬

禮記集說十卷　（元）陳澔撰　清紫巖存心齋刻本　清任啟運批並跋　五冊　存五卷(一至五)

330000 – 1721 – 0000021　文物 0019　經部/禮記類/傳說之屬

禮記節本十卷　（清）汪基撰　清末石印本　三冊　存五卷(二至三、八至十)

330000 – 1721 – 0000022　文物 0100　集部/詩文評類/文評之屬

分類文腋八卷　（清）李楨選　（清）李煒批註　清刻本　七冊　存七卷(二至八)

330000 – 1721 – 0000023　文物 0101　經部/叢編

御纂七經五種二百九十四卷　（清）李光地等

撰　清同治六年至九年(1867－1870)浙江書局刻本　十冊　存一種

330000－1721－0000024　文物0102　經部/書類/傳說之屬

書經集傳六卷　(宋)蔡沈撰　清同治三年(1864)浙江撫署刻本　四冊

330000－1721－0000025　文物0103　經部/叢編

御纂七經五種二百九十四卷　(清)李光地等撰　清同治六年至九年(1867－1870)浙江書局刻本　十冊　存一種

330000－1721－0000026　文物0104　經部/叢編

御纂七經五種二百九十四卷　(清)李光地等撰　清同治六年至九年(1867－1870)浙江書局刻本　五冊　存一種

330000－1721－0000027　文物0105　經部/叢編

御纂七經五種二百九十四卷　(清)李光地等撰　清同治六年至九年(1867－1870)浙江書局刻本　十二冊　存一種

330000－1721－0000028　文物0106　經部/易類/傳說之屬

周易本義四卷附圖說一卷卦歌一卷筮儀一卷　(宋)朱熹撰　清同治三年(1864)浙江撫署刻本　二冊

330000－1721－0000029　文物0107　經部/叢編

御纂七經五種二百九十四卷　(清)李光地等撰　清同治六年至九年(1867－1870)浙江書局刻本　十二冊　存一種

330000－1721－0000030　文物0108　經部/叢編

御纂七經五種二百九十四卷　(清)李光地等撰　清同治六年至九年(1867－1870)浙江書局刻本　二十四冊　存一種

330000－1721－0000031　文物0020　經部/叢編

御纂七經五種二百九十四卷　(清)李光地等撰　清同治六年至九年(1867－1870)浙江書局刻本　十六冊　存一種

330000－1721－0000032　文物0109　類叢部/叢書類/彙編之屬

抱經堂叢書十六種　(清)盧文弨編　清乾隆至嘉慶刻彙印本　二冊　存一種

330000－1721－0000035　文物0112　經部/大戴禮記類/傳說之屬

大戴禮記十三卷　(漢)戴德撰　(北周)盧辯注　清乾隆二十五年(1760)刻本　二冊

330000－1721－0000036　文物0113　類叢部/叢書類/郡邑之屬

台州叢書九種　(清)宋世犖輯　清嘉慶至道光臨海宋氏刻本　三冊　存一種

330000－1721－0000039　文物0116　經部/易類/傳說之屬

周易便蒙襯解四卷　(明)李盤撰　清文化居刻本　五冊

330000－1721－0000040　文物0117　集部/總集類/課藝之屬

大題文府不分卷　(清)秀文書局主人輯　清光緒十五年(1889)上海秀文書局石印本　十七冊

330000－1721－0000041　文物0118　史部/政書類/通制之屬

文獻通考詳節二十四卷　(元)馬端臨撰　(清)嚴虞惇輯　清光緒二十四年(1898)紹興墨潤堂書莊石印本　四冊　存二十卷(一至十一、十四至十六、十九至二十四)

330000－1721－0000043　文物0123　經部/易類/傳說之屬

周會魁校正易經大全二十卷首一卷　(明)胡廣等纂修　(明)周士顯校正　明萬曆三十三年(1605)書林余氏刻本　一冊　存四卷(八至十一)

330000－1721－0000044　文物0120　經部/書類/分篇之屬

禹貢錐指二十卷略例一卷圖一卷 （清）胡渭撰 清康熙漱六軒刻本 七冊 存十三卷（三至九、十三至十八）

330000－1721－0000045 文物0121 集部/總集類/選集之屬/通代

分類賦學雞跖集三十卷附錄一卷 （清）張維城輯 清道光十二年（1832）張維城粲花吟館刻本 八冊

330000－1721－0000046 文物0122 經部/儀禮類/傳說之屬

欽定儀禮義疏四十八卷首二卷 （清）朱軾等撰 清同治刻本 二十八冊

330000－1721－0000047 文物0124 經部/儀禮類/傳說之屬

欽定儀禮義疏四十八卷首二卷 （清）朱軾等撰 清同治刻本 二十八冊

330000－1721－0000048 文物0126 經部/禮記類/傳說之屬

欽定禮記義疏八十二卷首一卷 （清）高宗弘曆敕撰 清末刻本 三十一冊 缺二卷（十至十一）

330000－1721－0000049 文物0125 經部/叢編

御纂七經五種二百九十四卷 （清）李光地等撰 清同治六年至九年（1867－1870）浙江書局刻本 二十四冊 存一種

330000－1721－0000050 文物0127 經部/周禮類/傳說之屬

周禮精華六卷 （清）陳龍標輯 清嘉慶十六年（1811）刻寧郡簡香齋印本 六冊

330000－1721－0000051 文物0128 經部/禮記類/傳說之屬

禮記旁訓辨體合訂六卷 （清）徐立綱輯 清三益堂刻本 六冊

330000－1721－0000052 文物0129 經部/禮記類/傳說之屬

禮記增訂旁訓六卷 （清）徐立綱撰 清刻本 五冊 存五卷（二至六）

330000－1721－0000053 文物0130 經部/儀禮類/傳說之屬

儀禮易讀十七卷 （清）馬駟撰 清嘉慶二年（1797）潯溪大西堂刻本 四冊

330000－1721－0000054 文物0021 經部/詩類/傳說之屬

欽定詩經傳說彙纂二十一卷首二卷詩序二卷 （清）王鴻緒等撰 清刻本 一冊 存一卷（七）

330000－1721－0000055 文物0022 經部/叢編

御纂七經五種二百九十四卷 （清）李光地等撰 清同治六年至九年（1867－1870）浙江書局刻本 十六冊 存一種

330000－1721－0000056 文物0131 經部/小學類/訓詁之屬/爾雅

爾雅註疏十一卷 （晉）郭璞註 （宋）邢昺疏 清刻本 一冊 存三卷（三至五）

330000－1721－0000057 文物0132 經部/小學類/訓詁之屬/爾雅

爾雅直音二卷 （清）孫侃輯 清刻本 一冊 存一卷（二）

330000－1721－0000058 文物0023 類叢部/叢書類/郡邑之屬

武林掌故叢編一百九十種 （清）丁丙編 清光緒三年至二十六年（1877－1900）錢塘丁氏嘉惠堂刻本 十二冊 存一種

330000－1721－0000059 文物0133 經部/四書類/總義之屬/傳說

皇朝四書彙解七十五卷 （清）淩陞卿輯 清光緒三十年（1904）上海鴻文局石印本 八冊

330000－1721－0000060 文物0024 史部/地理類/山川之屬/水志

西湖志四十八卷 （清）李衛 （清）程元章修 （清）傅王露撰 清光緒四年（1878）浙江書局刻本 二十冊

330000－1721－0000062 文物0025 史部/地理類/總志之屬/通代

讀史方輿紀要一百三十卷輿圖要覽四卷
(清)顧祖禹撰　清光緒二十五年(1899)慎記
書莊石印本　三十二冊

330000－1721－0000063　文物 0135　經部/
書類/傳説之屬

書經集傳六卷　(宋)蔡沈撰　清乾隆五十七
年(1792)存心齋刻本　四冊

330000－1721－0000064　文物 0026　史部/
地理類/總志之屬/斷代

皇朝輿地通考二十三卷圖表一卷　(清)通文
書局主人輯　清光緒二十九年(1903)上海通
文書局石印本　四十冊

330000－1721－0000065　文物 0136　經部/
書類/傳説之屬

書經集傳六卷　(宋)蔡沈撰　清乾隆五十七
年(1792)存心齋刻本　三冊　缺二卷(二至
三)

330000－1721－0000067　文物 0137　經部/
叢編

十三經古注二百九十卷　(明)金蟠　(明)葛
鼐校　清刻本　四冊　存一種

330000－1721－0000068　文物 0028　史部/
傳記類/總傳之屬/郡邑

浙江忠義錄十卷表八卷又一卷續編二卷續表
九卷　(清)浙江採訪忠義總局編　清同治六
年(1867)浙江採訪忠義總局刻光緒元年
(1875)續刻本　三十冊　存十七卷(一至八、
表一至八、續編一)

330000－1721－0000069　文物 0138　經部/
禮記類/傳説之屬

漱芳軒合纂禮記體註四卷　(清)范翔撰　清
刻本　四冊

330000－1721－0000071　文物 0030　類叢
部/類書類/通類之屬

續廣事類賦三十卷　(清)王鳳喈撰並注　清
浙省三益堂刻本　十三冊　缺三卷(七至九)

330000－1721－0000072　文物 0139　經部/
詩類/傳説之屬

詩經集傳八卷　(宋)朱熹撰　清同治三年
(1864)浙江撫署刻本　四冊

330000－1721－0000073　文物 0140　經部/
禮記類/傳説之屬

禮記集説十卷　(元)陳澔撰　清同治三年
(1864)浙江撫署刻本　十冊

330000－1721－0000074　文物 0031　類叢
部/類書類/通類之屬

廣廣事類賦三十二卷　(清)吳世㫤撰　清嘉
慶二十二年(1817)山瀾堂刻本　七冊　缺五
卷(五至九)

330000－1721－0000075　文物 0141　經部/
春秋公羊傳類/傳説之屬

春秋公羊傳十二卷　(漢)何休注　(明)閔齊
伋裁注　春秋公羊傳攷一卷　(明)閔齊伋撰
清蔚文堂刻本　四冊

330000－1721－0000076　文物 0032　經部/
春秋總義類/傳説之屬

春秋三傳十六卷首一卷附錄一卷　清同治三
年(1864)浙江撫署刻本　十四冊

330000－1721－0000077　文物 0142　經部/
周禮類/傳説之屬

周禮十二卷　(漢)鄭玄注　(唐)陸德明音義
清同治七年(1868)湖北崇文書局刻本
六冊

330000－1721－0000078　文物 0033　經部/
周禮類/傳説之屬

周官精義十二卷　(清)連斗山輯　清刻本
五冊　存七卷(四至七、十至十二)

330000－1721－0000079　文物 0143　經部/
周禮類/傳説之屬

周禮精華六卷　(清)陳龍標輯　清光韡堂刻
本　三冊　存三卷(二至四)

330000－1721－0000080　文物 0034　經部/
春秋穀梁傳類/傳説之屬

春秋穀梁傳十二卷　(明)閔齊伋裁注　春秋
穀梁傳攷一卷　(明)閔齊伋撰　清蔚文堂刻
本　四冊

330000 – 1721 – 0000081　文物 0144　史部/
地理類/遊記之屬/紀勝

徐霞客遊記十卷　（明）徐弘祖撰　**外編一卷**
（清）徐鎮輯　清乾隆四十一年(1776)徐鎮
刻本　十冊

330000 – 1721 – 0000082　文物 0035　史部/
編年類/通代之屬

**尺木堂綱鑑易知錄九十二卷明鑑易知錄十五
卷**　（清）吳乘權　（清）周之炯　（清）周之
燦輯　清光緒三十一年(1905)上海商務印書
館鉛印本　九冊　存五十七卷(一至五、十三
至十九、三十三至四十、五十五至六十六、七
十五至九十一,明鑑易知錄八至十五)

330000 – 1721 – 0000083　文物 0145　新學/
史志/別國史

俄史輯譯四卷　（英國）闞斐迪譯　（清）徐景
羅重譯　清光緒十四年(1888)益智書會刻本
四冊

330000 – 1721 – 0000084　文物 0036　史部/
雜史類/斷代之屬

經畧洪承疇奏對筆記二卷　（清）洪承疇撰
清光緒欽文書局刻本　二冊

330000 – 1721 – 0000085　文物 0037　子部/
叢編

二十二子(二十二子彙函)　（清）浙江書局編
清光緒元年至三年(1875 – 1877)浙江書局
刻本　六冊　存二種

330000 – 1721 – 0000087　文物 0147　史部/
金石類/郡邑之屬

栝蒼金石志十二卷續志四卷　（清）李遇孫輯
（清）鄒柏森校補　清同治十三年(1874)湵
江處州府署刻本　六冊

330000 – 1721 – 0000088　文物 0038　史部/
史評類/考訂之屬

廿二史劄記三十六卷補遺一卷　（清）趙翼撰
清光緒三十一年(1905)上海廣益書局鉛印
本　七冊　缺五卷(二十四至二十八)

330000 – 1721 – 0000089　文物 0148　史部/

紀傳類/正史之屬

二十一史二千五百六十七卷　明萬曆二十三
年至三十四年(1595 – 1606)北京國子監刻本
八冊　存四種

330000 – 1721 – 0000090　文物 0149　史部/
傳記類/總傳之屬/仕宦

歷代名臣言行錄二十四卷　（清）朱桓輯　清
光緒二十七年(1901)上海宏文閣石印本
八冊

330000 – 1721 – 0000094　文物 0152　類叢
部/叢書類/彙編之屬

抱經堂叢書十六種　（清）盧文弨編　清乾隆
至嘉慶刻彙印本　二冊　存一種

330000 – 1721 – 0000098　文物 0156　新學/
史志/諸國史

泰西新史攬要二十四卷　（英國）馬懇西撰
(英國)李提摩太譯　蔡爾康述稿　清光緒鉛
印本　四冊　存十三卷(一至九、十六至十
九)

330000 – 1721 – 0000099　文物 0157　史部/
政書類/通制之屬

欽定大清會典一百卷首一卷　（清）崑岡等撰
清宣統三年(1911)上海商務印書館石印本
九冊　存九十三卷(八至一百)

330000 – 1721 – 0000100　文物 0158　史部/
政書類/通制之屬

通志二百卷　（宋）鄭樵撰　清刻本　二冊
存二卷(十七、八十四)

330000 – 1721 – 0000101　文物 0159　類叢
部/叢書類/郡邑之屬

台州叢書九種　（清）宋世犖輯　清嘉慶至道
光臨海宋氏刻本　八冊　存三種

330000 – 1721 – 0000102　文物 0160　史部/
編年類/通代之屬

御批歷代通鑑輯覽一百二十卷　（清）傅恆等
撰　清光緒十三年(1887)上海同文書局石印
本　十八冊　缺十六卷(二十一至二十八、七
十七至八十四)

257

330000－1721－0000104　文物 0162　史部/
地理類/方志之屬/郡縣志

光緒僊居志二十四卷首一卷僊居集二十四卷
（清）王壽頤　（清）潘紀恩修　（清）王菜
（清）李仲昭纂　清光緒二十年（1894）木活
字印本　四冊　存十三卷（僊居集十至二十
二）

330000－1721－0000105　文物 0163　史部/
地理類/方志之屬/郡縣志

光緒僊居志二十四卷首一卷僊居集二十四卷
（清）王壽頤　（清）潘紀恩修　（清）王菜
（清）李仲昭纂　清光緒二十年（1894）木活
字印本　一冊　存四卷（僊居集十至十三）

330000－1721－0000107　文物 0165　史部/
編年類/通代之屬

御批歷代通鑑輯覽一百二十卷　（清）傅恆等
撰　清光緒二十九年（1903）上海廣益書室石
印本　二十二冊　缺十卷（四十六至五十、九
十至九十四）

330000－1721－0000108　文物 0166　史部/
地理類/方志之屬/郡縣志

［光緒］餘姚縣志二十七卷首一卷末一卷
（清）周炳麟修　（清）邵友濂　（清）孫德祖
纂　清光緒二十五年（1899）刻本　四冊　存
七卷（九、十七至二十二）

330000－1721－0000111　文物 0169　史部/
地理類/方志之屬/郡縣志

［光緒］龍泉縣志十二卷首一卷　（清）顧國詔
修　（清）張世埰纂　清光緒四年（1878）刻本
一冊　存二卷（首、一）

330000－1721－0000112　文物 0170　史部/
地理類/山川之屬/山志

委羽山志六卷　（明）胡昌賢撰　**續志六卷首
一卷**　（清）王維翰撰　清同治九年（1870）委
羽石室刻本　三冊

330000－1721－0000113　文物 0171　史部/
地理類/山川之屬/山志

委羽山志六卷　（明）胡昌賢撰　**續志六卷首
一卷**　（清）王維翰撰　清同治九年（1870）委

羽石室刻本　一冊　存六卷（委羽山志一至
六）

330000－1721－0000118　文物 0176　子部/
儒家類/儒學之屬/禮教

五種遺規　（清）陳弘謀輯並撰　清宣統三年
（1911）上海商務印書館鉛印本　三冊　存
三種

330000－1721－0000119　文物 0177　史部/
地理類/總志之屬/通代

天下郡國利病書一百二十卷　（清）顧炎武撰
清光緒慎記書莊石印本　五冊　存二十一
卷（一至二十一）

330000－1721－0000121　文物 0179　史部/
地理類/山川之屬/水志

水經注四十卷　（北魏）酈道元撰　清刻本
十六冊

330000－1721－0000122　文物 0180　史部/
地理類/山川之屬/山志

天台山全志十八卷　（清）張聯元輯　清康熙
五十六年（1717）刻本　三冊　存九卷（六至
十三、十八）

330000－1721－0000123　文物 0181　類叢
部/叢書類/郡邑之屬

台州叢書九種　（清）宋世犖輯　清嘉慶至道
光臨海宋氏刻本　一冊　存一種

330000－1721－0000124　文物 0182　史部/
地理類/總志之屬/斷代

廣輿記二十四卷　（明）陸應陽輯　（清）蔡方
炳增輯　清刻本　二冊　存五卷（四至五、十
六至十八）

330000－1721－0000126　文物 0040　史部/
史評類/考訂之屬

廿二史劄記三十六卷補遺一卷　（清）趙翼撰
清光緒二十六年（1900）上海書局石印本
四冊

330000－1721－0000127　文物 0041　史部/
編年類/通代之屬

尺木堂綱鑑易知錄九十二卷　（清）吳乘權

（清）周之炯　（清）周之燦輯　清光緒三十一年（1905）上海商務印書館鉛印本　一冊　存六卷（五十五至六十）

330000－1721－0000128　文物0042　史部/編年類/通代之屬

尺木堂綱鑑易知錄九十二卷明鑑易知錄十五卷　（清）吳乘權　（清）周之炯　（清）周之燦輯　清光緒三十一年（1905）上海商務印書館鉛印本　四冊　存二十九卷（二十七至四十、六十七至七十四，明鑑易知錄一至七）

330000－1721－0000129　文物0184　史部/地理類/遊記之屬/紀行

乘查筆記一卷　（清）斌椿撰　清同治七年至八年（1868－1869）刻本　一冊

330000－1721－0000130　文物0043　史部/編年類/通代之屬

尺木堂綱鑑易知錄九十二卷明鑑易知錄十五卷　（清）吳乘權　（清）周之炯　（清）周之燦輯　清光緒二十四年（1898）上海宏文閣鉛印本　十三冊　存八十九卷（五至二十五、三十三至六十六、七十四至九十二，明鑑易知錄一至十五）

330000－1721－0000131　文物0185　子部/宗教類/道教之屬/戒律

暗室燈二卷　（清）深山居士輯　清道光十九年（1839）刻本　一冊

330000－1721－0000132　文物0044　集部/總集類/選集之屬/斷代

聽黃鸝館詩賦讀本一卷　（清）宓如椿輯　清刻本　一冊

330000－1721－0000133　文物0186　史部/地理類/雜志之屬

黔書二卷　（清）田雯撰　清嘉慶十三年（1808）黔藩署刻本　二冊

330000－1721－0000135　文物0187　史部/傳記類/總傳之屬

泰西各國名人言行錄十六卷　（清）張兆蓉輯　清光緒二十九年（1903）明達聖教會石印本

四冊　存十一卷（一至四、九至十一、十三至十六）

330000－1721－0000139　文物0047　史部/地理類/山川之屬/水志

水道提綱二十八卷　（清）齊召南撰　清乾隆四十一年（1776）刻本　八冊

330000－1721－0000140　文物0048　史部/傳記類

孔孟編年　（清）狄子奇輯　清光緒十三年（1887）浙江書局刻本　一冊　存一種

330000－1721－0000142　文物0050　史部/政書類

九通提要十二卷　（清）柴紹炳纂　清鉛印本　一冊　存六卷（七至十二）

330000－1721－0000144　文物0052　類叢部/類書類/專類之屬

初學行文語類四卷　（清）孫埏編　清乾隆刻本　一冊

330000－1721－0000145　文物0053　類叢部/類書類/通類之屬

增補事類統編九十三卷首一卷　（清）黃葆真輯　清道光二十九年（1849）丹陽黃氏粵東敦好堂刻本　一冊　存二卷（首、一）

330000－1721－0000147　文物0190　類叢部/類書類/專類之屬

四書典制類聯三十三卷　（清）闇其淵輯　清刻本　一冊　存六卷（四至九）

330000－1721－0000148　文物0055　史部/政書類/通制之屬

文獻通考正續合纂四十四卷　（清）郎星等輯　清心遠堂刻本　二冊　存二卷（十一至十二）

330000－1721－0000149　文物0056　類叢部/叢書類/家集之屬

富陽夏氏叢刻七種　夏震武　夏鼎武撰　清光緒刻本　三冊　存六種

330000－1721－0000150　文物0191　集部/

震川先生集三十卷別集十卷附錄一卷補編一卷　(明)歸有光撰　(清)歸莊校勘　(清)錢謙益選定　(清)歸玠編輯　清刻本　三冊　存十卷(三至六、十六至十九,別集一至二)

330000－1721－0000151　文物0192　史部/傳記類/總傳之屬/通代

尚友錄二十二卷補遺一卷　(明)廖用賢輯　(清)張伯琮補輯　清康熙五年(1666)浙蘭五鳳樓刻本　十六冊　存十六卷(一、三至八、十至十一、十三、十五至十八、二十至二十一)

330000－1721－0000152　文物0193　史部/雜史類/斷代之屬

明季北略二十四卷　(清)計六奇撰　清刻本　八冊　存十五卷(十至二十四)

330000－1721－0000154　文物0195　集部/總集類/課藝之屬

崇辨堂墨選不分卷　清刻本　五冊　存論語、孟子

330000－1721－0000156　文物0197　經部/春秋總義類/傳說之屬

春秋列國輯畧二卷　(清)王文源撰　清道光二十五年(1845)陳氏敏求軒刻本　二冊　存一卷(二)

330000－1721－0000157　文物0057　史部/史抄類

史鑑節要便讀六卷　(清)鮑東里撰　清光緒二十八年(1902)會文堂刻本　三冊

330000－1721－0000159　文物0199　類叢部/叢書類/家集之屬

富陽夏氏叢刻七種　夏震武　夏鼎武撰　清光緒刻本　一冊　存一種

330000－1721－0000160　文物0099　類叢部/叢書類/彙編之屬

張氏適園叢書　張鈞衡編　清宣統三年(1911)上海國學扶輪社鉛印本　一冊　存一種

330000－1721－0000161　文物0098　集部/

船山詩草二十卷　(清)張問陶撰　清刻本　一冊　存四卷(一至四)

330000－1721－0000162　文物0097　子部/儒家類/儒學之屬/蒙學

龍文鞭影二卷　(明)蕭良有纂輯　(清)楊臣靜增訂　(清)來集之音註　清道光二十三年(1843)敬義堂刻本　二冊

330000－1721－0000163　文物0096　子部/宗教類/道教之屬/雜著

微信錄□□卷　清森玉堂刻本　一冊　存二卷(五至六)

330000－1721－0000164　文物0095　史部/地理類/方志之屬/郡縣志

[乾隆]博山縣志十卷首一卷　(清)富申修　(清)田士麟纂　清乾隆十八年(1753)刻本　二冊　存五卷(首,一至二、七至八)

330000－1721－0000165　文物0094　史部/地理類/方志之屬/郡縣志

[光緒]黃巖縣志四十卷首一卷附黃巖集一卷續錄二卷　(清)陳寶善　(清)孫憙修　(清)王棻纂　(清)陳鍾英　(清)鄭錫滜續修　王詠霓續纂　黃巖志校議二卷　(清)王棻撰　清光緒三年(1877)刻六年(1880)校補刻本　八冊　存十九卷(二至三、十至十二、十五至十六、二十至二十一、二十五至三十、三十七,黃巖集,續錄上,黃巖志校議上)

330000－1721－0000167　文物0058　史部/雜史類/斷代之屬

皇朝掌故二卷　(清)張一鵬撰　(清)陳蔚文注　清光緒二十八年(1902)浙省貢院西橋杞廬刻本　一冊

330000－1721－0000169　文物0091　集部/總集類/課藝之屬

巾箱詩萜四卷　(清)白華居士輯　清道光紫雲館刻本　二冊　存三卷(一至三)

330000－1721－0000171　文物0059　史部/地理類/外紀之屬

地球韻言四卷　（清）張士瀛撰　清光緒二十四年(1898)鄂垣務急書館刻本　一冊　存二卷(一至二)

330000－1721－0000172　文物0089　集部/總集類/選集之屬

春雲詩鈔六卷　（清）張襄編輯　（清）張維城編次　（清）繆有本箋註　清刻本　一冊　存三卷(四至六)

330000－1721－0000173　文物0088　經部/小學類/文字之屬/字書/字典

字彙十二卷首一卷末一卷　（明）梅膺祚撰　清刻本　一冊　存一卷(子集)

330000－1721－0000174　文物0087　經部/小學類/文字之屬/字書/字典

字彙十二卷首一卷末一卷　（明）梅膺祚撰　清刻本　一冊　存一卷(寅集)

330000－1721－0000175　文物0086　集部/別集類/清別集

寄嶽雲齋試體詩選詳註四卷　（清）聶銑敏撰　（清）張學蘇箋　清敬藝堂刻本　四冊

330000－1721－0000176　文物0085　史部/地理類/方志之屬/郡縣志

光緒僊居志二十六卷　清抄本　一冊　存二卷(二十五至二十六)

330000－1721－0000178　文物0083　新學/學校

京師大學堂講義初編七種二編七種　（清）京師大學堂輯　清末鉛印本　一冊　存二種

330000－1721－0000179　文物0082　子部/宗教類/佛教之屬/經咒

大悲神咒不分卷　（唐）釋伽梵達摩譯　清光緒二十五年(1899)刻本　一冊

330000－1721－0000180　文物0081　集部/總集類/課藝之屬

近科分韻館詩二集十二卷　王先謙編　清刻本　二冊　存四卷(三至六)

330000－1721－0000181　文物0080　史部/

地理類/方志之屬/郡縣志

[同治]麗水縣志十五卷　（清）彭潤章等纂修　清同治十三年(1874)刻本　三冊　存九卷(二至七、十三至十五)

330000－1721－0000183　文物0078　史部/史抄類

廿四史約編八卷首一卷　（清）鄭元慶撰　清光緒二十五年(1899)上海書局石印本　三冊　存三卷(首,竹、土)

330000－1721－0000184　文物0077　集部/總集類/選集之屬/通代

詩賦從新不分卷　（清）唫紅館輯　清道光十二年(1832)唫紅館刻本　一冊

330000－1721－0000185　文物0076　集部/別集類/清別集

少昂賦草四卷　（清）夏思沺撰　清刻本　二冊

330000－1721－0000186　文物0075　史部/雜史類/斷代之屬

明季南略十八卷　（清）計六奇撰　清刻本　一冊　存二卷(八至九)

330000－1721－0000187　文物0074　集部/別集類/唐五代別集

李太白文集三十六卷　（唐）李白撰　（清）王琦輯注　清刻本　一冊　存三卷(三十一至三十三)

330000－1721－0000188　文物0060　子部/小說家類/異聞之屬

耳食錄十二卷　（清）樂鈞撰　清刻本　一冊　存二卷(五至六)

330000－1721－0000189　文物0073　子部/藝術類/書畫之屬/法帖

草字彙十二卷　（清）石梁輯　清刻本　三冊　存六卷(三至六、十一至十二)

330000－1721－0000191　文物0071　子部/醫家類/本草之屬/歷代綜合本草

本草綱目五十二卷　（明）李時珍撰　清石印本　四冊　存三十二卷(十五至四十六)

330000－1721－0000192　文物0200　子部/
醫家類/類編之屬

陳修園醫書四十八種　（清）陳念祖等撰　清
光緒三十年（1904）上海章福記石印本　一冊
　存一種

330000－1721－0000193　文物0201　新學/
史志

增補支那通史十卷　（日本）那珂通世編
（日本）狩野良知補　清光緒三十年（1904）文
學圖書公司石印本　四冊　存七卷（三至五、
七至十）

330000－1721－0000194　文物0202　新學/
史志

續支那通史二卷　（日本）山峯畯藏撰　（清）
中國漢陽青年編　清光緒三十年（1904）會文
政記石印本　五冊

330000－1721－0000195　文物0203　子部/
醫家類/類編之屬

陳修園醫書二十八種　（清）陳念祖等撰　清
末石印本　三冊　存三種

330000－1721－0000196　文物0204　子部/
醫家類/綜合之屬/通論

御纂醫宗金鑑內科七十四卷首一卷　（清）吳
謙等撰　清宣統元年（1909）上海章福記石印
本　二冊　存四卷（首、一至三）

330000－1721－0000197　文物0205　子部/
醫家類/綜合之屬/通論

御纂醫宗金鑑九十卷首一卷　（清）吳謙等撰
清石印本　一冊　存六卷（編輯外科心法
要訣十一至十六）

330000－1721－0000198　文物0206　子部/
醫家類/綜合之屬/通論

御纂醫宗金鑑九十卷首一卷　（清）吳謙等撰
清宣統元年（1909）簡青齋書局石印本　一
冊　存四卷（三十五至三十八）

330000－1721－0000199　文物0207　子部/
醫家類/綜合之屬/通論

御纂醫宗金鑑九十卷首一卷　（清）吳謙等撰

清光緒三十一年（1905）上海錦章書局石印
本　一冊　存十四卷（四十五至五十八）

330000－1721－0000200　文物0061　集部/
總集類/尺牘之屬

續分類尺牘備覽八卷　（清）王振芳輯　清鉛
印本　二冊　存二卷（三至四）

330000－1721－0000201　文物0208　子部/
醫家類/本草之屬/歷代綜合本草

本草備要八卷　（清）汪昂撰　清鉛印本
一冊

330000－1721－0000204　文物0210　子部/
醫家類/溫病之屬/痧症

痧症全書三卷首一卷　（清）王凱輯　清石印
本　一冊

330000－1721－0000205　文物0211　子部/
醫家類/傷寒金匱之屬/傷寒論

醫效秘傳三卷　（清）葉桂撰　清石印本
一冊

330000－1721－0000207　文物0213　子部/
術數類/陰陽五行之屬

天文書四卷　（明）海達兒等口授　（明）李翀
（明）吳伯宗譯　清刻本　二冊　存三卷
（二至四）

330000－1721－0000208　文物0214　經部/
四書類/總義之屬/傳說

酌雅齋四書遵注合講十九卷圖說一卷　（清）
翁復編次　清酌雅齋刻本　十冊　存十四卷
（論語三至八，孟子一至二、四至七，大學；圖
說）

330000－1721－0000209　文物0215　經部/
四書類/總義之屬/傳說

務本堂四書體註合講十九卷圖說一卷　（清）
翁復編　清雍正八年（1730）務本堂刻本
六冊

330000－1721－0000211　文物0216　經部/
四書類/總義之屬/傳說

四書人物考訂補四十卷　（明）薛應旂撰
（明）朱焯註釋　（明）許胥臣訂補　明天啓七

年(1627)刻本　二冊　存十卷(一至十)

330000－1721－0000212　文物0217　類叢部/叢書類/彙編之屬

邵武徐氏叢書二十三種　（清）徐榦編　清光緒邵武徐氏刻本　二冊　存一種

330000－1721－0000213　文物0218　史部/傳記類/總傳之屬/仕宦

國朝名臣言行錄三十卷首一卷　（清）董壽輯　清光緒二十九年(1903)上海順成書局石印本　六冊　存二十三卷(首、一至二十二)

330000－1721－0000214　文物0219　經部/四書類/總義之屬/傳說

四書集註十九卷　（宋）朱熹撰　清同治三年(1864)浙江撫署刻本　四冊　缺五卷(孟子一至五)

330000－1721－0000215　文物0220　經部/小學類/音韻之屬

合音辨義二卷　清抄本　一冊　存一卷(一)

330000－1721－0000216　文物0221　經部/小學類/音韻之屬/韻書

佩文詩韻釋要五卷　（清）周兆基撰　清光緒十八年(1892)浙江書局刻本　一冊

330000－1721－0000217　文物0064　經部/小學類/文字之屬/字書/字體

六書通十卷首一卷附百體福壽全圖　（明）閔齊伋撰　（清）畢弘述篆訂　清光緒十九年(1893)上海校經山房石印本　三冊　存六卷(五至十)

330000－1721－0000218　文物0222　經部/小學類/音韻之屬/古今韻說

漢學諧聲二十四卷說文補考一卷說文又考一卷　（清）戚學標撰　清嘉慶九年(1804)涉縣官署刻本　五冊　存十六卷(一至六、十至十二、二十至二十四,補考,又考)

330000－1721－0000220　文物0066　類叢部/叢書類/彙編之屬

後知不足齋叢書四十七種　（清）鮑廷爵編　清同治至光緒常熟鮑氏刻本　一冊　存一種

330000－1721－0000221　文物0065　經部/小學類/文字之屬

小學鉤沈十九卷　（清）任大椿撰　（清）王念孫校　清光緒十年(1884)龍氏刻本　四冊

330000－1721－0000222　文物0223　經部/四書類/總義之屬/傳說

四書反身錄八卷　（清）李顒撰　清道光十一年(1831)浙江書局刻本　四冊

330000－1721－0000223　文物0224　集部/總集類/彙編之屬

韓范兩集合刻五種　（明）康丕揚編　清刻本　一冊　存一種

330000－1721－0000224　文物0225　經部/四書類/論語之屬/專著

鄉黨圖考十卷　（清）江永撰　清集秀堂刻本　一冊　存二卷(五至六)

330000－1721－0000225　文物0226　子部/雜著類/雜考之屬

潛邱劄記六卷左汾近槀一卷　（清）閻若璩撰　（清）閻詠撰　清乾隆十年(1745)閻學林眷西堂刻本　一冊　存一卷(四)

330000－1721－0000226　文物0227　經部/小學類/訓詁之屬

恒言錄六卷　（清）錢大昕撰　清光緒二十八年(1902)烏程張熙鉛印本　一冊　存三卷(一至三)

330000－1721－0000229　文物0243　史部/編年類/通代之屬

御批歷代通鑑輯覽一百二十卷　（清）傅恆等撰　清同治十年(1871)浙江書局刻朱墨套印本　四十三冊　缺十一卷(十二至十四、六十五至七十二)

330000－1721－0000230　文物0231　子部/雜著類/雜說之屬

集說詮真不分卷　（清）黃伯祿輯　清刻本　一冊　存第二冊

330000－1721－0000231　文物0068　史部/地理類/方志之屬/郡縣志

[康熙]仙居縣志三十卷 （清）鄭錄勳修
（清）張明焜 （清）張徽謨纂 清康熙十九年
(1680)刻本 一冊 存二卷(二十二至二十
三)

330000－1721－0000233 文物0233 經部/
四書類/總義之屬/傳說

四書摭餘說七卷 （清）曹之升撰 清嘉慶三
年(1798)刻本 五冊 存六卷(大學、中庸、
論語一至三、孟子一)

330000－1721－0000235 文物0234 經部/
四書類/論語之屬/傳說

論語正義二十四卷 （清）劉寶楠撰 （清）劉
恭冕述 清同治五年(1866)刻本 四冊 存
十六卷(六至十三、十七至二十四)

330000－1721－0000237 文物0235 經部/
四書類/總義之屬/傳說

四書讀本十九卷 （宋）朱熹章句 清光緒十
九年(1893)石印本 一冊 存二卷(大學、中
庸)

330000－1721－0000238 文物0236 經部/
四書類/總義之屬

四書大正文六卷 清刻本 一冊 存二卷
(大學、中庸)

330000－1721－0000239 文物0237 經部/
小學類/訓詁之屬/譯語

東文典問答十三卷附提要一卷雜記一卷 丁
福保撰 清光緒二十八年(1902)上海文明書
局鉛印本 一冊 存九卷(七至十三、提要、
雜記)

330000－1721－0000240 文物0238 經部/
小學類/文字之屬/字書/字典

康熙字典十二集三十六卷總目一卷檢字一卷
辨似一卷等韻一卷補遺一卷備考一卷 （清）
張玉書等纂修 清刻本 六冊 存八卷(子
集中、丑集下、申集上、戌集中、亥集中,總目、
檢字,辨似)

330000－1721－0000241 文物0239 類叢
部/叢書類/彙編之屬

稗海四十八種續集二十二種 （明）商濬編
明萬曆商氏半埜堂刻清康熙至乾隆修補重訂
本 十八冊 存十九種

330000－1721－0000244 文物0245 經部/
小學類/文字之屬/說文

說文解字注十五卷附六書音韻表五卷 （清）
段玉裁撰 說文部目分韻一卷 （清）陳煥編
清嘉慶二十年(1815)刻本 十冊 存十一
卷(三、五至七、九至十一、十三至十五,說文
部目分韻)

330000－1721－0000245 文物0242 經部/
叢編

皇清經解一千四百八卷首一卷 （清）阮元輯
清道光九年(1829)廣東學海堂刻咸豐十一
年(1861)補刻本 一百三十九冊 存五百五
十二卷(首,一至八十七、九十六至一百八十
五、一百九十四至一百九十六、一百九十九至
二百十六、二百二十四至二百八十七、二百九
十至三百十二、三百十六至三百四十八、三百
五十九至四百三、四百六至四百十三、四百十
六至四百四十八、四百五十五至五百十三、五
百十九至五百二十七、五百三十三至五百三
十九、五百四十三至五百四十七、五百五十二
至六百九、六百三十四至六百四十一、六百四
十七)

330000－1721－0000246 文物0244 史部/
政書類

九通二千三百二十一卷 （清）□□輯 清光
緒八年至二十二年(1882－1896)浙江書局刻
本 三十一冊 存一種

330000－1721－0000247 善0003 史部/傳
記類/總傳之屬/家乘

[浙江仙居]項氏宗譜□□卷 清咸豐二年
(1852)木活字印本 一冊 存一卷(三)

330000－1721－0000248 文物0246 史部/
紀傳類/正史之屬

十七史一千五百七十四卷 （明）毛晉編 清
同治十二年(1873)嶺東使署刻本 二十八冊
存二種

330000－1721－0000249　文物 0247　史部/紀傳類/正史之屬

二十四史附考證　清光緒十八年(1892)武林竹簡齋石印本　一百九十冊　存二十三種

330000－1721－0000250　善 0004　史部/傳記類/總傳之屬/家乘

[浙江仙居]項氏宗譜□□卷　清光緒十年(1884)木活字印本　二冊　存二卷(十二、十四)

330000－1721－0000251　善 0005　史部/傳記類/總傳之屬/家乘

[浙江仙居]項氏宗譜□□卷　清嘉慶二十二年(1817)木活字印本　一冊　存一卷(一)

330000－1721－0000255　文物 0248　經部/叢編

皇清經解一百九十卷首一卷正訛記一卷　(清)阮元輯　清光緒十七年(1891)上洋鴻寶齋石印本　二十冊　缺四十卷(首,三、五、十一、十六、二十、二十四至二十六、二十八、三十一、三十五、三十九至四十一、四十六至四十七、一百十二、一百四十、一百四十五、一百五十二至一百五十五、一百六十六、一百六十八至一百六十九、一百七十一至一百七十二、一百八十至一百九十)

330000－1721－0000256　文物 0249　經部/叢編

皇清經解一百九十卷首一卷正訛記一卷　(清)阮元輯　清光緒十七年(1891)上洋鴻寶齋石印本　一冊　存十二卷(一百五十六至一百六十七)

330000－1721－0000257　文物 0250　子部/醫家類/類編之屬

陳修園醫書二十八種　(清)陳念祖等撰　清光緒二十九年(1903)上海錦章書局石印本　一冊　存一種

《台州學院圖書館古籍普查登記目錄》
書名筆畫字頭索引

《台州學院圖書館古籍普查登記目錄》
書名筆畫索引

《温嶺市圖書館古籍普查登記目録》
書名筆畫字頭索引

《溫嶺市圖書館古籍普查登記目錄》
書名筆畫索引

五畫

六畫

七畫

八畫

九畫

十畫

十一畫

十二畫

十三畫

十四畫

《浙江省温嶺中學古籍普查登記目録》
書名筆畫字頭索引

《浙江省溫嶺中學古籍普查登記目錄》
書名筆畫索引

《臨海市博物館古籍普查登記目録》
書名筆畫字頭索引

292

十一畫

十五畫

十六畫

《臨海市博物館古籍普查登記目錄》
書名筆畫索引

四畫

五畫

306

六畫

七畫

八畫

九畫

十畫

321

十二畫

十三畫

十四畫

十七畫

十九畫

二十畫

二十一畫

其他

《天台縣圖書館古籍普查登記目錄》
書名筆畫字頭索引

《天台縣圖書館古籍普查登記目錄》
書名筆畫索引

《仙居縣圖書館古籍普查登記目錄》
書名筆畫字頭索引

《仙居縣圖書館古籍普查登記目錄》
書名筆畫索引

351